에듀윌과 함께 시작하면,
당신도 합격할 수 있습니다!

이 일 저 일 전전하다 관리자가 되려고 시작해
최고득점으로 동차 합격한 퇴직자

4살 된 딸아이가 어린이집에 있는 동안 공부해
고득점으로 합격한 전업주부

밤에는 대리운전, 낮에는 독서실에서 공부하며
에듀윌의 도움으로 거머쥔 주택관리사 합격증

누구나 합격할 수 있습니다.
시작하겠다는 '다짐' 하나면 충분합니다.

마지막 페이지를 덮으면,

에듀윌과 함께
주택관리사 합격이 시작됩니다.

KB219201

eduwill

16년간
베스트셀러 1위

기초서

기본서

기출문제집

핵심요약집

문제집

네컷회계

주택관리사
교재 보기

베스트셀러 1위 교재로
따라만 하면 합격하는 커리큘럼

STEP 1	STEP 2	STEP 3	STEP 4
기초 이론	이론 완성 1 이론 완성 2	핵심 이론 문제 풀이	마무리 특강 동형 모의고사
시작에 필요한 기초 개념 확인	기본서 반복으로 탄탄한 이론 완성	빈출이론&문제 한 번에 정리	다양한 실전 연습으로 쉬운 합격 완성

* 커리큘럼의 명칭 및 내용은 변경될 수 있습니다.

* 2023 대한민국 브랜드만족도 주택관리사 교육 1위 (한경비즈니스)
* YES24 수험서 자격증 주택관리사 베스트셀러 1위 (2010년 12월, 2011년 3월, 9월, 12월, 2012년 1월, 3월~12월, 2013년 1월~5월, 8월~11월, 2014년 2월~8월, 10월~12월, 2015년 1월~5월, 7월~12월, 2016년 1월~12월, 2017년 1월~12월, 2018년 1월~12월, 2019년 1월~12월, 2020년 1월~7월, 9월~12월, 2021년 1월~12월, 2022년 1월~12월, 2023년 1월~11월, 2024년 1월~2월, 4월~12월 월별 베스트)

업계 유일 6년 연속 최고득점자 배출

에듀윌 주택관리사의 우수성, 2024년에도 입증했습니다!

2023 최고득점자

제26회 시험 공동주택관리실무 최고득점자

김O우 합격생

과목별로 최고의 교수님들을 다수 보유하고 있다 보니 그중 제게 맞는 교수님을 선택해서 수강할 수 있었습니다. 2019년부터 매년 과목별 최고 득점자들을 배출했다는 말을 듣고 망설임 없이 에듀윌 주택관리사를 선택하게 됐습니다. 게다가 합격 이후 취업까지 도와주는 '주택 취업지원센터'가 있다는 것도 큰 장점이 아닌가 싶습니다. 에듀윌 교수님들 덕분에 원하는 목표 이상의 성과를 이뤄냈습니다. 에듀윌의 완벽한 교육 시스템에 본인의 노력을 더한다면 분명 누구나 원하는 목표를 달성할 수 있으리라 생각합니다.

주택관리사,
에듀윌을 선택해야 하는 이유

오직 에듀윌에서만 가능한 합격 신화
6년 연속 최고득점자 배출

합격을 위한 최강 라인업
주택관리사 명품 교수진

주택관리사

합격부터 취업까지!
에듀윌 주택취업지원센터 운영

합격생들이 가장 많이 선택한 교재
16년간 베스트셀러 1위

시작하는 방법은
말을 멈추고
즉시 행동하는 것이다.

– 월트 디즈니(Walt Disney)

➕ 합격할 때까지 책임지는 개정법령 원스톱 서비스!

기준 및 법령 개정이 잦은 주택관리사 시험,
개정사항을 어떻게 확인해야 할지 막막하고 걱정스러우신가요?
에듀윌에서는 필요한 개정법령만을 빠르게! 한번에! 제공해 드립니다.

에듀윌 도서몰 접속 (book.eduwill.net)	▶	도서자료실 클릭

개정법령
확인하기

2025

에듀윌 주택관리사

출제가능 문제집

 회계원리

시험 안내

주택관리사 시험, 준비물은 무엇인가요?

⬤ 꼭 챙겨가세요!

필기구	수험표	신분증
손목시계	계산기	

* 신분증의 경우 정부24 전자문서지갑 등에서 발급된 모바일 자격증을 자격시험 신분증으로 인정합니다. (수험표의 수험자 유의사항 참고)
* 손목시계는 시각만 확인할 수 있어야 하며, 스마트워치는 사용이 불가합니다.
* 데이터 저장기능이 있는 전자계산기는 수험자 본인이 반드시 메모리(SD카드 포함)를 제거, 삭제하여야 합니다.

✖ 시험 중 절대 허용되지 않아요!

통신기기	전자기기	중도퇴실

* 통신기기 및 전자기기에는 휴대전화, PDA, PMP, MP3, 휴대용 컴퓨터, 디지털 카메라, 전자사전, 카메라 펜 등이 포함되며, 시험 도중 소지·착용하고 있는 경우에는 당해 시험이 정지(퇴실)되고 무효(0점) 처리되니 주의하세요.
* 시험시간 중에는 화장실 출입 및 중도 퇴실이 불가합니다. 단, 설사·배탈 등 긴급상황 발생으로 퇴실 시 해당 교시 재입실이 불가하고, 시험 종료 시까지 시험본부에 대기하게 됩니다.

답안 작성 시 유의사항이 있나요?

⬤ 이렇게 작성하세요!

- 시험 문제지의 문제번호와 **동일한 번호**에 마킹
- 반드시 **검정색 사인펜** 사용
- 2차 시험 주관식 답안은 **검정색 필기구** 사용
- 답안을 잘못 마킹했을 경우, **답안카드 교체** 및 **수정테이프** 사용
- 2차 주관식 답안 정정 시 **두 줄로 긋고 다시 기재**하거나 **수정테이프** 사용

✖ 이렇게 작성하면 안 돼요!

- 답안카드 **마킹착오, 불완전한 마킹·수정, 예비마킹**
- **지워지는 펜** 사용
- 2차 주관식 답안 작성 시 **연필류, 유색 필기구, 두 가지 색 혼합 사용**
- 답안 정정 시 **수정액** 및 **스티커** 사용

상대평가, 어떻게 시행되나요?

2024년 제27회 1,612명 선발!

국가에서 정한 선발예정인원(선발예정인원은 매해 시험 공고에 게재됨) 범위에서 고득점자 순으로 합격자가 결정됩니다.

제1차는 평균 60점 이상 득점한 자, 제2차는 고득점자 순으로 선발!

제1차	매 과목 40점 이상, 전 과목 평균 60점 이상 득점한 사람 중에서 선발합니다.
제2차	매 과목 40점 이상, 전 과목 평균 60점 이상 득점한 사람 중에서 선발하며, 그중 선발예정인원 범위에서 고득점자 순으로 결정합니다. 선발예정인원에 미달하는 경우 전 과목 40점 이상자 중 고득점자 순으로 선발하며, 동점자로 인하여 선발예정인원을 초과하는 경우에는 동점자 모두를 합격자로 결정합니다.

제2차 과목의 주관식 단답형 16문항은 부분점수 적용

괄호가 3개인 경우	3개 정답(2.5점), 2개 정답(1.5점), 1개 정답(0.5점)
괄호가 2개인 경우	2개 정답(2.5점), 1개 정답(1점)
괄호가 1개인 경우	1개 정답(2.5점)

2020년 상대평가 시행 이후 제2차 시험 합격선은?

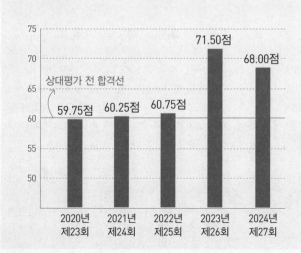

최근 2개년 합격선 평균 69.75점

상대평가 시행 이후 제25회 시험까지는 합격선이 60점 내외로 형성되었지만, 제26회에는 평균 71.50점, 제27회에는 평균 68.00점으로 합격선이 형성되며 합격에 필요한 점수가 상당히 올라갔습니다. 앞으로도 에듀윌은 변화하는 수험 환경에 맞는 학습 커리큘럼과 교재를 통해 수험자 여러분들을 합격의 길로 이끌겠습니다.

에듀윌 문제집으로 완성해야 하는 이유!

"이론만 공부하면 뭐해, 어떻게 풀어야 하는지를 모르는 걸…"
"범위가 너무 많아. 이제 그만 하고 포기하고 싶어…"

에듀윌 출제가능 문제집이 있는데, 왜 고민하세요?

최고득점자가 인정한 교재

과목별로 최고의 교수님들을 다수 보유하고 있다 보니 그중 제게 맞는 교수님을 선택해서 수강할 수 있었습니다. 2019년부터 매년 과목별 최고득점자들을 배출했다는 말을 듣고 망설임 없이 에듀윌 주택관리사를 선택하게 됐습니다. 게다가 합격 이후 취업까지 도와주는 '주택취업지원센터'가 있다는 것도 큰 장점이 아닌가 싶습니다. 에듀윌 교수님들 덕분에 원하는 목표 이상의 성과를 이뤄냈습니다. 에듀윌의 완벽한 교육 시스템에 본인의 노력을 더한다면 분명 누구나 원하는 목표를 달성할 수 있으리라 생각합니다.

2023년 제26회 시험 공동주택관리실무 최고득점자 김○우 회원

실제 시험과 유사한 교재

에듀윌 주택관리사 회계원리 출제가능 문제집	주택관리사 회계원리 기출문제

15. (주)한국은 20×1년 4월 1일 향후 1년간 (주)서울에게 토지를 임대하고 1년분 ₩1,200(1개월 ₩100)을 현금으로 받아 부채로 회계처리 하였다. 이 거래와 관련하여 (주)한국이 20×1년 말에 수정분개를 하지 않았을 경우 기말재무제표에 미치는 영향으로 옳지 않은 것은?

① 부채가 ₩900 과대계상 된다.
② 자산에 미치는 영향은 없다.
③ 자본이 ₩900 과소계상 된다.
④ 수익이 ₩900 과대계상 된다.
⑤ 순이익이 ₩900 과소계상 된다.

45. (주)한국은 20×1년 10월 1일부터 1년간 상가를 임대하면서 동 일자에 향후 1년분 임대료 ₩6,000을 현금 수령하고 전액 수익으로 회계처리하였다. 수정분개를 하지 않았을 경우, (주)한국의 20×1년 재무제표에 미치는 영향은? (단, 임대료는 월할 계산한다)

① 기말부채 ₩1,500 과대계상
② 기말부채 ₩4,500 과대계상
③ 당기순이익 ₩1,500 과대계상
④ 당기순이익 ₩4,500 과대계상
⑤ 당기순이익 ₩6,000 과대계상

지문
일치

1위 기록이 증명한 교재

⊕ PLUS   출제가능 문제집, 함께하면 좋은 책은?

핵심요약집(5종)

핵심만 싹 모은 진짜 요약서로 빠르게 이론 정리!

(2차 2종: 2025년 5월 출간 예정)

단원별 기출문제집(2종)

기출문제를 통한 약점 완전 정복!

구성과 특징

워밍업 ▶ 문제풀이 본 학습

기출기반 합격자료

문제풀이 전 출제경향을 확인해 보세요.

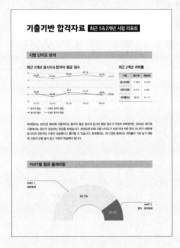

최근 5개년 평균 점수와 2개년 과락률을 통해 시험 난이도를 확인해 보세요. PART별, CHAPTER별 출제비중을 꼼꼼히 분석하여 더 중점을 두고 학습해야 하는 단원을 파악할 수 있습니다.

부족한 개념은 다시 한번, 기본서 연계학습

CHAPTER 01 회계의 기초개념

▶ 연계학습 | 에듀윌 기본서 1차 [회계원리 上] p.20

01 회계이론에 관한 설명으로 옳지 않은 것은?

① 회계는 기업 실체의 경제적 사건을 측정하여 보고한다.
② 재무회계는 외부정보이용자를 대상으로 하는 일반목적의 회계이다.
③ 관리회계는 내부정보이용자인 경영자를 위한 특수목적의 회계이다.
④ 정보이용자에 제공되는 정보는 재무제표라는 형식으로 보고한다.
⑤ 재무제표는 이미 발생한 과거의 정보를 제공하기 때문에 미래를 예측할 수 있는 한계가 존재하여 유용성이 없다.

> **키워드** 회계의 정의 이해하기
> **풀이** 재무제표는 이미 발생한 과거의 경제적 정보를 알려주는데, 과거의 사건이 미래를 예측할 수 있는 잠재력을 가지고 있기 때문에 이는 유용성이 있다.

정답 ⑤

02 재무회계와 관리회계에 관한 설명으로 옳지 않은 것은?

① 관리회계는 기업의 경영자에게 유용한 정보를 제공한다.
② 재무회계의 보고수단은 재무제표이며, 관리회계의 보고수단은 특수목적의 보고서이다.
③ 재무회계의 보고주기는 수시보고이고, 관리회계의 보고주기는 정기보고이다.
④ 재무회계는 일반적으로 인정된 회계원칙을 준용하고, 관리회계는 일반적으로 인정된 회계원칙이 없다.
⑤ 재무회계는 화폐적 정보를 보고하며, 관리회계는 화폐적 정보 및 비화폐적 정

이론 + 재무회계와 관리회계의 비교

구분	재무회계	
목적	외부정보이용자에게 유용한 정보의 제공	내부정보이용자
보고수단	재무제표	특수목적의 보
원칙의 여부	일반적으로 인정된 회계원칙	일반적인 기준
시간적 관점	과거지향적 정보	미래지향적 정

함께 알아두면 좋은, 이론 +

맥락 잡고 약점 잡는, 키워드 & 풀이 •

헷갈리거나 틀린 문제는 오답노트로 정리
해 보세요

고난도

22 (주)한국의 20×1년 토지와 단기차입금 자료가 다음과 같을 때, 20×1년의 투자 및 재무
현금흐름에 대한 설명으로 옳은 것은? (단, 모든 거래는 현금거래이다)

2017년 공무원 수정

PART 1

	기초	기말
• 토지(유형자산)	₩150,000	₩250,000
• 단기차입금	100,000	180,000

〈추가자료〉
• 토지는 취득원가로 기록하며, 20×1년에 손상차손은 없었다.
• 20×1년 중에 토지(장부금액 ₩50,000)를 ₩75,000에 매각하였다.
• 20×1년 중에 단기차입금 ₩100,000을 차입하였다.

① 토지 취득으로 인한 현금유출은 ₩100,000이다.
② 토지의 취득과 매각으로 인한 투자활동 순현금유출은 ₩75,000이다.
③ 단기차입금 상환으로 인한 현금유출은 ₩80,000이다.
④ 단기차입금의 상환 및 차입으로 인한 재무활동 순현금유입은 ₩100,000이다.
⑤ 토지의 취득으로 단기차입금이 발생했다면 이는 투자활동 현금흐름으로 처리한다.

키워드 재무활동 및 투자활동의 현금흐름 이해하기

풀이

토지			
기 초 잔 액	₩150,000	기 말 잔 액	₩250,000
현 금 구 입	150,000	현 금 처 분	50,000
	₩300,000		₩300,000

• 토지 취득(구입)으로 인한 현금유출액: ₩150,000
• 토지 취득(₩150,000)과 매각(₩75,000)으로 인한 순현금유출액: ₩75

단기차입금			
기 말 잔 액	₩180,000	기 초 잔 액	₩100,000
현 금 상 환	20,000	현 금 차 입	100,000
	₩200,000		₩200,000

• 당기상환액(₩20,000)과 당기차입액(₩100,000)에 의한 순현금유입액:
⑤ 토지의 취득으로 단기차입금이 발생했다면 이는 재무활동 현금흐름으로

TIP 토지계정에는 항상 장부금액으로 기장한다. 처분액 ₩75,000은 장부

└─➤ 60점 뛰어넘는, 고난도 문제 & TIP

에듀윌 도서몰
(book.eduwill.net) 접속

▼

도서자료실 클릭 후
부가학습자료 클릭

▼

검색창에 '교재명' 입력 후
다운로드

기출기반 합격자료 최근 5&2개년 시험 리포트

시험 난이도 분석

최근 5개년 응시자&합격자 평균 점수

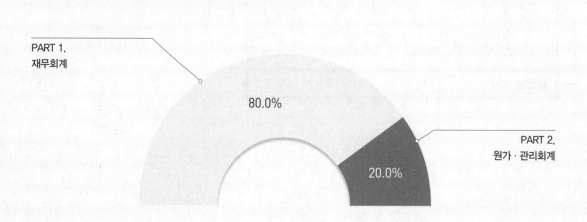

구분	제27회	제26회
응시자(명)	17,023	15,225
과락자(명)	8,310	9,302
과락률(%)	48.82	61.10

최근 2개년 과락률

회계원리는 2023년 제26회 시험까지는 합격자 평균 점수와 응시자 평균 점수가 꾸준히 하락했지만, 2024년 제27회 시험에서는 점수가 상승하는 양상을 보였습니다. 전년도에 비해 시험 난이도가 눈에 띄게 쉬운 편이 아니었기 때문에 응시자의 전반적인 수준이 상승했다고 풀이할 수 있습니다. 회계원리는 1차 3과목 중에서도 과락률이 가장 높기 때문에 긴장의 끈을 놓지 말고 꾸준히 학습해야 합니다.

PART별 평균 출제비중

PART 1.
재무회계

80.0%

PART 2.
원가 · 관리회계

20.0%

CHAPTER별 평균 출제비중

단원		5개년 평균 출제문항 수(개)	5개년 평균 출제비중
PART	CHAPTER		
1. 재무회계	01. 회계의 기초개념	3.0	7.5%
	02. 재무보고를 위한 개념체계	2.2	5.5%
	03. 금융자산 I	4.4	11%
	04. 금융자산 II	1.2	3%
	05. 재고자산	4.0	10%
	06. 유형자산	3.8	9.5%
	07. 무형자산과 투자부동산	1.2	3%
	08. 부채	2.2	5.5%
	09. 자본회계	2.6	6.5%
	10. 수익 · 비용회계	2.6	6.5%
	11. 회계변경과 오류수정	0.8	2%
	12. 재무제표 및 재무비율 분석	4.0	10%
2. 원가 · 관리회계	01. 원가의 기초	0.8	2%
	02. 원가의 배분	1.0	2.5%
	03. 개별원가계산과 종합원가계산	1.2	3%
	04. 전부원가계산과 변동원가계산	0.8	2%
	05. 표준원가계산	1.0	2.5%
	06. 원가추정 및 C · V · P분석	1.8	4.5%
	07. 단기 의사결정	1.4	3.5%

차례

PART 2 | 원가 · 관리회계

PART 1

재무회계

출제경향

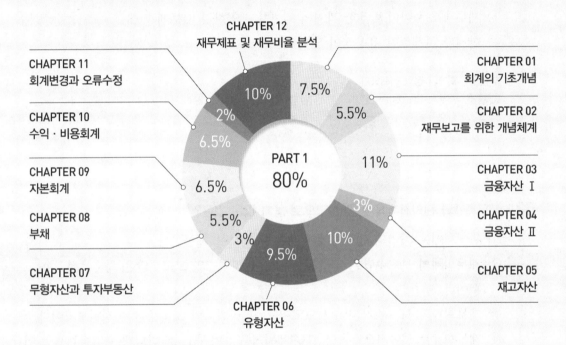

CHAPTER 12
재무제표 및 재무비율 분석

CHAPTER 11
회계변경과 오류수정

CHAPTER 10
수익 · 비용회계

CHAPTER 09
자본회계

CHAPTER 08
부채

CHAPTER 07
무형자산과 투자부동산

CHAPTER 06
유형자산

CHAPTER 01
회계의 기초개념

CHAPTER 02
재무보고를 위한 개념체계

CHAPTER 03
금융자산 Ⅰ

CHAPTER 04
금융자산 Ⅱ

CHAPTER 05
재고자산

PART 1
80%

10%
2%
6.5%
6.5%
5.5%
3%
9.5%
10%
3%
11%
5.5%
7.5%

합격 POINT

제27회 시험에서는 기초회계원리 4문항, 자산회계 15문항, 부채회계 2문항, 자본회계 3문항, 수익·비용회계 3문항, 재무제표 및 비율분석 5문항, 원가회계 8문항이 출제되었습니다. 이론 문제 12문항, 계산문제 28문항이 출제되었으나 분개가 나오지 않은 것이 특이합니다. 계산문제 중 10문항은 답을 찾기 어려웠고, 일부 문제에는 함정이 있었기 때문에 전반적으로 어렵다고 느꼈을 것입니다.

원가회계 8문항 중 2문항이 쉽게 출제되었으나 6문항은 최고 수준의 문제가 출제되어 많이 어려웠을 것입니다. 제28회 시험에서는 1차 시험의 난이도가 상당히 높아질 것으로 전망합니다. 따라서 더욱 회계원리에 집중하여 학습하여야 합니다. 본 문제집을 충분히 활용하시면 좋은 결과를 기대할 수 있습니다.

회계의 기초개념

▶ **연계학습** | 에듀윌 기본서 1차 [회계원리 上] p.20

01 회계이론에 관한 설명으로 옳지 않은 것은?

① 회계는 기업 실체의 경제적 사건을 측정하여 보고한다.

② 재무회계는 외부정보이용자를 대상으로 하는 일반목적의 회계이다.

③ 관리회계는 내부정보이용자인 경영자를 위한 특수목적의 회계이다.

④ 정보이용자에 제공되는 정보는 재무제표라는 형식으로 보고한다.

⑤ 재무제표는 이미 발생한 과거의 정보를 제공하기 때문에 미래를 예측할 수 있는 한계가 존재하여 유용성이 없다.

> **키워드** 회계의 정의 이해하기
>
> **풀이** 재무제표는 이미 발생한 과거의 경제적 정보를 알려주는데, 과거의 사건이 미래를 예측할 수 있는 잠재력을 가지고 있기 때문에 이는 유용성이 있다.

정답 ⑤

02 재무회계와 관리회계에 관한 설명으로 옳지 않은 것은?

① 관리회계는 기업의 경영자에게 유용한 정보를 제공한다.

② 재무회계의 보고수단은 재무제표이며, 관리회계의 보고수단은 특수목적의 보고서이다.

③ 재무회계의 보고주기는 수시보고이고, 관리회계의 보고주기는 정기보고이다.

④ 재무회계는 일반적으로 인정된 회계원칙을 준용하고, 관리회계는 일반적으로 인정된 회계원칙이 없다.

⑤ 재무회계는 화폐적 정보를 보고하며, 관리회계는 화폐적 정보 및 비화폐적 정보를 보고한다.

키워드 정보이용자의 분류에 따른 회계분류

풀이 재무회계의 보고주기는 정기보고이고, 관리회계의 보고주기는 수시보고이다.

이론 + 재무회계와 관리회계의 비교

구분	재무회계	관리회계
목적	외부정보이용자에게 유용한 정보의 제공	내부정보이용자에게 유용한 정보의 제공
보고수단	재무제표	특수목적의 보고서
원칙의 여부	일반적으로 인정된 회계원칙	일반적인 기준이 없음
시간적 관점	과거지향적 정보	미래지향적 정보
보고단위	화폐적 정보	화폐적 정보 및 비화폐적 정보
보고주기	정기보고	수시보고
보고내용	포괄적인 정보	부분적이고, 특정한 정보 중시

정답 ③

03 다음 회계등식으로 옳은 것은?

① 자산 + 부채 = 자본

② 부채 - 자본 = 자산

③ 자산 + 자본 = 부채

④ 총비용 - 총수익 = 당기순손실

⑤ 기초자본 - 기말자본 = 당기순이익

키워드 회계등식 이해하기

풀이
- 총비용 - 총수익 = 당기순손실
- 총수익 - 총비용 = 당기순이익
- 자산 - 부채 = 자본

정답 ④

04 회계정보의 기능 및 역할, 적용환경에 관한 설명으로 옳지 않은 것은? 제17회

① 외부 회계감사를 통해 회계정보의 신뢰성이 제고된다.

② 회계정보의 수요자는 기업의 외부이용자뿐만 아니라 기업의 내부이용자도 포함된다.

③ 회계정보는 한정된 경제적 자원이 효율적으로 배분되도록 도와주는 기능을 담당한다.

④ 회계감사는 재무제표가 일반적으로 인정된 회계기준에 따라 적정하게 작성되었는지에 대한 의견표명을 목적으로 한다.

⑤ 모든 기업은 한국채택국제회계기준을 적용하여야 한다.

> **키워드** 회계의 기본개념 이해하기
>
> **풀이** 비상장기업은 한국채택국제회계기준의 적용을 의무화하고 있지 않다.

정답 ⑤

05 다음 중 재무회계의 일반목적으로 옳지 않은 것은?

① 재무보고서는 현재 및 잠재적 투자자, 대여자 및 그 밖에 채권자가 필요한 모든 정보를 제공하지도 않으며, 제공할 수도 없다.

② 현재 및 잠재적 투자자, 대여자, 그 밖에 채권자는 주요이용자에 속한다.

③ 일반목적은 보고기업의 미래현금흐름을 전망할 수 있다.

④ 일반목적은 경제적 자원의 변동 및 청구권 변동의 재무적 성과에 의한 변동과 채무상품이나 지분상품의 발행(또는 상환)에 의하여 변동한다.

⑤ 재무보고의 목적은 모든 수준의 정보이용자가 의사결정을 할 때 유용한 보고기업 재무정보를 제공하는 것이다.

> **키워드** 회계의 목적 이해하기
>
> **풀이** 일반목적재무보고의 목적은 현재 및 잠재적 투자자, 대여자 및 그 밖에 채권자가 기업에 자원을 제공하는 것에 대한 의사결정을 할 때 유용한 보고기업 재무정보를 제공하는 것이다.
>
> **이론 ✚**
> > 일반목적재무보고의 목적은 현재 및 잠재적 투자자, 대여자 및 그 밖에 채권자가 기업에 자원을 제공하는 것에 대한 의사결정을 할 때 유용한 보고기업 재무정보를 제공하는 것이다.
> > 1. 경제적 자원과 청구권에 관한 정보를 제공한다.
> >   (1) 보고기업의 재무적 강점과 약점(유동성, 지급능력, 자금조달의 필요성 및 가능성, 미래현금흐름이 어떻게 분배될지 예측)을 식별하는 데 도움을 준다.
> >   (2) 보고기업의 미래현금흐름을 전망하는 데 유용한 정보를 제공한다.
> > 2. 경제적 자원 및 청구권의 변동에 관한 정보를 제공한다. 경제적 자원의 변동 및 청구권의 변동은 재무적 성과에 의한 변동과 채무상품이나 지분상품의 발행(또는 상환)에 의하여 변동한다.
> >   (1) 발생기준회계가 반영된 재무성과

(2) 과거현금흐름이 반영된 재무성과

(3) 재무성과에 기인하지 않은 경제적 자원 및 청구권의 변동(채무상품, 지분상품)

일반목적재무보고서

- 주요 이용자: 현재 및 잠재적 투자자, 대여자, 그 밖에 채권자
- 부수적인 이용자: 경영진, 감독당국, 일반대중 등
- 일반목적재무보고서의 한계점: 일반목적재무보고서는 현재 및 잠재적 투자자, 대여자 및 그 밖에 채권자가 필요한 모든 정보를 제공하지 않으며, 제공할 수도 없다(일반 경제적 상황 및 기대, 정치적 사건과 정치 풍토, 산업 및 기업 전망 등은 다른 수단으로 입수한 정보를 고려할 필요가 있다).

정답 ⑤

06 (주)한국의 재무상태를 이용하여 계산한 현금은?

• 현금	₩ (?)	• 매출채권	₩ 1,800
• 선수임대료	500	• 매출채권의 손실충당금	500
• 재고자산	1,800	• 차량운반구	3,000
• 매입채무	1,500	• 차량운반구 감가상각누계액	600
• 자본금	5,000	• 이익잉여금	1,000

① ₩ 2,100

② ₩ 2,200

③ ₩ 2,300

④ ₩ 2,400

⑤ ₩ 2,500

키워드 자산·부채·자본 이해하기

풀이

재무상태표

현 금	₩(2,500)	선 수 임 대 료	₩ 500
매 출 채 권	1,300	매 입 채 무	1,500
재 고 자 산	1,800	자 본 금	5,000
차 량 운 반 구	2,400	이 익 잉 여 금	1,000
	₩8,000		₩8,000

- 매출채권: 매출채권(1,800) − 손실충당금(500) = ₩1,300
- 차량운반구: 차량운반구(3,000) − 감가상각누계액(600) = ₩2,400
- 현금: 대변합계 8,000 − 차변합계 5,500 = ₩2,500

정답 ⑤

07 (주)한국은 기초자산이 ₩100,000이고 기초부채는 ₩80,000이었으며, 기말에는 자산이 ₩150,000이고 부채는 ₩100,000이었다. 당기순이익은 ₩25,000이고 기중에 ₩5,000의 현금배당이 있었으며, 유상증자로 ₩15,000의 현금을 조달하였다. 소유주와의 다른 자본거래가 없었다면, 당기의 기타포괄손익은?

① 기타포괄손실 ₩10,000
② 기타포괄이익 ₩5,000
③ 기타포괄손실 ₩5,000
④ 기타포괄이익 ₩15,000
⑤ 기타포괄손실 ₩15,000

> **키워드** 순손익의 계산 이해하기
> **풀이** • 기초자본: 100,000 − 80,000 = ₩20,000
> • 기말자본: 150,000 − 100,000 = ₩50,000
> • 당기 총포괄손익: 기말자본(50,000) − [기초자본(20,000) + 유상증자(15,000) − 현금배당(5,000)]
>   = ₩20,000
> • 기타포괄손익: 총포괄손익(20,000) − 당기순이익(25,000) = ₩5,000 손실
>
> 정답 ③

08 (주)한국의 20×1년 말 재무상태와 경영성과는 다음과 같다.

구분	기초 재무상태	기말 재무상태와 경영성과
총자산	₩100,000	₩150,000
총부채	?	80,000
총수익		120,000
총비용		100,000

20×1년 기중에 현금배당 ₩15,000과 주식발행 ₩20,000(이 중 유상증자 ₩10,000)을 하였을 경우, 기초부채는? (단, 다른 자본항목의 변동은 없다)

① ₩40,000
② ₩45,000
③ ₩50,000
④ ₩55,000
⑤ ₩60,000

> **키워드** 순손익의 계산 이해하기
> **풀이** • 당기순이익: 총수익(120,000) − 총비용(100,000) = ₩20,000
> • 기말자본: 기말자산(150,000) − 기말부채(80,000) = ₩70,000
> • 수정 전 기초자본: 기말자본(70,000) + 현금배당(15,000) − 당기순이익(20,000)
>   − 유상증자(10,000) = ₩55,000
> • 기초부채: 기초자산(100,000) − 기초자본(55,000) = ₩45,000
> • 주식발행 ₩20,000 중 무상증자 ₩10,000은 무시한다.
>
> 정답 ②

09 다음 자료를 이용하여 계산한 당기의 수익총액은?

제16회 수정

• 기초자산	₩ 22,000	• 기말자산	₩ 80,000
• 기초부채	3,000	• 기말부채	50,000
• 현금배당	1,000	• 유상증자	7,000
• 비용총액	30,000		

① ₩ 15,000   ② ₩ 25,000   ③ ₩ 35,000

④ ₩ 45,000   ⑤ ₩ 40,000

키워드 순손익의 계산 이해하기

풀이
- 기초자본: 22,000 − 3,000 − 1,000 + 7,000 = ₩25,000
- 기말자본: 80,000 − 50,000 = ₩30,000
- 당기순이익: 기말자본(30,000) − 기초자본(25,000) = ₩5,000
- 수익총액: 총비용(30,000) + 당기순이익(5,000) = ₩35,000

정답 ③

10 다음 자료를 이용하여 계산한 당기순이익은? (단, 법인세는 무시한다)

〈재무상태표〉	기초	기말
• 자산	₩ 13,000	₩ 20,000
• 부채	5,000	8,000

〈기중변동내역〉	당기발생액
• 유상증자	₩ 2,000
• 현금배당	500
• FVOCI금융자산 평가손실	1,000

① ₩ 3,500   ② ₩ 3,000   ③ ₩ 4,500

④ ₩ 5,500   ⑤ ₩ 6,000

키워드 순손익의 계산 이해하기

풀이
- 기초자본: 13,000 − 5,000 = ₩8,000
- 기말자본: 20,000 − 8,000 = ₩12,000
- 총포괄이익: 기말자본(12,000) − [기초자본(8,000) + 유상증자(2,000) − 현금배당(500)]
  = ₩2,500
- 당기순이익: 총포괄이익(2,500) + FVOCI금융자산 평가손실(1,000) = ₩3,500

정답 ①

11 (주)한국의 20×1년 말 자료를 이용하여 계산한 기타포괄손익은?

	20×1년 초	20×1년 말
• 자산합계	₩150,000	₩250,000
• 부채합계	80,000	150,000
• 총수익		200,000
• 총비용		180,000
• 기중거래내용		

1. 주식발행 ₩30,000(이 중 ₩10,000은 무상)
2. 이익배당 ₩10,000(현금배당 50%, 주식배당 50%)

① 기타포괄이익 ₩5,000　　② 기타포괄이익 ₩15,000

③ 기타포괄손실 ₩15,000　　④ 기타포괄손실 ₩25,000

⑤ 기타포괄손실 ₩5,000

> **키워드** 순손익의 계산 이해하기
> **풀이**
> • 기초자본: 150,000 − 80,000 = ₩70,000
> • 기말자본: 250,000 − 150,000 = ₩100,000
> • 당기순이익: 200,000 − 180,000 = ₩20,000
> • 총포괄이익: 기말자본(100,000) − [기초자본(70,000) + 유상증자(20,000) − 현금배당(5,000)]
> 　　　　　　 = ₩15,000
> • 기타포괄손익: 총포괄이익(15,000) − 당기순이익(20,000) = ₩5,000 손실
> • 무상증자와 주식배당은 고려하지 않는다.

정답 ⑤

12 (주)한국의 다음 자료를 통해 계산한 기말자산은 얼마인가?

• 기초자산	₩5,000	• 기초부채	₩3,500
• 기말부채	1,800	• 기말자본	(x)
• 총수익	3,000	• 총비용	2,500
• 주식배당	400	• 현금배당	600
• 주식발행(증자)의 회계처리			
(차) 현　　　　금　　800		(대) 자　　본　　금　　600	
		주식발행초과금　　200	

① ₩4,000　　　　　　　　② ₩4,100

③ ₩3,800　　　　　　　　④ ₩3,200

⑤ ₩4,200

키워드　순손익의 계산 이해하기

풀이
- 기초자본: 5,000 − 3,500 = ₩1,500
- 당기순이익: 3,000 − 2,500 = ₩500
- 기말자본: 기초자본(1,500) + 당기순이익(500) − 현금배당(600) + 유상증자(800) = ₩2,200
- 기말자산: 기말부채(1,800) + 기말자본(2,200) = ₩4,000
- 주식배당은 자본총액이 불변이고, 유상(주식발행)증자는 자본총액이 증가한다.

정답　①

13 (주)한국은 당기 중 이익배당이 ₩100,000이고, 이 중 현금배당은 50%이다. 기타포괄손익−공정가치 측정 금융자산평가이익이 ₩10,000이고 주주로부터 납입자본 ₩10,000이 있다면, (주)한국의 20×1년에 보고되는 당기순이익은?

	20×1년 초	20×1년 말
• 자산총액	₩350,000	₩500,000
• 부채총액	150,000	200,000

① ₩170,000
② ₩150,000
③ ₩130,000
④ ₩140,000
⑤ ₩160,000

키워드　순손익의 계산 이해하기

풀이
- 기초자본: 350,000 − 150,000 = ₩200,000
- 기말자본: 500,000 − 200,000 = ₩300,000
- 총포괄이익: 기말자본(300,000) − [기초자본(200,000) − 현금배당(50,000) + 납입자본(10,000)]
  = ₩140,000
- 당기순이익: 총포괄이익(140,000) − 기타포괄이익(10,000) = ₩130,000
- 주식배당은 고려하지 않는다.

정답　③

14 (주)한국의 20×1년 기초와 기말의 자산과 부채총계는 다음과 같다.

구분	20×1년 초	20×1년 말
자산총계	₩150,000	₩200,000
부채총계	100,000	130,000

(주)한국은 20×1년 중 총수익은 ₩25,000이고 유상증자 ₩10,000을 실시하고 현금배당 ₩5,000과 주식배당 ₩3,000을 실시하였으며 ₩500을 이익준비금으로 적립하였다. 20×1년에 이외의 다른 거래는 없었다고 가정할 때, (주)한국의 20×1년 포괄손익계산서상 당기순이익은?

① ₩15,000 ② ₩16,000 ③ ₩14,000
④ ₩17,000 ⑤ ₩13,000

키워드 · 순손익의 계산 이해하기

풀이
- 기초자본: 150,000 − 100,000 = ₩50,000
- 기말자본: 200,000 − 130,000 = ₩70,000
- 당기순이익: 기말자본(70,000) − [기초자본(50,000) + 유상증자(10,000) − 현금배당(5,000)]
  = ₩15,000
- 당기순이익: 총수익(25,000) − 총비용(x) = ₩15,000 ∴ x = ₩10,000
- 주식배당(3,000)과 이익준비금(500)은 고려하지 않는다.

정답 ①

---

15 (주)한국의 기초자산은 ₩120,000이고, 기말자산은 ₩260,000이다. 또한 기초부채는 ₩70,000이고, 기말부채는 기초부채보다 ₩40,000이 증가하였다. 당기 중 현금출자로 인해 납입자본은 ₩42,000 증가하였고, 당기순이익은 ₩38,000, 현금배당(당기에 선언한 것임)으로 ₩20,000을 지급하였다면 기타포괄손익은? (단, 주어진 자료 이외의 사항은 고려하지 않는다)

① 기타포괄손실 ₩38,000 ② 기타포괄이익 ₩38,000
③ 기타포괄이익 ₩40,000 ④ 기타포괄손실 ₩40,000
⑤ 기타포괄이익 ₩42,000

키워드 · 순손익의 계산 이해하기

풀이
- 기말부채는 기초부채 ₩70,000보다 ₩40,000 증가하였으므로 ₩110,000이다.
- 기초자본: 기초자산(120,000) − 기초부채(70,000) = ₩50,000
- 기말자본: 기말자산(260,000) − 기초부채(110,000) = ₩150,000
- 총포괄이익: 기말자본(150,000) − [기초자본(50,000) + 증자(42,000) − 현금배당(20,000)]
  = ₩78,000
- 기타포괄이익: 총포괄이익(78,000) − 당기순이익(38,000) = ₩40,000

정답 ③

고난도

16 (주)한국의 20×1년 초 자산총계와 부채총계는 각각 ₩40,000과 ₩10,000이고, 20×1년 말 자산총계와 부채총계는 각각 ₩60,000과 ₩20,000이다. 한편, (주)한국은 20×1년 중에 ₩2,000의 현금배당을 실시하였으며, 20×1년도 당기순이익으로 ₩5,000을 보고하였다. 20×1년도 포괄손익계산서에 인식할 기타포괄손익과 총포괄손익은? [단, 20×1년 중 현금배당 이외의 자본거래(주주자격을 행사하는 주주와의 거래)는 없었다고 가정한다]

	기타포괄이익	총포괄이익
①	₩7,000	₩10,000
②	₩5,000	₩12,000
③	₩5,000	₩7,000
④	₩7,000	₩12,000
⑤	₩3,000	₩7,000

키워드 순손익의 계산 이해하기(기타포괄손익처리)

풀이 • 기말자본: 기초자본(30,000) + 총포괄이익(x) − 현금배당(2,000) = ₩40,000
∴ x = ₩12,000
• 총포괄이익: 당기순이익(5,000) + 기타포괄이익(y) = ₩12,000 ∴ y = ₩7,000

정답 ④

17 다음 중 손익거래(수익 또는 비용)에 영향을 주지 않는 것은? 제24회 수정

① 화재가 발생하여 재고자산이 소실되었다.
② 단기매매항목으로 보유 중인 주식의 공정가치가 상승하였다.
③ 용역제공 수익계약을 체결하고 현금을 수취하였다.
④ 사용 중인 건물의 감가상각비를 인식하였다.
⑤ 거래처 직원을 접대하고 현금을 지출하였다.

키워드 손익거래 이해하기

풀이 용역제공 수익계약을 체결하고 현금을 수취하였다면 선수금(부채)으로 회계처리한다.

정답 ③

18 다음 중 회계거래에 해당하지 않는 것은?

① 이자 ₩10,000이 보통예금 통장에 가산되었다.

② 원가 ₩10,000의 상품을 ₩12,000에 외상으로 판매하다.

③ 은행에서 대출을 받기 위해 토지 ₩100,000을 담보로 제공하였다.

④ 토지 ₩50,000을 임대계약을 체결하고, 반년분 임대료 ₩6,000을 현금으로 받았다.

⑤ 창고에 보관 중인 재고자산 ₩10,000을 도난당하다.

키워드 거래의 식별 이해하기

풀이 은행에서 대출을 받기 위해 토지 ₩100,000을 담보로 제공하는 것은 회계상의 거래가 아니다.

정답 ③

19 다음 중 회계상 거래에 해당하는 것은?

> ㉠ 소유 중인 차량 ₩1,000을 타 회사의 기계설비 ₩1,200과 교환하였다.
> ㉡ 건물을 임차하고 월 ₩10,000에 집세를 지급하기로 계약하다.
> ㉢ 종업원의 1월분 급여 ₩1,000을 미지급하였다.
> ㉣ 거래처와 원재료를 장기간 공급받기로 주문계약이 체결되었다.
> ㉤ 국세청으로부터 재산세 ₩1,000의 납부고지서를 받다.
> ㉥ 현금을 차입하기로 하고 토지 ₩5,000을 담보로 제공하다.

① ㉠, ㉢, ㉤

② ㉠, ㉡, ㉢, ㉥

③ ㉠, ㉢, ㉤, ㉥

④ ㉡, ㉣, ㉥

⑤ ㉡, ㉢, ㉣, ㉥

키워드 거래의 식별 이해하기

풀이 회계상의 거래는 자산·부채·자본의 증감변화를 일으키는 것이다. 따라서 계약(약속) 및 담보제공 등은 회계상의 거래가 아니다.

정답 ①

20 회계상 거래가 아닌 것은?

제19회

① 거래처의 부도로 인하여 매출채권 회수가 불가능하게 되었다.

② 임대수익이 발생하였으나 현금으로 수취하지는 못하였다.

③ 기초에 매입한 FVPL금융자산의 공정가치가 기말에 상승하였다.

④ 재고자산 실사결과 기말재고 수량이 장부상 수량보다 부족한 것을 확인하였다.

⑤ 기존 차입금에 대하여 금융기관의 요구로 부동산을 담보로 제공하였다.

PART 1

키워드 거래의 식별 이해하기

풀이 담보제공은 회계상의 거래가 아니다.

정답 ⑤

---

21 다음 거래 중 당기순이익에 영향이 없는 거래는?

① 기타포괄손익−공정가치 측정 금융자산평가이익 ₩1,000이 발생하였다.

② 단기대여금 ₩10,000과 이자 ₩1,000을 현금으로 회수하다.

③ 소유한 토지를 원가 이상으로 처분하였다.

④ 당월 분 집세를 수표 발행하여 지급하다.

⑤ 건물을 수리하고 수선비 ₩1,000을 다음 달에 지급하기로 하였다.

키워드 거래의 종류 이해하기

풀이 기타포괄손익−공정가치 측정 금융자산평가이익은 기타포괄손익으로 당기순이익에 영향이 없다.
②③ 당기순이익 증가(수익발생)
④⑤ 당기순이익 감소(비용발생)

정답 ①

22 회계상 거래 중 비용이 발생하고 부채가 증가하는 거래는? 제26회 수정

① 당기에 발생한 임차료를 지급하지 않았다.

② 화재로 인하여 건물 일부가 소실되었다.

③ 전기에 처분한 건물대금을 당기에 현금으로 수취하였다.

④ 결산 시 당기분 예금이자를 인식하였다.

⑤ 전기분 종업원 급여를 당좌수표를 발행하여 지급하였다.

> **키워드** 회계순환과정 중 거래종류 이해하기
>
> **풀이** 당기에 발생한 임차료를 지급하지 않았다면 임차료 비용이 발생하고 미지급임차료 부채가 증가한다.
>
> 정답 ①

---

23 자본을 감소시키는 거래는?

① 주주총회에서 주식배당을 결의하였다.

② 비품을 외상으로 구입하였다.

③ 거래처에 수선 용역을 제공하고 대금은 나중에 받기로 하였다.

④ 사외 유통 중인 자기주식을 현금으로 지급하고 취득하였다.

⑤ 주식을 액면금액으로 발행하였다.

> **키워드** 거래의 8요소 이해하기
>
> **풀이**
>
> (차) 자 기 주 식 ××× (대) 현 금 ××× ⇨ 자본감소(자본감소, 자산감소)
> ① (차) 이익잉여금 ××× (대) 자 본 금 ××× ⇨ 자본불변(자본감소, 자본증가)
> ② (차) 비 품 ××× (대) 미 지 급 금 ××× ⇨ 자본불변(자산증가, 부채증가)
> ③ (차) 매 출 채 권 ××× (대) 용 역 수 익 ××× ⇨ 자본증가(자산증가, 수익발생)
> ⑤ (차) 현 금 ××× (대) 자 본 금 ××× ⇨ 자본증가(자산증가, 자본증가)
>
> 정답 ④

---

24 다음 거래 중 당기순이익에 영향을 미치는 거래는?

① 미수이자수익을 현금으로 회수하였다.

② 이달분 급여를 다음 연도 1월에 지급하기로 하였다.

③ 기타포괄손익－공정가치 측정 금융자산 평가손실이 발생하였다.

④ 비품을 구입하고 대금은 약속어음을 발행하여 지급하였다.

⑤ 당기순이익의 일부를 현금으로 배당하였다.

거래의 종류 이해하기
당기순이익에 영향을 미치는 거래는 손익거래에 해당한다.

(차) 급　　　　여　　　×××　　(대) 미 지 급 급 여　　×××
①③④⑤ 교환거래에 해당한다.

정답 ②

고난도

25 회계상 거래 중 자산과 부채가 동시에 증가하지 않는 것은?

① 현금 ₩10,000을 차입하고 약속어음을 발행하여 지급하였다.
② 액면금액 ₩5,000의 상품권을 10% 할인발행하고 현금을 받았다.
③ 영업용 차량 ₩10,000을 구입하고 대금은 약속어음을 발행하여 지급하였다.
④ 액면 ₩5,000인 보통주 10주를 주당 ₩6,000에 발행하고 현금을 납입받았다.
⑤ 토지 ₩10,000을 구입하고 대금 중 반은 약속어음을 지급하고 나머지는 다음
　달에 지급하기로 하였다.

거래의 8요소 이해하기
④의 거래는 자산의 증가와 자본의 증가로 구성되었다.

(차) 현　　　　　　금　₩60,000　　(대) 자　　　본　　　금　₩50,000
　　　　　　　　　　　　　　　　　　　　주 식 발 행 초 과 금　　10,000

정답 ④

26 다음 항목 중 당기순이익에 영향을 주지 않는 거래는?

① 유형자산을 구입하여 최초 재평가에서 평가손실을 인식하였다.
② 시세차익을 목적으로 구입하여 임대하고 이달분 임대료를 수취하였다.
③ 판매직원에 대한 판매수당을 미지급하였다.
④ 장기투자 목적으로 보유한 주식의 공정가치가 하락하였다.
⑤ 신용으로 용역(서비스)을 제공하였다.

기타포괄손익과 당기손익 이해하기
장기투자 목적으로 보유한 주식의 공정가치가 하락하는 것은 기타포괄손익에 해당한다.

정답 ④

27 (주)한국은 차량운반구 ₩100,000을 구입하여 대금 중 ₩80,000은 수표를 발행하여 지급하고 잔액은 약속어음을 발행하여 지급하였다. 회계처리로 옳은 것은?

① (차) 차 량 운 반 구 ₩100,000 (대) 현   금 ₩80,000
                                        지 급 어 음   20,000
② (차) 차 량 운 반 구 ₩100,000 (대) 당 좌 예 금 ₩80,000
                                        지 급 어 음   20,000
③ (차) 차 량 운 반 구 ₩100,000 (대) 당 좌 예 금 ₩80,000
                                        약 속 어 음   20,000
④ (차) 차 량 운 반 구 ₩100,000 (대) 당 좌 예 금 ₩80,000
                                        미 지 급 금   20,000
⑤ (차) 차 량 운 반 구 ₩100,000 (대) 현   금 ₩80,000
                                        미 지 급 금   20,000

키워드 미지급금 이해하기
풀이 수표를 발행하면 당좌예금이 감소하고, 상품이 아닌 물품을 구입하고 어음을 발행하면 미지급금으로 분개한다.

정답 ④

28 (주)한국은 20×1년 7월 1일에 은행으로부터 ₩5,000의 자금을 조달하면서 3개월 만기의 어음(액면이자율 연 12%, 이자는 만기 지급)을 발행하였다. 7월 1일 분개로 옳은 것은? 제16회

① (차) 현   금 ₩5,000 (대) 단 기 차 입 금 ₩5,000
② (차) 현   금 ₩5,000 (대) 지 급 어 음 ₩5,000
③ (차) 현   금 ₩4,850 (대) 단 기 차 입 금 ₩4,850
④ (차) 현   금 ₩4,850 (대) 지 급 어 음 ₩5,000
        이 자 비 용   150
⑤ (차) 현   금 ₩4,850 (대) 받 을 어 음 ₩5,000
        이 자 비 용   150

키워드 거래의 분개 이해하기
풀이 어음을 발행하여 자금을 차입하면 단기차입금으로 회계처리한다. 어음 이자는 만기에 지급하기 때문에 분개하지 않는다.

정답 ①

29 장부마감 전 계정 잔액이 존재하고 장부마감 후 다음 회계연도로 잔액이 이월되지 않는 계정으로 집합손익계정 대변에 나타나는 항목은?

① 미수수익

② 매출액

③ 단기차입금

④ 금융원가

⑤ 재평가잉여금

> **키워드** 집합손익계정 이해하기
>
> **풀이** 장부마감 전 계정 잔액이 존재하고 장부마감 후 다음 회계연도로 잔액이 이월되지 않는 계정은 수익·비용으로 집합손익계정 대변에 나타나는 항목은 수익계정이다.

정답 ②

고난도

30 수정후시산표의 각 계정 잔액이 존재한다고 가정할 경우, 장부마감 후 다음 회계연도 대변으로 이월되는 계정과목은?   제24회 수정

① 개발비

② 자본금

③ 매출원가

④ 미수이자

⑤ 이자수익

> **키워드** 실재계정 이해하기
>
> **풀이** 다음 회계연도 대변으로 이월되는 계정과목은 부채와 자본계정이다. 수익·비용은 차기로 이월되지 않는 계정이고 자산은 잔액이 차변으로 이월된다.
>
> **TIP** 항상 대변에 잔액이 생기는 계정은 부채와 자본이다.

정답 ②

31 "상품을 ₩200,000에 매입하고, 대금 중 ₩150,000은 현금으로 지급하고, 잔액은 외상으로 하다"의 거래를 기장하는 장부를 모두 표시한 것으로 옳은 것은?

① 분개장, 총계정원장, 매출장, 매입처원장, 현금출납장, 매입장
② 총계정원장, 매입장, 매출장, 매입처원장, 현금출납장
③ 분개장, 상품재고장, 매출장, 매입처원장, 현금출납장, 매입장
④ 분개장, 총계정원장, 매출장, 매입장, 매입처원장, 현금출납장
⑤ 분개장, 총계정원장, 매입장, 상품재고장, 매입처원장, 현금출납장

> **키워드** 거래의 장부 이해하기
> **풀이** 위 거래의 분개를 표시하면 다음과 같다.
>
> (차) 매 입 (또 는 상 품) ₩200,000   (대) 현   금 ₩150,000
>   외 상 매 입 금   50,000
>
> • 매입: 매입장과 상품재고장
> • 현금: 현금출납장
> • 외상매입금: 매입처원장
> • 분개장과 총계정원장은 모든 거래를 기록한다.
>
> 정답 ⑤

32 회계거래의 기록과 관련된 설명으로 옳지 않은 것은?   제19회

① 분개란 복식부기의 원리를 이용하여 발생한 거래를 분개장에 기록하는 절차이나.
② 분개장의 거래기록을 총계정원장의 각 계정에 옮겨 적는 것을 전기라고 한다.
③ 보조 회계장부로는 분개장과 현금출납장이 있다.
④ 시산표의 차변 합계액과 대변 합계액이 일치하는 경우에도 계정기록의 오류가 존재할 수 있다.
⑤ 시산표는 총계정원장의 차변과 대변의 합계액 또는 잔액을 집계한 것이다.

> **키워드** 회계순환과정 이해하기
> **풀이** 회계장부로는 주요부와 보조부가 있다. 주요부에는 분개장과 총계정원장이 있으며, 보조부에는 보조기입장과 보조원장이 있다. 분개장은 주요부에 속한다.
>
> 정답 ③

33 다음은 (주)한국의 임차료와 비품의 계정별 원장 잔액이다. 계정을 보고 거래를 추정한 것으로 옳지 않은 것은?

임차료			
7/1현금	₩10,000	12/31선급비용	₩4,000
비품			
5/1현금	₩50,000	9/5미수금	₩10,000

① 7/1 임차료 ₩10,000을 현금으로 지급하다.

② 12/31 임차료 미경과분 ₩4,000을 계상하다.

③ 12/31 당기분 임차료 ₩6,000을 집합손익에 대체하다.

④ 12/31 비품계정 잔액 ₩40,000을 집합손익에 대체하다.

⑤ 9/5 비품 ₩10,000을 처분하고 대금은 외상으로 하다.

키워드 분개와 전기 이해하기

풀이 비품계정 차변에 잔액 ₩40,000은 차기이월한다.

정답 ④

34 다음 중 시산표 등식으로 옳은 것은?

① 기말자산 + 총비용 + 순이익 = 기말부채 + 기초자본 + 총수익

② 기말자산 + 총비용 = 기말부채 + 기초자본 + 총수익

③ 기말자산 = 기초자본 + 기말부채 + 기말자본 + 총수익

④ 기말자산 + 총비용 + 순이익 = 기말부채 + 기말자본 + 총수익

⑤ 기말자산 + 총비용 + 순이익 = 기말부채 + 기초자본 + 순이익 + 총수익

키워드 회계등식(시산표) 이해하기

풀이 • 시산표는 대차평균의 원리에 의해서 차변합계와 대변합계가 반드시 일치해야 하지만 모든 오류를 발견할 수는 없다.
• 기말자산 + 총비용 = 기말부채 + 기초자본 + 총수익

정답 ②

35 수정전시산표에 관한 설명으로 옳지 않은 것은?

① 통상 재무제표를 작성하기 이전에 거래가 오류 없이 작성되었는지 자기검증하기 위하여 작성한다.

② 총계정원장의 총액 혹은 잔액을 한곳에 모아놓은 표이다.

③ 총계정원장 기록을 요약하고 검증하는 일람표로서 필수적 장부(분개장, 총계정 원장 등)로 분류되지 않으며, 결산보고서에 속하지 않는다.

④ 복식부기의 원리를 전제로 한다.

⑤ 차변합계와 대변합계가 일치하면 계정분류, 거래인식의 누락 등에서 오류가 발생하지 않는다.

> **키워드** 시산표의 정의 이해하기
>
> **풀이** 차변합계와 대변합계가 일치하더라도 계정분류, 거래인식의 누락 등에서 오류가 발생했을 수 있다.

정답 ⑤

36 시산표에서 발견할 수 있는 오류는?　　　　　　　　　　　　　　　제16회 수정

① 비품을 현금으로 구입한 거래를 두 번 반복하여 기록하였다.

② 사채계정의 잔액을 상각 후 원가 측정 금융자산계정의 차변에 기입하였다.

③ 건물계정의 잔액을 투자부동산계정의 차변에 기입하였다.

④ 개발비계정의 잔액을 연구비계정의 차변에 기입하였다.

⑤ 매입채무를 현금으로 지급한 거래에 대한 회계처리가 누락되었다.

> **키워드** 시산표의 오류 이해하기
>
> **풀이** 시산표에서 발견할 수 있는 오류는 시산표의 대·차가 일치하지 않는 경우에 발견할 수 있다. 사채계정의 잔액(대변)을 상각 후 원가 측정 금융자산(AC)계정의 차변에 기입한 것은 대·차가 일치하지 않으므로 시산표에서 발견할 수 있는 오류이다.

정답 ②

37 시산표에 관한 설명으로 옳은 것은?   제15회

① 시산표는 재무상태표와 포괄손익계산서를 작성하기 위한 필수적인 장부이다.

② 시산표는 각 계정과목의 잔액을 사용하여 작성할 수 있다.

③ 수정전시산표에는 선급비용과 선수수익의 계정과목이 나타나지 않는다.

④ 발생된 거래를 분개하지 않은 경우 시산표의 차변합계와 대변합계는 일치하지 않는다.

⑤ 수정후시산표에는 수익과 비용 계정과목이 나타날 수 없다.

> **키워드** 시산표 이해하기
>
> **풀이** ① 시산표는 재무상태표와 포괄손익계산서를 작성하기 위한 필수적인 장부는 아니다.
> ③ 수정전시산표에는 선급비용과 선수수익의 계정과목이 나타날 수 있다.
> ④ 발생된 거래를 분개하지 않은 경우 시산표의 차변합계와 대변합계는 일치한다.
> ⑤ 수정후시산표에는 수익과 비용 계정과목이 나타날 수 있다.
>
> 정답 ②

38 시산표를 통해서 발견할 수 없는 오류는?

① 상품을 현금으로 매출하고 차변에 현금은 기록하였으나 매출에 대한 기록은 누락하였다.

② 매출채권 계정의 차변에 전기해야 하는데 대변에 전기한 경우

③ 비품을 구입하고 차변과 대변에 각각 다른 금액을 전기한 경우

④ 거래를 분개함에 있어서 차입금계정의 차변에 기록하여야 하는데 대여금계정의 차변에 기록한 경우

⑤ 매입채무를 상환하고 분개는 하였으나 전기할 때 차변을 누락한 경우

> **키워드** 시산표의 오류 이해하기
>
> **풀이** 거래를 분개함에 있어서 차입금계정의 차변에 기록하여야 하는데 대여금계정의 차변에 기록한 경우에는 차변금액과 대변금액이 일치하여 오류를 발견할 수 없게 된다.
>
> 정답 ④

39 시산표를 통해서 발견할 수 없는 오류가 아닌 것은?

① 비품을 ₩50,000씩 두 번 매입하고 분개는 한 번만 하였다.

② 소모품을 취득하고 비품계정으로 분개하였다.

③ 하나의 거래를 이중으로 분개하고 전기하였다.

④ 분개를 전기할 때 대변의 금액을 잘못 기입하였다.

⑤ 분개를 전기할 때 차변의 현금계정을 당좌예금계정으로 잘못 전기하였는데 대변은 정상적으로 전기하였다.

키워드 시산표의 오류 이해하기

풀이 전기할 때 대변의 금액을 잘못 기입하면 대·차금액이 일치하지 않으므로 오류를 발견할 수 있다.

이론＋
> **시산표에서 발견할 수 없는 오류**
> 1. 거래 전체가 누락되거나 전기가 누락된 경우
> 2. 어떤 거래를 이중으로 분개했거나 또는 대·차 양변에 이중으로 전기한 경우
> 3. 대·차 양변에 틀린 동일 금액으로 분개하거나 전기한 경우
> 4. 오류가 우연히 상계된 경우
> 5. 계정과목의 설정이 잘못되거나 타 계정에 전기한 경우

정답 ④

40 시산표에서 발견할 수 있는 오류는?

① 동일한 거래를 분개장에 이중으로 기입하였다.

② 총계정원장 전기 시 차변금액과 대변금액을 서로 다르게 전기하였다.

③ 실제 거래액과는 다른 금액을 양쪽에 전기하였다.

④ 금액은 정확하게 기입하였으나 차변의 계정과목이 잘못 기입되었다.

⑤ 거래 전체의 분개는 누락되지 않았지만, 전기가 누락되었다.

키워드 시산표의 오류 이해하기

풀이 총계정원장의 전기 시 차변금액과 대변금액을 서로 다르게 전기하였다면 시산표의 대·차합계가 불일치하므로 시산표만으로도 오류 여부를 검증할 수 있다.

정답 ②

41 다음 오류 중에서 시산표의 작성을 통하여 발견할 수 없는 것은?

① ₩100,000의 상품을 현금매입하고 거래에 대한 회계처리를 누락하였다.

② ₩300,000의 매출채권 회수 시 현금계정 차변과 매출채권계정 차변에 각각 ₩300,000을 기입하였다.

③ ₩1,000,000의 매출채권 회수에 대한 분개를 하고, 매출채권계정에는 전기하였으나 현금계성에 대한 전기는 누락하였다.

④ ₩550,000의 매입채무 지급 시 현금계정 대변에 ₩550,000을 기입하고 매입채무계정 차변에 ₩505,000을 기입하였다.

⑤ ₩2,000,000의 비품 외상구입에 대한 분개를 하고, 비품계정 대변과 미지급금계정 대변에 각각 전기하였다.

> **키워드** 시산표의 오류 이해하기
> **풀이** ₩100,000의 상품을 현금매입하고 거래에 대한 회계처리를 누락하였다면 시산표의 대·차에는 영향을 주지 않으므로 오류를 발견할 수 없게 된다.

> 정답 ①

42 시산표의 차변금액이 대변금액보다 작게 나타나는 오류는?

① 상품을 외상으로 매입하고 회계처리가 누락되었다.

② 재산세를 납부하고 회계처리를 중복해서 기록하였다.

③ 현금을 차입하고 차변에는 단기차입금으로 대변에는 현금으로 전기하였다.

④ 외상매출금을 회수하고 분개를 한 후, 외상매출금계정에는 전기를 하였으나 현금계정에는 전기를 누락하였다.

⑤ 미지급금을 상환하고 분개를 한 후, 미지급금계정에는 전기를 하였으나 현금계정에는 전기를 누락하였다.

> **키워드** 시산표의 오류 이해하기
> **풀이** 차변금액이 대변금액보다 작으며, 해당 내용은 시산표에서 발견할 수 있는 오류에 해당한다.
> ① 차변금액과 대변금액이 일치한다.
> ② 차변금액과 대변금액이 일치한다.
> ③ 차변금액과 대변금액이 일치한다.
> ⑤ 차변금액이 대변금액보다 크다.

> 정답 ④

43 다음의 수정분개 중 시산표의 합계금액을 변동시키지 않는 항목은?

① 건물의 감가상각비를 인식하였다.

② 미지급 이자비용을 인식하였다.

③ 소모품 ₩1,000을 구입하였다.

④ 임대료 중 차기(미경과)에 속하는 부분을 인식하였다.

⑤ 대여금에 대한 미수이자의 인식

키워드 시산표의 합계변동 이해하기

풀이 같은 변의 요소끼리 거래가 발생하면 다른 한쪽에 변동을 주지 않기 때문에 시산표의 합계는 변동하지 않는다. 그러므로 임대료(수익) 중 기간 미경과(차기)분 선수임대료(부채)를 인식하면 시산표의 합계는 변동하지 않는다. 다만, ③ 소모품 ₩1,000을 구입한 거래는 기말수정분개가 아니다.

정답 ④

---

44 (주)한국의 20×1년 말 수정 후 시산표 합계는 ₩200,000이었다. 다음의 사항을 고려한다면 수정 전 시산표 합계는 얼마인가?

• 소모품 미사용액	₩15,000	• 임대료 미경과액	₩25,000
• 감가상각비	15,000	• 미지급이자	25,000

① ₩200,000

② ₩180,000

③ ₩160,000

④ ₩140,000

⑤ ₩120,000

키워드 시산표의 합계변동 이해하기

풀이
- •(차) 소모품   15,000   (대) 소모품비   15,000
      임대료   25,000   선수임대료   25,000
      감가상각비   15,000   감가상각누계액   15,000
      이자비용   25,000   미지급이자비용   25,000
- 소모품 미사용액 ₩15,000과 임대료 미경과액 ₩25,000은 차변항목의 증가와 감소가 동시에 이루어지므로 시산표에는 영향이 없다. 그러나 감가상각비 ₩15,000과 미지급이자 ₩25,000은 수정후시산표의 합계금액을 증가시킨다. 그러므로 차감하여야 한다.
- 수정 전 시산표 합계: 200,000 − 15,000 − 25,000 = ₩160,000

정답 ③

---

45 다음의 기말수정분개가 미치는 영향으로 옳지 않은 것은? (단, 법인세비용에 미치는 영향은 없다고 가정한다)

> • 9월 1일 1년간의 보험료 ₩6,000을 지급하고 전액을 자산으로 처리하였다.
> • 당기 임대료 수익 ₩1,000이 발생되었으나 결산일 현재 회수되지 않고 다음 달 말일에 회수할 예정이다.

① 자산총액이 ₩1,000만큼 감소한다.
② 부채총액은 변동이 없다.
③ 자본총액이 ₩1,000만큼 감소한다.
④ 순이익이 ₩1,000만큼 증가한다.
⑤ 수정 후 시산표의 합계는 ₩1,000만큼 증가한다.

키워드 결산수정(정리분개)분개 이해하기

풀이
• (차) 보　험　료　　₩2,000　　(대) 선 급 보 험 료　　₩2,000
　　⇨ 시산표합계 불변, 자산 감소, 비용 증가, 순이익 2,000원 감소
• (차) 미 수 임 대 료　　₩1,000　　(대) 임　　대　　료　　₩1,000
　　⇨ 시산표합계 증가, 자산 증가, 수익 증가, 순이익 1,000원 증가
• 당기순이익은 1,000원 감소한다.

정답 ④

46 (주)한국의 기말수정사항이 다음과 같은 경우, 기말수정분개가 미치는 영향으로 옳지 않은 것은? (단, 법인세는 무시한다)　　　　　　2015년 공무원 수정

> • 4월 1일 1년간의 임차료 ₩120,000을 현금으로 지급하면서 전액을 임차료로 기록하였다.
> • 12월에 급여 ₩20,000이 발생되었으나, 기말 현재 미지급 상태이다.

① 수정후시산표의 차변합계가 ₩50,000만큼 증가한다.
② 당기순이익이 ₩10,000만큼 증가한다.
③ 자산총액이 ₩30,000만큼 증가한다.
④ 부채총액이 ₩20,000만큼 증가한다.
⑤ 자본총액이 ₩10,000만큼 증가한다.

키워드 수정후시산표 이해하기

풀이 • 12월 31일: (차) 선 급 임 차 료　₩30,000　(대) 임　　차　　료　₩30,000
　　　⇨ 수정후시산표합계 불변, 자산 증가, 비용 감소, 순이익 증가
• 12월 31일: (차) 급　　　　　여　₩20,000　(대) 미 지 급 급 여　₩20,000
　　　⇨ 수정후시산표합계 증가, 부채 증가, 비용 증가, 순이익 감소

TIP 시산표합계액에 영향이 없는 거래는 소모품, 선급, 선수계정으로 시산표 차·대변에 영향이 없다.

정답 ①

47 회계 기말에 행할 결산수정사항에 해당하지 않는 것은?　　　　　　2016년 공무원 수정

① 기중에 사용된 소모품 금액을 소모품계정으로부터 소모품비계정으로 대체한다.
② 거래 중인 회사의 부도로 손상이 확정된 매출채권에 대해 손실충당금과 상계처리한다.
③ 건물에 대한 감가상각비를 인식한다.
④ 실지재고조사법에 따라 상품에 대한 매출원가를 인식한다.
⑤ 보험료 미경과분을 차기로 이월한다.

키워드 기말정리사항 이해하기

풀이 손상이 확정된 매출채권을 손실충당금으로 보전하는 거래는 결산정리사항이 아니라 일반거래이다.

정답 ②

48 20×1년 초에 설립한 (주)한국의 20×1년 말 수정전시산표상 소모품비계정은 ₩50,000이었다. 기말실사 결과 소모품 미사용이 ₩20,000일 때, 소모품에 대한 수정분개의 영향으로 옳은 것은?

① 비용이 ₩20,000 증가한다.

② 자본이 ₩20,000 증가한다.

③ 이익이 ₩20,000 감소한다.

④ 자산이 ₩20,000 감소한다.

⑤ 부채가 ₩20,000 감소한다.

키워드 소모품의 정리 이해하기

풀이 소모품을 비용으로 회계처리한 경우 결산 시 미사용액을 분개한다. 그러므로 자산이 ₩20,000 증가하여 자본이 ₩20,000 증가한다.

(차) 소　　　　　모　　　　　품　　₩20,000　　(대) 소　모　품　비　₩20,000

정답 ②

49 다음 중 포괄손익계산서에 표시되는 항목으로 옳지 않은 것은?　　제26회 수정

① 투자부동산평가손익

② 기타포괄손익–공정가치 측정 금융자산(채무상품)의 처분손익

③ 영업권의 손상을 인식한 후의 회복한 손상차손환입

④ 원가모형을 적용하는 유형자산의 손상차손환입

⑤ 최초 인식된 토지재평가손실

키워드 당기순손익 이해하기

풀이 영업권의 손상차손은 비용으로 인식하지만 이후 회복한 손상차손환입은 인식하지 않는다.

정답 ③

50 다음은 회계순환과정을 이루고 있는 절차의 일부이다. 이 절차들의 순서가 바르게 연결된 것은?

2016년 관세사

ㄱ 분개
ㄴ 재무제표 작성
ㄷ 결산수정분개
ㄹ 수정후시산표
ㅁ 거래의 발생
ㅂ 원장으로 전기

---

① ㅁ → ㅂ → ㄱ → ㄹ → ㄷ → ㄴ

② ㄱ → ㅂ → ㄹ → ㄷ → ㄴ → ㅁ

③ ㅁ → ㄱ → ㅂ → ㄹ → ㄷ → ㄴ

④ ㅁ → ㄱ → ㅂ → ㄷ → ㄹ → ㄴ

⑤ ㅁ → ㅂ → ㄱ → ㄷ → ㄹ → ㄴ

키워드 **결산과정 이해하기**

풀이 거래의 발생(ㅁ) → 분개(ㄱ) → 원장으로 전기(ㅂ) → 수정전시산표 → 결산수정분개(ㄷ) → 수정후시산표(ㄹ) → 원장과 분개장 마감 → 재무제표 작성(ㄴ)

정답 ④

재무보고를 위한 개념체계

▶ **연계학습** | 에듀윌 기본서 1차 [회계원리 上] p.92

01 재무보고를 위한 개념체계(이하 '개념체계'라 한다)는 일반목적재무보고의 목적과 개념을 서술한다. 이에 관한 설명으로 옳지 않은 것은?

① 한국회계기준위원회가 일관된 개념에 기반하여 한국채택국제회계기준(이하 '회계기준'이라 한다)을 제·개정하는 데 도움을 준다.

② 특정 거래나 다른 사건에 적용할 회계기준이 없거나 회계기준에서 회계정책 선택이 허용되는 경우에 재무제표 작성자가 일관된 회계정책을 개발하는 데 도움을 준다.

③ 모든 이해관계자가 회계기준을 이해하고 해석하는 데 도움을 준다.

④ '개념체계'는 회계기준이 아니다. 따라서 이 '개념체계'의 어떠한 내용도 회계기준이나 회계기준의 요구사항에 우선하여야 한다.

⑤ 일반목적재무보고의 목적은 현재 및 잠재적 투자자, 대여자와 그 밖에 채권자가 기업에 자원을 제공하는 것과 관련된 의사결정을 할 때 유용한 보고기업 재무정보를 제공하는 것이다.

> **키워드** 개념체계의 목적 및 위상 이해하기
>
> **풀이** '개념체계'는 회계기준이 아니다. 따라서 이 '개념체계'의 어떠한 내용도 회계기준이나 회계기준의 요구사항에 우선하지 아니한다.

정답 ④

02 일반목적재무보고에 관한 설명으로 옳지 않은 것은?   제25회

① 보고기업의 가치를 측정하여 제시하는 것을 주된 목적으로 한다.

② 현재 및 잠재적 투자자, 대여자 및 그 밖의 채권자가 주요이용자이다.

③ 보고기업의 경제적 자원 및 보고기업에 대한 청구권에 관한 정보를 제공한다.

④ 한 기간의 보고기업의 현금흐름에 대한 정보는 이용자들이 기업의 미래 순현금유입창출 능력을 평가하는 데 도움이 된다.

⑤ 보고기업의 경제적 자원에 대한 경영진의 수탁책임을 평가하는 데에도 유용하다.

키워드 개념체계의 일반목적 이해하기

풀이 일반목적재무보고의 목적은 보고기업의 가치를 측정하여 제시하는 것은 주된 목적이 아니다. 일반목적은 현재 및 잠재적 투자자, 대여자와 그 밖의 채권자가 기업에 자원을 제공하는 것과 관련된 의사결정을 할 때 유용한 보고기업 재무정보를 제공하는 것이다.

정답 ①

03 일반목적재무보고에 관한 설명으로 옳은 것은?

① 일반목적재무보고서는 보고기업의 가치를 측정하여 제시하는 것을 주된 목적으로 한다.

② 현재 및 잠재적 투자자, 대여자 및 그 밖에 채권자는 정보를 제공하도록 보고기업에 직접 요구할 수 있다.

③ 일반목적재무보고서는 주요이용자의 특정한 일부를 위한 정보가 아니라 주요 이용자 최대 다수의 수요를 충족하는 정보를 제공한다.

④ 일반목적재무보고서는 정보이용자가 필요로 하는 모든 정보를 제공하여야 한다.

⑤ 재무보고서는 정확한 서술보다는 상당 부분 추정, 판단 및 모형에 근거하기 때문에 '개념체계'의 추정, 판단 및 모형의 기초가 되는 개념을 정할 필요는 없다.

키워드 개념체계의 일반목적 이해하기

풀이 ① 일반목적재무보고서는 보고기업의 가치를 보여주기 위해 고안된 것이 아니다.

② 현재 및 잠재적 투자자, 대여자 및 그 밖에 채권자는 정보를 제공하도록 보고기업에 직접 요구할 수 없고, 그들이 필요로 하는 재무정보의 많은 부분을 일반목적재무보고서에 의존해야만 한다.

④ 일반목적재무보고서는 정보이용자가 필요로 하는 모든 정보를 제공하지도 않으며 제공할 수도 없다.

⑤ 재무보고서는 정확한 서술보다는 상당 부분 추정, 판단 및 모형에 근거한다. 때문에 '개념체계'는 그 추정, 판단 및 모형의 기초가 되는 개념을 정한다.

정답 ③

04 재무보고를 위한 개념체계와 관련된 용어의 정의로 옳지 않은 것은? 제26회 수정

① 일반목적재무보고의 목적은 현재 및 잠재적 투자자, 대여자 및 그 밖에 채권자가 기업에 자원을 제공하는 것에 대한 의사결정을 할 때 유용한 보고기업 재무정보를 제공하는 것이다.

② 부채는 현재사건의 결과로 실체의 경제적 자원을 이전해야 하는 미래의무이다.

③ 자산, 부채, 자본, 수익 또는 비용과 같은 재무제표의 구성요소 중 하나의 정의를 충족하는 항목을 재무상태표나 재무성과표에 포함하기 위하여 포착하는 과정을 인식이라 한다.

④ 정보가 누락되거나 잘못 기재된 경우 특정 보고실체의 재무정보를 제공하는 일반목적재무보고서에 근거하여 이루어지는, 주요 이용자들의 의사결정에 영향을 줄 수 있는 정보는 중요한 정보이다.

⑤ 계약당사자 모두가 자신의 의무를 전혀 수행하지 않았거나 계약당사자 모두가 동일한 정도로 자신의 의무를 부분적으로 수행한 계약이나 계약의 일부는 미이행계약이다.

키워드   재무보고를 위한 개념체계 이해하기
풀이   부채는 과거사건의 결과로 실체의 경제적 자원을 이전해야 하는 현재의무이다.

정답 ②

CHAPTER 02 · 재무보고를 위한 개념체계   45

05 유용한 재무정보의 질적 특성에 관한 설명으로 옳지 <u>않은</u> 것은?　　　2019년 관세사

① 목적적합성과 표현충실성이 없는 재무정보가 더 비교가능하거나, 검증가능하거나, 적시성이 있거나, 이해가능하다면 유용한 정보이다.

② 보고기업에 대한 정보는 다른 기업에 대한 유사한 정보 및 해당 기업에 대한 다른 기간이나 다른 일자의 유사한 정보와 비교할 수 있다면 더욱 유용하다.

③ 재무정보가 예측가치를 갖기 위해서 그 자체가 예측치 또는 예상치일 필요는 없으며, 예측가치를 갖는 재무정보는 정보이용자가 예측하는 데 사용된다.

④ 정보가 누락되거나 잘못 기재된 경우 특정 보고기업의 재무정보에 근거한 정보이용자의 의사결정에 영향을 줄 수 있다면 그 정보는 중요한 것이다.

⑤ 목적적합하고 충실하게 표현된 재무정보는 보강적 질적 특성이 없더라도 유용할 수 있다.

> **키워드**　개념체계의 질적 특성 이해하기
>
> **풀이**　목적적합성과 표현충실성이 있는 재무정보가 더 비교가능하거나, 검증가능하거나, 적시성이 있거나, 이해가능하다면 유용한 정보는 보강된다.
>
> 　　　　　　　　　　　　　　　　　　　　　　　　　　　　　　　　　　　　　　　정답　①

06 유용한 재무정보의 질적 특성에 관한 설명으로 옳은 것은?　　　제17회 수정

① 목적적합성과 표현충실성은 보강적 질적 특성이다.

② 동일한 경제적 현상에 대해 대체적인 회계처리 방법을 허용하면 비교가능성이 감소한다.

③ 재무정보가 예측가치를 갖기 위해서는 제공되는 정보 그 자체가 예측치 또는 예상치이어야 한다.

④ 재무정보의 제공자와는 달리 이용자의 경우에는 제공된 정보를 분석하고 해석하는 데 원가가 발생하지 않는다.

⑤ 재무정보가 과거 평가를 확인하거나 변경시킨다면 예측가치를 갖는다.

> **키워드**　개념체계의 질적 특성 이해하기
>
> **풀이**　① 목적적합성과 표현충실성은 근본적 질적 특성이다.
>
> 　　　　③ 재무정보가 예측가치를 갖기 위해서는 제공되는 정보 그 자체가 예측치 또는 예상치일 필요는 없다.
>
> 　　　　④ 재무정보의 제공자와는 달리 이용자의 경우에는 제공된 정보를 분석하고 해석하는 데 원가가 발생하며 이는 유용한 정보의 포괄적인 제약요인이다.
>
> 　　　　⑤ 재무정보가 과거 평가를 확인하거나 변경시킨다면 확인가치를 갖는다.
>
> 　　　　　　　　　　　　　　　　　　　　　　　　　　　　　　　　　　　　　　　정답　②

07 재무정보의 질적 특성에 관한 설명으로 옳지 않은 것은?　　　　2018년 공무원 수정

① 유용한 재무정보의 근본적 질적 특성은 목적적합성과 표현충실성이다.

② 재무정보에 예측가치, 확인가치 또는 이 둘 모두가 있다면 의사결정에 차이가 나도록 할 수 있다.

③ 검증가능성은 정보이용자가 항목 간의 유사점과 차이점을 식별하고 이해할 수 있게 하는 질적 특성이다.

④ 적시성은 의사결정에 영향을 미칠 수 있도록 의사결정자가 정보를 제때에 이용가능하게 하는 것을 의미한다.

⑤ 어떤 정보가 누락되었거나 잘못 기재된 경우 정보이용자의 의사결정에 영향을 줄 수 있다면 그 정보는 중요한 정보이다.

> **키워드**　개념체계 이해하기
>
> **풀이**　'비교가능성'은 정보이용자가 항목 간의 유사점과 차이점을 식별하고 이해할 수 있게 하는 질적 특성이다. '검증가능성'은 합리적인 판단력이 있고 독립적인 서로 다른 관찰자가 어떤 서술이 표현충실성이라는 데 대체로 의견이 일치할 수 있다는 것을 의미한다.

정답 ③

---

08 유용한 재무보고에 대한 제약요인으로 옳은 것은?

① 원가의 제약

② 정보의 효익

③ 적시성

④ 중요성

⑤ 질적 특성 간의 상충관계

> **키워드**　유용한 재무보고에 대한 제약요인 이해하기
>
> **풀이**　원가는 재무보고로 제공될 수 있는 정보에 대한 포괄적 제약요인이다.

정답 ①

09 **재무정보의 질적 특성에 관한 설명으로 옳지 않은 것은?** 제18회 수정

① 적시성은 의사결정에 영향을 미칠 수 있도록 의사결정자가 정보를 제때에 이용가 능하게 하는 것을 의미한다.

② 중요성은 정보가 누락된 경우 정보이용자의 의사결정에 영향을 줄 수 있다면 그 정보는 중요하다는 것을 의미한다.

③ 비교가능성은 정보이용자가 항목 간의 유사점과 차이점을 식별하고 이해할 수 있 게 하는 질적 특성이다.

④ 검증가능성은 정보가 나타내고자 하는 경제적 현상을 충실히 표현하는지를 정보 이용자가 확인하는 데 도움을 준다.

⑤ 표현충실성은 모든 면에서 정확한 것을 의미한다.

> **키워드** 개념체계의 질적 특성 이해하기
> **풀이** 표현충실성은 모든 면에서 정확한 것을 의미하지 않는다.

정답 ⑤

고난도
10 **다음은 한국채택국제회계기준의 개념체계에 관한 설명이다. 옳지 않은 것은?**

① 재무제표의 작성자가 한국채택국제회계기준을 적용하거나 한국채택국제회계기 준이 미비한 거래에 대하여 회계처리를 하는 데 도움을 제공한다.

② 개념체계는 유용한 정보가 되기 위한 근본적 질적 특성을 적용하는 데 있어서 가 장 효율적이고 효과적인 일반적 절차를 제시하고 있지는 않다.

③ 일반목적재무보고의 목적은 현재 및 잠재적 투자자, 대여자 및 기타 채권자가 기 업에 자원을 제공하는 것에 대한 의사결정을 할 때 유용한 보고기업 재무정보를 제공하는 것이다.

④ 이 개념체계는 외부이용자를 위한 재무보고의 기초가 되는 개념을 정립한다.

⑤ 유용한 재무정보의 질적 특성은 재무제표에서 제공되는 재무정보에도 적용되며, 그 밖의 방법으로 제공되는 재무정보에도 적용된다.

> **키워드** 재무보고를 위한 개념체계 이해하기
> **풀이** 개념체계는 유용한 정보가 되기 위한 근본적 질적 특성을 적용하는 데 있어서 가장 효율적이고 효과 적인 일반적 절차를 제시하고 있다.

정답 ②

고난도

11 유용한 재무정보의 질적 특성에 관한 설명으로 옳지 않은 것은?   2017년 감평사

① 재무정보가 유용하기 위해서는 목적적합해야 하고 나타내고자 하는 바를 충실하게 표현해야 한다.

② 보강적 질적 특성을 적용하는 것은 어떤 규정된 순서를 따르지 않는 반복적인 과정이므로 때로는 하나의 보강적 질적 특성이 다른 질적 특성의 극대화를 위해 감소되어야 할 수도 있다.

③ 회계기준위원회는 중요성에 대한 획일적인 계량 임계치를 정하거나 특정한 상황에서 무엇이 중요한 것인지를 미리 결정할 수 있다.

④ 중요성은 개별 기업 재무보고서 관점에서 해당 정보와 관련된 항목의 성격이나 규모 또는 이 둘 모두에 근거하여 해당 기업에 특유한 측면의 목적적합성을 의미한다.

⑤ 근본적 질적 특성을 충족하면 어느 정도의 비교가능성은 달성될 수 있을 것이다.

키워드   **개념체계의 질적 특성 이해하기**

풀이   회계기준위원회는 중요성에 대한 획일적인 계량 임계치를 정하거나 특정한 상황에서 무엇이 중요한 것인지를 미리 결정할 수 없다.

TIP   중요성에 대한 정보는 회계 환경에 따라 달라질 수 있으므로 그때그때 무엇이 중요한지를 결정할 수 없다.

                                     정답 ③

12 재무정보의 질적 특성에 관한 설명으로 옳은 것은?

① 표현충실성의 재무정보는 이용자들의 의사결정에 차이가 나도록 할 수 있다.

② 완벽하게 목적적합한 정보를 위해서는 서술은 완전하고 중립적이고 오류가 없어야 할 것이다.

③ 일반목적재무보고서는 현재 및 잠재적 투자자, 대여자 및 그 밖에 채권자가 필요로 하는 모든 정보를 제공할 수 있다.

④ 재무정보가 과거 평가에 대해 피드백을 제공한다면 확인가치를 갖는다.

⑤ 재무제표에 정보를 누락할 경우 주요 이용자들의 의사결정에 영향을 주지 않더라도 그 정보는 중요한 것이다.

> **키워드** 개념체계의 질적 특성 이해하기
> **풀이** ① 목적적합한 재무정보는 이용자들의 의사결정에 차이가 나도록 할 수 있다.
> ② 완벽한 표현충실성을 위해서는 서술은 완전하고 중립적이고 오류가 없어야 할 것이다.
> ③ 일반목적재무보고서는 현재 및 잠재적 투자자, 대여자 및 그 밖에 채권자가 필요로 하는 모든 정보를 제공하지는 않으며 제공할 수도 없다.
> ⑤ 재무제표에 정보를 누락할 경우 주요 이용자들의 의사결정에 영향을 준다면 그 정보는 중요한 것이다.
>
> 정답 ④

13 재무보고를 위한 개념체계의 내용으로 옳지 않은 것은?　2014년 공무원 수정

① 유용한 재무정보의 질적 특성은 재무제표에서 제공되는 정보에도 적용되며, 그 밖의 방법으로 제공되는 재무정보에도 적용된다.

② 재무정보가 유용하기 위한 근본적 질적 특성은 목적적합성과 적시성이다.

③ 재무정보에 예측가치, 확인가치 또는 이 둘 모두가 있다면 그 재무정보는 의사결정에 차이가 나도록 할 수 있다.

④ 완벽하게 충실한 표현을 하기 위해서는 서술은 완전하고 중립적이며, 오류가 없어야 한다.

⑤ 재무정보가 유용하기 위한 포괄적 제약요인으로 원가의 제약이 있다.

> **키워드** 개념체계의 질적 특성 이해하기
> **풀이** 재무정보가 유용하기 위한 근본적 질적 특성은 목적적합성과 표현충실성이다.
>
> 정답 ②

14 유용한 재무정보의 질적 특성에 관한 설명으로 옳은 것은?

① 재무보고서는 사업활동과 경제활동에 대해 박식하고, 정보를 검토하고 분석하는 데 부지런한 정보이용자보다는 모든 수준의 정보이용자들이 자력으로 이해할 수 있도록 작성되어야 한다.

② 복잡한 내용의 정보는 다수 이용자의 경제적 의사결정 목적에 적합하여 재무제표에 포함될 필요가 있더라도 일부 이용자에게 너무 어려워서 이해하기 어려울 것이라는 이유가 있는 경우에는 제외할 수 있다.

③ 회계정보의 표현충실성은 과거의 의사결정을 확인 또는 수정하도록 해줌으로써 유사한 미래에 대한 의사결정에 도움을 주는 특성이 포함된다.

④ 회계정보가 유용성을 갖기 위해서는 재무제표의 이용자는 회계에 대한 합리적인 지식을 가지고 있으며, 관련 정보를 분석하기 위하여 합리적인 노력을 기울일 의지가 있어야 한다.

⑤ 오류가 없다는 것은 현상의 기술에 오류나 누락이 없고, 보고 정보를 생산하는 데 사용되는 절차의 선택과 적용 시 절차상 오류가 없음을 의미하는 것이므로, 표현충실성은 모든 측면에서 정확함을 의미한다.

> **키워드** 개념체계의 질적 특성 이해하기
>
> **풀이** ① 재무보고서는 사업활동과 경제활동에 대해 박식하고, 정보를 검토하고 분석하는 데 부지런한 정보이용자를 위해 작성된다.
> ② 복잡한 내용이더라도 그 정보가 일부 이용자에게 너무 어려워서 이해하기 어려울 것이라는 이유만으로 제외하여서는 아니 된다.
> ③ 표현충실성에 대한 설명이 아니라 목적적합성 중 확인가치에 대한 설명이다.
> ⑤ 오류가 없다는 것은 현상의 기술에 오류나 누락이 없고, 보고 정보를 생산하는 데 사용되는 절차의 선택과 적용 시 절차상 오류가 없음을 의미하는 것이므로, 표현충실성이 모든 측면에서 정확함을 의미하지는 않는다.

정답 ④

15 유용한 재무정보의 질적 특성에 관한 설명으로 옳지 않은 것은? 제19회

① 명확하고 간결하게 분류되고 특징지어져 표시된 정보는 이해가능성이 높다.

② 어떤 재무정보가 예측가치나 확인가치 또는 이 둘 모두를 갖는다면 그 재무정보는 이용자의 의사결정에 차이가 나게 할 수 있다.

③ 검증가능성은 정보가 나타내고자 하는 경제적 현상을 충실히 표현하는지를 정보이용자가 확인하는 데 도움을 주는 근본적 질적 특성이다.

④ 적시성은 정보이용자가 의사결정을 내릴 때 사용되어 그 결정에 영향을 줄 수 있도록 제때에 이용가능함을 의미한다.

⑤ 어떤 정보의 누락이나 오기로 인해 정보이용자의 의사결정이 바뀔 수 있다면 그 정보는 중요한 정보이다.

키워드 개념체계의 질적 특성 이해하기

풀이 검증가능성은 정보가 나타내고자 하는 경제적 현상을 충실히 표현하는지를 정보이용자가 확인하는 데 도움을 주는 보강적 질적 특성이다.

정답 ③

16 재무정보의 질적 특성 중 중요성에 관한 설명으로 옳은 것은? 2018년 공무원 수정

① 근본적 질적 특성인 표현충실성을 갖추기 위한 요소이다.

② 인식을 위한 최소요건으로 정보이용자가 항목 간의 유사점과 차이점을 식별할 수 있게 한다.

③ 의사결정에 영향을 미칠 수 있도록 정보이용자가 정보를 적시에 이용 가능하게 하는 것을 의미한다.

④ 기업마다 다를 수 있기 때문에 기업 특유의 측면을 고려해야 한다.

⑤ 중요한 정보이기 위해서는 정보에 편의를 제공해서는 안 된다.

키워드 개념체계 이해하기

풀이 중요성은 목적적합성을 갖추기 위한 하부속성이며, 개별 기업 재무보고서 관점에서 해당 정보와 관련된 항목의 성격이나 규모 또는 이 둘 모두에 근거하여 해당 기업에 특유한 측면의 목적적합성을 의미한다.

정답 ④

17 재무정보의 질적 특성 중 목적적합성에 관한 설명으로 옳은 것은?

① 재무정보가 예측가치를 갖기 위해서는 그 자체가 예측치 또는 예상치이어야 한다.

② 목적적합하지 않은 재무정보도 정보이용자의 의사결정에 차이가 나도록 할 수 있다.

③ 재무정보가 과거 평가에 대해 피드백을 제공한다면 예측가치를 갖는다.

④ 정보가 누락되거나 잘못 기재된 경우 특정 보고기업의 재무정보에 근거한 정보이용자의 의사결정에 영향을 줄 수 있다면 그 정보는 중요한 것이다.

⑤ 재무정보의 예측가치와 확인가치는 상호 연관되어 있지 않다.

> **키워드** 개념체계 이해하기
>
> **풀이** ① 재무정보가 예측가치를 갖기 위해서는 그 자체가 예측치 또는 예상치일 필요는 없다.
> ② 목적적합한 재무정보는 정보이용자의 의사결정에 차이가 나도록 할 수 있다.
> ③ 재무정보가 과거 평가에 대해 피드백을 제공한다면 확인가치를 갖는다.
> ⑤ 재무정보의 예측가치와 확인가치는 상호 연관되어 있다.
>
> 정답 ④

18 보강적 질적 특성에 관한 설명으로 옳지 않은 것은?

① 정보가 나타내고자 하는 경제적 현상을 충실히 표현하는지를 정보이용자가 확인하는 데 도움을 준다.

② 다른 질적 특성과 달리 비교가능성은 단 하나의 항목에 관련된 것이 아니다. 비교하려면 최소한 두 항목이 필요하다.

③ 단 하나의 경제적 현상을 충실하게 표현하는 데 여러 방법이 있을 수 있으나 동일한 경제적 현상에 대해 대체적인 회계처리 방법을 허용하면 비교가능성이 감소한다.

④ 일관성은 비교가능성과 관련은 되어 있지만 동일하지는 않다. 즉, 일관성은 목표이고, 비교가능성은 그 목표를 달성하는 데 도움을 준다고 할 수 있다.

⑤ 비교가능성은 최소한 두 항목이 필요하고 정보이용자가 항목 간의 유사점과 차이점을 식별하고 이해할 수 있게 하는 질적 특성을 말한다.

> **키워드** 개념체계의 보강적 질적 특성 이해하기
>
> **풀이** 일관성은 비교가능성과 관련은 되어 있지만 동일하지는 않다. 즉, 비교가능성은 목표이고, 일관성은 그 목표를 달성하는 데 도움을 준다고 할 수 있다.
>
> 정답 ④

19 재무보고를 위한 개념체계 중 목적적합하고 충실하게 표현된 정보의 유용성을 보강시키는 질적 특성에 관한 설명으로 가장 옳지 않은 것은? 2018년 공무원 수정

① 적시성은 의사결정에 영향을 미칠 수 있도록 의사결정자가 정보를 제때에 이용가능하게 하는 것을 의미한다.

② 보강적 질적 특성을 적용하는 것은 어떤 규정된 순서를 따르지 않는 반복적인 과정이다. 때로는 하나의 보강적 질적 특성이 다른 질적 특성의 극대화를 위해 감소되어야 할 수도 있다.

③ 중립적 서술은 합리적인 판단력이 있고 독립적인 서로 다른 관찰자가 어떤 서술이 충실한 표현이라는 데 대체로 의견이 일치할 수 있다는 것을 의미한다.

④ 보강적 질적 특성은 정보가 목적적합하지 않거나 충실하게 표현되지 않으면, 개별적으로든 집단적으로든 그 정보를 유용하게 할 수 없다.

⑤ 일관성은 비교가능성과 관련은 되어 있지만 동일하지는 않다. 비교가능성은 목표이고 일관성은 그 목표를 달성하는 데 도움을 준다.

> **키워드** 개념체계 이해하기
> **풀이** '검증가능성'은 합리적인 판단력이 있고 독립적인 서로 다른 관찰자가 어떤 서술이 충실한 표현이라는 데 대체로 의견이 일치할 수 있다는 것을 의미한다.

> 정답 ③

20 '재무보고를 위한 개념체계'의 질적 특성에 관한 설명으로 옳지 않은 것은?

① 표현충실성은 모든 면에서 정확한 것을 의미하지는 않는다. 오류가 없다는 것은 현상의 기술에 오류나 누락이 없고, 보고 정보를 생산하는 데 사용되는 절차의 선택과 적용 시 절차상 오류가 없음을 의미한다.

② 검증가능성은 정보가 나타내고자 하는 경제적 현상을 충실히 표현하는지를 정보이용자가 확인하는 데 도움을 준다. 그러나 의견일치가 되지 않았다면 합의에 이를 수 없다.

③ 정보를 정확하고 간결하게 분류하고, 특정 지으며, 표시하는 것은 정보를 이해가능하게 한다.

④ 적시성은 의사결정에 영향을 미칠 수 있도록 의사결정자가 정보를 제때에 이용가능하게 하는 것을 의미한다.

⑤ 비교가능성은 정보이용자가 항목 간의 유사점과 차이점을 식별하고 이해할 수 있게 하는 질적 특성이다.

키워드 개념체계의 질적 특성 이해하기
풀이 검증가능성은 정보가 나타내고자 하는 경제적 현상을 충실히 표현하는지를 정보이용자가 확인하는 데 도움을 준다. 또한 의견 일치가 되지 않았더라도 합의에 이를 수 있다면 검증가능한 것을 의미한다.

정답 ②

21 **재무정보의 질적 특성에 관한 설명으로 옳지 않은 것은?** 2017년 공무원 수정

① 목적적합한 재무정보는 정보이용자의 의사결정에 차이가 나도록 할 수 있다.

② 재무정보는 원가가 소요되고, 해당 정보의 효익이 그 원가를 정당화한다는 것이 중요하다. 그러므로 원가는 재무보고로 제공될 수 있는 정보에 대한 포괄적 제약 요인이다.

③ 비교가능성은 정보이용자가 항목 간의 유사점과 차이점을 식별하고 이해할 수 있게 하는 질적 특성이다.

④ 유용한 재무정보의 질적 특성은 재무제표에서 제공되는 재무정보에 적용되며, 그 밖의 방법으로 제공되는 재무정보에는 적용되지 않는다.

⑤ 재무정보가 예측가치를 갖기 위해서는 그 자체가 예측치 또는 예상치일 필요는 없으며, 정보이용자들이 미래 결과를 예측하기 위해 사용하는 절차의 투입요소로 사용될 수 있다면 그 재무정보는 예측가치를 갖는다.

키워드 개념체계의 질적 특성 이해하기
풀이 유용한 재무정보의 질적 특성은 재무제표에서 제공되는 재무정보에 적용되며, 그 밖의 방법으로 제공되는 재무정보에도 적용된다.

정답 ④

22 한국채택국제회계기준의 재무보고를 위한 개념체계에서 규정한 유용한 재무정보의 질적 특성의 내용으로 옳지 않은 것은?

2016년 공무원 수정

① 목적적합한 재무정보는 정보이용자의 의사결정에 차이가 나도록 할 수 있다.

② 근본적 질적 특성 중 하나인 표현충실성은 그 자체가 반드시 유용한 정보를 만들어 내는 것은 아니다.

③ 중립적 서술은 재무정보의 선택이나 표시에 편의가 없는 것을 의미하는 것으로, 중립적 정보는 목적이 없고 행동에 대한 영향력이 없는 정보를 의미한다.

④ 완전한 서술은 필요한 기술과 설명을 포함하여 정보이용자가 서술되는 현상을 이해하는 데 필요한 모든 정보를 포함하는 것이다.

⑤ 재무보고를 위한 개념체계와 한국채택국제회계기준이 서로 상충하는 경우에는 어떠한 경우에도 개념체계가 우선하지 않는다.

키워드 개념체계의 질적 특성 이해하기

풀이 중립적 서술은 재무정보의 선택이나 표시에 편의가 없는 것이다. 하지만 중립적 정보가 목적이 없거나 행동에 대한 영향력이 없는 정보를 의미하지는 않는다. 오히려 목적적합한 재무정보는 정보이용자의 의사결정에 차이가 나도록 할 수 있는 정보이다.

정답 ③

---

23 '재무보고를 위한 개념체계'에 제시된 유용한 재무정보의 질적 특성 중 보강적 질적 특성에 관한 설명으로 옳지 않은 것은?

2016년 관세사

① 정보가 누락되거나 잘못 기재된 경우 특정 보고기업의 재무정보에 근거한 정보이용자의 의사결정에 영향을 줄 수 있다면 그 정보는 중요한 것이다.

② 정보이용자가 항목 간의 유사점과 차이점을 식별하고 이해할 수 있게 하는 질적 특성이다.

③ 합리적인 판단력이 있고 독립적인 서로 다른 관찰자가 어떤 서술이 충실한 표현이라는 데 대체로 의견이 일치할 수 있다는 것을 의미한다.

④ 의사결정에 영향을 미칠 수 있도록 의사결정자가 정보를 제때에 이용가능하게 하는 것을 의미한다.

⑤ 재무보고서는 사업활동과 경제활동에 대해 합리적인 지식이 있고, 부지런히 정보를 검토하고 분석하는 정보이용자를 위해 작성된다.

키워드 개념체계의 질적 특성 이해하기

풀이 '중요성'은 근본적 질적 특성 중 목적적합성의 하부요소이다.
② 비교가능성에 대한 설명이다.
③ 검증가능성에 대한 설명이다.
④ 적시성에 대한 설명이다.
⑤ 이해가능성에 대한 설명이다.

정답 ①

24 다음 설명에 해당하는 질적 특성은?

재무정보는 나타내고자 하는 경제적 현상을 충실하게 표현하여야 한다. 어떤 정보가 누락되거나 잘못 기재된 경우 특정 보고기업의 재무정보에 근거한 정보이용자의 의사결정에 영향을 줄 수 있다.

① 신뢰성
② 적시성
③ 중립성
④ 중요성
⑤ 표현충실성

키워드 개념체계의 질적 특성 이해하기

풀이 어떤 정보가 누락되거나 잘못 기재된 경우 특정 보고기업의 재무정보에 근거한 정보이용자의 의사결정에 영향을 줄 수 있다면 그 정보는 중요한 정보이다.

정답 ④

25 재무정보의 질적 특성에 관한 설명으로 옳지 않은 것은?

① 검증가능성은 합리적인 판단력이 있고 독립적인 서로 다른 관찰자가 어떤 서술이 표현충실성이라는 데 대체로 의견이 일치할 수 있다는 것을 의미한다.

② 재무정보의 예측가치와 확인가치는 상호 연관되어 있으며, 예측가치를 갖는 정보는 확인가치도 갖는 경우가 많다.

③ 완벽하게 표현충실성을 위해서 서술은 완전하고, 중립적이며, 오류가 없어야 할 것이다.

④ 이해가능성은 정보이용자가 항목 간의 유사점과 차이점을 식별하고 이해할 수 있게 하는 질적 특성이다.

⑤ 적시성은 의사결정에 영향을 미칠 수 있도록 의사결정자가 정보를 제때에 이용가능하게 하는 것을 의미한다.

> **키워드** 개념체계의 질적 특성 이해하기
>
> **풀이** 이해가능성은 '정보를 명확하고 간결하게 분류하고, 특징지으며, 표시할 것'을 요구하는 질적 특성이다. 정보이용자가 항목 간의 유사점과 차이점을 식별하고 이해할 수 있게 하는 질적 특성은 '비교가능성'이다.
>
> 정답 ④

26 재무보고를 위한 개념체계에서 유용한 재무정보의 질적 특성에 관한 설명으로 옳은 것은?
2018년 감평사

① 재무정보가 예측가치를 갖기 위해서 그 자체가 예측치 또는 예상치일 필요는 없다.

② 계량화된 정보가 검증가능하기 위해서 단일 점 추정치이어야 한다.

③ 완벽하게 표현충실성을 위해서는 서술은 완전하고, 검증가능하며, 오류가 없어야 한다.

④ 재무정보에 예측가치가 있다면 그 재무정보는 나타내고자 하는 현상을 충실하게 표현한다.

⑤ 재고자산 평가손실의 인식은 보수주의 원칙이 적용된 것이며, 보수주의는 표현충실성의 한 측면으로 포함할 수 있다.

> **키워드** 개념체계 이해하기
>
> **풀이** ② 계량화된 정보가 검증가능하기 위해서 단일 점 추정치일 필요는 없다.
> ③ 완벽하게 표현충실성을 위해서는 서술은 완전하고, 중립적이며, 오류가 없어야 한다.
> ④ 재무정보에 예측가치가 있다면 그 재무정보는 의사결정에 차이가 나도록 할 수 있다.
> ⑤ 재고자산 평가손실의 인식은 보수주의 원칙이 적용된 것이라 하더라도 보수주의는 표현충실성의 한 측면으로 포함할 수 없다.
>
> 정답 ①

27 다음 설명에 해당하는 재무정보의 질적 특성은?

> ⊙ 정보를 명확하고 간결하게 분류하고, 특징지으며, 표시하면 이해가능하게 된다. 일부 현상은 본질적으로 복잡하여 이해하기 쉽게 할 수 없다.
> ⓒ 정보가 나타내고자 하는 경제적 현상을 충실히 표현하는지를 정보이용자가 확인하는 데 도움을 준다.

	⊙	ⓒ		⊙	ⓒ
①	비교가능성	검증가능성	②	이해가능성	표현충실성
③	이해가능성	검증가능성	④	목적적합성	표현충실성
⑤	검증가능성	비교가능성			

키워드 개념체계의 질적 특성 이해하기

풀이 ⊙ 정보를 명확하고 간결하게 분류하고, 특징지으며, 표시하면 이해가능하게 되고, 일부 현상은 본질적으로 복잡하여 이해하기 쉽게 할 수 없다면 '이해가능성'이다.
ⓒ 정보가 나타내고자 하는 경제적 현상을 충실히 표현하는지를 정보이용자가 확인하는 데 도움을 준다면 '검증가능성'이다.

정답 ③

28 다음 각 설명에 해당하는 감사의견은?

제24회 수정

> (가) 감사인의 독립성이 결여되어 있거나 감사 범위의 제한이 중요하고 전반적이어서 충분하고 적합한 감사증거를 확보할 수 없는 경우에 표명된다.
> (나) 한국채택국제회계기준을 위배한 정도가 커서 재무제표가 중대한 영향을 받았을 때 표명된다.

	(가)	(나)
①	적정의견	의견거절
②	한정의견	부적정의견
③	의견거절	한정의견
④	부적정의견	의견거절
⑤	의견거절	부적정의견

키워드 회계감사의견 이해하기

풀이 (가): 독립성이 결여되어 있을 경우에 표명하는 감사의견은 의견거절에 해당한다.
(나): 한국채택국제회계기준을 위배한 정도가 커서 재무제표가 중대한 영향을 받았을 경우에 표명하는 감사의견은 부적정의견에 해당한다.

정답 ⑤

29 감사인과 경영자 간의 의견불일치로 인한 영향이 재무제표에 매우 중요하고 전반적이어서 한정의견의 표명으로는 재무제표의 오도나 불완전성을 적절히 공시할 수 없다고 판단되는 경우에 표명하는 감사의견은? 제14회

① 특기사항기재 적정의견
② 의견거절
③ 제한의견
④ 부적정의견
⑤ 불일치의견

> **키워드** 회계감사의견 이해하기
>
> **풀이** 감사인과 경영자 간의 의견불일치로 인한 영향이 재무제표에 매우 중요하고 전반적이어서 한정의견의 표명으로는 재무제표의 오도나 불완전성을 적절히 공시할 수 없다고 판단되는 경우에 표명하는 감사의견은 부적정의견에 해당한다.

> **정답** ④

30 '주식회사 등의 외부감사에 관한 법률'상 기업의 재무제표 작성 책임이 있는 자는? 2020년 공무원 수정

① 회사의 대표이사와 회계담당 임원(회계담당 임원이 없는 경우에는 회계업무를 집행하는 직원)
② 주주 및 채권자
③ 공인회계사
④ 금융감독원
⑤ 외부감사인

> **키워드** 감사의견(작성책임자) 이해하기
>
> **풀이** 회사의 대표이사와 회계담당 임원(회계담당 임원이 없는 경우에는 회계업무를 집행하는 직원을 말한다. 이하 이 조에서 같다)은 해당 회사의 재무제표를 작성할 책임이 있다(주식회사 등의 외부감사에 관한 법률 제6조 제1항).

> **정답** ①

▶ **연계학습** | 에듀윌 기본서 1차 [회계원리 上] p.116

01 유동자산으로 분류되지 않는 것은?   제18회

① 기업의 정상영업주기 내에 실현될 것으로 예상하는 자산

② 주로 단기매매 목적으로 보유하고 있는 자산

③ 보고기간 후 12개월 이내에 실현될 것으로 예상하는 자산

④ 현금이나 현금성자산으로서, 교환이나 부채 상환목적으로의 사용에 대한 제한기
간이 보고기간 후 12개월 미만인 자산

⑤ 정상영업주기 및 보고기간 후 12개월 이내에 소비할 의도가 없는 자산

> **키워드** 유동자산, 비유동자산 이해하기
>
> **풀이** 정상영업주기 및 보고기간 후 12개월 이내에 소비할 의도가 없는 자산은 비유동자산에 해당한다.

정답 ⑤

02 개념체계에서 제시하는 자산에 관한 설명으로 옳지 않은 것은?

① 자산은 과거사건의 결과로 기업이 통제하는 현재의 경제적 자원이다.

② 경제적효익이 잠재력이 있기 위해 권리가 경제적 효익을 창출할 것이라고 확신하
거나 그 가능성이 높아야 하는 것은 아니다.

③ 자산의 존재를 판단하기 위해서 물리적 형태가 필수적인 것은 아니다.

④ 자산의 정의를 충족하기 위해서는 관련된 지출이 필수적이다.

⑤ 자산은 미래에 발생할 것으로 예상되는 거래나 사건 자체만으로는 자산이 창출되
지 아니한다.

> **키워드** 자산의 정의 및 특성 이해하기
>
> **풀이** 자산의 정의를 충족하기 위해서는 과거에 이미 취득이 완료되었고, 현재시점에서 효율적인 통제권이
> 있으며, 미래의 경제적 효익이 확실히 기대되어야 한다. 그러므로 자산과 관련된 지출이 필수적이지
> 는 않다.

정답 ④

03 다음 측정기준 중 유출가치에 해당하는 것을 모두 고른 것은?

> ㉠ 현행원가 ㉡ 이행가치
> ㉢ 사용가치 ㉣ 공정가치
> ㉤ 역사적 원가

① ㉠, ㉤

② ㉡, ㉢

③ ㉡, ㉢, ㉤

④ ㉡, ㉢, ㉣

⑤ ㉡, ㉢, ㉣, ㉤

> **키워드** 자산 측정기준 이해하기
> **풀이** • 유입(구입)가치: 역사적 원가, 현행원가
> • 유출(처분)가치: 공정가치, 사용가치, 이행가치

정답 ④

04 다음 자산·부채의 측정기준에 관한 설명으로 옳지 않은 것은?

① 자산을 취득하거나 창출할 때의 역사적 원가는 자산의 취득 또는 창출에 발생한 원가의 가치로서, 취득이나 창출을 위하여 지급한 대가와 거래원가를 포함한다.

② 부채가 발생하거나 인수할 때의 역사적 원가는 발생시키거나 인수하면서 수취한 대가에서 거래원가를 차감한 가치이다.

③ 자산의 현행원가는 측정일 현재 동등한 자산의 원가로서 측정일에 지급할 대가와 그 날에 발생할 거래원가를 포함하고 이는 유출가치에 해당한다.

④ 공정가치는 측정일에 시장참여자 사이의 정상거래에서 자산을 매도할 때 받거나 부채를 이전할 때 지급하게 될 가격이다.

⑤ 사용가치는 기업이 자산의 사용과 궁극적인 처분으로 얻을 것으로 기대하는 현금 흐름 또는 그 밖의 경제적 효익의 현재가치이다. 그러므로 예측가치를 가질 수 있다.

> **키워드** 자산의 측정기준 이해하기
> **풀이** 자산의 현행원가는 측정일 현재 동등한 자산의 원가로서 측정일에 지급할 대가와 그 날에 발생할 거래원가를 포함한다. 이는 역사적 원가와 더불어 유입가치에 해당한다.

정답 ③

05 재무보고를 위한 개념체계에서 측정기준에 대한 설명으로 옳지 않은 것은?

① 사용가치와 이행가치는 미래현금흐름에 기초하기 때문에 자산을 취득하거나 부채를 인수할 때 발생하는 거래원가는 포함하지 않는다.
② 현행가치 측정기준은 공정가치, 자산의 사용가치 및 부채의 이행가치는 포함하고 현행원가는 포함하지 않는다.
③ 공정가치로 자산과 부채를 측정하여 제공하는 정보는 예측가치를 가질 수 있다.
④ 자산의 현행원가는 측정일 현재 동등한 자산의 원가로서 측정일에 지급할 대가와 그 날에 발생할 거래원가를 포함한다.
⑤ 부채의 현행원가는 측정일 현재 동등한 부채에 대해 수취할 수 있는 대가에서 그 날에 발생할 거래원가를 차감한다.

> **키워드** 개념체계의 자산의 측정기준 이해하기
> **풀이** 현행가치 측정기준은 공정가치, 자산의 사용가치 및 부채의 이행가치, 현행원가를 포함한다.

정답 ②

06 재무보고를 위한 개념체계에서 제시한 자산·부채의 측정기준에 관한 설명으로 옳지 않은 것은?

① 공정가치는 측정일에 시장참여자 사이의 정상거래에서 자산을 매도할 때 받거나 부채를 이전할 때 지급하게 될 가격이다.
② 공정가치는 유입가치이고 역사적 원가는 유출가치에 해당한다.
③ 자산의 현행원가는 측정일 현재 동등한 자산의 원가로서 측정일에 지급할 대가와 그 날에 발생할 거래원가를 포함한다.
④ 사용가치는 기업이 자산의 사용과 궁극적인 처분으로 얻을 것으로 기대하는 현금흐름으로 기업 특유의 가정을 반영한다.
⑤ 역사적 원가를 기반으로 한 이익은 과거 원가를 기반으로 한 이익으로 미래 이익을 예측하는 데 적시성이 없다.

> **키워드** 자산일반이론 측정기준 이해하기
> **풀이** 공정가치는 유출가치이고 역사적 원가는 유입가치에 해당한다.

정답 ②

07 재무제표 요소 중 자산에 관한 설명으로 옳지 않은 것은?

① 기업이 통제하고 있다는 것은 자산으로부터 발생하는 미래경제적 효익을 해당 기업만이 누릴 수 있어야 한다는 것을 의미한다.

② 경제적 효익에 대한 통제력은 법률적 권리의 결과이므로 법률적 통제가 있어야 자산의 정의를 충족시킬 수 있다.

③ 기업은 일반적으로 구매나 생산을 통하여 자산을 획득하지만 다른 거래나 사건도 자산을 창출할 수 있다.

④ 자산의 존재를 판단하기 위해서 물리적 형태가 필수적인 것은 아니다.

⑤ 자산이 갖는 미래경제적 효익은 대체적인 제조과정의 도입으로 생산원가가 절감되는 경우와 같이 현금유출을 감소시키는 능력일 수도 있다.

> **키워드**　개념체계의 자산 이해하기
>
> **풀이**　경제적 효익에 대한 통제력은 법률적 권리의 결과이지만 법률적 통제가 있어야만 자산의 정의를 충족시키는 것은 아니다.

정답 ②

08 금융상품에 해당하지 않는 것은?

① 미지급이자

② 상품 주문 시 받은 계약금

③ 만기가 3개월 이내의 정기적금

④ 거래처에게서 수취할 계약상의 권리

⑤ 다른 기업의 채무상품

> **키워드**　금융상품의 정의 및 종류 이해하기
>
> **풀이**　미래에 재화 또는 용역을 주고받기로 계약한 선수금, 선급금, 선수수익, 선급비용은 비금융상품이다.
>
> **이론 +**　금융항목과 비금융항목의 예

구분	자산	부채
금융항목	현금및현금성자산, 매출채권, 대여금, 미수금, 지분상품 및 채무상품 등	매입채무, 미지급금, 차입금, 사채 등
비금융항목	선급금, 선급비용, 재고자산, 유형자산, 무형자산, 투자부동산 등	선수금, 선수수익, 미지급법인세, 충당부채 등

정답 ②

09 다음 중 금융자산에 해당하지 않는 것은?

① 단기대여금

② 다른 기업이 발행한 투자사채

③ 다른 기업이 발행한 지분상품

④ 매입채무

⑤ 계약상 수취할 권리(수취채권)

키워드 금융상품 이해하기

풀이 매입채무는 금융부채에 해당한다.

정답 ④

10 다음 항목 중 비금융상품의 합계액은 얼마인가?

• 단기차입금	₩10,000	• 매출채권	₩20,000
• 선수임대료	20,000	• 미지급법인세	25,000
• 매입채무	30,000	• 미수수익	30,000
• 미경과보험료	40,000	• 충당부채	35,000
• 정기예금(만기 3개월 내)	50,000	• 재고자산	40,000

① ₩130,000

② ₩140,000

③ ₩150,000

④ ₩160,000

⑤ ₩170,000

키워드 금융상품 이해하기

풀이 • 금융상품: 10,000 + 20,000 + 30,000 + 30,000 + 50,000 = ₩140,000
　　　• 비금융상품: 선수임대료, 미지급법인세, 미경과보험료(선급), 충당부채, 재고자산
　　　• 비금융상품: 20,000 + 25,000 + 40,000 + 35,000 + 40,000 = ₩160,000

정답 ④

11 (주)한국의 20×1년 말 재무자료에서 발췌한 자료이다. 20×1년 말 재무상태표의 현금
및현금성자산으로 보고될 금액은? [단, (주)한국의 표시통화는 원화(₩)이다]

• 통화	₩500
• 당좌차월	250
• 동점(타인)발행수표	150
• 지급기일이 도래한 공채 만기 이자표	450
• 우편환증서(우편수표)	200
• 양도성예금증서(취득일 20×1년 11월 1일, 만기일 20×2년 2월 28일)	150
• 당좌예금(담보에 제공되어 있음)	300
• 자기앞수표	250
• 외국환 통화(환율은 $1 = ₩110이다)	$5

① ₩2,100

② ₩2,250

③ ₩2,350

④ ₩2,400

⑤ ₩2,550

키워드 **현금및현금성자산 이해하기**

풀이 • 현금및현금성자산: 500 + 150 + 450 + 200 + 250 + ($5 × 110) = ₩2,100
  • 당좌차월 250원은 부채계정이다. 취득일로부터 만기가 3개월을 초과하는 양도성예금증서 150과
  당좌예금 300원(담보제공)은 현금및현금성자산에 포함되지 않는다.

정답 ①

12 (주)한국의 20×1년 말 재무상태표에 표시된 현금및현금성자산은 ₩14,000이다. 다음 자료를 이용할 경우 통화(현금)는? (단, 선일자수표는 3개월 만기이고 정기예금은 만기가 1개월 남아있다)

• 통화(현금)	?	• 본사전도금	₩1,500
• 당좌예금	₩4,400	• 선일자수표	1,500
• 우편환증서	1,100	• 보통예금	1,300
• 배당금영수증	1,200	• 수입인지	1,000
• 정기예금	2,500		

① ₩5,400

② ₩2,900

③ ₩3,800

④ ₩4,400

⑤ ₩4,500

키워드 현금및현금성자산 이해하기

풀이 • 현금및현금성자산: 통화(현금) x + 1,500 + 4,400 + 1,100 + 1,300 + 1,200 = ₩14,000

∴ x = ₩4,500

• 선일자수표, 수입인지(소모품), 정기예금은 현금성자산이 아니다.

정답 ⑤

13 (주)관세가 20×1년 말 다음과 같은 항목들을 보유하고 있을 때 재무상태표에 현금및현금성자산계정으로 보고할 금액은? (단, 20×1년 말 환율은 €1 = ₩1,300, $1 = ₩1,200이다)

2019년 관세사

• 국내통화	₩1,200	• 외국환 통화	€1
• 외국환 통화	$1	• 보통예금	₩1,800
• 수입인지	₩100	• 우편환	200
• 선일자수표	200	• 급여가불증	250
• 20×1년 10월 초 가입한 1년 만기 정기예금		₩150	
• 20×1년 12월 초 취득한 2개월 만기 환매채		400	
• 20×1년 12월 초 취득한 2개월 만기 양도성예금증서		300(단, 사용이 제한됨)	

① ₩3,600

② ₩3,850

③ ₩4,000

④ ₩6,100

⑤ ₩6,300

키워드 현금및현금성자산 이해하기

풀이

• 국내통화	₩1,200	• 선일자수표	₩200	⇨ 어음
• 외국환 통화 €1	1,300	• 수입인지	100	⇨ 소모품
• 외국환 통화 $1	1,200	• 급여가불증	250	⇨ 선대금
• 보통예금	1,800	• 정기예금	150	⇨ 금융자산
• 우편환	200	• 양도성예금증서	300	⇨ 금융자산
• 2개월 만기 환매채	400			
계	₩6,100			

정답 ④

14 (주)한국이 20×1년 말 보유하고 있는 자산이 다음과 같을 때, 20×1년 말 재무상태표에 표시될 현금및현금성자산은? (단, 20×1년 말 환율은 $1 = ₩1,000이다) _{제2회 수정}

• 통화	₩1,000	• 소액현금	₩1,500
• 동점발행수표	2,000	• 동점발행어음	500
• 우편환증서	500	• 당좌개설보증금	800
• 외국환	$2	• 당좌차월	700
• 정기예금(가입: 20×1년 3월, 만기: 20×2년 2월 말)			900
• 양도성예금증서(취득: 20×1년 12월 1일, 만기: 20×2년 1월 31일)			1,000

① ₩8,500

② ₩7,500

③ ₩8,000

④ ₩8,100

⑤ ₩7,000

키워드 현금및현금성자산 이해하기

풀이 현금및현금성자산: 1,000 + 1,500 + 2,000 + 500 + 2,000 + 1,000 = ₩8,000

정답 ③

15 현금의 장부액이 실제액보다 ₩10,000 부족함을 발견하여 조사 중이다. 이에 대한 분개로 옳은 것은?

① (차) 현　　　　금 ₩10,000 (대) 현 금 과 부 족 ₩10,000
② (차) 현 금 과 부 족 ₩10,000 (대) 현　　　　금 ₩10,000
③ (차) 현　　　　금 ₩10,000 (대) 잡　이　익 ₩10,000
④ (차) 잡　손　실 ₩10,000 (대) 현　　　　금 ₩10,000
⑤ (차) 잡　손　실 ₩10,000 (대) 현 금 과 부 족 ₩10,000

키워드 현금과부족 이해하기

풀이 현금 장부액이 부족한 것은 시재액이 많음을 나타낸다. 시재액을 기준으로 많으면 차변에 현금, 적으면 대변에 현금으로 분개한다.

정답 ①

16 (주)한국은 1월 초 소액현금제도를 도입하였다. 소액현금한도는 ₩100,000이며, 매월 말에 지출증빙과 사용내역을 받아 소액현금을 보충한다. 1월 말 소액현금의 지출내역은 교통비 ₩55,000, 복리후생비 ₩15,000, 통신비 ₩13,000, 소모품비 ₩12,000이었다. (주)한국은 2월분 소액현금을 매월 말에 보충하였다. 1월 말 현재 잔액은?

① ₩95,000

② ₩100,000

③ ₩90,000

④ ₩195,000

⑤ ₩105,000

키워드 소액현금의 보급 및 회계처리 이해하기
풀이 소액현금한도가 ₩100,000이라면, 매월 말 소액현금 잔액은 ₩100,000이다.

정답 ②

17 A아파트 관리사무소장은 7월 초 유지보수팀에 소액현금제도를 도입하였다. 소액현금한도는 ₩100,000이며, 매월 말에 지출증빙과 사용내역을 받아 소액현금을 보충한다. 7월 지출내역은 교통비 ₩25,000과 회식비 ₩59,000이었다. 7월 말 소액현금 실사 잔액은 ₩10,000이었으며, 부족분에 대해서는 원인이 밝혀지지 않았다. 7월 말 소액현금의 보충시점에서 적절한 분개는?

제14회

① (차) 현   금   ₩84,000   (대) 당 좌 예 금   ₩84,000

② (차) 교 통 비   ₩25,000   (대) 당 좌 예 금   ₩84,000
     복 리 후 생 비   59,000

③ (차) 교 통 비   ₩25,000   (대) 당 좌 예 금   ₩100,000
     복 리 후 생 비   59,000
     잡   손   실   16,000

④ (차) 교 통 비   ₩25,000   (대) 당 좌 예 금   ₩90,000
     복 리 후 생 비   59,000
     잡   손   실   6,000

⑤ (차) 현   금   ₩84,000   (대) 당 좌 예 금   ₩90,000
     잡   손   실   6,000

소액현금의 보급 및 회계처리 이해하기

7월 지출내역의 합계가 ₩84,000이지만 7월 실사 결과 소액현금 잔액이 ₩10,000이므로 다음 달의 보급액은 ₩90,000이 된다. 차액 ₩6,000은 잡손실로 처리한다.

정답 ④

18 (주)한국은 거래은행과 당좌차월계약을 맺고 있으며, 7월 1일 상품 ₩50,000을 매입하고 당좌수표를 발행하여 지급하였다. 당좌수표 발행 당시 당좌예금 잔액은 ₩30,000이었고, 동 당좌계좌의 당좌차월 한도액은 ₩100,000이었다. 7월 20일 단기대여금 ₩30,000을 회수하여 즉시, 당좌예금하였을 때 회계처리로 옳은 것은?

① (차) 당 좌 예 금   ₩30,000   (대) 단 기 대 여 금   ₩30,000

② (차) 당 좌 차 월   ₩30,000   (대) 단 기 대 여 금   ₩30,000

③ (차) 당 좌 차 월   ₩20,000   (대) 단 기 대 여 금   ₩30,000
        당 좌 예 금   10,000

④ (차) 당 좌 차 월   ₩10,000   (대) 단 기 대 여 금   ₩30,000
        당 좌 예 금   20,000

⑤ (차) 당 좌 차 월   ₩15,000   (대) 단 기 대 여 금   ₩30,000
        당 좌 예 금   15,000

당좌차월 이해하기

7월 1일 거래에서 당좌차월 ₩20,000이 발생하여 7월 20일 거래에서 당좌차월 ₩20,000을 차감한 후 잔액 ₩10,000이 당좌예금 잔액이 된다.

– 7월 1일: (차) 상   품   ₩50,000   (대) 당 좌 예 금   ₩30,000
                                          당 좌 차 월   20,000

– 7월 20일: (차) 당 좌 차 월   ₩20,000   (대) 단 기 대 여 금   ₩30,000
           당 좌 예 금   10,000

정답 ③

19 (주)한국은 20×1년 말 직원이 회사 자금을 횡령한 사실을 확인하였다. 12월 31일 현재 회사 장부상 당좌예금 잔액은 ₩100,000이었으며, 거래은행으로부터 확인한 당좌예금 잔액은 ₩90,000이다. 직원이 회사에서 횡령한 것으로 추정되는 금액은?

• 은행 미기입 예금	₩22,000
• 기발행 미인출 수표	10,000
• 회사에 미통지된 외상대금 입금액	11,200
• 은행으로부터 통보받지 못한 은행수수료	1,000
• 발행한 수표 ₩2,400을 회사장부에 ₩4,200으로 기록하였음을 확인함.	

① ₩10,000

② ₩11,000

③ ₩11,800

④ ₩12,000

⑤ ₩12,500

키워드	은행계정조정표 이해하기

풀이

은행계정조정표

회사 측 잔액	₩100,000	은 행 측 잔 액	₩90,000
미 통 지 예 금	(+)11,200	미 기 입 예 금	(+)22,000
은 행 수 수 료	(−)1,000	미 인 출 수 표	(−)10,000
장 부 오 기 분	(+)1,800		
	₩112,000		₩102,000

• 회사 측 잔액과 은행 측 잔액의 차이: 112,000 − 102,000 = ₩10,000

이론 ✚ 당좌예금 잔액과 은행잔액증명서상의 잔액이 불일치하는 원인

불일치의 원인		조정방법
예입 미기장	은행 영업시간 이후에 입금한 것이 다음 날 입금처리된 경우	은행(+)
발행수표 미지급	회사가 발행한 수표가 아직 은행에 제시되지 않은 경우	은행(−)
발행수표 미교부	회사가 수표는 발행하였지만, 교부하지 않고 보관 중인 경우	회사(+)
입금통지 미달	거래처 등에서 회사 예금에 입금하였으나, 통지를 받지 못하여 회사에서는 입금처리하지 않은 경우	회사(+)
차감통지 미달	당좌차월 이자, 추심수수료 등이 회사 예금에서 차감되었으나, 통지를 받지 못하여 차감처리되지 않은 경우	회사(−)
부도수표	수표로 당좌예입을 하였으나, 부도가 확인된 경우	회사(−)
기장상의 오류	회사 또는 은행 측에서 장부기입을 잘못한 경우	오기한 곳에서(±)

정답 ①

20 (주)한국은 20×1년 말 결산 시 당좌예금 잔액을 조회한 결과 은행으로부터 ₩15,500 이라는 통보를 받았다. 은행과 회사 측 장부금액과의 차이는 다음과 같다.

> • 은행 측 미기입예금 ₩2,000
> • 미인출(결제)수표 4,000
> • 수수료 차감 미통지 500
> • 외상대금 수표 발행 ₩2,500을 회사 장부에 ₩5,200으로 잘못 기록함.

20×1년 말 은행계정 조정 전 (주)한국의 당좌예금계정의 장부금액은?

① ₩11,150

② ₩11,200

③ ₩11,250

④ ₩11,300

⑤ ₩11,350

키워드 은행 잔액과 회사 측 당좌예금 불일치의 분석 이해하기

풀이

은행계정조정표

회 사 측 잔 액	₩11,300	은 행 측 잔 액	₩15,500
	(−) 500		(+) 2,000
	(+) 2,700		(−) 4,000
조 정 후 잔 액	₩13,500	조 정 후 잔 액	₩13,500

정답 ④

21 20×1년 말 현재 (주)한국의 장부상 당좌예금 잔액은 ₩11,800이며, 은행 측 잔액증명서 상 잔액은 ₩12,800이다. 은행계정조정표 작성과 관련된 자료가 다음과 같다면, 은행측 미기입예금은?

제19회

- 거래처에서 송금한 ₩1,500이 은행에 입금 처리되었으나 아직 은행으로부터 통보받지 못했다.
- 은행이 부과한 은행수수료 ₩200이 아직 회사 장부에 미정리된 상태이다.
- 발행한 수표 중 ₩1,100이 아직 은행에서 인출되지 않았다.
- 거래처로부터 받아 예입한 수표 ₩600이 부도처리 되었으나 은행으로부터 통보받지 못했다.
- 나머지 잔액 차이는 모두 은행 측 미기입예금에 의한 것으로 확인되었다.

① ₩300

② ₩400

③ ₩600

④ ₩800

⑤ ₩1,000

키워드 은행 잔액과 회사 측 당좌예금 불일치의 분석 이해하기

풀이

은행계정조정표

회사 측 잔액	₩11,800	은행 측 잔액	₩12,800
송 금 입 금	(+)1,500	미 인 출 수 표	(−)1,100
은 행 수 수 료	(−)200	미 기 입 예 금	(+)(800)
부 도 수 표	(−)600		
	₩12,500		₩12,500

정답 ④

고난도

22 (주)대한의 20×1년 말 은행계정조정표를 자료로 재무상태표에 표시될 현금및현금성자산은?

제14회 수정

---

(1) 20×1년 말 현재 통화는 ₩20,000이고, 자기앞수표는 ₩3,000이고, 만기가 2개월 남은 정기예금(3년 만기)은 ₩10,000이며, 거래처에서 받은 약속어음은 ₩20,000이다.

(2) 20×1년 말 현재 은행에서 발급한 당좌예금 잔액증명서의 잔액은 ₩80,000이다.

(3) (주)대한이 20×1년 12월 31일에 입금한 ₩10,000이 은행에서는 다음 연도 1월 4일자로 입금처리되었다.

(4) (주)대한이 발행한 수표 중 20×1년 말 현재 은행에서 인출되지 않은 수표는 1장 (no.121, ₩15,000)이다.

(5) (주)대한이 20×1년 중 예입한 수표(no.111) ₩5,000이 부도되었으나, 회사는 이를 통보받지 못했다.

(6) (주)대한이 20×1년 중 발행한 수표(no.109)는 ₩10,000이었으나, 회사는 이를 ₩11,000으로 기록하였다.

---

① ₩70,000

② ₩73,000

③ ₩94,000

④ ₩96,000

⑤ ₩98,000

키워드 은행 잔액과 회사 측 당좌예금 불일치의 분석 이해하기

풀이
- 현금및현금성자산: 현금(20,000) + 자기앞수표(3,000) + 당좌예금(x) = (₩x)
- 2개월 남은 정기예금(3년 만기) ₩10,000과 약속어음 20,000원은 현금및현금성자산이 아니다.
- 현금 잔액(23,000) + 당좌예금 잔액(75,000) = 현금및현금성자산(98,000)
- 은행계정조정표를 작성하여 당좌예금 잔액을 구한다.

은행계정조정표

회 사 측 잔 액	(₩71,000)	은 행 측 잔 액	₩80,000
부 도 수 표	(−)5,000	미 기 입 예 금	(+)10,000
장 부 오 기	(+)1,000	미 인 출 수 표	(−)15,000
	₩75,000		₩75,000

정답 ⑤

23 (주)세무의 20×1년 말 자료가 다음과 같을 때, 재무상태표의 현금및현금성자산으로 인식하는 금액은?

2018년 세무사

• 당좌개설보증금	₩10,000	• 당좌차월	₩1,200
• 당좌예금	( )	• 우편환증서	4,000
• 차용증서	1,000	• 수입인지	500
• 소액현금	300	• 배당금지급통지서	1,500
• 종업원 가불증서	2,500	• 환매체	1,500
• 타인발행약속어음	10,000	• 정기예금	2,000

〈추가자료〉
• 아래 사항을 조정하기 이전 은행 측 당좌예금 잔액은 ₩12,800이다.
 − 거래처에 상품매입대금결제로 발행한 수표 ₩7,500이 아직 인출되지 않았다.
 − 거래처에서 판매대금으로 입금 통보한 ₩2,800을 (주)세무는 회계처리하였으나, 은행은 전산장애로 인해 입금처리하지 못했다.
• 환매체의 취득일은 20×1년 12월 1일이며, 4개월 후 환매조건이다.
• 정기예금은 1년 만기이며, 만기일은 20×2년 1월 31일이다.

① ₩12,100

② ₩13,900

③ ₩15,400

④ ₩15,900

⑤ ₩25,100

키워드 현금및현금성자산과 은행계정조정표 이해하기

풀이 • 당좌예금: 12,800 − 7,500 + 2,800 = ₩8,100
   • 현금및현금성자산: 8,100 + 4,000 + 300 + 1,500 = ₩13,900
   • 환매체는 4개월 후 환매조건으로 제외하고, 정기예금은 무조건 제외한다.

TIP 은행계정조정표를 작성하여 당좌예금 잔액을 구한다.

정답 ②

24 (주)한국의 당좌예금계정 잔액은 ₩80,000이며, 은행으로부터 통지받은 잔액은 ₩50,000
으로 서로 불일치하였다. 불일치 원인이 다음과 같을 때, (주)한국이 외상대금을 지급하고
잘못 기록한 매입채무 지급액(A)은?

> • 매출처로부터 회수하여 은행에 예입한 수표 ₩20,000이 부도 처리되었으나, 기말 현
>   재 은행으로부터 통보받지 못하였다.
> • 당좌차월에 대한 이자 ₩8,000이 발생하였으나, 회사측 장부에 반영되지 않았다.
> • 은행 업무시간 이후에 ₩30,000을 입금하였으나, 은행에서 다음 날 기입하였다.
> • 한국이 발행한 수표 ₩10,000이 은행에서 결제되지 않았다.
> • 매입처에 외상대금 ₩30,000을 수표를 발행하여 지급하면서 직원이 A금액으로 잘못
>   기록하였다.

① ₩48,000

② ₩50,000

③ ₩51,000

④ ₩48,500

⑤ ₩18,000

키워드	은행계정조정표 이해하기

풀이	매입채무 지급액은 ₩30,000인데 잘못 기록하여 ₩18,000을 수정 분개하여 가산하였다면 장부에 는 ₩48,000으로 기록한 것이다.

은행계정조정표

회 사 측 잔 액	₩80,000	은 행 측 잔 액	₩50,000
부 도 수 표	(−)20,000	예 입 미 기 입	(+)30,000
은 행 수 수 료	(−)8,000	미 인 출 수 표	(−)10,000
장부기입오기	(+)(18,000)		
	₩70,000		₩70,000

정답 ①

25 다음의 자료를 사용하여 계산된 기말매출채권은? (단, 기초 및 기말손실충당금은 없다)

제15회 수정

• 기초재고자산	₩66,000	• 매출채권 회수액	₩156,000
• 기말재고자산	72,000	• 손상확정액	2,000
• 매입액	120,000	• 현금매출액	36,000
• 기초매출채권	48,000	• 매출총이익	50,000

① ₩18,000　　　② ₩20,000　　　③ ₩114,000

④ ₩128,000　　　⑤ ₩164,000

키워드 **매출채권계정과 상품계정의 구조 이해하기**

풀이

재고자산

기 초 재 고	₩66,000	매 출 액	(₩164,000)
매 입 액	120,000	기 말 재 고	72,000
매 출 총 이 익	50,000		
	₩236,000		₩236,000

매출채권

기 초	₩48,000	회 수 액	₩156,000
외 상 매 출 액	128,000	손 상 확 정 액	2,000
		기 말	(18,000)
	₩176,000		₩176,000

• 매출액 ₩164,000 중 현금매출액이 ₩36,000이므로 외상매출액은 ₩128,000이다.

정답 ①

---

26 (주)한국의 20×1년 거래 자료이다. 20×1년 말 재무상태표상 매입채무 잔액은? (단, 매입거래는 모두 외상거래이다)

• 기초매입채무	₩15,000
• 당기 중 매입채무 현금 지급액	75,000
• 기초상품재고	10,000
• 기말상품재고	15,000
• 당기매출액	80,000
• 매출총이익	12,000

① ₩12,000　　　② ₩13,000　　　③ ₩14,000

④ ₩15,000　　　⑤ ₩16,000

키워드 매입채무계정과 상품계정의 구조 이해하기

풀이

재고자산

기 초 재 고	₩10,000	매 출 원 가	₩68,000
당 기 매 입 액	(73,000)	기 말 재 고	15,000
	₩83,000		₩83,000

매입채무

현 금 지 급 액	₩75,000	기 초 잔 액	₩15,000
기 말 잔 액	(13,000)	당 기 매 입 액	73,000
	₩88,000		₩88,000

정답 ②

고난도

27 (주)한국의 거래처에 확인된 매출채권은 ₩800,000이었다. (주)한국은 원가에 20%의 이익을 가산하여 전부 외상으로 매출하고 있다. 다음의 자료를 이용하여 계산한 매출채권의 부족 금액은?

• 매출채권의 기초 잔액	₩440,000
• 매출채권 회사입금액	4,100,000
• 기초상품재고액	300,000
• 당기 상품매입액	4,000,000
• 기말상품재고액	500,000

① ₩100,000 ② ₩150,000

③ ₩200,000 ④ ₩250,000

⑤ ₩300,000

키워드 매출채권계정과 상품계정의 구조 이해하기

풀이

재고자산

기 초 상 품	₩300,000	매 출 원 가	(₩3,800,000)
순 매 입 액	4,000,000	기 말 상 품	500,000
	₩4,300,000		₩4,300,000

• 매출액: $3,800,000 \times (1 + 0.2) = ₩4,560,000$

매출채권

기 초 잔 액	₩440,000	회 수 액	₩4,100,000
외 상 매 출 액	4,560,000	부 족 금 액	(100,000)
		기 말 잔 액	800,000
	₩5,000,000		₩5,000,000

정답 ①

28 (주)관세는 20×1년 1월 1일에 상품판매대가로 이자부약속어음(6개월 만기, 액면 ₩10,000, 표시이자율 연 6%)을 받았고, 4개월 후인 5월 1일에 은행에서 연 12%의 이자율로 할인하였다. 받을어음의 할인이 제거요건을 충족한다면, 어음의 할인으로 인해 (주)관세가 20×1년 5월 1일에 인식할 처분손실은?　　2015년 관세사

① ₩100 　　　　　　　　　　　② ₩106
③ ₩200 　　　　　　　　　　　④ ₩206
⑤ ₩300

> **키워드**　어음할인 이해하기
> **풀이**　• 만기금액: 10,000 + (10,000 × 0.06 × 6/12) = ₩10,300
> • 할인료: 10,300 × 0.12 × 2/12 = ₩206
> • 실수금: 10,300 − 206 = ₩10,094
> • 장부금액: 액면(10,000) + 보유기간 4개월 이자수익(200) = ₩10,200
> • 처분손실: 실수금(10,094) − 장부금액(10,200) = ₩106

> **이론 ✛**
> 1. 만기수취금액
>   (1) 무이자부어음: 액면금액
>   (2) 이자부어음: 액면금액 + 만기일까지의 이자
> 2. 할인료: 만기수취금액 × 할인율 × 할인기간
> 3. 현금수령액(실수금): 만기수취금액 − 할인료
> 4. 매출채권 처분손실: 할인시점의 장부금액 − 현금수령액(실수금)

정답 ②

29 (주)한국은 20×1년 7월 1일 거래처에 상품을 판매하고 이자부약속어음(액면금액 ₩480,000, 연 5%, 만기 5개월)을 수령하였다. (주)한국은 동 어음을 2개월 동안 보유 후 거래은행에 연 8%의 이자율로 할인하였다. 어음할인 시 인식해야 할 당기손익은? (단, 어음할인은 금융자산의 제거요건을 충족하며, 이자는 월할 계산한다)

① ₩3,800 증가 　　　　　　　② ₩200 증가
③ ₩3,800 감소 　　　　　　　④ ₩200 감소
⑤ ₩2,000 감소

> **키워드**　어음할인 이해하기
> **풀이**　• 만기금액: 480,000 + (480,000 × 0.05 × 5/12) = ₩490,000
> • 할인료: 490,000 × 0.08 × 3/12 = ₩9,800
> • 실수금: 490,000 − 9,800 = ₩480,200
> • 어음의 장부금액: 480,000 + 보유기간 2개월 이자수익(4,000) = ₩484,000
> • 처분손실: 480,200 − 484,000 = ₩3,800
> • 당기손익: 이자수익(4,000) − 처분손실(3,800) = ₩200 증가

정답 ②

고난도

30 (주)한국은 20×1년 4월 1일 다음과 같은 받을어음을 은행에서 할인하고, 할인료를 제외한 금액을 현금으로 수취하였다. 동 어음할인으로 처분손실이 ₩140 발생한 경우, 어음할인과 관련한 당기손익은? (단, 금융자산의 양도는 제거조건을 충족하며, 이자는 월할계산한다)

제24회 수정

- 액면금액: ₩10,000
- 표시이자율: 연 6%(이자는 만기에 수취)
- 어음발행일: 20×1년 1월 1일
- 어음만기일: 20×1년 6월 30일

---

① 손실 ₩10   ② 이익 ₩10
③ 손실 ₩9   ④ 이익 ₩9
⑤ 손실 ₩8

키워드 어음할인 이해하기

풀이
- 만기수취액: 10,000 + 이자(10,000 × 0.06 × 6/12) = ₩10,300
- 할인시점의 장부금액: 액면(10,000) + 보유기간이자(150) = ₩10,150
- 현금수취액(실수금): 장부금액(10,150) − 처분손실(140) = ₩10,010
- 당기손익: 이자수익(150) − 처분손실(140) = ₩10 이익

TIP 처분손익을 기초로 할인액을 구한다.

정답 ②

31 (주)한국은 20×1년 3월 1일에 상품판매대금 ₩400,000을 만기 3개월의 어음(액면이 자율 연 9%)으로 수령하였다. (주)한국은 5월 1일에 대한은행에서 연 12% 이자율로 동 어음을 할인하였다. 이 받을어음의 할인이 금융자산 제거조건을 충족할 때, (주)한국이 행할 회계처리는? (단, 이자는 월할 계산한다)

① (차) 현　　　　　금　₩404,910　(대) 매　출　채　권　₩400,000
　　　금융자산처분손실　　　1,090　　　이　자　수　익　　　6,000

② (차) 현　　　　　금　₩404,800　(대) 매　출　채　권　₩400,000
　　　금융자산처분손실　　　1,200　　　이　자　수　익　　　6,000

③ (차) 현　　　　　금　₩406,000　(대) 매　출　채　권　₩400,000
　　　금융자산처분손실　　　3,000　　　이　자　수　익　　　9,000

④ (차) 현　　　　　금　₩402,000　(대) 매　출　채　권　₩400,000
　　　금융자산처분손실　　　2,000　　　이　자　수　익　　　4,000

⑤ (차) 현　　　　　금　₩403,000　(대) 매　출　채　권　₩400,000
　　　금융자산처분손실　　　2,000　　　이　자　수　익　　　5,000

키워드 어음할인에서 매각거래 이해하기

풀이
- 만기금액: 400,000 + (400,000 × 0.09 × 3/12) = ₩409,000
- 할인료: 409,000 × 0.12 × 1/12 = ₩4,090
- 실수금: 409,000 − 4,090 = ₩404,910
- 이자수익: 400,000 × 0.09 × 2/12 = ₩6,000
- 장부금액: 400,000 + 보유기간 2개월 이자수익(6,000) = ₩406,000
- 처분손실: 404,910 − 406,000 = ₩1,090

정답 ①

32 (주)감평은 고객에게 상품을 판매하고 약속어음(액면금액 ₩5,000,000, 만기 6개월, 표시이자율 연 6%)을 받았다. (주)감평은 동 어음을 3개월간 보유한 후 은행에 할인하면 서 은행으로부터 ₩4,995,500을 받았다. 동 어음에 대한 은행의 연간 할인율은? (단, 이자는 월할 계산한다)　　　　　　　　　　　　　　　　　　　　2019년 감평사

① 8%　　　　　　　　　　　　② 10%

③ 12%　　　　　　　　　　　④ 14%

⑤ 16%

풀이
- 만기금액: 5,000,000 + (5,000,000 × 0.06 × 6/12) = ₩5,150,000
- 할인료: 5,150,000 × 할인율(x) × 3/12 = ₩154,500　∴ x = 0.12(12%)
- 실수금: 5,150,000 − 154,500 = ₩4,995,500

정답 ③

33 매출채권의 손상에 관한 설명으로 옳지 않은 것은?

① 매출채권의 신용위험이 유의적으로 증가하지 아니한 경우에는 보고기간 말에 12개월 기대신용손실에 해당하는 금액을 손실충당금으로 측정한다.

② 매출채권의 신용위험이 유의적으로 증가한 경우에는 매 보고기간 말에 전체기간 기대신용손실에 해당하는 금액을 손실충당금으로 측정한다.

③ 매출채권의 추정미래현금흐름에 악영향을 미치는 하나 이상의 사건이 생긴 경우에는 해당 매출채권의 신용이 손상된 것으로 볼 수 있다.

④ 매출채권의 기대존속기간에 발생할 수 있는 모든 채무불이행 사건에 따른 기대신용손실은 전체기간 기대신용손실을 적용한다.

⑤ 매출채권의 기대신용손실을 측정할 때 가능한 시나리오를 모두 고려할 필요가 있다. 그러나 신용손실의 발생 가능성이 매우 낮더라도 신용손실이 발생할 가능성과 발생하지 아니할 가능성을 반영하여 신용손실이 발생할 위험이나 확률을 고려한다.

키워드　매출채권의 손상 개념 이해하기

풀이　매출채권의 기대신용손실을 측정할 때 가능한 시나리오를 모두 고려할 필요는 없다. 그러나 신용손실의 발생 가능성이 매우 낮더라도 신용손실이 발생할 가능성과 발생하지 아니할 가능성을 반영하여 신용손실이 발생할 위험이나 확률을 고려한다.

정답 ⑤

34 (주)한국은 20×1년 3월에 매출처의 파산으로 매출채권 ₩10,000이 회수불능 되었다. 회계처리로 옳은 것은? (단, 손실충당금 잔액은 ₩7,000이다)

① (차) 손 실 충 당 금 ₩10,000 (대) 매 출 채 권 ₩10,000
② (차) 매 출 채 권 ₩10,000 (대) 현   금 ₩10,000
③ (차) 손 실 충 당 금 ₩7,000 (대) 매 출 채 권 ₩7,000
④ (차) 손 실 충 당 금 ₩7,000 (대) 매 출 채 권 ₩10,000
　　 손 상 차 손 3,000
⑤ (차) 손 상 차 손 ₩10,000 (대) 매 출 채 권 ₩10,000

> **키워드** 매출채권 손상(대손)의 회계처리 이해하기
> **풀이** 손실충당금 잔액 ₩7,000을 상계 후 잔액은 손상차손으로 처리한다.

정답 ④

35 (주)한국의 20×1년 말 손상평가 전 매출채권의 총장부금액은 ₩220,000이고, 손실충당금 잔액은 ₩5,000이다. (주)한국이 20×1년 말에 인식해야 할 손상차손(환입)은? (단, 기대신용손실을 산정하기 위해 다음의 충당금 설정률표를 이용한다)

연체기간	총장부금액	회수가능률
연체되지 않음	₩100,000	99.7%
1일~30일	65,000	99%
31일~60일	30,000	95%
61일~90일	20,000	93%
91일 이상	5,000	90%
계	₩220,000	–

① 손상차손 ₩650
② 손상차손 ₩4,350
③ 손상차손환입 ₩650
④ 손상차손환입 ₩950
⑤ 손상차손환입 ₩4,350

키워드 매출채권의 손상차손 이해하기
풀이

연체기간	총장부금액	손실률	손실액
연체되지 않음	₩100,000	0.3%	₩300
1일~30일	65,000	1%	650
31일~60일	30,000	5%	1,500
61일~90일	20,000	7%	1,400
91일 이상	5,000	10%	500
계	₩220,000	–	₩4,350

• 손상차손환입: 추정액(4,350) – 잔액(5,000) = ₩650

정답 ③

36 (주)한국의 20×1년 말 매출채권 잔액은 ₩150,000이며, 매출채권에 대한 기대신용손실을 계산하기 위한 연령별 기대신용손실률은 다음과 같다.

연체기간	금액	기대신용손실률
연체되지 않음	₩100,000	0.5%
1일~60일	30,000	2.0%
61일 이상	20,000	5.0%
합계	₩150,000	

(주)한국의 20×1년 초 매출채권에 대한 손실충당금 잔액이 ₩2,000이고, 20×1년 중 매출채권 ₩500이 회수불능으로 확정되어 제거되었다. 20×1년 포괄손익계산서에 보고할 매출채권 손상차손(또는 손상차손환입)은?

① 손상차손 ₩600

② 손상차손환입 ₩600

③ 손상차손 ₩100

④ 손상차손환입 ₩100

⑤ 손상차손 ₩500

키워드 매출채권의 손상차손 이해하기

풀이

연체기간	금액	손실률	추정액
연체되지 않음	₩100,000 × 0.5% =		₩500
1일~60일	30,000 × 2.0% =		600
61일 이상	20,000 × 5.0% =		1,000
	기대신용손실 합계:		₩2,100

• 손실충당금 잔액: 2,000 – 회수불능(500) = ₩1,500
• 손상차손: 2,100 – 1,500 = ₩600

정답 ①

37 다음은 (주)한국의 20×1년 초 재무상태표에 보고된 매출채권에 대한 손실충당금과 20×1년 중 거래내용이다. 아래 자료를 이용하여 회계처리 할 경우 20×1년도의 당기순이익의 감소 금액은?

- 20×1년 초 매출채권은 ₩1,500,000이고, 매출채권에 대한 손실충당금은 ₩100,000 이다.
- 20×1년 1월 중 매출채권 ₩90,000이 회수불능으로 판명되어 해당 매출채권을 제거 하였다.
- 전년도에 회수불능채권으로 처리한 매출채권 중 ₩10,000을 20×1년 3월에 현금으로 회수하였다.
- 20×1년 말 매출채권 잔액은 ₩2,000,000이고, 이 잔액에 대한 손실충당금은 ₩80,000 으로 추정되었다.

① ₩80,000   ② ₩60,000

③ ₩90,000   ④ ₩50,000

⑤ ₩70,000

키워드 손실충당금계정을 사용하여 대손 추정

풀이

손실충당금			
손 상 확 정(대 손)	₩90,000	기 초 잔 액	₩100,000
기 말 잔 액	80,000	현 금 회 수 액	10,000
		손 상 차 손	(60,000)
	₩170,000		₩170,000

정답 ②

38 (주)한국의 20×1년 중 발생한 거래 및 20×1년 말 손상차손 추정과 관련된 자료는 다음과 같다. (주)한국의 20×1년도 포괄손익계산서상 손상차손이 ₩20,000일 때, (주)한국의 20×1년 초 손실충당금은? 제24회 수정

- 3월 2일: 당기에 외상매출한 매출채권 ₩15,000이 회수불능으로 확정되어 제거되 었다.
- 7월 13일: 전기에 손실충당금으로 손상처리한 매출채권 ₩3,000이 회수되었다.
- 12월 31일: 기말매출채권 전체에 대한 기대신용손실액은 ₩25,000이다.

① ₩17,000   ② ₩19,000

③ ₩18,000   ④ ₩15,000

⑤ ₩16,000

매출채권의 손실충당금 이해하기

손실충당금

손 상 확 정	₩15,000	기 초 잔 액	(₩17,000)
기 말 잔 액	25,000	현 금 회 수 액	3,000
		손 상 차 손	20,000
	₩40,000		₩40,000

정답 ①

39 (주)한국의 전기 말 외상매출금과 손실충당금은 각각 ₩35,000과 ₩2,500이다. 당기 매출액은 ₩82,000(전액 외상)이며 외상매출금 회수액은 ₩89,000이다. (주)한국이 외상매출금 기말 잔액의 10%를 손실충당금으로 설정할 경우, 당기의 손상차손은?

제16회 수정

① ₩100
② ₩200
③ ₩300
④ ₩2,500
⑤ ₩2,800

손실충당금계정을 사용하여 손상 추정

매출채권

기 초 잔 액	₩35,000	회 수 액	₩89,000
매 출 액	82,000	기 말 잔 액	(28,000)
	₩117,000		₩117,000

손실충당금

손 상 확 정	₩0	기 초 잔 액	₩2,500
기 말 잔 액	2,800	손 상 차 손	(300)
	₩2,800		₩2,800

• 기말손상추정액: 기말매출채권 잔액(28,000) × 0.1 = ₩2,800

정답 ③

40 20×1년에 설립한 (주)한국은 모든 매출이 외상(신용)으로 이루어진다. 20×1년과 20×2년 중 손상이 확정되어 제거된 매출채권은 없다. 다음 중 설명 중 옳지 않은 것은?

계정과목	20X1년	20X2년
기말매출채권	₩90,000	₩95,000
기말손실충당금	10,800	13,300
매출액	900,000	950,000
손상차손	10,800	?

① 20×1년 초 손실충당금의 전기이월액은 ₩0이다.

② 20×1년 말 손실충당금의 추정액은 ₩10,800이다.

③ 20×2년 초 손상차손의 전기이월액은 ₩0이다.

④ 20×2년 말 기대신용손실은 15%에 해당한다.

⑤ 20×2년 손상차손은 ₩2,500이다.

키워드 **매출채권의 손실충당금계정 이해하기**

풀이 • 20×2년 말 기대신용손실은 14%에 해당한다. [매출채권 기말잔액 × 비율(%) = 기말손실충당금]
  • 기대신용손실: 13,300(기말손실충당금) ÷ 95,000(매출채권잔액) = 14%(추정비율)

매출채권(20x2년)

기초잔액	₩90,000	손상확정	0
외상매출액	950,000	현금회수액	945,000
		기말잔액	95,000
	₩1,040,000		₩1,040,000

손실충당금(20x2년)

손상확정	0	기초잔액	₩10,800
기말잔액	13,300	손상차손	2,500
	13,300		₩13,300

정답 ④

41 다음 자료에 의하여 20×1년 중 외상으로 매출한 추정 금액은? (단, 모두 외상매출이며, 20×1년 포괄손익계산서상의 손상차손은 ₩42,000, 20×1년 중 현금으로 회수한 매출채권은 ₩630,000이다)

	20×1년 1월 1일	20×1년 12월 31일
• 매출채권	₩560,000	₩700,000
• 손실충당금	70,000	98,000

① ₩848,000

② ₩748,000

③ ₩858,000

④ ₩784,000

⑤ ₩874,000

키워드 손실충당금계정을 사용하여 손상 추정

풀이

매출채권

기초매출채권	₩560,000	현금회수액	₩630,000
외상매출액	(784,000)	손상확정	14,000
		기말매출채권	700,000
	₩1,344,000		₩1,344,000

손실충당금

손상확정	₩14,000	기초손실충당금	₩70,000
기말손실충당금	98,000	손상차손	42,000
	₩112,000		₩112,000

정답 ④

42 (주)한국의 20×1년 초 매출채권에 대한 손실충당금 잔액은 ₩300,000이었으며, 20×1년도의 손상과 관련된 거래는 다음과 같다. 20×1년 포괄손익계산서에 손상차손으로 보고할 금액은?

> • 6월 25일: 매출채권 ₩380,000이 회수불능으로 판명되어 손상처리하다.
> • 10월 13일: 전기에 손상처리하였던 매출채권 중 ₩100,000을 회수하다.
> • 12월 31일: 기말매출채권 잔액 ₩7,500,000 중 6%를 회수 불확실한 금액으로 추정하다.

① ₩450,000   ② ₩430,000

③ ₩380,000   ④ ₩370,000

⑤ ₩350,000

키워드 손실충당금계정을 사용하여 손상 추정

풀이

손실충당금

손 상 확 정(대 손)	₩380,000	기 초 잔 액	₩300,000
기 말 잔 액	450,000	상 각 채 권 추 심	100,000
		손 상 차 손	(430,000)
	₩830,000		₩830,000

• 기말손실충당금 잔액: 7,500,000 × 0.06 = ₩450,000

정답 ②

43 (주)한국의 매출채권과 그에 대한 미래현금흐름 추정액은 다음과 같고 기중에 손상확정 ₩500이 있다. 충당금설정법을 사용할 경우, 기말에 인식하여야 하는 손상차손은? (단, 할인효과가 중요하지 않은 단기매출채권이며, 기중 손실충당금의 변동은 없다)

2016년 공무원 수정

구분	기초	기말
매출채권	₩26,000	₩30,000
추정 미래현금흐름	24,500	26,500

① ₩2,500   ② ₩3,000

③ ₩3,500   ④ ₩4,000

⑤ ₩4,500

키워드 손실충당금의 추정 이해하기

풀이

손실충당금

손 상 확 정	₩500	기 초 잔 액	₩1,500
기 말 잔 액	3,500	손 상 차 손	(2,500)
	₩4,000		₩4,000

- 기초손실충당금 잔액: 26,000 − 24,500 = ₩1,500
- 기말손실충당금 잔액: 30,000 − 26,500 = ₩3,500

정답 ①

고난도

44 (주)한국의 20×1년도 매출채권 관련 자료가 다음과 같을 때, (주)한국이 매출채권과 관련하여 20×1년도 포괄손익계산서에 인식할 손상차손은? (단, 매출채권에는 유의적 금융요소를 포함하고 있지 않다고 가정한다)

- 20×1년 초 매출채권은 ₩350,000, 손실충당금은 ₩20,000이다.
- 20×1년도 매출액은 ₩800,000이며, 이 중 외상매출액은 ₩600,000이다.
- 20×1년도에 매출채권의 총 감소액은 ₩650,000으로, 이는 현금으로 회수된 ₩620,000과 회수불능이 확정된 채권인 ₩30,000이다.
- 20×1년 말 매출채권에 대한 기대신용손실은 매출채권 잔액의 3%이다.

① ₩18,000   ② ₩19,000

③ ₩19,500   ④ ₩10,000

⑤ ₩9,000

키워드 매출채권의 손상차손 이해하기

풀이

매출채권

기 초 잔 액	₩350,000	현 금 회 수	₩620,000
외 상 매 출 액	600,000	손 상 확 정	30,000
		기 말 잔 액	(300,000)
	₩950,000		₩950,000

손실충당금

손 상 확 정	₩30,000	기 초 잔 액	₩20,000
기 말 잔 액	9,000	손 상 차 손	(19,000)
	₩39,000		₩39,000

정답 ②

45 (주)감평의 20×1년도 매출 및 매출채권 관련 자료는 다음과 같다. 20×1년 고객으로부터의 현금유입액은? (단, 매출은 전부 외상으로 이루어진다)

2016년 감평사

[재무상태표 관련 자료]

	20×1년 1월 1일	20×1년 12월 31일
• 매출채권	₩110,000	₩150,000
• 손실충당금	3,000	5,000

[포괄손익계산서 관련 자료]

• 매출액	₩860,000
• 손상차손	₩6,000

① ₩812,000   ② ₩816,000

③ ₩854,000   ④ ₩890,000

⑤ ₩892,000

키워드 매출로 인한 현금유입 이해하기

풀이

손실충당금

손 상 확 정	(₩4,000)	기 초 잔 액	₩3,000
기 말 잔 액	5,000	손 상 차 손	6,000
	₩9,000		₩9,000

매출채권

기 초 잔 액	₩110,000	현 금 회 수 액	(₩816,000)
외 상 매 출	860,000	손 상 확 정	4,000
		기 말 잔 액	150,000
	₩970,000		₩970,000

정답 ②

46 (주)한국의 매출채권과 손실충당금에 관한 자료이다. 당기 중에 고객으로부터 유입된 현금이 ₩350,000, 20×1년도 포괄손익계산서상 매출액이 ₩400,000이라면 20×1년 말 포괄손익계산서상 손상차손은?

구분	20×1년 초	20×1년 말
매출채권	₩15,000	₩55,000
손실충당금	5,000	8,000

① ₩13,000   ② ₩15,000

③ ₩17,000   ④ ₩18,000

⑤ ₩20,000

키워드 매출채권의 손상차손 이해하기

풀이

매출채권

기 초 잔 액	₩15,000	현 금 회 수 액	₩350,000
외 상 매 출 액	400,000	손 상 확 정	10,000
		기 말 잔 액	55,000
	₩415,000		₩415,000

손실충당금

손 상 확 정	₩10,000	기 초 잔 액	₩5,000
기 말 잔 액	8,000	손 상 차 손	(13,000)
	₩18,000		₩18,000

정답 ①

47 (주)대한은 매출채권의 손상차손 인식과 관련하여 손상차손과 손실충당금 계정을 사용한다. 20×1년 초 매출채권과 손실충당금은 각각 ₩2,000,000과 ₩100,000이었다. 다음은 20×1년에 발생한 거래와 20×1년 말 손상차손 추정과 관련한 자료이다. 20×1년의 손상차손은?

제18회

- 20×1년 2월 거래처 파산 등의 사유로 손상확정된 금액이 ₩200,000이다.
- 2월에 제거된 상기 매출채권 중 ₩80,000을 8월에 현금으로 회수하였다.
- 20×1년 말 매출채권 잔액 ₩3,300,000의 3%를 손실충당금으로 설정한다.

① ₩99,000
② ₩105,000
③ ₩119,000
④ ₩199,000
⑤ ₩204,000

키워드 매출채권의 손상차손 이해하기

풀이

손실충당금

손 상 확 정	₩200,000	기 초 잔 액	₩100,000
기 말 잔 액	99,000	현 금 회 수 액	80,000
		손 상 차 손	(119,000)
	₩299,000		₩299,000

- 기말손실충당금 잔액: 3,300,000 × 0.03 = ₩99,000

정답 ③

48 (주)한국의 20×1년 초 매출채권은 ₩100,000이며 손실충당금은 ₩10,000이었다. 그리고 (주)한국의 20×1년도 상품매출은 ₩1,000,000이며 상품의 하자로 인한 매출에누리가 ₩20,000이었다. 또한 20×1년 중 고객으로부터의 판매대금 회수금액은 ₩700,000이었으며, 손상확정액은 ₩5,000이었다. 20×1년 말 매출채권 손상에 대해 평가한 결과 미래현금흐름의 현재가치가 ₩290,000으로 추정될 때, (주)한국이 당기 비용으로 인식할 손상차손은?

① ₩70,000   ② ₩75,000

③ ₩80,000   ④ ₩85,000

⑤ ₩90,000

키워드   매출채권과 손실충당금계정을 사용하여 손상 추정

풀이

매출채권

기 초 잔 액	₩100,000	회 수 액	₩700,000
매 출 액	980,000	손 상 확 정	5,000
		기 말 잔 액	(375,000)
	₩1,080,000		₩1,080,000

손실충당금

손 상 확 정	₩5,000	기 초 잔 액	₩10,000
기 말 잔 액	85,000	손 상 차 손	(80,000)
	₩90,000		₩90,000

- 기말매출채권 잔액(375,000) − 기말손실충당금 잔액(x) = 미래현금흐름의 현재가치 ₩290,000
  ∴ x = ₩85,000

TIP
- 매출액은 매출에누리 ₩20,000을 차감한 ₩980,000이다.
- 미래현금흐름의 현재가치 ₩290,000은 손실충당금을 차감한 잔액이다.

정답 ③

49 다음은 (주)관세의 재무상태표 중 매출채권과 손실충당금에 관한 부분이다.

구분	20×1년 말	20×2년 말
매출채권	₩40,000	₩52,000
손실충당금	(4,000)	(2,800)

(주)관세는 20×2년도 포괄손익계산서에 대손상각비(손상차손)로 ₩2,000을 보고하였다. 만약 20×2년 중에 (주)관세가 현금으로 회수한 매출채권액이 ₩200,000이라면, 동년 중에 외상으로 매출한 금액은?

2016년 관세사

① ₩52,000
② ₩206,000
③ ₩212,000
④ ₩215,200
⑤ ₩255,200

키워드 **매출채권계정 이해하기**

풀이

손실충당금

손 상 확 정	(₩3,200)	기 초 잔 액	₩4,000
기 말 잔 액	2,800	손 상 차 손	2,000
	₩6,000		₩6,000

매출채권

기 초 잔 액	₩40,000	현 금 회 수 액	₩200,000
외 상 매 출 액	(215,200)	손 상 확 정	3,200
		기 말 잔 액	52,000
	₩255,200		₩255,200

정답 ④

50 20×1년에 설립된 (주)관세의 매출채권과 손상에 관한 자료가 다음과 같을 때, (주)관세의 20×2년도 포괄손익계산서에 표시될 대손상각비(손상차손)는? 2016년 관세사 수정

- 20×1년 12월 31일의 매출채권 잔액은 ₩1,000,000이고 이 금액 중 ₩100,000이 회수 불가능하다고 추정되었다.
- 20×2년 6월 29일에 전기에 매출한 ₩250,000의 매출채권이 회수 불가능하다고 판명되었다.
- 20×2년 8월 16일에는 전기에 손상확정된 ₩70,000이 현금으로 회수되었다.
- 20×2년 12월 31일의 매출채권 잔액은 ₩700,000이며, 이 금액 중 ₩85,000이 회수 불가능하다고 추정되었다.

① ₩150,000   ② ₩165,000

③ ₩235,000   ④ ₩265,000

⑤ ₩335,000

키워드 **손실충당금계정 이해하기**

풀이

손실충당금

손 상 확 정	₩250,000	기 초 잔 액	₩100,000
기 말 잔 액	85,000	현 금 회 수 액	70,000
		손 상 차 손	(165,000)
	₩335,000		₩335,000

- 6월 29일: (차) 손 실 충 당 금   ₩100,000   (대) 매 출 채 권   ₩250,000
                손 상 차 손   150,000
- 8월 16일: (차) 현   금   ₩70,000   (대) 손 실 충 당 금   ₩70,000
- 12월 31일: (차) 손 상 차 손   ₩15,000   (대) 손 실 충 당 금   ₩15,000
- 포괄손익계산서에 인식할 손상차손: ₩165,000

정답 ②

51 (주)한국은 20×1년 12월 1일 ₩1,000,000의 상품을 신용조건(5/10, n/60)으로 매입하였다. (주)한국이 20×1년 12월 9일에 매입대금을 전액 현금 결제한 경우의 회계처리는? (단, 상품매입 시 총액법을 적용하며, 실지재고조사법으로 기록한다) 제21회

① (차) 매 입 채 무   ₩900,000   (대) 현   금   ₩900,000
② (차) 매 입 채 무   ₩950,000   (대) 현   금   ₩950,000
③ (차) 매 입 채 무 ₩1,000,000   (대) 현   금 ₩1,000,000
④ (차) 매 입 채 무 ₩1,000,000   (대) 현   금   ₩900,000
                                       매 입 (할 인)   100,000
⑤ (차) 매 입 채 무 ₩1,000,000   (대) 현   금   ₩950,000
                                       매 입 (할 인)   50,000

> **키워드** 매입채무 상환 이해하기
> **풀이** 신용조건(5/10, n/60)으로 매입하였고 10일 이내 상환하므로 5% 할인을 받는다.
> ⇨ 매입할인: 1,000,000 × 0.05 = ₩50,000   ∴ 현금 지급액 = ₩950,000

정답 ⑤

52 수정후잔액시산표의 당좌예금계정 잔액이 대변에 있는 경우 재무상태표에 표시되는 계정과목은?

① 단기차입금   ② 현금및현금성자산
③ 단기대여금   ④ 당좌예금
⑤ 제예금

> **키워드** 기초계정과목 이해하기
> **풀이** 수정후잔액시산표의 당좌예금계정 잔액이 대변에 있는 경우 이는 당좌차월(부채)에 해당하고 재무상태표에는 단기차입금으로 분류한다.

정답 ①

PART 1

53 종업원에게 급여를 지급할 때 종업원이 부담하는 근로소득세나 건강보험료 등을 기업이 미리 원천징수하였다가 해당기관에 대신 납부한다. 이 기간 동안 사용하는 계정은?

① 미지급금   ② 미수금

③ 선수금   ④ 가수금

⑤ 예수금

54 출장을 다녀온 직원에게서 여비 개산액 ₩300,000 중 잔금 ₩100,000을 반환받았다. 분개로 옳은 것은?

① (차) 현　　　　　　금 ₩100,000　　(대) 가 지 급 금 ₩300,000
　　　여 비 교 통 비　 200,000

② (차) 현　　　　　　금 ₩100,000　　(대) 가 지 급 금 ₩100,000

③ (차) 가 지 급 금 ₩300,000　　(대) 현　　　　　　금 ₩100,000
　　　　　　　　　　　　　　　　　　　여 비 교 통 비　 200,000

④ (차) 여 비 교 통 비 ₩300,000　　(대) 가 지 급 금 ₩300,000

⑤ (차) 현　　　　　　금 ₩300,000　　(대) 여 비 교 통 비 ₩300,000

55 상품 ₩800,000을 매입하고 계약금 ₩300,000을 차감한 잔액을 약속어음으로 발행하여 교부한 경우의 분개로 옳은 것은?

① (차) 매　　　　　입　₩500,000　　(대) 외 상 매 입 금　₩500,000
② (차) 매　　　　　입　₩800,000　　(대) 착　　수　　금　₩300,000
　　　　　　　　　　　　　　　　　　　　　　외 상 매 입 금　　500,000
③ (차) 매　　　　　입　₩800,000　　(대) 선　　수　　금　₩300,000
　　　　　　　　　　　　　　　　　　　　　　외 상 매 입 금　　500,000
④ (차) 매　　　　　입　₩800,000　　(대) 선　　급　　금　₩300,000
　　　　　　　　　　　　　　　　　　　　　　지 급 어 음　　500,000
⑤ (차) 매　　　　　입　₩800,000　　(대) 선　　급　　금　₩300,000
　　　　　　　　　　　　　　　　　　　　　　외 상 매 입 금　　500,000

키워드 기타의 채권·채무 이해하기

풀이 상품을 매입하기 전에 대금의 일부를 계약금(착수금)으로 미리 지급하는 경우에는 선급금계정 차변에 기입하고, 상품을 매입하면 선급금계정 대변에 대체한다.

정답 ④

04 금융자산 Ⅱ

▶ **연계학습** | 에듀윌 기본서 1차 [회계원리 上] p.193

01 **금융자산 분류에 관한 기준으로 옳지 않은 것은?**

① 금융자산은 금융자산의 관리를 위한 사업모형과 계약상의 현금흐름의 특성을 고려하여 분류한다.

② 금융자산과 금융부채는 금융상품의 계약당사자가 되는 때에만 재무상태표에 인식한다.

③ 투자지분상품 중 단기매매항목이 아닌 경우 기타포괄손익−공정가치 측정 금융자산으로 지정할 수 있으며 한번 지정하면 취소할 수 없다.

④ 투자채무상품 중 계약상 현금흐름이 원리금만으로 구성되었고 사업모형이 매도인 경우 상각 후 원가 측정 금융자산으로 분류한다.

⑤ 투자지분상품은 기타포괄손익으로 지정하지 않는 한, 당기손익−공정가치 측정 금융자산으로 분류하고 공정가치의 변동을 당기손익으로 인식한다.

> **키워드** **금융자산의 분류 이해하기**
>
> **풀이** 투자채무상품 중 계약상 현금흐름이 원리금만으로 구성되었고 사업모형이 매도인 경우에는 당기손익−공정가치 측정 금융자산(FVPL금융자산)으로 분류한다. 그러나 사업모형이 현금흐름의 수취인 경우 상각 후 원가 측정 금융자산(AC금융자산)으로 분류한다.
>
> 정답 ④

02 금융자산의 분류와 관련하여 옳지 않은 것은?

① 투자채무상품(사채)은 금융자산의 관리를 위한 사업모형과 계약상 현금흐름의 특성을 모두 고려하여 분류한다.

② 투자채무상품(사채)의 기타포괄손익-공정가치 측정 금융자산(FVOCI)과 상각 후 원가 측정 금융자산(AC)은 최초 인식 시 당기손익-공정가치 측정 금융자산 (FVPL)으로 지정할 수 있으며, 한번 지정하면 취소할 수 없다.

③ 투자지분상품(주식)은 단기매매목적이 아닌 경우 회계불일치를 제거하거나 유의적으로 줄이는 경우에는 기타포괄손익-공정가치 측정 금융자산(FVOCI)으로 지정할 수 있으며, 한번 지정하면 취소할 수 없다.

④ 투자지분상품(주식)의 경우 다른 금융자산으로 재분류할 수 있다. 그러나 손상차손은 인식하지 않는다.

⑤ 투자채무상품(사채)의 기타포괄손익-공정가치 측정 금융자산(FVOCI)은 공정가치로 측정하고 공정가치의 변동을 기타포괄손익으로 처리한 후 제거시점에서 당기손익으로 재분류한다.

키워드 **금융자산 이해하기(주식, 사채)**
풀이 투자지분상품(주식)의 경우 다른 금융자산으로 재분류할 수 없으며, 손상차손도 인식하지 않는다.

정답 ④

03 금융자산의 최초 인식 및 후속 측정에 관한 설명으로 옳지 않은 것은?

① 당기손익-공정가치 측정 금융자산(FVPL)은 취득시점의 공정가치로 측정하고, 취득과 관련하여 발생한 거래원가는 당기의 비용으로 처리한다.

② 당기손익-공정가치 측정 금융자산(FVPL)이 아닌 경우 금융상품 취득 또는 발행과 직접 관련되는 거래원가는 최초 인식하는 공정가치에 가산(가감)하여 측정한다.

③ 기타포괄손익-공정가치 측정 금융자산(FVOCI)은 공정가치를 재무상태표에 표시하고, 공정가치의 변동에 의한 손익은 당기손익으로 처리한다.

④ 상각 후 원가 측정 금융자산(AC)의 최초 인식은 취득시점의 공정가치로 인식한다. 취득시점의 공정가치는 유효이자율에 의한 미래현금흐름의 현재가치로 결정된다.

⑤ 상각 후 원가 측정 금융자산(AC)은 보고기말 유효이자율법을 적용하여 상각 후 원가를 재무상태표에 표시하고 공정가치로 평가하지 않는다.

키워드 **금융자산 이해하기**

풀이 기타포괄손익-공정가치 측정 금융자산(FVOCI)은 공정가치를 재무상태표에 표시하고, 공정가치의 변동에 의한 손익은 기타포괄손익으로 처리한다.

이론 ✚ FVPL금융상품이 아닌 경우 당해 금융상품 취득 또는 발행과 직접 관련되는 거래원가(중개수수료, 규제기관과 증권거래소의 부과금 및 세금)는 최초 인식하는 공정가치에 가산(차감)하여 측정한다.

구분	FVPL금융상품인 경우	FVPL금융상품이 아닌 경우
금융자산	공정가치 (거래원가는 당기비용으로 처리)	공정가치 + 거래원가
금융부채	공정가치 (거래원가는 당기비용으로 처리)	공정가치 − 거래원가

정답 ③

04 취득한 사채(채무상품)를 기타포괄손익–공정가치 측정 금융자산으로 분류한 경우의 회계처리로 옳지 않은 것은? (단, 손상은 고려하지 않는다) 제26회 수정

PART 1

① 취득과 관련되는 거래원가는 최초 인식시점의 당기비용에 가산한다.
② 처분할 경우 기타포괄손익누계액에 누적된 평가손익을 당기손익으로 재분류한다.
③ 이자수익은 매 보고 기간 말의 발행 당시 시장이자율을 이용하여 인식한다.
④ 액면금액 미만으로 취득(할인취득)한 경우 이자수익 인식금액이 현금으로 수취하는 이자금액보다 크다.
⑤ 당기손익으로 인식하는 금액은 상각 후 원가 측정 금융자산으로 분류하였을 경우 당기손익으로 인식하는 금액과 차이가 없다.

> **키워드** 금융자산의 채무상품 이해하기
> **풀이** 취득과 관련되는 거래원가는 최초 인식시점의 공정가치에 가산한다.

정답 ①

고난도
05 금융자산의 손상차손 및 재분류에 관한 설명으로 옳지 않은 것은?

① 금융자산을 관리하는 사업모형을 변경하는 경우에만, 영향 받는 모든 금융자산을 재분류하고 투자지분증권(주식)은 재분류하지 않는다.
② 상각 후 원가 측정 금융자산을 기타포괄손익–공정가치 측정 금융자산으로 재분류할 경우 재분류일의 공정가치로 측정하고, 재분류 전 상각 후 원가와 공정가치의 차이를 기타포괄손익으로 인식한다.
③ 상각 후 원가 측정 금융자산을 당기손익–공정가치 측정 금융자산으로 재분류할 경우 재분류일의 공정가치로 측정하고, 재분류 전 상각 후 원가와 공정가치의 차이를 당기손익으로 인식한다.
④ 당기손익–공정가치 측정 금융자산을 기타포괄손익–공정가치 측정 금융자산으로 재분류할 경우 계속 공정가치로 측정한다.
⑤ 금융자산을 재분류하는 경우에 그 재분류를 재분류일부터 전진적으로 적용한다. 재분류 전에 인식한 손익[손상차손(환입) 포함]이나 이자는 다시 작성하여야 한다.

> **키워드** 금융자산의 손상 및 재분류 이해하기
> **풀이** 금융자산을 재분류하는 경우에 그 재분류를 재분류일부터 전진적으로 적용한다. 하지만 재분류 전에 인식한 손익[손상차손(환입) 포함]이나 이자는 다시 작성하지 않는다.
> **TIP** 금융자산의 재분류는 전진법을 사용한다.

정답 ⑤

06 (주)한국은 20×1년 11월 1일 (주)대한의 보통주 100주를 ₩600,000에 취득하고 수수료 ₩10,000을 현금으로 지급하였다. (주)한국은 취득한 보통주를 당기손익-공정가치 측정 금융자산으로 분류하였으며, 20×1년 말 (주)대한의 보통주 공정가치는 주당 ₩5,000이었다. (주)한국이 20×2년 5월 10일 (주)대한의 주식 전부를 주당 ₩5,600에 처분하고 거래수수료 주당 ₩100을 차감한 경우 20×2년도 당기순이익에 미치는 영향은?

① ₩40,000 감소　　　　　　② ₩60,000 증가
③ ₩50,000 증가　　　　　　④ ₩70,000 감소
⑤ ₩70,000 증가

키워드 금융자산의 처분 이해하기
풀이 • 처분 시 발생한 거래수수료는 처분금액(5,600 − 100)에서 차감하고 계산한다.
　　 • 처분이익: (5,500 − 5,000) × 100주 = ₩50,000 증가

정답 ③

07 (주)한국은 20×1년 초 (주)대한의 보통주 10주를 1주당 ₩1,000에 취득하고 취득수수료 ₩2,000을 현금으로 지급하였다. (주)한국은 취득한 보통주를 당기손익-공정가치 측정 금융자산으로 분류하였으며, 20×1년 3월 1주당 ₩500의 중간배당금을 현금으로 수령하였다. 20×1년 말 (주)대한의 보통주 공정가치는 1주당 ₩1,300이었다. 동 주식과 관련하여 (주)한국이 20×1년 인식할 금융자산 평가손익은? 　　제24회 수정

① 이익 ₩1,000　　　　　　② 손실 ₩1,000
③ 손실 ₩3,000　　　　　　④ 이익 ₩3,000
⑤ 이익 ₩5,000

키워드 금융자산의 평가손익 이해하기
풀이 금융자산 평가손익: (1,300 − 1,000) × 10주 = ₩3,000 이익

정답 ④

08 (주)한국은 20×1년 7월 초 (주)대한의 주식 1,000주(액면가액 ₩7,000)를 주당 ₩7,500에 매입하여 공정가치 변동을 당기손익으로 인식하는 금융자산으로 분류하였다. (주)한국은 20×1년 9월 초 (주)대한의 주식 400주를 주당 ₩8,500에 처분하였고, 20×1년 말 (주)대한 주식의 주당 공정가치는 ₩8,000이다. 동 주식과 관련하여 (주)한국이 20×1년 포괄손익계산서에 인식할 당기이익은?

① ₩500,000
② ₩700,000
③ ₩1,000,000
④ ₩1,200,000
⑤ ₩1,500,000

> **키워드** 당기손익 및 기타포괄손익 이해하기
> **풀이**
> • 20×1년 중 처분이익: 400주 × (8,500 − 7,500) = ₩400,000
> • 20×1년 말 평가이익: 600주 × (8,000 − 7,500) = ₩300,000
> • 20×1년 말 당기이익: 400,000 + 300,000 = ₩700,000

정답 ②

09 (주)한국은 20×1년 5월 1일 주식 100주를 주당 공정가치 ₩100에 취득하고 당기손익 − 공정가치 측정 금융자산으로 분류하였다. 20×1년 말과 20×2년 말의 주식의 공정가치는 다음과 같다.

구분	20X1년 말	20X2년 말
주식 공정가치	₩120	₩140

(주)한국은 20×2년 10월 30일 주식 80주를 주당 ₩110에 처분하고, 나머지 20주는 계속 보유하고 있다. 20×2년 당기순이익에 미치는 영향은?

① ₩400 증가
② ₩400 감소
③ ₩800 증가
④ ₩800 감소
⑤ ₩600 증가

> **키워드** 금융자산의 평가와 처분 이해하기
> **풀이**
> • 20×2년 10월 처분: (처분금액 110 − 20×1년 말 공정가치 120) × 80주 = 손실 ₩800
> • 20×2년 12월 보유: (20×2년 공정가치 140 − 20×1년 공정가치 120) × 20주 = 이익 ₩400
> • 20×2년 순이익에 미치는 영향: 평가이익 400 − 처분손실 800 = ₩400 감소

정답 ②

10 (주)한국이 구입한 (주)대한의 주식의 거래 내용이다.

20×1년			20×2년	
취득금액	거래수수료	공정가치	처분금액	거래수수료
₩1,000	₩50	₩1,100	₩1,080	₩30

동 주식을 당기손익－공정가치 측정 금융자산 또는 기타포괄손익－공정가치 측정 금융자산으로 분류하였을 경우, 옳지 않은 것은?   2022년 공무원 수정

① 당기손익－공정가치 측정 금융자산으로 분류할 경우, 20×1년 당기이익이 ₩50 증가한다.

② 당기손익－공정가치 측정 금융자산으로 분류할 경우, 20×2년 당기이익이 ₩50 감소한다.

③ 기타포괄손익－공정가치 측정 금융자산으로 분류할 경우, 20×1년 기타포괄손익누계액이 ₩50 증가한다.

④ 기타포괄손익－공정가치 측정 금융자산으로 분류할 경우, 20×2년 기타포괄손익누계액이 ₩30이다.

⑤ 기타포괄손익－공정가치 측정 금융자산으로 분류할 경우, 20×2년 당기순이익에 미치는 영향은 없다.

> **키워드** 금융자산의 평가와 처분 이해하기
> **풀이** 기타포괄손익－공정가치 측정 금융자산으로 분류할 경우, 20×2년 당기순이익이 ₩30 감소한다.
>
> 정답 ⑤

11 (주)관세는 20×1년 초 지분상품을 거래원가 ₩2,000을 포함하여 ₩52,000에 구입하였고, 이 지분상품의 20×1년 말 공정가치는 ₩49,000이다. (주)관세는 20×2년 4월 초 공정가치인 ₩51,000에 지분상품을 처분하였다. 이 지분상품을 (A)당기손익-공정가치 측정 금융자산으로 인식했을 때와 (B)기타포괄손익-공정가치 측정 금융자산으로 최초 선택하여 인식했을 때 처분으로 인한 당기손익은? (단, 처분 시 거래원가는 발생하지 않았다)

2019년 관세사

	(A)	(B)
①	₩0	손실 ₩1,000
②	₩0	₩0
③	₩0	이익 ₩2,000
④	이익 ₩2,000	₩0
⑤	이익 ₩2,000	이익 ₩1,000

키워드 금융자산의 처분 및 당기손익 이해하기

풀이
- (A) 당기손익-공정가치 측정 금융자산의 처분이익: 51,000 - 49,000 = ₩2,000
- (B) 기타포괄손익-공정가치 측정 금융자산의 처분손익은 발생하지 않는다.

정답 ④

12 (주)한국은 A주식을 20×1년 초 ₩1,000에 구입하고 취득수수료 ₩20을 별도로 지급하였으며, 기타포괄손익-공정가치 측정 금융자산으로 선택하여 분류하였다. A주식의 20×1년 말 공정가치는 ₩900, 20×2년 말 공정가치는 ₩1,200이고, 20×3년 2월 1일 A주식 모두를 공정가치 ₩1,100에 처분하였다. A주식에 관한 회계처리 결과로 옳은 것은?

① 20×1년 A주식 취득원가는 ₩1,000이다.

② 20×1년 총포괄이익이 ₩100 감소한다.

③ 20×2년 총포괄이익이 ₩200 증가한다.

④ 20×2년 말 재무상태표상 기타포괄손익누계는 ₩180이다.

⑤ 20×3년 당기순이익이 ₩100 감소한다.

> **키워드** 기타포괄손익-공정가치 측정 금융자산 이해하기
> **풀이** ① 20×1년 A주식 취득원가는 ₩1,020이다.
> ② 20×1년 총포괄이익이 ₩120 감소한다.
> ③ 20×2년 총포괄이익이 ₩300 증가한다.
> ⑤ 기타포괄손익-공정가치 측정 금융자산은 처분 시 평가 후 처분한다. 그러므로 20×3년 당기순이익에 미치는 영향은 없다.
>
> 정답 ④

13 (주)한국은 20×1년 초 (주)대한의 주식 10주를 주당 ₩4,000에 취득하였다. 20×1년 말 (주)대한 주식 1주당 공정가액은 ₩5,000이다. 20×2년 1월 9일 (주)한국은 보유 중인 주식의 5주를 1주당 ₩6,000에 처분하였다. (주)한국이 주식을 당기손익-공정가치 측정 금융자산으로 분류한 경우와 기타포괄손익-공정가치 측정 금융자산으로 분류한 경우, 각각의 처분이익으로 옳은 것은? (단, 처분 시 주당 수수료 100을 별도 지급하였다)

	FVPL금융자산	FVOCI금융자산
①	₩4,500	₩500
②	₩4,500	₩0
③	₩5,000	₩500
④	₩5,000	₩0
⑤	₩9,000	₩500

키워드 금융자산의 처분 및 평가 이해하기

풀이
- 당기손익 – 공정가치 측정 금융자산(FVPL)처분이익은 처분가격과 장부금액(결산일 공정가액)의 차액이다. (5,900 – 5,000) × 5주 = 이익 ₩4,500(수수료 100원은 처분가격에서 차감한다)
- 기타포괄손익 – 공정가치 측정 금융자산(FVOCI)처분이익은 처분일의 공정가치로 평가한 후 처분하여야 한다. 처분일의 공정가치는 ₩6,000이므로 장부금액이 ₩6,000이 된다. 그러므로 처분손익이 발생하지 않는다. 다만, 수수료 500원(100원 × 5주)만큼 처분손실이 발생한다.
- (5,900 – 6,000) × 5주 = 손실 ₩500

[정답] ①

고난도

14 (주)한국은 20×1년 6월 말에 주식 A와 B를 각각 ₩500, ₩600에 취득하였다. 주식 A는 당기손익 – 공정가치 측정 금융자산으로, 주식 B는 기타포괄손익 – 공정가치 측정 금융자산으로 분류하였으며, 보유기간 중 해당 주식의 손상은 발생하지 않았다. 다음 자료를 이용할 경우, 해당 주식보유에 따른 기말평가 및 처분에 관한 설명으로 옳은 것은?

제17회 수정

구분	20×1년 말 공정가치	20×2년 말 공정가치	20×3년 매각금액
주식 A	₩550	₩480	₩520
주식 B	580	630	610

① 20×1년 당기순이익은 ₩30 증가한다.
② 20×1년 기타포괄손익은 ₩50 증가한다.
③ 20×2년 말 기타포괄손익누계액에 표시된 FVOCI금융자산 평가이익은 ₩30 이다.
④ 20×2년 당기순이익은 ₩10 증가한다.
⑤ 20×3년 금융자산 처분이익은 ₩20이다.

키워드 금융자산의 평가손익 및 처분손익 처리 이해하기

풀이
① 20×1년 당기순이익은 ₩50 증가한다.
② 20×1년 기타포괄손익은 ₩20 감소한다.
④ 20×2년 당기순이익은 ₩70 감소한다.
⑤ 20×3년 금융자산 처분이익은 ₩40이다.

TIP 공정가치 변동액을 그려서 계산한다.

[정답] ③

CHAPTER 04 · 금융자산 Ⅱ　**109**

15 (주)관세는 20×1년 10월 31일 상장회사인 (주)대한의 주식을 단기매매목적으로 ₩6,000에 취득하면서 거래수수료 ₩100을 추가로 지출하였다. (주)관세는 20×1년 12월 20일 보유 중인 (주)대한의 주식 중 50%를 ₩3,200에 처분하였으며, 20×1년 말 현재 (주)관세가 보유 중인 (주)대한의 주식의 공정가치는 ₩3,600이다. 동 주식과 관련된 거래가 (주)관세의 20×1년도 포괄손익계산서의 당기순이익에 미치는 효과는?

2016년 관세사

① ₩100 감소

② ₩0

③ ₩200 증가

④ ₩600 증가

⑤ ₩700 증가

> **키워드** 금융자산의 처분 및 평가 이해하기
> **풀이**
> • 20×1년 수수료비용: ₩100
> • 20×1년 처분이익: 3,200 − 3,000(= 6,000 × 50%) = ₩200
> • 20×1년 평가이익: 3,600 − 3,000(= 6,000 × 50%) = ₩600
> • 20×1년 순이익: 200 + 600 − 100 = ₩700 증가

> 정답 ⑤

16 (주)한국은 20×1년 중에 주식 10주를 1주당 ₩10,000에 취득하여 기타포괄손익−공정가치 측정 금융자산으로 지정하였다. 20×1년 말 1주당 공정가치가 ₩13,000이고, 20×2년 말 현재 ₩12,000이다. 20×2년 말 재무상태표상 표시될 기타포괄손익누계액은?

① 평가손실 ₩10,000

② 평가이익 ₩10,000

③ 평가손실 ₩20,000

④ 평가이익 ₩20,000

⑤ 평가이익 ₩30,000

> **키워드** 기타포괄손익−공정가치 측정 금융자산의 평가 이해하기
> **풀이**
> • 재무상태표의 기타포괄손익 − 공정가치 측정 금융자산 평가손익의 누적액은 항상 취득원가와 공정가치의 차액이다.
> • 기타포괄손익 − 공정가치 측정 금융자산 평가손익: [공정가치(12,000) − 취득원가(10,000)] × 10주 = ₩20,000 이익

> 정답 ④

17 12월 결산법인인 (주)한국은 20×1년 초 (주)대한의 주식 100주를 1주당 ₩5,500에 취득하고, 별도로 수수료 ₩10,000을 지급한 후 기타포괄손익－공정가치 측정 금융자산으로 지정하였다. 20×1년 말 (주)대한의 1주당 공정가치는 ₩5,800이며, (주)한국이 인식할 기타포괄손익－공정가치 측정 금융자산으로 인한 당기손익은?

PART 1

① ₩20,000

② ₩30,000

③ ₩0

④ ₩10,000

⑤ ₩40,000

키워드 기타포괄손익－공정가치 측정 금융자산의 당기손익 처리 이해하기

풀이
• 기타포괄손익－공정가치 측정 금융자산의 당기손익은 발생하지 않고 기타포괄손익이 발생한다.
• 기타포괄손익－공정가치 측정 금융자산의 취득원가: 100주 × 5,500 + 10,000 = ₩560,000
• 기타포괄손익－공정가치 측정 금융자산의 평가이익: 100주 × (5,800 − 5,600) = ₩20,000

정답 ③

18 (주)한국은 20×1년 7월 초 (주)대한의 주식 1,000주(액면 ₩7,000)를 주당 ₩7,500에 매입하여 공정가치 변동을 기타포괄손익으로 인식하는 금융자산으로 지정하였다. (주)한국은 20×1년 9월 초 (주)대한의 주식 400주를 주당 ₩8,500에 처분하였고, 20×1년 말 (주)대한 주식의 주당 공정가치는 ₩8,000이다. 동 주식과 관련하여 (주)한국의 20×1년 기타포괄손익누계는? (단, 처분 시 기타포괄손익은 이익잉여금에 대체한다)

① ₩500,000

② ₩400,000

③ ₩300,000

④ ₩700,000

⑤ ₩0

키워드 당기손익 및 기타포괄손익 이해하기

풀이
• 기타포괄손익－공정가치 측정 금융자산은 처분 시 처분일의 공정가치로 평가한 후 평가손익을 기타포괄손익으로 인식하고 처분을 하므로 처분손익이 발생하지 않는다.
• 처분 시 평가: 400주 × (8,500 − 7,500) = ₩400,000
• 기말 시 평가: 600주 × (8,000 − 7,500) = ₩300,000

정답 ③

19 (주)한국은 20×1년 중 (주)대한의 주식을 ₩120,000(수수료 10,000원 포함가격)에 취득하고 기타포괄손익−공정가치 측정 금융자산으로 지정하였다. 동 주식의 공정가치는 20×1년 말 ₩125,000이었으며, 20×2년 말 ₩130,000이었다. (주)한국이 20×3년 중에 동 주식을 ₩145,000에 처분하였을 경우, 20×3년 말 당기순이익과 기타포괄이익에 미치는 영향은?

	당기순이익	기타포괄이익
①	₩0	₩20,000 증가
②	₩15,000 증가	₩20,000 감소
③	₩0	₩15,000 증가
④	₩15,000 증가	₩15,000 감소
⑤	₩0	₩25,000 증가

> **키워드** 당기손익과 기타포괄손익 이해하기
> **풀이** • 당기순이익에 미치는 영향은 없다.
> • 기타포괄손익−공정가치 측정 금융자산은 처분 시 처분일의 공정가치로 평가한 후 처분하고 평가손익은 당기손익에 재분류하지 않는다. 또한 처분일의 장부금액과 공정가치가 일치한다.
> • 공정가치 평가: 145,000 − 130,000 = ₩15,000(기타포괄이익)

정답 ③

20 20×1년 초 금융자산을 취득한 (주)한국은 주식 A는 당기손익−공정가치 측정 금융자산으로, 주식 B는 기타포괄손익−공정가치 측정 금융자산으로 분류하였다. 20×1년 중 주식 A는 전부 매각하였고, 주식 B는 20×1년 말 현재 보유하고 있다. 주식 A의 매각금액과 20×1년 말 주식 B의 공정가치가 다음과 같을 때, 옳지 않은 것은?

구분	취득원가	거래내용
주식 A	₩300	매각금액 ₩350
주식 B	400	공정가치 ₩450

① 20×1년 말 당기손익−공정가치 측정 금융자산의 당기손익이 ₩50 증가한다.
② 20×1년 말 기타포괄손익−공정가치 측정 금융자산의 평가손익이 ₩50 증가한다.
③ 당기손익−공정가치 측정 금융자산 취득 시 거래원가는 당기비용에 가산한다.
④ 기타포괄손익−공정가치 측정 금융자산 취득 시 거래원가는 원가에 가산한다.
⑤ 주식 B를 처분 시 기타포괄손익누계액은 당기손익으로 재분류하여야 한다.

키워드 금융자산의 평가와 처분 이해하기

풀이
- 당기손익 – 공정가치 측정 금융자산인 주식 A의 처분손익은 당기손익에 반영한다.
- 기타포괄손익 – 공정가치 측정 금융자산인 주식 B의 처분 시 기타포괄손익누계액은 당기손익으로 재분류하지 않고 이익잉여금에 대체한다.

정답 ⑤

21 (주)한국은 20×1년 5월 15일 (주)대한의 주식 10주를 단위당 ₩300에 구입하고, 기타포괄손익 – 공정가치 측정 금융자산으로 지정하였다. (주)대한의 주식은 20×1년 말 현재 활성시장에서 공시된 시장가격은 단위당 ₩350이다. (주)한국은 20×2년 1월 5일에 (주)대한의 주식 전량을 단위당 ₩400에 처분할 경우 회계처리로 옳은 것은?

① (차) 현　　　　　금　₩4,000　　(대) FVOCI금융자산　₩3,500
　　 FVOCI금융자산평가이익　1,000　　　　 FVOCI금융자산처분이익　500
　　　　　　　　　　　　　　　　　　 이　익　잉　여　금　1,000

② (차) 현　　　　　금　₩4,000　　(대) FVOCI금융자산　₩4,000

③ (차) 현　　　　　금　₩4,000　　(대) FVOCI금융자산　₩3,000
　　 FVOCI금융자산평가이익　1,000　　　　 FVOCI금융자산처분이익　1,000
　　　　　　　　　　　　　　　　　　 이　익　잉　여　금　1,000

④ (차) 현　　　　　금　₩4,000　　(대) FVOCI금융자산　₩3,500
　　 FVOCI금융자산평가이익　500　　　　 FVOCI금융자산처분이익　1,000

⑤ (차) FVOCI금융자산　₩500　　(대) FVOCI금융자산평가이익　₩500
　　 현　　　　　금　4,000　　　　 FVOCI금융자산　4,000
　　 FVOCI금융자산평가이익　1,000　　 이　익　잉　여　금　1,000

키워드 기타포괄손익 – 공정가치 측정 금융자산의 평가손익 및 처분손익 처리 이해하기

풀이
기타포괄손익 – 공정가치 측정 금융자산은 처분 시 처분일의 공정가치로 평가한 후 처분한다. 그러므로 처분일의 장부금액과 공정가치가 동일하여 처분손익을 인식하지 않는다. 공정가치의 변동은 기타포괄손익(자본) 항목으로 처리하고 당기손익에 재분류하지 않는다. 이때 기타포괄손익누계는 자본에 남을 수도 있고 이익잉여금에 대체할 수도 있다.

- 20×1년 5월 15일: 취득
  (차) F V O C I 금 융 자 산　₩3,000　　(대) 현　　　　　금　₩3,000
- 20×1년 12월 31일: 기말
  (차) F V O C I 금 융 자 산　₩500　　(대) FVOCI금융자산평가이익　₩500
- 20×2년 1월 5일: 처분
  (차) F V O C I 금 융 자 산　₩500　　(대) FVOCI금융자산평가이익　₩500
　　　 현　　　　　금　4,000　　　　 F V O C I 금 융 자 산　4,000
　　　 FVOCI금융자산평가이익　1,000　　 이　익　잉　여　금　1,000

정답 ⑤

22 (주)한국은 20×1년 초 주식 100주를 ₩1,000,000에 취득하면서, 별도로 수수료 ₩100,000을 지급하고 기타포괄손익－공정가치 측정 금융자산으로 지정하였다. 20×1년 말 공정가치가 ₩1,150,000인 경우, 20×1년 말 포괄손익계산서에 인식할 당기손익은?

① ₩100,000

② ₩150,000

③ ₩250,000

④ ₩50,000

⑤ ₩0

23 (주)한국은 20×1년 1월 2일 여유자금을 활용하기 위하여 (주)대한 발행의 주식 100주를 1주당 ₩2,000에 취득하여 기타포괄손익－공정가치 측정 금융자산으로 지정하였다. 20×1년 12월 31일 (주)대한 주식의 공정가치는 ₩2,300이었으며, 20×2년 1월 20일 동 주식 중 50주를 1주당 ₩2,500에 처분하였다면, 처분시점에서의 당기손익은? (단, 처분 시 거래원가 1주당 ₩100을 차감한 잔액은 모두 현금으로 받았다)

① ₩10,000

② ₩5,000

③ ₩0

④ ₩15,000

⑤ ₩20,000

24 (주)관세는 20×1년 중 (주)대한의 주식 10주를 주당 ₩30,000에 취득하고 기타포괄손익-공정가치 측정 금융자산으로 지정하였다. (주)대한 주식의 각 회계연도 말 주당 공정가치가 다음과 같다면, 동 주식이 (주)관세의 20×2년도와 20×3년도의 포괄손익계산서 당기순이익에 미치는 영향은?

20×1년 말	20×2년 말	20×3년 말
₩33,000	₩32,000	₩36,000(처분)

	20×2년	20×3년
①	₩0	₩0
②	₩0	₩20,000
③	₩0	₩30,000
④	₩0	₩60,000
⑤	₩0	₩40,000

키워드 기타포괄손익-공정가치 측정 금융자산의 평가 이해하기

풀이
- 20×1년 말 평가이익: (33,000 - 30,000) × 10주 = ₩30,000(기타포괄손익)
- 20×2년 말 평가손실: (32,000 - 33,000) × 10주 = ₩10,000(기타포괄손익)
- 20×3년 말 평가이익: (36,000 - 32,000) × 10주 = ₩40,000(기타포괄손익)
- 20×3년 말 처분손익: 공정가치(360,000) - 장부금액(360,000) = ₩0
- 기타포괄손익-공정가치 측정 금융자산은 처분 시 처분일의 공정가치로 평가한 후 처분하므로 장부금액과 공정가치가 일치하여 처분손익이 발생하지 않는다. 또한 공정가치의 변동은 기타포괄손익으로 처리하고 당기손익에 재분류하지 않는다.

정답 ①

CHAPTER 04 · 금융자산 Ⅱ   **115**

25 (주)한국은 20×1년 12월 10일 주식 A를 취득하였다. 취득 이후 주식 A의 공정가치와 순매각금액은 다음과 같다. 취득 시 주식 A를 당기손익-공정가치 측정 금융자산 혹은 기타포괄손익-공정가치 측정 금융자산으로 분류하여 회계처리 할 경우 당기순이익에 미치는 영향은?

제15회 수정

취득원가	공정가치	순매각금액
20×1. 12. 10.	20×1. 12. 31.	20×2. 2. 1.
₩770,000	₩720,000	₩810,000

① FVPL금융자산으로 분류할 경우 20×1년 당기순이익에 미치는 영향은 없다.

② FVPL금융자산으로 분류할 경우 20×2년 당기순이익은 ₩50,000 증가한다.

③ FVOCI금융자산으로 분류할 경우 20×1년 당기순이익은 ₩50,000 감소한다.

④ FVOCI금융자산으로 분류할 경우 20×2년 당기순이익에 미치는 영향은 없다.

⑤ 금융자산의 분류에 관계없이 20×1년 당기순이익에 미치는 영향은 동일하다.

키워드 금융자산의 평가손익 및 처분손익 처리 이해하기

풀이 • FVPL금융자산: 810,000 - 720,000 = ₩90,000 이익
• FVOCI금융자산: 처분 시 공정가치로 평가한 후 처분하므로 처분손익은 없다.

정답 ④

---

26 (주)관세는 20×1년 초 A주식 1,000주를 주당 ₩2,000에 취득하였으며, 20×1년 말 현재 A주식의 주당 공정가치는 ₩2,400이다. 20×2년에 보유 중인 A주식 500주를 주당 ₩2,200에 처분하였다. (주)관세가 A주식을 당기손익-공정가치 측정 금융자산으로 분류한 경우와 기타포괄손익-공정가치 측정 금융자산으로 분류한 경우의 처분손익은?

2015년 관세사 수정

	FVPL금융자산	FVOCI금융자산
①	₩100,000 손실	₩0
②	₩110,000 손실	₩100,000 이익
③	₩0	₩100,000 이익
④	₩100,000 손실	₩100,000 이익
⑤	₩0	₩0

키워드 금융자산의 처분 이해하기

풀이 • 당기손익-공정가치 측정 금융자산: (500주 × 2,200) - (500주 × 2,400) = ₩100,000 손실
• 기타포괄손익-공정가치 측정 금융자산: 처분금액과 장부금액이 일치하여 처분손익은 없다.

정답 ①

27 (주)한국은 20×1년 초에 3년 후 만기가 도래하는 사채(액면금액 ₩1,000,000, 표시이자율 연 10%, 유효이자율 연 12%, 이자는 매년 말 후급)를 ₩951,963에 취득하고 상각 후 원가 측정 금융자산으로 분류하였다. (주)한국이 20×1년도에 인식할 이자수익은? (단, 금액은 소수점 첫째 자리에서 반올림하여 단수차이가 있으면 가장 근사치를 선택한다) 제19회 수정

PART 1

① ₩100,000

② ₩114,236

③ ₩115,944

④ ₩117,857

⑤ ₩120,000

키워드 유효이자율법(사채이자) 이해하기

풀이 • 이자수익은 유효이자를 말한다.
　　　• 20×1년도 이자수익: 장부금액(951,963) × 유효이자율(0.12) = ₩114,236

정답 ②

28 (주)한국은 20×1년 초 원리금만을 수취할 목적으로 (주)대한이 발행한 사채를 ₩962,000에 구입하여 상각 후 원가 측정 금융자산으로 분류하였다. 발행조건이 다음과 같을 때, 20×1년 말 재무상태표의 상각 후 원가는? (단, 계산된 금액은 소수점 이하의 단수차이가 발생할 경우 근사치를 선택한다)

　• 액면금액: ₩1,000,000
　• 표시이자율: 연 10%(매년 말 지급)
　• 유효이자율: 연 12%
　• 만기: 3년(만기 일시상환)

---

① ₩962,000

② ₩977,440

③ ₩946,560

④ ₩862,000

⑤ ₩115,440

키워드 유효이자 계산 이해하기

풀이 • 20×1년 말 차금상각액: (962,000 × 0.12) − (1,000,000 × 0.1) = ₩15,440
　　　• 20×1년 말 상각 후 원가: 962,000 + 15,440 = ₩977,440

정답 ②

29 (주)관세는 20×1년 초 채무상품(액면금액 ₩100,000, 표시이자율 연 15%, 매년 말 이자지급, 5년 만기)을 ₩110,812에 구입하여 기타포괄손익−공정가치 측정 금융자산으로 분류하였다. 취득 당시 유효이자율은 연 12%이고, 20×1년 말 동 채무상품의 공정가치가 ₩95,000이다. 20×1년 (주)관세가 이 금융자산과 관련하여 인식할 기타포괄손실은? (단, 화폐금액은 소수점 첫째 자리에서 반올림한다) 2019년 관세사

① ₩10,812

② ₩14,109

③ ₩15,812

④ ₩17,434

⑤ ₩17,515

> 키워드 금융자산의 평가와 기타포괄손익 이해하기
> 풀이 • 20×1년 말 장부금액: 110,812 + (110,812 × 0.12) − (100,000 × 0.15) = ₩109,109
> • 20×1년 말 기타포괄손실: 95,000 − 109,109 = ₩14,109

정답 ②

고난도

30 (주)한국은 20×1년 초 사채(액면금액 ₩100,000, 표시이자율 6%, 이자는 매년 말 후급, 만기 20×3년 말)를 ₩94,846에 구입하고, 상각 후 원가 측정 금융자산으로 분류하였다. 20×1년 이자수익이 ₩7,588일 때, 20×2년과 20×3년에 인식할 이자수익의 합계는? (단, 단수차이가 발생할 경우 가장 근사치를 선택한다)

① ₩12,000

② ₩15,566

③ ₩15,677

④ ₩16,514

⑤ ₩16,677

> 키워드 금융자산 사채 이해하기
> 풀이 • 만기 동안의 총이자수익에서 20×1년 이자수익 ₩7,588을 차감한 나머지가 2년간의 이자수익이다.
> • 만기 동안의 총이자수익: (100,000 × 0.06 × 3년) + (100,000 − 94,846) = ₩23,154
> • 20×2년과 20×3년에 인식할 이자수익: 23,154 − 7,588 = ₩15,566

정답 ②

31 (주)한국은 20×1년 초 (주)민국이 발행한 사채(액면금액 ₩100,000, 표시이자율 연 10%, 이자는 매년 12월 31일 지급, 만기 3년)를 공정가치로 취득하고 당기손익−공정가치 측정 금융자산으로 분류하였다. 취득 당시 유효이자율은 연 12%이다. 동 금융자산과 관련하여 (주)한국의 20×1년 말에 사채의 공정가치는 ₩97,000일 때 인식할 이자수익과 금융자산 장부금액은? (단, 사채발행일과 취득일은 동일하며, 단수 차이가 발생할 경우 가장 근사치를 선택한다)

기간	단일금액 ₩1의 현재가치		정상연금 ₩1의 현재가치	
	10%	12%	10%	12%
3	0.7513	0.7118	2.4869	2.4020

	이자수익	장부금액
①	₩9,520	₩96,624
②	₩11,424	₩97,000
③	₩10,000	₩97,000
④	₩11,424	₩95,200
⑤	₩11,424	₩96,624

키워드 상각 후 원가 측정 금융자산 이해하기

풀이
- 20×1년 취득원가: (100,000 × 0.7118) + (10,000 × 2.4020) = ₩95,200
- 20×1년 말 이자수익: 95,200 × 12% = ₩11,424
- 20×1년 말 상각액: (95,200 × 12%) − (100,000 × 10%) = ₩1,424
- 20×1년 말 상각 후원가: 95,200 + 1,424 = ₩96,624
- 20×1년 말 당기손익−공정가치 측정 금융자산의 장부금액은 공정가치로 평가하여야한다. 그래서 장부금액은 ₩97,000이고 평가이익 ₩376이 발생한다.

정답 ②

32 (주)관세는 20×1년 1월 1일에 (주)대한이 동 일자에 발행한 액면금액 ₩100,000, 만기 5년, 표시이자율 5%(이자 연말 후급조건)의 사채를 취득하고 기타포괄손익−공정가치 측정 금융자산으로 분류하였다. 공정가치 변동은 손상·회복에 해당하지 않으며, 동 사채의 취득원가와 20×1년 말의 공정가치는 다음과 같고, 취득 당시 유효이자율은 연 10%라고 가정한다.

취득원가	20×1년 말 공정가치
₩81,046	₩86,000

(주)관세가 20×1년도에 기타포괄손익으로 인식하는 평가손익은? (단, 계산 시 화폐금액은 소수점 첫째 자리에서 반올림한다) 2016년 관세사 수정

① 평가손실 ₩3,151

② 평가손실 ₩46

③ 평가손실 ₩0

④ 평가이익 ₩1,849

⑤ 평가이익 ₩4,954

> **키워드** 기타포괄손익−공정가치 측정 금융자산의 평가손익 이해하기
> **풀이** • 20×1년 말 이자수익: 81,046 × 0.1 = ₩8,105
> • 20×1년 말 차금상각: 8,105 − (100,000 × 0.05) = ₩3,105
> • 20×1년 말 장부금액: 81,046 + 3,105 = ₩84,151
> • 20×1년 말 평가손익: 86,000 − 84,151 = ₩1,849 이익
> **TIP** 20×1년 말 공정가치와 사채의 장부금액의 차액이다.

정답 ④

33 (주)한국은 20×1년 1월 1일 (주)대한이 동 일자에 발행한 액면금액 ₩1,000,000, 표시이자율 연 10%(이자는 매년 말 지급)의 3년 만기의 사채를 ₩951,963에 취득하였다. 동 사채의 취득 시 유효이자율은 연 12%이었으며, (주)한국은 동 사채를 기타포괄손익으로 측정하는 금융자산으로 분류하였다. 동 사채의 20×1년 12월 31일 공정가치는 ₩975,123이었으나 이를 ₩976,000에 전부 처분하였다면 처분손익은?

① ₩9,801 증가

② ₩9,801 감소

③ ₩877 증가

④ ₩877 감소

⑤ ₩8,924 증가

키워드 기타포괄손익－공정가치 측정 금융자산의 처분 이해하기

풀이
- 20×1년 말 차금상각: (951,963 × 0.12) − (1,000,000 × 0.1) = ₩14,236
- 20×1년 말 장부금액: 951,963 + 14,236 = ₩966,199
- 20×1년 말 처분이익: 976,000 − 966,199 = ₩9,801 증가

정답 ①

PART 1

고난도

34 (주)한국은 20×1년 초 (주)대한의 유통보통주식 1,000주 가운데 30%에 해당하는 주식을 주당 ₩1,000에 취득함으로써 (주)대한에 유의적인 영향력을 행사하게 되었다. 20×1년 말 (주)대한은 당기순이익 ₩100,000을 보고하였고 ₩80,000의 현금배당을 선언하였다. 20×1년 말 (주)한국이 보유하고 있는 (주)대한 주식과 관련하여 재무제표에 보고해야 할 관계기업투자주식과 지분법손익은?

	관계기업투자주식	지분법손익
①	₩306,000	₩30,000
②	₩306,000	₩24,000
③	₩330,000	₩30,000
④	₩330,000	₩24,000
⑤	₩300,000	₩30,000

키워드 지분법평가 이해하기

풀이
- 취득원가: (1,000주 × 0.3) × 1,000 = ₩300,000
- 지분법이익: 당기순이익 100,000 × 0.3 = ₩30,000
- 배당금 지급: 80,000 × 0.3 = ₩24,000 감소
- 관계기업투자주식의 장부금액: 300,000 + 30,000 − 24,000 = ₩306,000

TIP 관계기업투자주식은 지분(30%)으로 측정한다.

정답 ①

35 (주)한국은 대한상사 발행주식의 30%를 보유하고 있다. 대한상사가 ₩20,000의 당기순이익을 보고하고 ₩5,000의 배당금을 지급하였을 때, (주)한국의 포괄손익계산서에 인식할 당기손익은?

① ₩6,000

② ₩20,000

③ ₩15,000

④ ₩5,000

⑤ ₩4,500

키워드 관계기업투자자산의 투자수익 이해하기

풀이 당기손익: 20,000 × 0.3 = ₩6,000

정답 ①

▶ **연계학습** | 에듀윌 기본서 1차 [회계원리 上] p.225

PART 1

01 다음 중 재고자산에 해당하는 것을 모두 고른 것은?   제24회 수정

> ㉠ 가구제조회사가 판매를 위하여 보유하고 있는 책상
> ㉡ 건설회사가 본사 사옥으로 사용하고 있는 건물
> ㉢ 컴퓨터제조회사가 자가사용으로 보유하고 있는 컴퓨터
> ㉣ 용역제공(운송)업에서 회사가 보유한 차량
> ㉤ 제분업에서 제조공정에 투입하기 위해 보유한 원재료

① ㉠, ㉡   ② ㉠, ㉣

③ ㉠, ㉤   ④ ㉡, ㉢

⑤ ㉢, ㉤

키워드   **재고자산의 분류 이해하기**

풀이   ㉠㉤ 재고자산에 해당한다.
      ㉡㉢㉣ 유형자산에 해당한다.

정답 ③

02 재고자산에 관한 설명으로 옳지 않은 것은?

① 재고자산의 취득원가는 매입원가, 전환원가 및 재고자산을 현재의 장소에 현재의 상태로 이르게 하는 데 발생한 기타 원가 모두를 포함한다.

② 표준원가법이나 소매재고법에 의한 원가측정방법은 그러한 방법으로 평가한 결과가 실제원가와 유사한 경우에 사용할 수 있다.

③ 물가가 지속적으로 상승하고 재고청산이 발생하지 않는 경우, 선입선출법의 매출원가가 다른 방법에 비해 가장 크게 나타난다.

④ 개별법이 적용되지 않은 재고자산의 단위원가는 선입선출법, 가중평균법 등을 사용하여 결정한다.

⑤ 완성될 제품이 원가 이상으로 판매될 것으로 예상하는 경우에는 그 생산에 투입하기 위해 보유하는 원재료 및 기타 소모품을 감액하지 아니한다.

키워드 재고자산의 이론 이해하기

풀이 물가가 지속적으로 상승하고 재고청산이 발생하지 않는 경우, 선입선출법의 매출원가가 다른 방법에 비해 가장 작게 나타난다.

정답 ③

03 다음 중 재고자산에 관한 설명으로 옳은 것은?

① 재고자산의 단위원가는 개별법이 적용되지 않는 경우에는 선입선출법이나 후입선출법 또는 가중평균법을 사용하여 결정한다.

② 저가법에 따른 재고자산 평가손실은 발생한 기간에 기타포괄손익으로 인식한다.

③ 계속기록법은 판매가 이루어질 때마다 판매시점에서의 매출원가를 계산하기 때문에 기말결산 시 상품 관련계정의 정리분개가 필요하다.

④ 재고자산의 단위원가는 통상적으로 상호 교환될 수 없는 재고자산항목의 원가와 특정 프로젝트별로 생산되는 재화 또는 용역의 원가는 개별법을 사용하여 결정한다.

⑤ 생물자산에서 수확한 농림어업 수확물로 구성된 재고자산의 취득원가는 수확시점까지 투입된 원가로 측정한다.

재고자산의 측정방법 이해하기

① 재고자산의 단위원가는 개별법이 적용되지 않는 경우에는 선입선출법이나 가중평균법을 사용하여 결정한다.
② 저가법에 따른 재고자산 평가손실은 발생한 기간에 당기비용(매출원가)으로 인식한다.
③ 계속기록법은 판매가 이루어질 때마다 판매시점에서의 매출원가를 계산하기 때문에 기말결산 시 상품 관련계정의 정리분개가 불필요하다.
⑤ 생물자산에서 수확한 농림어업 수확물로 구성된 재고자산의 취득원가는 수확시점의 순공정가치로 측정한다.

> **가격결정방법**
>
> 1. 원가법
>   (1) 개별법: 개별 프로젝트별로 생산되는 경우
>   (2) 선입선출법·이동평균법·총평균법: 개별법을 적용할 수 없는 경우
>   (3) 매출가격환원법(= 소매재고조사법): 실제원가 적용이 어려운 유통업의 경우
> 2. 표준원가법과 소매재고법: 측정한 원가가 실제원가와 유사한 경우에 편의상 허용
> 3. 저가법: 순실현가치가 원가보다 하락한 경우
> ○ 한국채택국제회계기준에서는 후입선출법을 인정하지 않고 있음

정답 ④

---

04 이동평균법에 의한 원가흐름의 가정은 다음 재고자산평가방법 중 어떠한 방법에 적용될 수 있는가?

	실지재고조사법	계속기록법
①	적용된다	적용된다
②	적용된다	안 된다
③	안 된다	안 된다
④	안 된다	적용된다
⑤	정답 없음	

재고자산의 재고시스템 이해하기

이동평균법은 계속기록법만 적용이 가능하다.

단가결정방법	계속기록법	실지재고조사법	두 방법 간의 차이
개별법	○	○	일치
선입선출법	○	○	일치
후입선출법	○	○	불일치
이동평균법	○	×	–
총평균법	×	○	–

정답 ④

05 재고자산에 관한 설명으로 옳은 것은? (단, 재고자산 감모손실 및 재고자산 평가손실은 없다)

제18회

① 선입선출법 적용 시 물가가 지속적으로 상승한다면, 계속기록법에 의한 기말재고 자산 금액이 실지재고조사법에 의한 기말재고자산 금액보다 작다.

② 선입선출법 적용 시 물가가 지속적으로 상승한다면, 계속기록법에 의한 기말재고 자산 금액이 실지재고조사법에 의한 기말재고자산 금액보다 크다.

③ 재고자산 매입 시 부담한 매입운임은 운반비로 구분하여 비용처리한다.

④ 컴퓨터 제조 기업이 고객관리목적으로 사용하고 있는 자사가 제조한 컴퓨터는 재 고자산이다.

⑤ 부동산매매기업이 정상적인 영업과정에서 판매를 목적으로 보유하는 건물은 재 고자산으로 구분한다.

> **키워드** 재고자산의 정의 이해하기
> **풀이** ① 선입선출법 적용 시 물가가 지속적으로 상승한다면, 계속기록법에 의한 기말재고자산 금액과 실 지재고조사법에 의한 기말재고자산 금액은 같다.
> ② 선입선출법 적용 시 물가가 지속적으로 상승한다면, 계속기록법에 의한 기말재고자산 금액과 실 지재고조사법에 의한 기말재고자산 금액은 같다.
> ③ 재고자산 매입 시 부담한 매입운임은 매입원가에 포함한다.
> ④ 컴퓨터 제조 기업이 고객관리목적으로 사용하고 있는 자사가 제조한 컴퓨터는 유형자산이다.

> **정답** ⑤

06 재고자산의 회계처리에 관한 설명으로 옳지 않은 것은?

2018년 공무원 수정

① 재고자산의 취득 시 구매자가 인수운임, 하역비, 운송기간 동안의 보험료 등을 지불하였다면, 이는 구매자의 재고자산의 취득원가에 포함된다.

② 위탁상품은 수탁기업의 판매시점에서 위탁기업이 수익으로 인식한다.

③ 재고자산의 매입단가가 지속적으로 하락하는 경우, 선입선출법을 적용하였을 경우 의 매출총이익이 평균법을 적용하였을 경우의 매출총이익보다 더 높게 보고된다.

④ 재고자산의 매입단가가 지속적으로 상승하는 경우, 계속기록법하에서 선입선출 법을 사용할 경우와 실지재고조사법하에서 선입선출법을 사용할 경우의 매출원 가는 동일하다.

⑤ 재고자산의 매입단가가 지속적으로 상승하는 경우, 선입선출법을 사용할 경우 후 입선출법을 사용할 경우보다 순이익이 높게 보고된다.

고난도

07 재고자산에 관한 설명으로 옳지 않은 것은?

① 완성될 제품이 원가 이상으로 판매될 것으로 예상하는 경우에는 그 생산에 투입하기 위해 보유하는 원재료 및 기타 소모품을 감액하지 아니한다.

② 재고자산을 순실현가치로 감액하는 저가법은 항목별로 적용하되, 서로 유사하거나 관련 있는 항목들을 통합하여 적용할 수 있다.

③ 기초재고자산금액과 당기매입액이 일정할 때, 기말재고자산금액이 과대계상 될 경우 매출원가는 과대계상 된다.

④ 계속기록법을 적용하면 기록유지가 복잡하고 번거롭지만 특정 시점의 재고자산 잔액과 그 시점까지 발생한 매출원가를 적시에 파악할 수 있는 장점이 있다.

⑤ 재고자산을 순실현가능가치로 감액한 평가손실과 감모손실은 감액이나 감모가 발생한 기간에 비용으로 인식한다.

키워드 재고자산의 평가손실 이해하기

풀이 기초재고자산금액과 당기매입액이 일정할 때, 기말재고자산금액이 과대계상 될 경우 매출원가는 과소계상 된다.

이론 ✚

1. 재고자산 감모손실

정상적 감모손실	(차) 매입(매출원가) ×××　(대) 재고자산(이월상품) ×××
비정상적 감모손실	(차) 재고자산감모손실 ×××　(대) 재고자산(이월상품) ×××

한국채택국제회계기준에서는 재고자산 감모손실은 발생한 기간의 비용으로 처리한다고 규정하고 있으며 정상 및 비정상에 대한 상세한 언급은 하지 않고 있다. 따라서 조건이 없는 한 정상적인 감모손실로 처리한다.

2. 재고자산 평가손실

재고자산 평가손실은 재고자산의 가치가 하락함으로 인해 발생하는 손실로서 저가기준에 의하여 재고자산을 평가할 경우에 나타나는 손실이다.

원가 − 시가(순실현가능가치) = 재고자산 평가손실

정답 ③

08 실지재고조사법을 적용하는 경우 매입의 기장이 누락될 때의 설명으로 옳은 것은?

① 매출원가와 기말재고는 감소한다.

② 매출원가는 감소하고 이익은 증가한다.

③ 매출원가와 이익이 감소한다.

④ 매출원가는 증가하고 이익은 감소한다.

⑤ 매출원가와 기말재고가 증가한다.

> **키워드** 재고자산의 오류 영향 이해하기
>
> **풀이** 실지재고조사법은 매입액이 누락되어도 기말재고자산은 누락되지 않는다. 따라서 매출원가가 과소계상되고, 이익은 과대계상 된다. 한편, 계속기록법을 적용할 경우에는 매입액이 누락되면 동시에 기말재고액도 누락되므로 매출원가와 이익은 불변이다.

> 정답 ②

09 재고자산 관련 자료를 이용하여 계산한 취득원가는?

• 매입가격	₩10,000
• 매입운임	2,000
• 매입할인	1,000
• 하역료	3,000
• 수입관세(단, 환급세액 ₩3,000 포함)	5,000
• 기타 제조원가 중 비정상적인 부분	4,000
• 후속 생산단계 이외의 보관원가	1,000

① ₩15,000

② ₩16,000

③ ₩17,000

④ ₩18,000

⑤ ₩19,000

> **키워드** 재고자산의 취득원가 이해하기
>
> **풀이** • 취득원가: 10,000 + 2,000 − 1,000 + 3,000 + 2,000 = ₩16,000
> • 수입관세 중 환급받을 금액 ₩3,000은 포함하지 않는다.
> • 재료원가, 기타 제조원가 중 비정상적으로 낭비된 부분은 포함하지 않는다.
> • 후속 생산단계에 투입 전 보관이 필요한 경우 이외의 보관원가는 포함하지 않는다.

> 정답 ②

10 (주)한국의 20×1년 말 현재 실지재고액은 ₩100,000이다. 다음과 같은 사항을 반영할 때 20×1년 말 올바른 재고자산은?

> • 20×1년 12월 25일 FOB 선적지인도조건으로 판매한 상품 ₩30,000이 12월 31일 현재 아직 운송 중에 있다.
> • 20×1년 12월 26일 FOB 도착지인도조건으로 판매한 상품 ₩90,000이 12월 31일 현재 아직 운송 중에 있다.
> • 전시관 내 홍보목적으로 제공하고 있는 홍보용 재고자산 ₩50,000이 있다.
> • 적송품 중 수탁자가 아직까지 판매하지 못한 상품(원가) ₩70,000이 있다.
> • 회사 창고에는 판매하지 못한 수탁상품 ₩10,000이 포함되어 있다.
> • 시용판매 중 현재까지 매입자가 매입의사를 표시하지 않은 시용품 ₩75,000(원가의 25% 이익 가산)이 있다.

① ₩300,000

② ₩310,000

③ ₩320,000

④ ₩330,000

⑤ ₩340,000

키워드 재고자산의 범위 이해하기

풀이
• 100,000 + (90,000 + 70,000 − 10,000) + (75,000 ÷ 1.25) = ₩310,000
• 수탁상품 ₩10,000은 위탁자의 재고자산이다.
• 전시관 내 홍보목적으로 제공하고 있는 홍보용 재고자산 ₩50,000은 판매관리비로 인식한다.

이론 + 재고자산의 범위

구분		포함 여부
미착상품	선적지인도기준	구매자의 재고자산
	도착지인도기준	판매자의 재고자산
시용품	매입의사 표시가 없는 시용품은 판매자의 재고자산에 포함	
적송품	수탁자가 보관 중인 적송품은 위탁자의 재고자산에 포함	
반품률이 높은 재고	반품률 합리적 추정 가능	매출수익으로 인식, 재고자산 제외
	반품률 합리적 추정 불가능	매출수익으로 불인식, 재고자산 제외
할부 판매	인도시점에서 판매자의 재고자산에서 제외(수익으로 인식)	
저당상품	담보제공자의 재고자산에 포함	

정답 ②

11 (주)한국의 20×1년 기초상품은 ₩2,000이고 당기상품매입액은 ₩15,000이다. 상품에 대해 실지재고조사법을 적용하고 있으며 다음의 자료를 고려하지 않은 기말상품은 ₩2,000이다. (주)한국의 20×1년 매출원가는? (단, 상품과 관련된 평가손실과 감모손실은 없다고 가정한다) 2017년 공무원 수정

- 반품조건부로 판매한 상품 ₩3,000 중 ₩1,000은 반품률을 합리적으로 추정할 수 있다.
- 20×1년 12월 24일에 FOB 선적지인도조건으로 매입한 상품 ₩1,000이 20×2년 1월 2일에 입고되었다.
- (주)한국이 20×1년 말 실사한 재고자산 중 ₩2,000은 주거래은행에 차입금에 대한 담보로 제공 중이며, 저당권은 아직 실행되지 않았다.
- 시용판매한 상품 중 20×1년 말 현재 고객이 구입의사를 표시하지 않은 금액은 ₩1,000(판매가)이며 시용매출의 경우 매출총이익률은 10%이다.
- 위탁판매를 하기 위해 발송한 상품 중 기말 현재 수탁자가 보관 중인 적송품은 ₩3,000이다.

① ₩8,100

② ₩9,100

③ ₩10,000

④ ₩10,100

⑤ ₩12,100

키워드 **재고자산의 범위 이해하기**

풀이
- 기 말 재 고 액　　　　　　　　　₩2,000
  선적지인도조건 미착상품　　　　　1,000
  시　　　　　송　　　　　품: 1,000 × (1 − 0.1) =　 900
  적　　　　　송　　　　　품　　　　3,000
  　　　　　　　　　　　　　　　　₩6,900
- 반품조건부 판매는 무조건 재고자산에서 제외한다.
- 차입금에 대해 담보로 제공 중인 재고자산 2,000원은 이미 재고자산 실사액에 포함되어 있어 고려하지 않는다.
- 매출원가: 2,000 + 15,000 − 6,900 = ₩10,100

정답 ④

12 20×1년 말 (주)한국의 외부감사 전 재고자산은 ₩100,000이다. (주)한국은 실지재고조사법을 사용하고 있다. 회계감사 중 공인회계사는 (주)한국의 기말재고자산과 관련하여 다음 사항을 알게 되었다.

- 20×1년 말 현재 창고에 보관 중인 원재료 ₩10,000이 있다.
- 20×1년 12월 31일 FOB 선적지인도조건으로 판매한 상품(원가 ₩30,000)이 20×1년 말 현재 운송 중에 있다.
- 수탁자에게 20×1년 중에 적송한 상품(원가 ₩50,000) 중 40%가 20×1년 말 현재 판매 완료되었다.
- 고객에게 20×1년 중에 인도한 시송품의 원가는 ₩30,000이며, 이 중 20×1년 말까지 매입의사 표시를 해 온 금액이 ₩10,000이다.
- 20×1년 12월 30일 FOB 도착지인도조건으로 판매한 상품 ₩20,000이 20×1년 말 현재 운송 중에 있다.

위의 내용을 반영한 20×1년 말 재고자산은?

① ₩140,000

② ₩150,000

③ ₩160,000

④ ₩170,000

⑤ ₩180,000

<kbd>키워드</kbd> **재고자산의 범위 이해하기**

<kbd>풀이</kbd>
- 기말재고: 100,000 + 원재료(10,000) + 적송품(30,000) + 시송품(20,000) + 도착지인도조건(20,000) = ₩180,000
- 20×1년 12월 31일 FOB 선적지인도조건으로 (주)한국에게 판매한 상품(원가 ₩30,000)은 매출로 인식한다.

<kbd>정답</kbd> ⑤

13 (주)한국의 재고자산 자료가 다음과 같을 때, 20×1년 매출총이익은?

• 기초상품재고	₩5,000
• 당기매입액	11,000
• 기말상품재고	4,000
• 과거 3년 평균 매출총이익률	20%

① ₩3,000　　　　② ₩3,100　　　　③ ₩3,200

④ ₩3,300　　　　⑤ ₩3,400

키워드 이익률 이해하기

풀이 • 매출원가: 5,000 + 11,000 − 4,000 = ₩12,000
　　　• 매출액: 12,000 ÷ (1 − 0.2) = ₩15,000
　　　• 매출총이익: 15,000 − 12,000 = ₩3,000

정답 ①

14 (주)한국은 20×1년 6월 30일 홍수로 인해 창고에 있는 상품재고 중 20%가 소실된 것으로 추정하였다. 다음은 20×1년 초부터 현재까지의 회계자료이다. (주)한국의 원가에 대한 이익률이 20%일 때 소실된 재고는?

• 20×1년 기초재고자산은 ₩80,000이다.
• 현재까지 발생한 매출액은 ₩1,200,000이고 매입액은 ₩1,220,000이다.
• 현재 FOB 선적지인도조건으로 매입하여 운송 중인 상품 ₩60,000이 있다.
• 현재 FOB 도착지인도조건으로 판매하여 운송 중인 상품 ₩40,000이 있다.

① ₩50,000　　　　② ₩60,000　　　　③ ₩52,000

④ ₩40,000　　　　⑤ ₩48,000

키워드 재고자산의 재해손실 이해하기

풀이

재고자산

기 초 재 고	₩80,000	매 출 원 가	₩1,000,000
매 입 액	1,220,000	기 말 재 고	300,000
	₩1,300,000		₩1,300,000

• 매출원가: 1,200,000 ÷ 1.2 = ₩1,000,000
• 선적지인도조건으로 매입한 ₩60,000과 도착지인도조건으로 판매한 ₩40,000은 재고자산에 포함하며 재해손실에서 제외한다.
• 재해손실: (300,000 − 60,000 − 40,000) × 0.2 = ₩40,000

정답 ④

15 (주)한국의 20×1년 총매출액은 ₩500,000, 매출환입은 ₩20,000, 판매운임은 ₩1,000, 기초재고원가는 ₩60,000, 총매입액은 ₩310,000, 매입에누리는 ₩6,000, 매입환출은 ₩4,000이다. 20×1년 매출총이익률이 30%라면 (주)한국이 20×1년 말 재무상태표에 보고할 재고자산 금액은?

① ₩34,000
② ₩24,700
③ ₩24,000
④ ₩26,000
⑤ ₩30,000

| 키워드 | 재고자산계정과 이익률 이해하기 |

풀이

재고자산

기 초 재 고	₩60,000	매 출 원 가	₩336,000
매 입 액	300,000	기 말 재 고	(24,000)
	₩360,000		₩360,000

• 매출원가: $(500,000 - 20,000) \times (1 - 0.3) = ₩336,000$
• 판매운임 ₩1,000은 운반비(당기비용)이다.

정답 ③

CHAPTER 05 · 재고자산 **133**

16 20×1년 말 (주)한국의 창고에 화재가 발생하여 재고자산의 50%가 소실되었다. 이용 가능한 회계자료가 다음과 같을 때, 재고자산의 추정 손실금액은? [단, (주)한국의 매출은 모두 신용거래이다]

• 기초재고	₩100,000
• 당기매입액	1,500,000
• 매출채권(기초)	60,000
• 매출채권(기말)	150,000
• 당기 매출채권의 현금 회수액	1,500,000
• 당기 매출채권의 손상차손	10,000
• 평균 매출총이익률은 20%이다	

① ₩165,000

② ₩160,000

③ ₩170,000

④ ₩175,000

⑤ ₩150,000

키워드 재고자산계정 이해하기

풀이

매출채권

기 초 잔 액	₩60,000	현 금 회 수 액	₩1,500,000
외 상 매 출 액	1,600,000	손 상 확 정	10,000
		기 말 잔 액	150,000
	₩1,660,000		₩1,660,000

재고자산

기 초 재 고	₩100,000	매 출 원 가	₩1,280,000
매 입 액	1,500,000	기 말 재 고	320,000
	₩1,600,000		₩1,600,000

• 매출원가: 외상매출액 1,600,000 × 0.8 = ₩1,280,000

• 재고자산 손실금액: 320,000 × 0.5 = ₩160,000

정답 ②

고난도

17 (주)한국은 20×1년 10월 1일 화재로 창고가 소실되어 보관 중인 재고상품이 모두 소실되었다. 다음은 (주)한국의 20×1년 10월 1일 현재 총계정원장과 전년도 포괄손익계산서의 매출은 ₩800,000이고 매출원가는 ₩640,000이다. 전기의 매출총이익률이 당기에도 유지된다고 가정할 때, 20×1년도 화재로 인해 소실된 추정 재고상품은?

• 재고자산계정 차변 잔액	₩50,000
• 매입계정 차변 잔액	450,000
• 매입환출계정 대변 잔액	10,000
• 매출계정 대변 잔액	600,000
• 매출환입계정 차변 잔액	20,000

① ₩20,000
② ₩24,000
③ ₩26,000
④ ₩28,000
⑤ ₩30,000

키워드 재고자산의 기말재고 추정 이해하기

풀이 • 전기 매출총이익율: $1 - \dfrac{640,000}{800,000} = 0.2(20\%)$

재고자산

기 초 재 고	₩50,000	매 출 원 가	₩464,000
매 입 액	440,000	기 말 재 고	26,000
	₩490,000		₩490,000

• 매출원가: 매출액(600,000 − 20,000) × 원가율(1 − 0.2) = ₩464,000

정답 ③

18 다음 자료를 이용하여 계산한 총매출액은?

• 기초재고	₩80,000	• 매출운임	₩2,000
• 매입에누리	6,000	• 매출할인	5,000
• 매입할인	3,000	• 매출에누리	8,000
• 매입운임	1,000	• 매출총이익	80,000
• 총매입액	400,000	• 기말재고	50,000

① ₩514,000   ② ₩515,000

③ ₩516,000   ④ ₩510,000

⑤ ₩501,000

`키워드` **재고자산의 총매출액 이해하기**

`풀이`

재고자산

기 초 재 고	₩80,000	순 매 출 액	₩502,000
순 매 입 액	392,000	기 말 재 고	50,000
매 출 총 이 익	80,000		
	₩552,000		₩552,000

- 매출운임 ₩2,000은 운반비로 처리하고 매입운임 ₩1,000은 매입원가에 포함한다.
- 총매출액: 순매출액(502,000) + 매출할인 및 에누리(13,000) = ₩515,000

정답 ②

19 (주)한국의 창고에 화재가 발생하여 재고자산의 대부분이 소실되었다. 실사 결과, 화재 후 남은 재고자산의 순실현 가능가치는 ₩20,000으로 평가되었다. 회사는 재고자산 수량파악을 위해 실지재고조사법을 사용하고 있으며, 현재까지 확인된 자료는 다음과 같다. 아래의 자료를 이용하여 계산한 화재로 인한 재고자산의 손실금액은?

• 기초재고액	₩50,000	• 당기매입액	₩200,000
• 매입환출 및 에누리액	10,000	• 매입할인액	5,000
• 당기매출액	250,000	• 매출환입 및 에누리액	15,000
• 매출할인액	20,000	• 매출총이익률	20%

① ₩43,000   ② ₩44,000

③ ₩45,000   ④ ₩48,000

⑤ ₩50,000

키워드 재고자산의 화재손실 이해하기

풀이

재고자산

기 초 재 고	₩50,000	매 출 원 가	₩172,000
순 매 입 액	185,000	기 말 재 고	63,000
	₩235,000		₩235,000

- 순매입액: 200,000 − (10,000 + 5,000) = ₩185,000
- 순매출액: 250,000 − (15,000 + 20,000) = ₩215,000
- 화재 직전까지의 매출원가: 순매출액 215,000 × (1 − 0.2) = ₩172,000
- 화재손실 추정액: 63,000 − 20,000 = ₩43,000

정답 ①

20 (주)한국은 실지재고조사법을 적용하고 있으며, 20×1년 12월 31일 화재로 인해 창고에 보관하고 있던 재고자산 일부가 소실되었다. (주)한국의 과거 매출총이익률은 25%이고, 20×1년 중 재고자산 거래 내역이 다음과 같을 때, 기말재고자산 추정액은?

2022년 공무원 수정

• 총매출액	₩215,000	• 총매입액	₩140,000
• 매입환출	5,000	• 기초재고자산	18,000
• 매출에누리	20,000	• 매입할인	13,000
• 매입운임	10,000	• 매출환입	15,000

① ₩5,000 ② ₩8,000
③ ₩15,000 ④ ₩18,000
⑤ ₩20,000

키워드 재고자산의 화재손실 이해하기

풀이

재고자산

기 초 재 고	₩18,000	매 출 원 가	₩135,000
순 매 입 액	132,000	기 말 재 고	(15,000)
	₩150,000		₩150,000

- 순매입액: (140,000 + 10,000) − (5,000 + 13,000) = ₩132,000
- 순매출액: 215,000 − (20,000 + 15,000) = ₩180,000
- 매출원가: 180,000 × (1 − 0.25) = ₩135,000

정답 ③

21 (주)한국의 자금담당자가 매출채권을 횡령하고 잠적하였다. 이 자료를 토대로 계산한 자금담당자가 횡령한 금액은? (단, 모든 매출은 외상이며, 매출총이익률은 20%이다)

• 기초재고자산	₩30,000
• 기말재고자산	40,000
• 당기순매입액	110,000
• 기초매출채권 잔액	25,000
• 기말매출채권 잔액	15,000
• 당기 매출채권 회수액	80,000

① ₩57,000
② ₩50,000
③ ₩55,000
④ ₩70,000
⑤ ₩75,000

키워드 재고자산의 계정구조 이해하기

풀이

재고자산

기 초 재 고	₩30,000	매 출 원 가	₩100,000
순 매 입 액	110,000	기 말 재 고	40,000
	₩140,000		₩140,000

매출채권

기 초 잔 액	₩25,000	회 수 액	₩80,000
외 상 매 출	125,000	횡 령 액	(55,000)
		기 말 잔 액	15,000
	₩150,000		₩150,000

• 매출액: 매출원가(100,000) ÷ 원가율(1 − 0.2) = ₩125,000

정답 ③

22 다음은 (주)한국의 20×1년 상품매매와 관련한 자료이다.

• 매출액	₩7,500
• 기초매입채무	500
• 기말매입채무	3,000
• 기초상품재고액	2,000
• 기말상품재고액	1,000

(주)한국이 매출원가의 50%를 이익으로 가산하여 상품을 판매할 경우, 20×1년 상품매입을 위한 현금유출액은? 2022년 공무원 수정

① ₩1,500
② ₩2,500
③ ₩3,000
④ ₩3,500
⑤ ₩5,000

키워드 재고자산의 매입 시 현금유출 이해하기

풀이

매입채무

현 금 유 출	₩1,500	기 초 잔 액	₩500
기 말 잔 액	3,000	외 상 매 입	4,000
	₩4,500		₩4,500

재고자산

기 초 재 고	₩2,000	매 출 원 가	₩5,000
순 매 입 액	4,000	기 말 재 고	1,000
	₩6,000		₩6,000

• 매출원가: 매출액(7,500) ÷ [1 + 이익률(0.5)] = ₩5,000

정답 ①

23 12월 말 결산법인인 (주)한국은 상품의 일부가 도난당한 것으로 파악하고 조사 중이다. 20×1년 보고기간 말의 재고조사를 실시한 결과 창고에 보관 중인 상품은 ₩700,000 이었고, 최근 3년간의 평균 매출총이익률은 30%로 확인하였다. 다음 자료에 의할 때, 추정 도난액은?

• 20×1년 1월 1일의 상품재고액	₩500,000
• 20×1년 중의 상품 총매입액	2,000,000
• 수입관세 및 매입운임	80,000
• 일반관리간접원가	50,000
• 매입환출 및 매입에누리	30,000
• 20×1년 중의 상품 총매출액	2,700,000
• 환입 및 매출에누리	400,000

① ₩250,000

② ₩220,000

③ ₩240,000

④ ₩210,000

⑤ ₩260,000

키워드 **재고자산의 계정구조 이해하기**

풀이

재고자산

기 초 재 고	₩500,000	매 출 원 가	₩1,610,000
매 입 액	2,050,000	도 난 액	(240,000)
		기 말 재 고	700,000
	₩2,550,000		₩2,550,000

• 일반관리간접원가는 당기비용으로 처리한다.

• 매출원가: 2,300,000 × (1 − 0.3) = ₩1,610,000

정답 ③

고난도

24 (주)관세는 20×1년 8월 21일 발생한 홍수로 인하여 보유하고 있던 재고자산이 손상되었다. (주)관세의 20×1년 회계자료 중 일부는 다음과 같다. 홍수로 인한 재고자산의 손실 추정액은? 2015년 관세사

> • 재고자산: 1월 1일 ₩500,000
> 　　　　　　 8월 21일 (　 ？ 　)
> • 매출채권: 1월 1일 ₩2,000,000
> 　　　　　　 8월 21일 ₩2,400,000
> • 1월 1일부터 8월 21일까지 발생한 거래
> 　- 매출채권 현금 회수액 ₩7,000,000
> 　- 매입액 ₩6,300,000
> • 8월 21일 현재 FOB 선적지인도조건으로 매입하여 운송 중인 상품 ₩10,000이 있다.
> • 홍수로 손상된 재고자산의 처분가치 ₩200,000
> • 모든 판매와 구매는 외상으로 하고 있다.
> • 추정 매출총이익률은 20%이다.

① ₩662,000

② ₩670,000

③ ₩672,000

④ ₩680,000

⑤ ₩682,000

키워드 재고자산의 재해손실 이해하기

풀이

<table>
<tr><td colspan="4" align="center">매출채권</td></tr>
<tr><td>기 초 재 고</td><td>₩2,000,000</td><td>회　수　액</td><td>₩7,000,000</td></tr>
<tr><td>매　출　액</td><td>(7,400,000)</td><td>기 말 재 고</td><td>2,400,000</td></tr>
<tr><td></td><td>₩9,400,000</td><td></td><td>₩9,400,000</td></tr>
</table>

<table>
<tr><td colspan="4" align="center">재고자산</td></tr>
<tr><td>기 초 재 고</td><td>₩500,000</td><td>매 출 원 가</td><td>₩5,920,000</td></tr>
<tr><td>매　입　액</td><td>6,300,000</td><td>기 말 재 고</td><td>(880,000)</td></tr>
<tr><td></td><td>₩6,800,000</td><td></td><td>₩6,800,000</td></tr>
</table>

• 매출원가: 7,400,000 × (1 - 0.2) = ₩5,920,000
• 재고자산의 손실 추정액: 880,000 - 10,000 - 200,000 = ₩670,000

TIP 매출총이익률이 나오면 (1 - 비율)을 곱한다.

정답 ②

25 다음은 (주)한국의 영업 자료이다. 이 기업의 매출이익은?

• 기초재고액	₩400,000	• 당기매입액	₩3,800,000
• 기말상품재고액	200,000	• 매출총이익률	20%

① ₩1,100,000   ② ₩1,200,000

③ ₩1,300,000   ④ ₩1,400,000

⑤ ₩1,000,000

키워드 재고자산의 계정구조 이해하기

풀이

상품

기 초 상 품	₩400,000	매 출 원 가	(₩4,000,000)
순 매 입 액	3,800,000	기 말 상 품	200,000
	₩4,200,000		₩4,200,000

• 매출원가율: 1 − 0.2 = 0.8
• 순매출액: 4,000,000 ÷ 0.8 = ₩5,000,000
• 매출이익: 5,000,000 × 0.2 = ₩1,000,000

정답 ⑤

26 다음 (주)한국의 20×1년 자료를 이용한 매출총이익과 영업이익을 바르게 연결한 것은?

2022년 공무원 수정

• 기초상품재고액	₩10,000	• 기말상품재고액	₩12,000
• 당기 상품총매입액	20,000	• 매입운임	2,000
• 매입에누리	1,000	• 매입환출	600
• 매입할인	400	• 당기 상품총매출액	27,000
• 판매운임	2,500	• 매출에누리	1,800
• 매출환입	1,200	• 매출할인	500
• 판매사원 급여	1,000		

	매출총이익	영업이익
①	₩5,500	₩2,000
②	₩5,500	₩4,500
③	₩8,000	₩4,500
④	₩8,000	₩7,000
⑤	₩6,000	₩5,500

키워드 재고자산의 매출총이익 이해하기

풀이

	재고자산		
기 초 상 품	₩10,000	순 매 출 액	₩23,500
순 매 입 액	20,000	기 말 상 품	12,000
매 출 총 이 익	(5,500)		
	₩35,500		₩35,500

- 순매입액: 20,000 + 2,000 − (1,000 + 600 + 400) = ₩20,000
- 순매출액: 27,000 − (1,800 + 1,200 + 500) = ₩23,500
- 영업이익 = 매출총이익(5,500) − 판매비와 관리비[판매운임(2,500) + 판매사원 급여(1,000)]
  = ₩2,000

정답 ①

27 다음 상품 관련 자료를 이용하여 계산한 매출액은?

제21회

• 기초재고액	₩5,000
• 기말재고액	8,000
• 당기매입액	42,000
• 매출총이익률	20%

① ₩31,200

② ₩39,000

③ ₩46,800

④ ₩48,750

⑤ ₩56,250

키워드 재고자산의 매출이익률 이해하기

풀이

	재고자산		
기 초 재 고	₩5,000	매 출 원 가	₩39,000
매 입 액	42,000	기 말 재 고	8,000
	₩47,000		₩47,000

- 매출액 × (1 − 0.2) = 매출원가
- 매출액: 39,000 ÷ 0.8 = ₩48,750

정답 ④

28 다음은 (주)한국의 재고자산 자료이다. 총평균법을 적용하여 계산된 매출원가가 ₩24,000 일 경우 7월 15일 매입분에 대한 단위당 매입원가는? (단, 재고자산 감모손실과 재고자 산 평가손실은 없다)

제19회

구분	수량	단위당 매입원가	단위당 판매가격
기초재고	100개	₩100	
7월 15일 매입	200	?	
10월 1일 매출	200		₩150
기말재고	100		

① ₩100

② ₩110

③ ₩120

④ ₩130

⑤ ₩140

키워드 재고자산계정 이해하기

풀이

재고자산

기 초 재 고	₩10,000	매 출 원 가	₩24,000
순 매 입 액	(26,000)	기 말 재 고	12,000
	₩36,000		₩36,000

• 총평균단가: $\dfrac{\text{매출원가}(24,000)}{\text{매출수량}(200개)}$ = @₩120

• 기말재고액: 100개 × @₩120 = ₩12,000

• 매입분에 대한 단위당 원가: $\dfrac{\text{매입액}(26,000)}{\text{매입수량}(200개)}$ = @₩130

정답 ④

29 다음은 (주)한국의 20×1년 상품 매입 및 매출 관련 자료이다. 선입선출법을 적용할 경우, 20×1년도 기말재고자산과 매출총이익을 바르게 연결한 것은? (단, 재고자산 감모 및 평가손실은 발생하지 않았으며, 재고자산 수량결정은 계속기록법에 의한다)

2022년 공무원 수정

일자	구분	수량	단가
1월 1일	기초재고	20개	₩150
5월 1일	매입	30	200
7월 1일	매출	25	300
9월 1일	매입	20	180
11월 1일	매출	25	320

	기말재고자산	매출총이익
①	₩3,000	₩5,900
②	₩3,000	₩6,500
③	₩3,600	₩5,900
④	₩3,600	₩6,500
⑤	₩6,500	₩5,900

키워드 재고자산의 평가 이해하기

풀이
- 기말재고수량: 판매가능수량(70개) − 판매수량(50개) = 20개
- 기말재고액: [11월 1일] 20개 × 180 = ₩3,600
- 매출액: (25개 × 300) + (25개 × 320) = ₩15,500
- 매출원가: (20개 × 150) + (30개 × 200) = ₩9,000
- 매출총이익: 15,500 − 9,000 = ₩6,500

정답 ④

30 다음은 (주)한국의 1월 동안 거래내역이다. 선입선출법과 이동평균법에 따라 계산된 매출원가는? 제17회

일자	구분	수량	단가
1월 1일	기초	50개	₩100
1월 10일	매입	150	108
1월 15일	판매	120	160

	선입선출법	이동평균법
①	₩12,960	₩12,840
②	₩12,560	₩12,840
③	₩12,720	₩12,560
④	₩12,840	₩12,720
⑤	₩12,560	₩12,720

키워드 재고자산의 평가(측정) 이해하기

풀이
- 선입선출법은 매입순서에 따라 매출원가를 계산한다.
  - 매출원가: (50개 × 100) + (70개 × 108) = ₩12,560
- 이동평균법은 평균단가로 매출원가를 계산한다.
  - 이동평균단가: {(50개 × 100) + (150개 × 108)} ÷ 200개 = @₩106
  - 매출원가: 120개 × @₩106 = ₩12,720

정답 ⑤

31 다음은 (주)한국의 20×1년 1월의 상품매매에 관한 기록이다. 계속기록법에 의한 이동평균법으로 상품거래를 기록할 경우 20×1년 1월의 매출총이익은? 2015년 공무원 수정

일자	내역	수량	매입단가	판매단가
1월 1일	전기이월	150개	₩100	–
1월 15일	현금매입	50	140	–
1월 20일	현금매출	100	–	₩150
1월 25일	현금매입	100	150	–
1월 28일	현금매출	100	–	160

① ₩2,000
③ ₩7,000
⑤ ₩9,000
② ₩4,000
④ ₩8,000

키워드 **재고자산의 평가 이해하기**

풀이
- 1월 20일 이동평균단가: (15,000 + 7,000) ÷ 200개 = ₩110
- 1월 20일 매출이익: (150 − 110) × 100개 = ₩4,000
- 1월 28일 이동평균단가: (11,000 + 15,000) ÷ 200개 = ₩130
- 1월 28일 매출이익: (160 − 130) × 100개 = ₩3,000
- 1월 매출총이익: 4,000 + 3,000 = ₩7,000

정답 ③

---

32 (주)한국의 20×1년 재고자산 매입과 매출에 관한 자료는 다음과 같다.

일자	적요	수량	단위당 원가
1월 1일	기초재고	20개	₩90
3월 1일	매입	40	120
6월 1일	매출	40	−
9월 1일	매입	80	130
12월 1일	매출	30	−

(주)한국은 계속기록법에 의한 가중평균법을 적용하여 단위원가 결정방법을 계산할 때, 20×1년 기말재고는?

① ₩8,820
② ₩8,180
③ ₩8,320
④ ₩8,600
⑤ ₩8,700

키워드 **재고자산의 평가 이해하기**

풀이

일자	적요	수량	단위당 원가	금액
1월 1일	기초재고	20개	@₩90	₩1,800
3월 1일	매입	40개	120	4,800
	계	60개	@₩110	₩6,600
6월 1일	매출	40개	110	4,400
	계	20개	@₩110	₩2,200
9월 1일	매입	80개	130	10,400
	계	100개	@₩126	₩12,600
12월 1일	매출	30개	126	3,780
	계	70개	@₩126	₩8,820

- 매출원가: [6월 1일] 4,400 + [12월 1일] 3,780 = ₩8,180
- 기말재고자산: 70개 × @₩126 = ₩8,820

정답 ①

33 다음은 실지재고조사법을 적용하고 있는 (주)한국의 20×1년 재고자산에 대한 거래내역이다. 선입선출법을 적용한 경우의 매출총이익은? (단, 판매단가는 ₩40으로 동일하다)

일자	적요	수량	단위당 원가
1월 1일	기초재고	100개	₩11
5월 1일	판매	30	-
7월 1일	매입	50	20
8월 1일	판매	90	-
11월 1일	매입	150	30
12월 1일	판매	140	-

① ₩5,400

② ₩5,800

③ ₩5,200

④ ₩5,000

⑤ ₩5,100

키워드 재고자산의 측정 이해하기

풀이
- 매출액: (30개 + 90개 + 140개) × 40 = ₩10,400
- 매출원가: (100개 × 11) + (50개 × 20) + (110개 × 30) = ₩5,400
- 매출총이익: 10,400 − 5,400 = ₩5,000

정답 ④

고난도

34 다음은 (주)감평의 20×1년도 재고자산 거래와 관련된 자료이다. 다음 설명 중 옳지 않은 것은?

2018년 감평사

일자	적요	수량	단가
1월 1일	기초재고	100개	₩90
3월 9일	매입	200	150
5월 16일	매출	150	
8월 20일	매입	50	200
10월 25일	매입	50	220
11월 28일	매출	200	

① 실지재고조사법을 적용하여 선입선출법을 사용할 경우 기말재고자산 금액은 ₩11,000이다.

② 실지재고조사법을 적용하여 가중평균법을 사용할 경우 매출원가는 ₩52,500이다.

③ 선입선출법을 사용할 경우보다 가중평균법을 사용할 때 당기순이익이 더 작다.

④ 가중평균법을 사용할 경우, 실지재고조사법을 적용하였을 때보다 계속기록법을 적용하였을 때 당기순이익이 더 크다.

⑤ 선입선출법을 사용할 경우, 계속기록법을 적용하였을 때보다 실지재고조사법을 적용하였을 때 매출원가가 더 크다.

키워드 재고자산의 평가 이해하기

풀이 선입선출법을 사용할 경우, 계속기록법을 적용하였을 때와 실지재고조사법을 적용하였을 때 매출원가는 같다.

TIP 선입선출법으로 먼저 계산한 후 가중평균법을 적용한다.

정답 ⑤

35 (주)한국은 A 제품을 매입하여 판매하는 기업으로 A 제품만을 취급하고 있다. (주)한국은 계속기록법을 적용하여 회계처리하고 있으며, 단가는 가중평균법으로 계산하고 있다. 3월 한 달간 매입과 매출에 관한 기록이 다음과 같다면 3월 12일 재고자산 판매로 인한 매출이익은?

- 3월 1일 기초 10개 @₩50
- 3월 5일 매입 20개 @₩80
- 3월 12일 매출 10개 @₩120
- 3월 18일 매입 10개 @₩100
- 3월 25일 매출 20개 @₩130

① ₩700

② ₩650

③ ₩600

④ ₩550

⑤ ₩500

키워드 **재고자산의 평가 이해하기**

풀이

일자	적요	수량	단위당 원가	금액
3월 1일	기초	10개	@₩50	₩500
3월 5일	매입	20개	80	1,600
	계	30개	@₩70	₩2,100
3월 12일	판매	10개	70	700
	계	20개	@₩70	₩1,400
3월 18일	매입	10개	100	1,000
	계	30개	@₩80	₩2,400
3월 25일	판매	20개	80	1,600
	기말	10개	@₩80	₩800

• 3월 12일 판매로 인한 매출이익: 매출액(10개 × @₩120) − 매출원가(10개 × @₩70) = ₩500

정답 ⑤

36 다음은 (주)한국의 상품 관련 자료이다. 실지재고조사법을 적용하여 선입선출법의 기말재고와 가중평균법에 의한 매출원가는?

구분	수량	단위당 원가
매입(1월 2일)	200개	₩100
매출(5월 1일)	100	–
매입(7월 1일)	300	200
매출(12월 1일)	200	–

	선입선출법	가중평균법
①	₩34,000	₩34,000
②	₩48,000	₩40,000
③	₩40,000	₩32,000
④	₩40,000	₩34,000
⑤	₩40,000	₩48,000

> **키워드** 재고자산의 측정(평가) 이해하기
>
> **풀이** • 선입선출법의 기말재고: 200개 × @₩200 = ₩40,000
> • 가중평균법 중 총평균법의 매출원가: [{(200개 × @₩100) + (300개 × @₩200)} ÷ 500개]
> × 300개 = ₩48,000

정답 ⑤

37 (주)한국의 20×1년 5월 재고자산의 매입과 매출에 관한 자료는 아래와 같다. 재고자산의 단위당 원가는 실지재고조사법에 의한 평균법을 사용하여 결정한다. (주)한국의 5월 매출총이익은? (단, 평가손실과 감모손실은 없으며, 매입 시 매입단가, 매출 시 매출단가를 의미한다)

일자	적요	수량	단가	금액
5월 1일	기초재고	30개	@₩10	₩300
12일	매입	60	20	1,200
18일	매출	50	40	2,000
23일	매출	30	50	1,500
29일	매입	10	30	300

① ₩2,760
② ₩2,060
③ ₩2,540
④ ₩2,740
⑤ ₩2,560

키워드 재고자산의 평가(측정) 이해하기
풀이 • 총평균법은 실지재고조사법을 적용한다.
  • 총평균단가: (300 + 1,200 + 300) ÷ 100개 = @₩18
  • 매출액: (50개 × @₩40) + (30개 × @₩50) = ₩3,500
  • 매출원가: 80개 × @₩18 = ₩1,440
  • 매출총이익: 3,500 − 1,440 = ₩2,060

정답 ②

38 다음은 (주)대한의 재고자산 자료이다. 이동평균법을 적용할 경우 기말재고액은?

제18회

구분	수량	단위당 원가	단위당 매가
기초재고	200개	₩30	–
매출(3월 1일)	100	–	₩40
매입(6월 1일)	100	36	–
매출(9월 1일)	120	–	40
기말재고	80	?	–

① ₩2,400
② ₩2,560
③ ₩2,640
④ ₩2,880
⑤ ₩3,200

키워드 재고자산의 평가 이해하기

풀이

	수량	원가	금액
기초재고	200개	₩30	₩6,000
매출(3월 1일)	100개	30	3,000
계	100개	₩30	₩3,000
매입(6월 1일)	100개	36	3,600
계	200개	₩33	₩6,600
매출(9월 1일)	120개	33	3,960
기말재고	80개	₩33	₩2,640

정답 ③

39 (주)한국은 재고자산을 소매재고법으로 평가하고 있다. 원가흐름은 선입선출법으로 가정하여 원가율을 산정한다. 재고자산과 관련된 자료가 다음과 같을 때, 기말재고액은?

	원가	판매가
• 기초재고	₩10,000	₩12,000
• 당기매입	64,000	90,000
• 매입운임	1,500	
• 매입환출	1,800	
• 순인상액		2,000
• 순인하액		1,000
• 매출액		102,000
• 매출환입		2,000

① ₩1,980
② ₩2,000
③ ₩2,100
④ ₩2,150
⑤ ₩2,200

키워드 재고자산의 소매재고법 이해하기

풀이
- 매가에 의한 기말재고액: [기초재고(12,000) + {당기매입(90,000) + 순인상액(2,000) − 순인하액(1,000)}] − 매출액(102,000 − 2,000) = ₩3,000
- 당기매입액: 64,000 + 1,500 − 1,800 = ₩63,700
- 원가율(선입선출법): $\dfrac{63,700}{90,000 + 2,000 - 1,000} = 0.7$
- 기말재고액(원가): 3,000 × 0.7 = ₩2,100
- 매출원가: 10,000 + 63,700 − 2,100 = ₩71,600

정답 ③

40 (주)관세의 재고자산 관련 자료는 다음과 같다.

	원가	판매가
• 기초재고액	₩140,000	₩210,000
• 당기매입액	600,000	980,000
• 매입운임	20,000	
• 매입할인	40,000	
• 당기매출액		1,000,000
• 종업원할인		50,000
• 순인상액		20,000
• 순인하액		10,000

(주)관세가 선입선출법에 의한 저가기준 소매재고법을 이용하여 재고자산을 평가하고 있을 때 매출원가는?

2019년 관세사 수정

① ₩630,000

② ₩630,750

③ ₩632,000

④ ₩633,000

⑤ ₩633,750

키워드 재고자산의 소매재고법 이해하기

풀이
• 매가에 의한 기말재고액: [기초재고(210,000) + 매입액(980,000) + 순인상액(20,000) − 순인하액(10,000)] − [매출액(1,000,000) + 종업원할인액(50,000)] = ₩150,000

• 원가율: $\dfrac{580,000}{1,000,000}$ = 0.58(58%), 저가기준은 순인하를 고려하지 않는다.

• 기말재고액(원가): 150,000 × 0.58 = ₩87,000

• 매출원가: 140,000 + 580,000 − 87,000 = ₩633,000

TIP
• 매입운임은 가산하고 매입할인은 차감한다.

• 종업원할인은 매출액에 가산한다.

정답 ④

41 (주)한국은 원가기준 소매재고법을 사용하고 있으며, 원가흐름은 평균법을 가정하고 있다. 다음 자료를 근거로 한 기말재고자산 원가는?

2018년 공무원 수정

	원가	판매가
• 기초재고	₩1,200	₩3,000
• 당기매입액	14,900	19,900
• 매출액		20,000
• 인상액		270
• 인상취소액		50
• 인하액		180
• 인하취소액		60
• 종업원할인		200

① ₩1,890

② ₩1,960

③ ₩2,086

④ ₩2,235

⑤ ₩2,035

키워드 재고자산의 소매재고법 이해하기

풀이
- 매가에 의한 기말재고액: {기초재고 + (당기매입 + 순인상액 − 순인하액)} − (매출액 + 종업원할인액*)
  * 종업원할인액은 정상판매금액을 계산하기 위하여 매출액에 가산한다.
  {3,000 + (19,900 + 220 − 120)} − (20,000 + 200) = ₩2,800

- 원가율(평균법): $\dfrac{1,200 + 14,900}{3,000 + 19,900 + 220 - 120}$ = 0.7(70%)

- 기말재고액(원가): 2,800 × 0.7 = ₩1,960

정답 ②

42 (주)한국은 평균법에 의한 소매재고법을 적용하고 있다. 기말재고는 얼마인가?

	원가	매가
• 기초재고액	₩30,000	₩42,000
• 당기매입액	210,000	250,000
• 가격인상액		12,000
• 가격인하액		4,000
• 당기매출액		200,000

① ₩78,000

② ₩77,000

③ ₩76,000

④ ₩79,000

⑤ ₩80,000

키워드 매가에 의한 기말재고의 원가환원(원가율 측정) 이해하기

풀이 • 매가에 의한 기말재고액: 42,000 + 250,000 + 12,000 − 4,000 − 200,000 = ₩100,000

• 원가율: $\dfrac{30,000 + 210,000}{42,000 + 250,000 + 12,000 − 4,000}$ = 0.8(80%)

• 기말재고액(원가): 100,000 × 0.8 = ₩80,000

정답 ⑤

고난도

43 (주)감평은 상품에 관한 단위원가 결정방법으로 선입선출법을 이용하고 있으며 20×1년도 상품 관련 자료는 다음과 같다. 20×1년 말 재고실사결과 3개였으며 감모는 모두 정상적이다. 기말 현재 상품의 단위당 순실현가능가치가 ₩100일 때 (주)감평의 20×1년도 매출총이익은? (단, 정상적인 재고자산 감모손실과 재고자산 평가손실은 모두 매출원가에 포함한다)   2016년 감평사

항목	수량	단위당 취득원가	단위당 판매가격	금액
기초재고(1월 1일)	20개	₩120	−	₩2,400
매입(4월 8일)	30	180	−	5,400
매출(5월 3일)	46	−	₩300	13,800

① ₩6,300

② ₩6,780

③ ₩7,020

④ ₩7,260

⑤ ₩7,500

재고자산의 평가 이해하기

풀이

재고자산			
기 초 재 고	₩2,400	매 출 액	₩13,800
매 입 액	5,400	기 말 재 고	300
매 출 총 이 익	(6,300)		
	₩14,100		₩14,100

- 기말재고자산: 3개 × 100 = ₩300
- 재고자산 감모손실: (4개 − 3개) × 180 = ₩180
- 재고자산 평가손실: (180 − 100) × 3개 = ₩240

정답 ①

44 (주)한국은 재고자산 감모손실 중 20%는 정상적으로 처리하며, 정상 감모손실과 평가손실은 매출원가에 포함한다. (주)한국의 20×1년 재고자산 관련 자료가 다음과 같을 때, 매출액은? [단, (주)한국의 매출은 원가에 의한 이익률 20%이다]

- 기초재고자산 ₩12,000(재고자산 평가충당금 ₩0)
- 당기매입액 ₩88,000
- 장부수량 30개(단위당 원가 ₩1,000)
- 실제수량 20개(단위당 순실현가능가치 ₩1,100)

① ₩72,000

② ₩74,400

③ ₩85,000

④ ₩86,400

⑤ ₩88,000

키워드 재고자산의 감모손실 이해하기

풀이

재고자산			
기 초 재 고	₩12,000	매 출 원 가	₩72,000
당 기 매 입 액	88,000	비정상감모손실	8,000
		기 말 재 고	20,000
	₩100,000		₩100,000

- 저가에 의한 기말재고액: 실제수량(20개) × 1,000 = ₩20,000
- 비정상 감모손실: [감모수량(10개) × 1,000] × 0.8 = ₩8,000
- 매출액: 매출원가(72,000) × (1 + 0.2) = ₩86,400

정답 ④

45 (주)서울의 20×1년 기말상품재고원가는 ₩100,000, 순실현가능가치는 ₩95,000이다. 20×2년 당기매입액은 ₩850,000이고, 기말재고자산 평가와 관련된 자료는 다음과 같다. (주)서울은 재고자산 감모손실을 제외한 금액을 매출원가로 인식할 때, 20×2년 매출원가는? (단, 20×1년 말 재고자산은 20×2년에 모두 판매되었다)

2017년 공무원 수정

장부수량	실지재고량	취득원가	단위당 순실현가능가치
100개	95개	₩1,100	₩1,000

① ₩844,500   ② ₩849,500

③ ₩850,000   ④ ₩855,000

⑤ ₩865,000

키워드 재고자산의 감모손실 이해하기

풀이

상품

기 초 재 고	₩95,000	매 출 원 가	(₩844,500)
매 입 액	850,000	비 정 상 감 모	5,500
		기 말 재 고	95,000
	₩945,000		₩945,000

• 재고자산 감모손실: (100개 − 95개) × 1,100 = ₩5,500
• 기말재고: 95개 × 1,000 = ₩95,000

정답 ①

46 단일상품만을 매매하는 (주)한국의 기초재고자산은 ₩30,000이고, 당기순매입액은 ₩120,000이다. 기말재고자산 관련 자료가 다음과 같을 때, 매출원가는? [단, 감모손실 중 80%는 비정상 감모손실(기타비용)로 처리하며, 정상 감모손실과 평가손실은 매출원가에 포함한다]

제24회 수정

• 장부수량	150개	• 단위당 원가	₩100
• 실제수량	140개	• 단위당 순실현가능가치	90

① ₩136,400   ② ₩134,200

③ ₩136,600   ④ ₩137,400

⑤ ₩135,000

키워드 비정상 감모손실 이해하기

풀이

재고자산

기 초 재 고	₩30,000	매 출 원 가	(₩136,600)
순 매 입 액	120,000	비 정 상 감 모	800
		기 말 재 고	12,600
	₩150,000		₩150,000

- 비정상감모: [(150개 − 140개) × 100] × 0.8 = ₩800
- 정상감모: [(150개 − 140개) × 100] × 0.2 = ₩200
- 평가손실: (100 − 90) × 140개 = ₩1,400
- 기말재고: 140개 × 90 = ₩12,600

정답 ③

47 다음은 (주)한국의 20×1년 말 재고자산(상품) 관련 자료이다. (주)한국의 기말 현재 재고자산의 단위당 취득원가와 단위당 순실현가능가치는? (단, 기초재고는 없으며, 단위원가 계산은 총평균법을 따른다. 또한 재고자산 감모손실 ₩150이 발생하였다)

장부상 자료		실사 자료	
수량	총장부금액	수량	순실현가능가치
80개	₩2,400	?	₩1,875

	단위당 취득원가	단위당 순실현가능가치
①	@₩30	@₩25
②	@₩25	@₩30
③	@₩30	@₩30
④	@₩25	@₩25
⑤	@₩62	@₩96

키워드 재고자산의 평가손실 이해하기

풀이
- 취득원가: 2,400 ÷ 80개 = @₩30
- 감모손실: 감모수량(x) × @₩30 = ₩150 ∴ x = 5개
- 실제 수량: 80개 − 5개 = 75개
- 순실현가능가치(시가): 1,875 ÷ 75개 = @₩25

정답 ①

48 다음은 (주)한국의 상품과 관련된 자료이다. 당기에 인식해야 할 매출원가는? (단, 재고 감모손실의 70%는 정상적 원인, 나머지는 비정상적 원인에 의해 발생되었고 정상적 감모와 평가손실은 매출원가에 포함한다)

• 기초상품재고액	₩200,000
• 당기 상품매입액	800,000
• 기말상품재고액(장부금액)	220,000
• 기말상품재고액(실사금액)	200,000
• 기말상품재고액(순실현가치)	190,000

① ₩774,000 ② ₩786,000

③ ₩794,000 ④ ₩800,000

⑤ ₩804,000

키워드 재고자산의 감모손실 이해하기

풀이

재고자산

기 초 재 고	₩200,000	매 출 원 가	(₩804,000)
매 입 액	800,000	비정상감모손실	6,000
		기 말 재 고	190,000
	₩1,000,000		₩1,000,000

• 비정상 감모손실: (220,000 − 200,000) × 30% = ₩6,000

정답 ⑤

49 (주)한국은 재고자산 수량결정과 관련하여 계속기록법을 채택하고 있다. 다음은 20×1년의 매출원가와 관련된 자료이다.

구분	수량	단가	합계
20×1년 초 재고자산	150개	₩300	₩45,000
20×1년 매입액	200	330	66,000
20×1년 말 매출액	250	400	100,000

(주)한국이 20×1년 말 재고자산을 실사한 결과 재고자산 감모수량이 10개(재고자산 평가는 선입선출법)가 발생하였다. 또한 20×1년 말 재고자산의 단위당 순실현가능가치가 ₩280으로 하락하여 재고자산 평가손실을 인식하여야 한다. 20×1년도에 인식할 재고자산 평가액은? (단, 감모손실은 전액 정상적이다)

① ₩25,200 ② ₩33,000

③ ₩29,700 ④ ₩30,000

⑤ ₩4,500

재고자산의 평가손실과 감모손실 이해하기

풀이
- 기말장부재고수량: (150개 + 200개) − 250개 = 100개
- 기말장부재고금액: 100개 × 330 = ₩33,000
- 기말실제재고금액: 90개 × 330 = ₩29,700
- 20×1년도에 인식할 재고자산 평가액은 기말재고액이다. 즉, 기말순실현가능가치(시가)이다.
- 기말순실현가능가치(기말재고): 90개 × 280 = ₩25,200

정답 ①

50 (주)한국의 20×1년 중 재고자산 거래내용이 다음과 같을 때 매출원가와 기말재고액은?

- 기초재고: 800개, @₩100
- 매입수량: 4,000개, @₩120
- 판매수량: 3,200개
- 실지재고수량: 1,200개
- 예상판매가격은 @₩130, 예상판매비용은 @₩40이다.
- 감모손실 중 120개는 정상적이고 나머지는 비정상적이며, 재고자산의 평가는 선입선 출법을 적용한다.

	매출원가	기말재고액
①	₩480,000	₩141,600
②	₩452,000	₩141,600
③	₩452,000	₩108,000
④	₩418,400	₩141,600
⑤	₩418,400	₩108,000

키워드 재고자산의 순실현가능가치(시가) 이해하기

풀이

재고자산

기 초 재 고	₩80,000	매 출 원 가	(₩418,400)
순 매 입 액	480,000	재고자산감모손실	33,600
		기 말 재 고	108,000
	₩560,000		₩560,000

- 장부재고량: 800개 + 4,000개 − 3,200개 = 1,600개
- 장부재고액: 1,600개 × @₩120 = ₩192,000
- 실지재고액: 1,200개 × @₩120 = ₩144,000
- 순실현가치: 1,200개 × @₩90 = ₩108,000(기말재고)
- 재고자산 감모손실 ₩48,000(= 192,000 − 144,000) 중 정상인 것은 ₩14,400(= 120개 × @₩120), 비정상적인 것은 ₩33,600(= 280개 × @₩120)이다.

정답 ⑤

51 20×1년 초에 설립된 (주)한국의 재고자산은 상품으로만 구성되어 있다. 20×1년 말 상품 관련 자료는 다음과 같고 항목별 저가기준으로 평가하고 있다. 20×1년 매출원가가 ₩250,000일 경우 당기 상품매입액은? (단, 재고자산 평가손실은 매출원가에 포함되며 재고자산 감모손실은 없다)

제19회

구분	재고수량	단위당 원가	단위당 추정 판매가격	단위당 추정 판매비용
상품 A	20개	₩100	₩120	₩15
상품 B	40	150	170	30
상품 C	30	120	120	20

① ₩251,000　　　　② ₩260,600

③ ₩260,700　　　　④ ₩261,200

⑤ ₩262,600

> **키워드** 저가법 이해하기
>
> **풀이**
>
> 재고자산
>
> | 기 초 재 고 | ₩0 | 매 출 원 가 | ₩250,000 |
> |---|---|---|---|
> | 순 매 입 액 | (260,600) | 기 말 재 고 | 10,600 |
> | | ₩260,600 | | ₩260,600 |
>
> • 기말재고: (20개 × 100) + (40개 × 140) + (30개 × 100) = ₩10,600

정답 ②

52 (주)한국의 보유 중인 재고자산이다. 당기에 인식할 재고자산 평가손실은?

종류	취득원가	현행대체원가	순실현가능가액
원재료	₩12,000	₩8,000	₩9,000
재공품	14,000	13,000	15,000
반제품	36,000	30,000	33,000
제품	90,000	88,000	92,000

① ₩6,000　　　　② ₩7,000

③ ₩3,000　　　　④ ₩8,000

⑤ ₩5,000

재고자산의 순실현가능가치(시가) 이해하기

풀이 • 재고자산을 순실현가치로 감액하는 저가법은 항목별로 적용한다. 그러나 경우에 따라서 서로 유사하거나 관련 있는 항목들을 통합하여 적용하는 것이 적절할 수 있다.
• 재고자산의 시가로 원재료는 현행대체원가를 의미하는 것이고, 원재료를 제외한 재고자산은 순실현가능가치를 의미한다.
• 원재료의 가격이 하락했어도 완성될 제품의 판매가격이 원가를 초과하고 있다면 원재료는 순실현가능가치로 감액하지 않는다.

종류	취득원가	현행대체원가	순실현가능가액	평가손실
원재료	₩12,000	₩8,000	₩9,000	-
재공품	14,000	13,000	15,000	-
반제품	36,000	30,000	33,000	₩3,000
제품	90,000	88,000	92,000	-

정답 ③

고난도
53 다음은 제조업을 영위하는 (주)대한의 20×1년도 기말재고자산과 관련된 자료이다.

재고자산	장부재고	실지재고	단위당 원가	단위당 순실현가능가치
원재료	500kg	400kg	₩50/kg	₩45/kg
제품	200개	150개	₩300/개	₩350/개

(주)대한은 재고자산 감모손실과 재고자산 평가손실(환입)을 매출원가에서 조정하고 있다. 재고자산 평가충당금(제품)의 기초 잔액이 ₩3,000 존재할 때, (주)대한의 20×1년도 매출원가에서 조정될 재고자산 감모손실과 재고자산 평가손실(환입) 순효과의 금액은? [단, (주)대한은 단일 제품만을 생산·판매하고 있으며, 기초재공품과 기말재공품은 없다]

2018년 회계사 수정

① 매출원가 차감 ₩3,000
② 매출원가 가산 ₩5,000
③ 매출원가 가산 ₩15,000
④ 매출원가 가산 ₩17,000
⑤ 매출원가 가산 ₩20,000

재고자산 이해하기

풀이 • 원재료의 감모손실: (500kg − 400kg) × @₩50 = ₩5,000
• 제품의 감모손실: (200개 − 150개) × @₩300 = ₩15,000
• 매출원가 가산: 5,000 + 15,000 − 3,000(환입) = ₩17,000
• 평가손실의 경우 제품의 시가가 원가를 초과하므로 평가하지 않는다. 그러나 기초의 평가충당금 잔액 ₩3,000은 환입하여 매출원가에서 차감한다.

TIP 원재료와 제품의 감모손실은 인식하고 제품의 평가손익이 발생하지 않으므로 원재료도 평가손익을 계상하지 않는다.

정답 ④

54 20×1년 (주)한국의 상품 월별 예상판매량은 다음과 같다.

	1월	2월	3월
• 상품 예상판매량	500단위	700단위	900단위

20×1년 1월 초 상품 재고는 없으며, 매월 말 상품의 재고수량은 다음 달 예상판매량의 30%이다. (주)한국의 2월 상품 구입수량은?

① 700단위

② 750단위

③ 760단위

④ 770단위

⑤ 780단위

키워드 재고자산의 수량계산 이해하기

풀이
2월 재고자산

기 초 재 고	210단위	판 매 수 량	700단위
구 입 수 량	(760단위)	기 말 재 고	270단위
	970단위		970단위

• 1월 기말재고: 700단위 × 0.3 = 210단위(2월 기초재고)
• 2월 기말재고: 900단위 × 0.3 = 270단위

정답 ③

55 20×1년 2월부터 4월까지의 (주)서울의 예상상품매출액은 다음과 같다.

월별	예상매출액
2월	₩460,000
3월	500,000
4월	400,000

매월 기말재고액은 다음달 예상매출원가의 50%이며, 상품의 매출총이익률은 40%이다.
(주)서울의 3월 예상상품매입액은? 2017년 공무원 수정

① ₩270,000

② ₩280,000

③ ₩290,000

④ ₩300,000

⑤ ₩335,000

키워드 **재고자산의 계정구조 이해하기**

풀이

월별	예상매출액	매출원가 (매출액의 60%)	기말재고 (매출원가의 50%)
2월	₩460,000	₩276,000	₩150,000
3월	500,000	300,000	120,000
4월	400,000	240,000	-

3월 상품

기 초 재 고	₩150,000	매 출 원 가	₩300,000
매 입 액	(270,000)	기 말 재 고	120,000
	₩420,000		₩420,000

TIP • 매출액의 60%가 매출원가이며, 매출원가의 50%는 기말재고액이다.
  – 3월 매출액(500,000) × 60% = 매출원가(300,000)
  – 매출원가(300,000) × 50% = 2월분 기말재고액(150,000)

정답 ①

▶ **연계학습** | 에듀윌 기본서 1차 [회계원리 上] p.284

01 유형자산의 취득원가에 포함되는 것은? 제18회 수정

① 유형자산이 경영진이 의도하는 방식으로 가동될 수 있으나, 아직 실제로 사용되지는 않고 있는 경우에 발생하는 원가

② 유형자산 취득 시 정상적으로 작동되는지 여부를 시험하는 과정에서 발생하는 원가[단, 시험과정에서 생산한 재화(시제품)의 순매각금액은 당기손익에 반영한다]

③ 유형자산과 관련된 산출물에 대한 수요가 형성되는 과정에서 발생하는 가동손실과 같은 초기 가동손실

④ 기업의 영업 전부 또는 일부를 재배치하거나 재편성하는 과정에서 발생하는 원가

⑤ 새로운 상품과 서비스를 소개하는 데 소요되는 원가

키워드 유형자산의 취득원가 이해하기

풀이 유형자산의 취득원가는 사용개시 전에 발생한 원가로 유형자산 취득 시 정상적으로 작동되는지 여부를 시험하는 과정에서 발생하는 원가를 포함한다[단, 시험과정에서 생산한 재화(시제품)의 순매각금액은 당기손익에 반영한다].

정답 ②

02 유형자산의 취득원가에 포함되는 것을 모두 고른 것은? 2019년 감평사

ㄱ 영업활동의 전부 또는 일부를 재배치하는 과정에서 발생하는 원가
ㄴ 유형자산의 매입 또는 건설과 직접 관련되어 발생한 종업원 급여
ㄷ 관세 및 환급 불가능한 취득 관련 세금
ㄹ 새로운 상품이나 용역을 소개하는 데 소요되는 원가
ㅁ 설치장소를 준비하는 원가

① ㄱ, ㄴ, ㄷ
② ㄱ, ㄴ, ㄹ
③ ㄴ, ㄷ, ㄹ
④ ㄴ, ㄷ, ㅁ
⑤ ㄷ, ㄹ, ㅁ

풀이 ⓒ 유형자산의 매입 또는 건설과 직접 관련되어 발생한 종업원 급여는 원가에 포함된다.
ⓒ 관세 및 환급 불가능한 취득 관련 세금은 원가에 포함된다.
ⓜ 설치장소를 준비하는 원가는 원가에 포함된다.
ⓙ 영업활동의 전부 또는 일부를 재배치하는 과정에서 발생하는 원가는 비용에 포함된다.
ⓔ 새로운 상품이나 용역을 소개하는 데 소요되는 원가는 비용에 포함된다.

정답 ④

03 다음 중 유형자산의 원가를 구성하는 것은?

① 새로운 상품과 새로운 시설을 개설하는 데 소요되는 원가
② 자산이 정상적으로 작동되는지를 시험할 때 생산된 시제품의 매각금액과 그 재화의 원가
③ 적격자산의 취득, 건설 또는 생산과 직접 관련된 차입원가는 발생 기간에 자산으로 인식하여야 한다.
④ 자산이 가동될 수 있으나 아직 실제로 사용되지는 않고 있는 경우 또는 가동수준이 완전조업도 수준에 미치지 못하는 경우에 발생하는 원가
⑤ 기업의 영업 전부 또는 일부를 재배치하거나 재편성하는 과정에서 발생하는 원가

키워드 유형자산의 취득원가 구성 이해하기

풀이 ① 새로운 상품과 새로운 시설을 개설하는 데 소요되는 원가는 포함하지 않는다.
② 자산을 시험 가동할 때 생산된 시제품의 매각금액과 그 재화의 원가는 원가는 포함하지 않고 당기손익에 반영한다.
④ 자산이 가동될 수 있으나 아직 실제로 사용되지는 않고 있는 경우 또는 가동수준이 완전조업도 수준에 미치지 못하는 경우에 발생하는 원가는 포함하지 않는다.
⑤ 기업의 영업 전부 또는 일부를 재배치하거나 재편성하는 과정에서 발생하는 원가는 포함하지 않는다.

정답 ③

04 유형자산에 관한 설명으로 옳지 않은 것은?

① 건물을 신축하기 위하여 사용 중인 기존 건물을 철거하는 경우의 철거비용은 토지의 원가에 가산하고 폐자재 처분가치는 토지원가에서 차감한다.

② 사용 중인 유형자산의 정기적인 종합검사에서 발생하는 원가는 자산의 인식요건을 충족하는 경우 자산으로 인식하고 자산의 인식요건을 충족하지 못하는 경우 당기비용으로 처리한다.

③ 사용정도에 따라 감가상각하는 경우가 아니라면, 감가상각은 자산이 매각예정자산으로 분류되는 날과 제거되는 날 중 이른 날에 중단한다.

④ 자산을 해체, 제거하거나 부지를 복구하는 데 소요될 것으로 최초에 추정되는 원가가 부채의 인식요건을 충족하는 경우 복구원가의 현재가치를 해당 유형자산의 원가에 가산한다.

⑤ 현물출자·증여·기타 무상으로 취득한 유형자산은 공정가치를 취득원가로 한다.

> **키워드** 유형자산의 토지와 건물을 일괄구입 시 취득원가결정 이해하기
>
> **풀이** • 건물을 신축하기 위하여 사용 중인 기존 건물을 철거하는 경우, 장부금액은 처분손실로 반영하고 철거비용은 당기비용으로 처리한다.
> • 건물을 신축하기 위하여 기존 건물이 있는 토지를 취득하고 그 건물을 철거하는 경우, 기존 건물의 철거 관련 비용에서 건물의 부산물을 판매하여 수취한 금액을 차감한 금액은 토지원가에 가산한다.

정답 ①

05 자산의 취득과 직접 관련된 차입원가를 자본화하여야 하는 적격자산에 해당하지 않는 것은?

① 제조설비자산   ② 재고자산(단기간 내에 제조)

③ 전력생산설비   ④ 유·무형자산

⑤ 투자부동산

> **키워드** 유형자산의 적격자산 이해하기
>
> **풀이** 금융자산과 단기간 내에 제조되는 재고자산은 적격자산이 아니다.

정답 ②

06 내용연수 5년, 잔존가치는 취득원가의 10%인 유형자산의 경우 1차 연도의 감가상각비 크기를 각 감가상각방법의 적용에 따라 순서대로 나타낸 것은?

① 정액법 > 이중체감법 > 연수합계법
② 정액법 > 연수합계법 > 이중체감법
③ 이중체감법 > 연수합계법 > 정액법
④ 이중체감법 > 정액법 > 연수합계법
⑤ 연수합계법 > 이중체감법 > 정액법

키워드 유형자산의 감가상각방법 이해하기

풀이 • 초기 감가상각비의 크기: 체감잔액법(이중체감법, 정률법) > 연수합계법 > 정액법
　　　 • 이중체감법과 정률법은 내용연수에 따라 다르다.

정답 ③

07 매 회기 감가상각비의 차액을 동일하게 나타내는 감가상각방법은?

① 비례법　　　　　　　　　② 정률법
③ 연수합계법　　　　　　　④ 이중체감법
⑤ 정액법

키워드 유형자산의 감가상각방법 이해하기

풀이 가속상각법(체감법) 중 체감잔액법(이중체감법, 정률법)은 기간이 경과할수록 체감률이 일정하지만, 연수합계법은 체감액이 일정하다.

정답 ③

08 감가상각방법에 관한 설명으로 옳지 않은 것은?

① 유형자산에 내재된 미래경제적효익의 예상 소비형태가 유의적으로 달라졌다면 감가상각방법을 변경한다.

② 채석장이나 매립지 등을 포함하여 토지의 내용연수는 무한하므로 감가상각을 하지 아니한다.

③ 유형자산이 가동되지 않거나 운휴상태가 되더라도 감가상각은 중단하지 않는다. 다만, 유형자산의 사용정도에 따라 감가상각하는 경우에는 생산 활동이 이루어지지 않을 때 감가상각을 인식하지 않을 수 있다.

④ 유형자산의 공정가치가 장부금액을 초과하더라도 잔존가치가 장부금액을 초과하지 않는 한 감가상각액을 계속 인식한다.

⑤ 유형자산을 수선하고 유지하는 활동을 하더라도 감가상각의 필요성이 부인되는 것은 아니다.

> **키워드** 유형자산의 감가상각방법 이해하기
> **풀이** 채석장이나 매립지 등을 제외하고 토지의 내용연수는 무한하므로 감가상각을 하지 아니한다.

정답 ②

09 20×1년 초 (주)한국은 토지와 건물을 ₩1,150,000에 일괄구입하고 취득세 ₩50,000과 사용 전 수리비 ₩60,000을 현금으로 지급하였다. 취득일 현재 토지와 건물을 처분한 회사의 장부금액은 다음과 같으며, 토지와 건물의 공정가치는 각각 ₩1,200,000과 ₩300,000이다. (주)한국이 인식할 토지와 건물의 취득원가는?

구분	장부금액
토지	₩1,000,000
건물	500,000

	토지	건물
①	₩948,000	₩312,000
②	₩848,000	₩412,000
③	₩960,000	₩300,000
④	₩1,008,000	₩252,000
⑤	₩1,200,000	₩300,000

유형자산의 일괄구입 이해하기

풀이 • 일괄 취득한 유형자산의 취득원가는 공정가치의 비율로 배분한다. 그러나 사용 전 수리비 ₩60,000 은 건물원가에 포함한다.

• 토지의 취득원가: $1,200,000 \times \dfrac{1,200,000}{1,500,000} = ₩960,000$

• 건물의 취득원가: $240,000(= 1,200,000 \times \dfrac{300,000}{1,500,000}) + 60,000 = ₩300,000$

정답 ③

10 20×1년 7월 1일 (주)한국은 토지와 건물을 ₩200,000에 일괄취득하였다. 취득 당시 토지의 공정가치는 ₩150,000이고, 건물의 공정가치는 ₩100,000이었으며, (주)한 국은 건물을 본사 사옥으로 사용하기로 하였다. 건물의 내용연수는 5년, 잔존가치는 ₩ 10,000이며 감가상각은 이중체감법을 사용한다. 20×1년도에 인식할 건물의 장부금액 은? (단, 건물에 대해 원가모형을 적용하며, 월할 상각한다)

① ₩80,000

② ₩55,000

③ ₩60,000

④ ₩64,000

⑤ ₩72,000

키워드 유형자산의 일괄구입과 감가상각 이해하기

풀이 • 토지의 취득원가: $200,000 \times \dfrac{150,000}{250,000} = ₩120,000$

• 건물의 취득원가: $200,000 \times \dfrac{100,000}{250,000} = ₩80,000$

• 20×1년 말 감가상각: $80,000 \times \dfrac{2}{5} \times \dfrac{6}{12} = ₩16,000$

• 20×1년 말 장부금액: $80,000 - 16,000 = ₩64,000$

정답 ④

11 (주)한국은 20×1년 7월에 신축을 위하여 토지를 취득하면서 ₩2,500,000(건물대금 ₩500,000 포함)을 수표 발행하여 주고 9월에 공사를 시작하였다. 동 건물의 12월 완성 때까지 추가로 지출된 금액이 아래와 같다면, (주)한국이 계상해야 할 토지와 건물의 취득원가는?

• 구 건물 철거비용	₩80,000
• 취득세 및 등록세	20,000
• 폐자재 처분대가	40,000
• 사옥 신축 전 토지의 임대수익	25,000
• 건물 공사 계약금	300,000
• 보험료 6개월분(20×1. 9. 1. ~ 20×2. 2. 28.)	60,000
• 건물 신축과 관련된 법률비용	10,000
• 건물 공사 중도금	500,000
• 건축 자재비	200,000
• 건축 공사 잔금	1,000,000

	토지	건물
①	₩2,520,000	₩2,020,000
②	₩2,560,000	₩2,620,000
③	₩2,530,000	₩2,050,000
④	₩2,560,000	₩2,050,000
⑤	₩2,580,000	₩2,530,000

키워드 유형자산의 토지와 건물의 취득원가 결정 이해하기

풀이
- 토지원가: 2,500,000 + (80,000 + 20,000 − 40,000) = ₩2,560,000
- 건물원가: $300,000 + 60,000 \times \frac{4}{6} + 10,000 + 500,000 + 200,000 + 1,000,000$

    = ₩2,050,000
- 사옥 신축 전 토지의 임대수익은 당기수익으로 처리한다.

정답 ④

고난도

12 (주)세무는 20×1년 초 가건물이 있던 공장 부지를 취득하여 기존의 가건물은 철거하고 건물을 신축하였다. 관련 자료가 다음과 같을 때, 토지의 취득원가는?

2018년 세무사 수정

• 토지 구입대금	₩200,000
• 토지 소유권 이전비	3,000
• 토지의 정지 및 측량비	50,000
• 진입로 공사비	30,000
• 건물 신축 허가비	25,000
• 가건물 철거비	18,000
• 신축 건물 공사원가	150,000
• 가건물 철거 부산물 매각수입	5,000
• 건축설계비	15,000
• 토지분 재산세	4,000
• 건물 등록비	20,000
• 주차장 울타리 설치공사	13,000

① ₩300,000

② ₩210,000

③ ₩313,000

④ ₩296,000

⑤ ₩309,000

키워드 유형자산의 취득원가 이해하기

풀이
- 토지원가: 200,000 + 3,000 + 50,000 + 30,000 + 18,000 − 5,000 = ₩296,000
- 건물원가: 25,000 + 150,000 + 15,000 + 20,000 = ₩210,000
- 토지분 재산세 ₩4,000은 비용, 주차장 울타리 설치공사 ₩13,000은 구축물(자산)이다.

TIP 구 건물이 있는 토지를 구입한 경우 구 건물의 원가와 모든 비용은 토지원가에 가산한다.

정답 ④

13 (주)한국은 ₩10,000인 기계장치를 신용조건 2/10, n/30으로 신용으로 취득하였다. 다음 자료에 따를 때, 기계장치의 취득원가는? (단, 취득일로부터 7일 이내 구입대금을 현금 지급하였다)

• 취득과 관련하여 지출된 종업원 급여	₩5,000
• 취득 시 지출된 기계장치의 운반 및 설치비	1,200
• 사용 이전 지출된 수리비	800
• 설치 이후 일부 재배치하는 과정에서 발생한 원가	500
• 초기 가동으로 인한 손실	1,000
• 설치 이후 시험과정에서 생산된 시제품 순매각액	700

① ₩16,200

② ₩17,000

③ ₩16,800

④ ₩16,500

⑤ ₩16,660

키워드 유형자산의 취득원가 이해하기

풀이
- 매입할인: 10,000 × 0.02 = ₩200(10일 이내 지급으로 2% 할인)
- 취득원가: (10,000 − 200) + 5,000 + 1,200 + 800 = ₩16,800
- 설치 이후 일부 재배치하는 과정에서 발생한 원가와 초기 가동으로 인한 손실은 당기비용으로 처리한다.
- 설치 이후 시험과정에서 생산된 시제품 순매각액은 당기손익으로 처리한다.

정답 ③

14 (주)한국은 20×1년 1월 1일에 토지와 토지 위의 건물을 일괄하여 ₩1,000,000에 취득하고 토지와 건물을 계속 사용하였다. 취득시점 토지의 공정가치는 ₩750,000이며 건물의 공정가치는 ₩500,000이다. 건물의 내용연수는 5년, 잔존가치는 ₩100,000이며, 정액법을 적용하여 건물을 감가상각한다(월할 상각, 원가모형 적용). 20×3년 1월 1일 (주)한국은 더 이상 건물을 사용할 수 없어 해당 건물을 철거하였다. 건물의 철거와 관련하여 철거비용이 발생하지 않았을 경우, 20×3년 1월 1일에 인식할 처분손실은?

① ₩120,000

② ₩280,000

③ ₩360,000

④ ₩380,000

⑤ ₩400,000

키워드 유형자산의 일괄구입 이해하기

풀이 • 20×1년 1월 1일 취득원가

  – 토지: $1,000,000 \times \dfrac{750,000}{750,000 + 500,000} = ₩600,000$

  – 건물: $1,000,000 \times \dfrac{500,000}{750,000 + 500,000} = ₩400,000$

• 20×3년 1월 1일 건물 장부금액

  $400,000 - (\dfrac{400,000 - 100,000}{5년} \times 2년) = ₩280,000$

• 건물의 처분손실(제거): 건물 장부금액 ₩280,000

정답 ②

15 (주)한국은 20×1년 7월 1일에 기계설비를 ₩100,000에 취득하면서 정부로부터 ₩ 20,000의 상환의무가 없는 정부보조금을 수령하였다. 동 설비에 대해서 내용연수 5년, 잔존가치 ₩0, 정률법 30%로 감가상각을 하고 있다. 정부보조금을 관련 자산에서 차감 하는 방법으로 회계처리를 할 경우에, 20×2년도 동 기계설비의 기말장부금액은?

① ₩47,600

② ₩68,000

③ ₩67,600

④ ₩59,600

⑤ ₩56,000

유형자산의 정부보조금 이해하기

• 취득원가 ₩100,000에서 정부보조금 ₩20,000을 차감한 잔액으로 계산하면 간편하다.

• 20×1년 7월~12월의 감가상각비: $80,000 \times 0.3 \times \dfrac{6}{12} = ₩12,000$

• 20×2년 말 감가상각비: $(80,000 - 12,000) \times 0.3 = ₩20,400$
• 20×2년 말 장부금액: $80,000 - (12,000 + 20,400) = ₩47,600$

정답 ①

16 (주)한국은 20×1년 7월 1일 자산취득 관련 정부보조금 ₩10,000을 수령하여 취득원 가 ₩80,000의 설비자산(내용연수 5년, 잔존가치 ₩5,000, 정액법 상각, 원가모형 적용)을 취득하였다. 정부보조금에 부수되는 조건은 이미 충족되어 상환의무는 없다. 정 부보조금은 이연수익법으로 회계처리했을 때 20×1년 포괄손익계산서에 인식할 감가상 각비는? (단, 감가상각비는 월할 계산하며, 자본화는 고려하지 않는다)

① ₩7,500

② ₩10,000

③ ₩6,500

④ ₩5,500

⑤ ₩8,500

유형자산의 정부보조금 이해하기

• 이연수익법은 정부보조금을 부채로 인식하고 기간 경과 시 수익으로 환원하는 방법이다.
• 20×1년 말 감가상각비: $(80,000 - 5,000) \div 5년 \times 6/12 = ₩7,500$
• 20×1년 말 정부보조금 수익: $10,000 \div 5년 \times 6/12 = ₩1,000$

정답 ①

17 (주)서울은 20×1년 7월 1일 기계장치를 ₩120,000에 취득(내용연수 4년, 잔존가치 ₩20,000, 연수합계법 상각)하면서 정부로부터 자산 관련 보조금 ₩40,000을 수령하였다. (주)서울이 수령한 보조금을 기계장치의 장부금액에서 차감하는 방법으로 표시한다면 20×1년 말 재무상태표에 표시될 기계장치의 장부금액은? (단, 기계장치는 원가법을 적용하고, 손상차손은 없으며, 감가상각비는 월할 계산한다) 2018년 공무원 수정

① ₩68,000
② ₩88,000
③ ₩92,000
④ ₩98,000
⑤ ₩100,000

키워드 유형자산의 정부보조금 이해하기

풀이
• 정부보조금 ₩40,000은 자산금액에서 차감하여 계산한다.
• 20×1년 말 장부금액: $80,000 - (60,000 \times \frac{4}{10} \times \frac{6}{12}) = ₩68,000$

정답 ①

고난도
18 (주)한국은 당국의 허가를 받아서 자연보호구역 내의 소유 토지에 주차장을 설치하였다. 이때 당국의 주차장 설치 허가조건은 3년 후 주차장을 철거하고 토지를 원상복구하는 것이다. 주차장은 20×1년 1월 1일 ₩1,000,000에 설치가 완료되어 사용하기 시작하였으며, 동 일자에 3년 후 복구비용으로 지출될 것으로 예상되는 금액은 ₩200,000으로 추정되었다. 주차장(구축물)은 원가모형을 적용하며, 내용연수 3년, 잔존가치 ₩0, 정액법으로 감가상각한다. 20×1년도 주차장(구축물)의 감가상각비는? 2018년 공무원 수정

기간	단일금액 ₩1의 현재가치	정상연금 ₩1의 현재가치
	10%	10%
3	0.7513	2.4868

① ₩383,420
② ₩400,000
③ ₩499,120
④ ₩399,420
⑤ ₩389,420

키워드 유형자산의 취득 이해하기

풀이
• 구축물 취득원가: 1,000,000 + (200,000 × 0.7513) = ₩1,150,260
• 20×1년도 감가상각비: 1,150,260 ÷ 3년 = ₩383,420

정답 ①

19 (주)한국은 20×1년 초 원상복구 의무가 있는 해상구조물을 ₩1,000,000에 취득하였다. 내용연수 5년, 잔존가치 ₩100,000, 감가상각은 정액법이며, 내용연수 종료시점의 복구비용은 ₩200,000이 소요될 것으로 추정되며, 복구비용의 현재가치 계산에 적용될 할인율은 연 10%이다. 구조물에 대한 자료가 다음과 같을 때, 20×1년도 감가상각비와 복구충당부채 전입액(이자비용)은? (단, 이자율 10%, 5기간에 대한 단일금액 ₩1의 현재가치는 0.6209이다)

	감가상각비	충당부채 전입액(이자비용)
①	₩180,000	₩12,418
②	₩180,000	₩20,000
③	₩220,000	₩12,418
④	₩204,836	₩20,000
⑤	₩204,836	₩12,418

키워드 유형자산의 복구원가 이해하기

풀이 • 구축물의 취득원가: 1,000,000 + (200,000 × 0.6209) = ₩1,124,180
• 구축물의 감가상각비: (1,124,180 − 100,000) ÷ 5년 = ₩204,836
• 복구충당부채 전입액(이자비용): (200,000 × 0.6209) × 10% = ₩12,418

정답 ⑤

20 (주)한국은 20×1년 초 토지를 ₩400,000에 취득하면서 현금 ₩100,000을 즉시 지급하고 나머지 ₩300,000은 20×1년 말부터 매년 말에 각각 ₩100,000씩 3회 분할 지급하기로 하였다. 취득일 현재 토지의 현금가격상당액은 총지급액을 연 10% 이자율로 할인한 현재가치와 동일하다. 20×1년에 인식할 토지의 취득원가와 이자비용은? (단, 단수차이가 발생할 경우 가장 근사치를 선택한다)

기간	연 이자율 10%	
	단일금액 ₩1의 현재가치	정상연금 ₩1의 현재가치
3	0.7513	2.4869

	취득원가	이자비용
①	₩248,690	₩24,869
②	₩248,690	₩17,356
③	₩348,690	₩24,869
④	₩348,690	₩34,869
⑤	₩400,000	₩24,869

풀이
- 20×1년 초 현재가치: 100,000 × 2.4869 = ₩248,690
- 20×1년 초 취득원가: 100,000 + 248,690 = ₩348,690
- 20×1년 말 이자비용: 248,690 × 10% = ₩24,869

정답 ③

21 (주)한국은 사용 중인 기계를 (주)대한의 기계와 교환하였다. 이 교환거래는 상업적 실질이 있으며, 교환된 기계의 장부금액과 공정가치는 다음 자료와 같다. (주)한국이 이 교환거래에서 인식할 유형자산 처분손익은? [단, (주)한국이 취득한 기계의 공정가치는 제공한 기계의 공정가치보다 더 명백하지는 않다]

구분	취득원가	감가상각누계액	공정가치
(주)한국의 기계	₩200,000	₩120,000	₩100,000
(주)대한의 기계	180,000	45,000	130,000

① 유형자산 처분이익 ₩20,000
② 유형자산 처분이익 ₩25,000
③ 유형자산 처분이익 ₩35,000
④ 유형자산 처분이익 ₩45,000
⑤ 처분손익을 인식하지 않는다.

키워드 교환에 의한 유형자산의 취득원가와 처분손익 이해하기

풀이
- (주)한국의 기계의 장부금액: 200,000 − 120,000 = ₩80,000
- (주)한국의 기계의 공정가치: ₩100,000
- 처분손익: 100,000 − 80,000 = ₩20,000 이익

이론+ 교환으로 인한 처분손익의 계산

처분손익	구 자산법	• 구 자산의 장부금액 < 구 자산의 공정가치 ⇨ 처분이익 • 구 자산의 장부금액 > 구 자산의 공정가치 ⇨ 처분손실
	신 자산법	• 구 자산의 장부금액 < 신 자산의 공정가치(±현금수수액) ⇨ 처분이익 • 구 자산의 장부금액 > 신 자산의 공정가치(±현금수수액) ⇨ 처분손실

정답 ①

22 (주)한국은 20×1년 초 차량 A를 취득하였다(취득원가 ₩160,000, 잔존가치 ₩10,000, 내용연수 5년, 정액법 상각). 20×3년 초 사용하고 있는 차량 A를 (주)대한의 신형 차량 B와 교환하면서 현금 ₩20,000을 추가로 지급하였다. 교환 당시 차량 A의 공정가치는 ₩90,000이며, 이 교환은 상업적 실질이 있다면 인식할 처분손익은?

① 처분손실 ₩10,000

② 처분이익 ₩10,000

③ 처분손실 ₩12,000

④ 처분이익 ₩12,000

⑤ 처분이익 ₩11,000

`키워드` 유형자산의 교환 이해하기

`풀이`
- 차량 A의 장부금액: $160,000 - (\dfrac{160,000 - 10,000}{5년} \times 2년) = ₩100,000$
- 차량 A의 처분손익: $90,000 - 100,000 = ₩10,000$ 손실

`정답` ①

23 (주)한국은 보유하고 있던 기계장치 A(장부금액 ₩40,000, 공정가치 ₩30,000)를 (주)대한의 기계장치 B(장부금액 ₩60,000, 공정가치 ₩50,000)와 교환하면서 현금 ₩5,000을 지급하였다. 동 교환거래가 (가) 상업적 실질이 결여된 경우와 (나) 상업적 실질이 있는 경우에 (주)한국이 인식해야 할 처분손익은? (단, 기계장치 B의 공정가치가 기계장치 A의 공정가치보다 더 명백하다)

	(가)	(나)
①	₩0	₩10,000
②	₩10,000	₩10,000
③	₩0	₩5,000
④	₩10,000	₩5,000
⑤	₩0	₩15,000

`키워드` 유형자산의 교환 이해하기

`풀이`
- (가) 상업적 실질이 결여된 경우에는 처분손익을 인식하지 않는다.
- (나) 상업적 실질이 있으면서 상대방의 공정가치가 더 명백한 경우에는, 상대방 공정가치 ₩50,000에 ₩5,000의 현금 지급액을 차감한 ₩45,000이 공정가치가 된다. 처분손익은 공정가치 ₩45,000과 장부금액 ₩40,000의 차이인 ₩5,000(처분이익)이다.

`정답` ③

24 (주)세무와 (주)한국은 다음과 같은 기계장치를 서로 교환하였다. 교환과정에서 (주)세무는 (주)한국에게 현금 ₩20,000을 지급하였다.

구분	(주)세무	(주)한국
취득원가	₩500,000	₩350,000
감가상각누계액	220,000	20,000
공정가치	270,000	300,000

동 거래에 관한 설명으로 옳은 것은?   2019년 세무사

① 교환거래에 상업적 실질이 있으며, 각 기계장치의 공정가치가 신뢰성 있게 측정된 금액이라면 (주)세무가 교환 취득한 기계장치의 취득원가는 ₩300,000이다.

② 교환거래에 상업적 실질이 있으며, 각 기계장치의 공정가치가 신뢰성 있게 측정된 금액이라면 (주)한국이 교환 취득한 기계장치의 취득원가는 ₩290,000이다.

③ 교환거래에 상업적 실질이 있으며, (주)세무가 사용하던 기계장치의 공정가치가 명백하지 않을 경우 (주)세무가 교환 취득한 기계장치의 취득원가는 ₩280,000이다.

④ 교환거래에 상업적 실질이 없으면 (주)세무만 손실을 인식한다.

⑤ 교환거래에 상업적 실질이 있으며, 각 기계장치의 공정가치가 신뢰성 있게 측정된 금액이라면 (주)세무와 (주)한국 모두 손실을 인식한다.

키워드 유형자산의 교환 이해하기

풀이 ① 교환거래에 상업적 실질이 있으며, 각 기계장치의 공정가치가 신뢰성 있게 측정된 금액이라면 (주)세무가 교환 취득한 기계장치의 취득원가는 ₩290,000이다.
② 교환거래에 상업적 실질이 있으며, 각 기계장치의 공정가치가 신뢰성 있게 측정된 금액이라면 (주)한국이 교환 취득한 기계장치의 취득원가는 ₩280,000이다.
③ 교환거래에 상업적 실질이 있으며, (주)세무가 사용하던 기계장치의 공정가치가 명백하지 않을 경우 (주)세무가 교환 취득한 기계장치의 취득원가는 ₩300,000이다.
④ 교환거래에 상업적 실질이 없으면 (주)세무와 (주)한국은 처분손실을 인식하지 않는다.

TIP 상업적 실질이 있는 경우 공정가치, 상업적 실질이 없는 경우 장부금액

정답 ⑤

25 (주)한국은 20×1년 초 컴퓨터(취득원가 ₩1,500,000, 잔존가치 ₩0, 내용연수 5년, 정액법 상각)를 20×4년 말 신형 컴퓨터로 교환하면서 현금 ₩50,000을 지급하였다. 구형 컴퓨터의 교환시점의 공정가치는 ₩280,000이었다. 동 교환이 상업적 실질이 없는 경우 (주)한국이 인식할 취득원가와 처분손익은? (단, 원가모형을 적용하고, 감가상각은 월할 상각한다)

① 취득원가 ₩330,000, 처분이익 ₩20,000

② 취득원가 ₩350,000, 처분손실 ₩20,000

③ 취득원가 ₩330,000, 처분손실 ₩0

④ 취득원가 ₩350,000, 처분손실 ₩10,000

⑤ 취득원가 ₩350,000, 처분이익 ₩0

 키워드 유형자산의 교환 이해하기

풀이
- 20×4년 말 장부금액: $1,500,000 - (\frac{1,500,000 - 0}{5년} \times 4년) = ₩300,000$

- 취득원가: $300,000 + 현금 지급액(50,000) = ₩350,000$

- 상업적 실질이 없는 경우 처분손익은 인식하지 않는다. 그러나 상업적 실질이 있다면 처분손실 ₩20,000(= 280,000 - 300,000)이 발생한다.

정답 ⑤

고난도

26 (주)한국과 (주)대한은 사용 중인 유형자산을 상호 교환하여 취득하였다. 두 회사가 보유하고 있는 유형자산에 대한 자료는 다음과 같으며, 교환 시 (주)한국이 (주)대한에 추가로 현금 ₩20,000을 지급하였다. 이들 자산 간 교환취득을 상업적 실질이 있다고 가정할 경우, (주)한국이 인식할 유형자산 취득원가(A)와 (주)대한이 인식할 유형자산 처분이익(B)은? (단, 두 자산의 공정가치는 각자의 입장에서 신뢰성 있게 측정할 수 있다)

구분	(주)한국	(주)대한
취득원가	₩2,000,000	₩1,500,000
감가상각누계액	1,200,000	700,000
공정가치	850,000	900,000

	(A)	(B)		(A)	(B)
①	₩850,000	₩100,000	②	₩870,000	₩100,000
③	₩850,000	₩150,000	④	₩870,000	₩150,000
⑤	₩880,000	₩50,000			

키워드 유형자산의 교환 이해하기

풀이
- (주)한국의 취득원가(A): 공정가치(850,000) + 현금지급(20,000) = ₩870,000
- (주)대한의 처분이익(B): 공정가치(900,000) - 장부금액(800,000) = ₩100,000

정답 ②

27 (주)관세는 20×1년 4월 1일 제품제조에 필요한 기계장치를 ₩750,000에 취득(잔존가치 ₩30,000, 내용연수 5년)하여 연수합계법으로 감가상각한다. 동 기계장치와 관련하여 20×2년 12월 31일 재무상태표에 보고할 감가상각누계액은? (단, 감가상각은 월할 계산한다)   2019년 관세사

① ₩192,000
② ₩204,000
③ ₩212,500
④ ₩384,000
⑤ ₩400,000

키워드 유형자산의 감가상각 이해하기

풀이
감가상각누계액: $(720,000 \times \frac{5}{15}) + (720,000 \times \frac{4}{15} \times \frac{9}{12}) = ₩384,000$

정답 ④

28 (주)한국은 20×1년 10월 1일 차량운반구(내용연수 5년, 잔존가치 ₩1,000)를 ₩10,000에 취득하였다. 이 차량운반구에 대해 감가상각방법으로 이중체감법을 적용할 경우, 20×2년도 감가상각비는? (단, 감가상각은 월할 상각한다)

① ₩3,640
② ₩3,650
③ ₩3,200
④ ₩3,600
⑤ ₩4,000

키워드 이중체감법에 의한 감가상각(정액법의 배) 이해하기

풀이
- 20×1년 말 감가상각: $10,000 \times 0.4 \times \frac{3}{12} = ₩1,000$
- 20×2년 말 감가상각: $(10,000 - 1,000) \times 0.4 = ₩3,600$

정답 ④

29 (주)한국은 20×1년 10월 1일에 기계장치를 ₩1,200,000(내용연수 4년, 잔존가치 ₩200,000)에 취득하고 연수합계법을 적용하여 감가상각하고 있다. 20×2년 말 포괄손익계산서와 재무상태표에 보고할 감가상각비와 감가상각누계액은? (단, 감가상각비는 월할 계산한다)

2018년 공무원 수정

	감가상각비	감가상각누계액
①	₩375,000	₩475,000
②	₩375,000	₩570,000
③	₩375,000	₩375,000
④	₩450,000	₩475,000
⑤	₩450,000	₩570,000

키워드 유형자산의 감가상각 이해하기

풀이
- 감가상각비: $(1,000,000 \times \frac{4}{10} \times \frac{9}{12}) + (1,000,000 \times \frac{3}{10} \times \frac{3}{12}) = ₩375,000$

- 감가상각누계액: $(1,000,000 \times \frac{4}{10}) + (1,000,000 \times \frac{3}{10} \times \frac{3}{12}) = ₩475,000$

TIP 감가상각비는 당기분, 감가상각누계액은 누적분이다.

정답 ①

30 (주)한국은 20×1년 7월 1일에 기계장치(취득원가 ₩1,000,000, 내용연수 5년, 잔존가치 원가의 10%)를 취득하여 정률법(30%)으로 감가상각하였다. 20×2년 말 기계장치의 감가상각누계액은? (단, 원가모형을 적용하며, 감가상각은 월할 상각한다)

① ₩255,000
② ₩595,000
③ ₩405,000
④ ₩410,000
⑤ ₩420,000

키워드 유형자산의 감가상각 이해하기

풀이
- 20×1년 말 감가상각: $(1,000,000 \times 0.3) \times \frac{6}{12} = ₩150,000$

- 20×2년 말 감가상각: $850,000 \times 0.3 = ₩255,000$
- 20×2년 말 감가상각누계액: $150,000 + 255,000 = ₩405,000$

정답 ③

31 (주)한국은 20×1년 7월 1일 건물신축을 위해 토지, 건물과 함께 기계장치를 일괄하여 ₩2,000,000(토지, 건물, 기계장치의 공정가치 비율은 5 : 3 : 2)에 취득하여 사용하고 있다. 기계장치의 잔여내용연수는 5년이고, 잔존가치는 없는 것으로 추정하였으며 정율법(30%)을 적용하여 감가상각한다. 기계장치와 관련하여 20×2년에 인식할 감가상각비는? (단, 감가상각은 월할 계산한다)

① ₩120,000

② ₩112,000

③ ₩110,000

④ ₩102,000

⑤ ₩84,000

> **키워드** 유형자산의 일괄구입 이해하기
> **풀이**
> • 기계장치의 취득원가: $2,000,000 \times \dfrac{2}{10} = ₩400,000$
>
> • 20×1년 말 장부금액: $400,000 - (400,000 \times 0.3 \times \dfrac{6}{12}) = ₩340,000$
>
> • 20×2년 말 감가상각비: $340,000 \times 0.3 = ₩102,000$

정답 ④

32 (주)한국은 20×1년 초에 기계를 구입한 바 있다. 그 기계의 추정내용연수는 5년, 추정 잔존가액은 ₩5,000이다. (주)한국은 감가상각을 연수합계법으로 하고 있으며, 20×2년 말 기계의 감가상각비는 ₩36,000이었다. 기계의 취득원가는?

① ₩135,000

② ₩140,000

③ ₩145,000

④ ₩150,000

⑤ ₩155,000

> **키워드** 유형자산의 감가상각 계산과정 이해하기
> **풀이**
> $[\text{취득원가}(x) - 5,000] \times \dfrac{4}{15} = ₩36,000 \quad \therefore x = ₩140,000$

정답 ②

CHAPTER 06 · 유형자산   **185**

33 (주)한국은 20×1년 초 취득하여 사용하던 기계장치(내용연수 5년, 잔존가치 ₩0, 정액법 상각)를 20×3년 말 처분하면서 현금 ₩6,500을 수취하고 유형자산 처분이익 ₩500을 인식하였다. 기계장치의 취득원가는? (단, 원가모형을 적용하며, 손상은 발생하지 않았다)

제24회 수정

① ₩15,000

② ₩12,000

③ ₩14,000

④ ₩13,000

⑤ ₩10,000

> **키워드** 유형자산의 감가상각 계산과정과 취득원가 이해하기
>
> **풀이** • 내용연수가 5년이고 현재 3년 사용 후 처분하면서 현금 ₩6,500을 수취하고 이익이 ₩500이었다면 장부금액은 ₩6,000이다. 남은 기간은 2년이다.
>
> • 연간 상각액(정액법): $\dfrac{6,000}{2년} = ₩3,000$
>
> • 취득원가: 3,000 × 5년 = ₩15,000
>
> **TIP** 장부금액은 현재 남아있는 기간(사용가능한 기간)이다.

정답 ①

34 (주)한국은 20×1년 초 기계장치(정액법 상각, 내용연수 5년, 잔존가치 ₩5,000, 원가모형 선택)를 취득하여 즉시 사용하였다. (주)한국은 20×4년 말 현금 ₩20,000에 처분하면서 처분손실 ₩4,000을 인식하였을 때, 기계장치의 취득원가는? (단, 손상 및 추가지출은 없다)

① ₩100,000　　　　　　　② ₩110,000

③ ₩120,000　　　　　　　④ ₩130,000

⑤ ₩140,000

> **키워드** 유형자산의 취득원가 이해하기
>
> **풀이** • 20×4년 말 장부금액(4년 사용): 처분금액 20,000 + 처분손실 4,000 = ₩24,000
>
> • 연간 감가상각비: 장부금액 24,000 − 잔존가치 5,000 = ₩19,000
>
> • 4년간 감가상각누계액: 연간 감가상각비 19,000 × 4년 = ₩76,000
>
> • 취득원가: 감가상각누계액(4년) 76,000 + 장부금액(1년) 24,000 = ₩100,000

정답 ①

35 (주)한국은 20×1년 10월 1일 ₩100,000의 정부보조금을 받아 ₩1,000,000의 설비자산을 취득(내용연수 5년, 잔존가치 ₩0, 정액법 상각)하였다. 정부보조금은 설비자산을 6개월 이상 사용한다면 정부에 상환할 의무가 없다. 20×3년 4월 1일 동 자산을 ₩620,000에 처분한다면 이때 처분손익은? (단, 원가모형을 적용하며 손상차손은 없는 것으로 가정한다) 2018년 공무원 수정

① 처분손실 ₩10,000

② 처분이익 ₩10,000

③ 처분손실 ₩80,000

④ 처분이익 ₩80,000

⑤ 처분손실 ₩70,000

> **키워드** 유형자산의 정부보조금 이해하기
>
> **풀이** • 처분 시점의 순장부금액: $900,000 - (\frac{900,000 - 0}{5년} \times 1.5년) = ₩630,000$
>
> • 처분손익: 순매각금액(620,000) − 순장부금액(630,000) = ₩10,000 손실

정답 ①

36 12월 말 결산법인인 (주)한국의 기계장치와 관련된 자료는 아래와 같으며, 월별 기준으로 감가상각하고 있다. 20×4년 6월 30일에 당해 기계장치를 ₩80,000에 처분한 경우 처분손익은?

• 취득일: 20×1년 1월 1일	• 매입금액: ₩200,000
• 기계설치비: ₩50,000	• 추정잔존가액: ₩30,000
• 추정내용연수: 5년	• 감가상각방법: 정액법

① 처분이익 ₩16,000　　　　② 처분이익 ₩6,000

③ 처분손실 ₩16,000　　　　④ 처분손실 ₩6,000

⑤ 처분손실 ₩11,000

> **키워드** 유형자산의 감가상각 계산과정과 처분손익 이해하기
>
> **풀이** • 20×1년 1월 1일 취득하여 20×4년 6월 30일에 처분하였으므로 3년 6개월간 사용하였다.
>
> • 감가상각누계액: $\frac{250,000 - 30,000}{5년} \times 3 + \frac{250,000 - 30,000}{5년} \times \frac{6}{12} = ₩154,000$
>
> • 장부금액: 250,000 − 154,000 = ₩96,000
>
> • 처분손익: 순매각금액(80,000) − 장부금액(96,000) = ₩16,000 손실

정답 ③

37 (주)대한은 20×1년 1월 1일 유형자산(취득원가 ₩10,000, 내용연수 4년, 잔존가치 ₩0)을 취득하고 이를 연수합계법으로 상각해왔다. 그 후 20×2년 12월 31일 동 자산을 ₩4,000에 처분하였다. 동 유형자산의 감가상각비와 처분손익이 20×2년 당기순이익에 미치는 영향의 합계는?

제18회

① ₩4,000 감소　　　　　　　② ₩3,000 감소

③ ₩2,000 감소　　　　　　　④ ₩1,000 감소

⑤ ₩1,000 증가

키워드 유형자산의 감가상각 이해하기

풀이
- 20×2년 말 감가상각비: $10,000 \times \dfrac{3}{10} = ₩3,000$

- 20×2년 말 장부금액: $10,000 - (10,000 \times \dfrac{7}{10}) = ₩3,000$

- 20×2년 말 처분이익: $4,000 - 3,000 = ₩1,000$
- 20×2년 당기순이익에 미치는 영향: 처분이익(1,000) − 감가상각비(3,000) = ₩2,000 감소

정답 ③

고난도

38 (주)한국은 20×1년 7월 1일 기계장치를 ₩100,000에 취득하여 9월 1일부터 사용을 시작하였다. 이 기계장치는 내용연수가 5년이고 잔존가치가 ₩10,000이며, 정률법 (30%)에 의해 월할 기준으로 감가상각한다. (주)한국이 이 기계장치를 20×2년 말 감가 상각 후 ₩60,000에 처분한 경우 기계장치 처분손익은? [단, (주)한국은 원가모형을 적 용한다]

① 처분손실 ₩3,000　　　　　② 처분이익 ₩3,000

③ 처분손실 ₩2,000　　　　　④ 처분이익 ₩2,000

⑤ 처분손실 ₩1,000

키워드 유형자산의 처분손익 이해하기

풀이
- 취득 후 사용한 9월부터 감가상각을 한다.

- 20x1년 말 감가상각: $100,000 \times 0.3 \times \dfrac{4}{12} = ₩10,000$

- 20x2년 말 감가상각: $(100,000 - 10,000) \times 0.3 = ₩27,000$
- 20x2년 말 장부금액: $(100,000 - 37,000) = ₩63,000$
- 처분손익: 매각금액(60,000) − 장부금액(63,000) = 손실 ₩3,000

정답 ①

39 (주)한국은 20×1년 초에 업무용 차량(취득원가 ₩100,000, 내용연수 10년, 잔존가치 ₩10,000)을 취득하여 이중체감법으로 감가상각하였다. (주)한국은 20×2년 6월 말 동 차량을 ₩75,000에 처분하였다. (주)한국이 20×2년도에 인식할 동 차량의 당기손익은? (단, 원가모형을 적용한다)

① ₩5,000 증가   ② ₩5,000 감소

③ ₩6,000 증가   ④ ₩6,000 감소

⑤ ₩7,000 증가

키워드 유형자산의 처분 이해하기

풀이
- 20×1년 말 감가상각비: $100,000 \times \dfrac{2}{10} = ₩20,000$

- 20×2년 6월 말 감가상각비: $(100,000 - 20,000) \times \dfrac{2}{10} \times \dfrac{6}{12} = ₩8,000$

- 20×2년 6월 말 장부금액: $(100,000 - 28,000) = ₩72,000$
- 20×2년 6월 말 처분손익: $(75,000 - 72,000) = ₩3,000$
- 20×2년 당기손익: 감가상각비(비용) 8,000 − 처분이익(수익) 3,000 = ₩5,000 손실(감소)

정답 ②

40 (주)한국은 20×1년 10월 1일 기계장치를 ₩80,000(내용연수 5년, 잔존가치 ₩5,000, 연수합계법, 월할 상각)에 취득하였다. 동 기계장치를 20×3년 3월 31일 ₩40,000에 처분할 경우, 처분 시점의 장부금액과 처분손익을 바르게 연결한 것은? (단, 기계장치는 원가모형을 적용하고 손상차손은 발생하지 않았다) 2022년 공무원 수정

	장부금액	처분손익
①	₩35,000	손실 ₩5,000
②	₩35,000	이익 ₩5,000
③	₩45,000	손실 ₩5,000
④	₩45,000	이익 ₩5,000
⑤	₩45,000	손실 ₩5,500

키워드 유형자산의 처분 및 손상 이해하기

풀이
- 20×3년 3월 31일 감가상각누계액: $(75,000 \times \dfrac{5}{15}) + (75,000 \times \dfrac{4}{15} \times \dfrac{6}{12})$

$$= ₩35,000$$
- 20×3년 3월 31일 기계장치 장부금액: $80,000 - 35,000 = ₩45,000$
- 처분손익: $40,000 - 45,000 = ₩5,000$ 손실

정답 ③

41 (주)한국은 차량을 ₩1,000,000에 구입하여 2년을 사용한 후 ₩350,000에 매각처분하였다. 이 차량의 내용연수는 5년이고, 잔존가치는 ₩100,000이며, 감가상각은 이중체감법에 의한다. 이 차량의 처분으로 인한 손익은?

① 이익 ₩10,000

② 손실 ₩10,000

③ 이익 ₩20,000

④ 손실 ₩20,000

⑤ 손실 ₩15,000

키워드 유형자산의 감가상각 계산과정과 처분손익 이해하기

풀이
- 감가상각누계액: 1년차(1,000,000 × 0.4) + 2년차(600,000 × 0.4) = ₩640,000
- 장부금액: 1,000,000 − 640,000 = ₩360,000
- 처분손익: 순매각금액(350,000) − 장부금액(360,000) = ₩10,000 손실

정답 ②

고난도

42 (주)한국은 20×1년 5월 1일 기계장치를 ₩4,000,000에 취득하였다. 추정잔존가치는 취득원가의 10%, 내용연수는 3년, 감가상각방법은 연수합계법이며 감가상각비는 월할로 계산한다. (주)한국이 이 기계장치를 20×2년 8월 31일 ₩2,000,000에 처분할 경우 처분 시점의 감가상각누계액과 처분손익은? (단, 원가모형을 적용하며 손상차손은 없다고 가정한다)

2018년 공무원 수정

① 감가상각누계액 ₩1,000,000, 처분손실 ₩100,000

② 감가상각누계액 ₩1,800,000, 처분손실 ₩200,000

③ 감가상각누계액 ₩2,200,000, 처분이익 ₩200,000

④ 감가상각누계액 ₩2,600,000, 처분이익 ₩600,000

⑤ 감가상각누계액 ₩2,000,000, 처분이익 ₩600,000

키워드 유형자산의 처분 이해하기

풀이
- 감가상각누계액: 1,800,000 + 400,000 = ₩2,200,000

  − 20×1년 5월 1일 ~ 20×2년 4월 30일: $3,600,000 \times \dfrac{3}{6} = ₩1,800,000$

  − 20×2년 5월 1일 ~ 20×2년 8월 31일: $3,600,000 \times \dfrac{2}{6} \times \dfrac{4}{12} = ₩400,000$

- 처분손익: 2,000,000 − (4,000,000 − 2,200,000) = ₩200,000 이익

정답 ③

고난도

43 (주)세무는 20×1년 1월 1일에 기계장치(취득원가 ₩1,000,000, 잔존가치 ₩0, 내용연수 4년, 정액법으로 감가상각)를 취득하여 원가모형을 적용하고 있다. 20×3년 1월 1일에 (주)세무는 동 기계장치에 대하여 자산인식기준을 충족하는 후속원가 ₩500,000을 지출하였다. 이로 인해 내용연수가 2년 연장(20×3년 1월 1일 현재 잔존내용연수 4년)되고 잔존가치는 ₩100,000 증가할 것으로 추정하였으며, 감가상각방법은 연수합계법으로 변경하였다. (주)세무는 동 기계장치를 20×4년 1월 1일에 현금을 수령하고 처분하였으며, 처분손실은 ₩60,000이다. 기계장치 처분 시 수령한 현금은? 2019년 세무사

① ₩190,000

② ₩480,000

③ ₩540,000

④ ₩580,000

⑤ ₩700,000

키워드 유형자산의 처분손익 이해하기

풀이
- 20×3년 초 장부금액: $1,000,000 - (1,000,000 \times \frac{2}{4}) + 500,000 = ₩1,000,000$

- 20×3년 말 장부금액: $1,000,000 - (900,000 \times \frac{4}{10}) = ₩640,000$

- 20×4년 초 처분손실: 현금 수령액$(x) - 640,000 = ₩60,000$ $\therefore x = ₩580,000$

TIP 처분가격이 현금 수령액이다.

정답 ④

44 (주)한국은 20×1년 초에 기계장치(잔존가치 없음, 내용연수 5년, 정액법 상각)를 ₩5,000에 취득하고, 원가모형을 사용하여 측정하고 있다. 20×1년 말에 손상징후가 있어 손상검사를 실시한 결과, 기계장치의 순공정가치는 ₩2,500, 사용가치는 ₩2,800으로 판명되었다. 이후 20×2년 말에 손상이 회복되어 기계장치의 회수가능액이 ₩4,000이 된 경우 기계장치의 손상차손환입은?

① ₩800   ② ₩900   ③ ₩1,000

④ ₩1,100   ⑤ ₩1,200

<u>키워드</u> 유형자산의 손상 및 손상차손환입 이해하기

<u>풀이</u> • 원가모형의 경우에 손상차손 회복 한도액은 손상차손을 인식하지 않았을 때의 장부금액까지만 회복할 수 있다.

• 20×1년 말 손상차손 전 장부금액: $5,000 - (\frac{5,000 - 0}{5년}) = ₩4,000$

• 20×1년 말 손상차손: $4,000 - 2,800 = ₩1,200$

• 20×2년 말 손상차손환입 전 장부금액: $2,800 - (\frac{2,800 - 0}{4년}) = ₩2,100$

• 회복 시 한도액: $5,000 - (\frac{5,000 - 0}{5년} \times 2년) = ₩3,000$

• 20×2년 말 손상차손환입: $3,000 - 2,100 = ₩900$

<u>정답</u> ②

45 (주)한국은 20×1년 말 사용 중인 기계장치에 대하여 자산손상을 시사하는 징후가 있는지 검토한 결과, 자산손상 징후를 발견하였다. 다음 자료를 이용하여 계산한 기계장치의 손상차손을 인식 후 ₩200,000에 처분하였다면 처분손익은? (단, 원가모형을 적용한다)

• 감가상각 후 장부금액	₩270,000
• 사용가치	170,000
• 공정가치	190,000
• 처분부대원가	10,000

① ₩20,000   ② ₩30,000   ③ ₩40,000

④ ₩50,000   ⑤ ₩70,000

<u>키워드</u> 유형자산의 손상 이해하기

<u>풀이</u> • 20×1년 말 장부금액은 ₩270,000이며, 사용가치 ₩170,000과 순공정가치 ₩180,000 중 큰 금액을 회수가능가액으로 한다. 그러므로 손상차손 인식 후 장부금액은 ₩180,000이다.

• 처분손익: $200,000 - 180,000 = ₩20,000$ 이익

<u>정답</u> ①

46 (주)한국은 20×1년 초 차량을 ₩100,000에 취득하고 원가모형을 적용하였다(내용연수 5년, 잔존가치 ₩0, 정액법 상각). 20×1년 말 기계장치의 순공정가치와 사용가치는 각각 ₩64,000, ₩60,000이었다. 20×2년 7월 1일에 ₩50,000의 현금을 받고 처분하였다. (주)한국이 인식할 처분손익은? (단, 감가상각비는 월할 상각한다)

① 처분손실 ₩6,000

② 처분이익 ₩6,000

③ 처분손실 ₩5,000

④ 처분이익 ₩5,000

⑤ 처분손실 ₩3,000

키워드 유형자산의 처분손익 이해하기

풀이 • 20×1년 말 손상인식 후 장부금액은 ₩64,000(순공정가치)이다.

• 20×2년 7월 1일 장부금액: $64,000 - (\frac{64,000 - 0}{4년} \times \frac{6}{12}) = ₩56,000$

• 처분손익: 50,000 - 56,000 = ₩6,000 손실

정답 ①

47 (주)서울은 20×1년 1월 1일 기계장치를 ₩1,000,000에 취득하였다. 내용연수는 4년, 잔존가치는 ₩100,000, 감가상각방법은 정액법이다. 기계장치에 대한 회수가능액이 20×1년 기말에 ₩490,000이고 20×2년 기말에 ₩560,000이라고 할 때, 20×2년 말 재무상태표에 인식될 기계장치의 손상차손누계액과 포괄손익계산서의 감가상각비는? [단, (주)서울은 기계장치에 대해 원가모형을 적용한다]   2017년 공무원 수정

	손상차손누계액	감가상각비
①	₩95,000	₩90,000
②	₩95,000	₩130,000
③	₩105,000	₩90,000
④	₩105,000	₩130,000
⑤	₩130,000	₩130,000

키워드 유형자산의 감가상각 및 손상차손 이해하기

풀이
- 20×1년 말 감가상각비: $\dfrac{1,000,000 - 100,000}{4년} = ₩225,000$
- 20×1년 말 장부금액: 1,000,000 − 225,000 = ₩775,000
- 20×1년 말 손상 후 장부금액: 공정가치 ₩490,000
- 20×1년 말 손상차손누계액: 775,000 − 490,000 = ₩285,000
- 20×2년 말 감가상각비: $\dfrac{490,000 - 100,000}{3년} = ₩130,000$
- 20×2년 말 손상회복 전 장부금액: 490,000 − 130,000 = ₩360,000
- 손상차손을 인식하지 않았을 때의 순장부금액: $1,000,000 - (\dfrac{1,000,000 - 100,000}{4년} \times 2년)$
  $= ₩550,000$
- 손상차손환입액: 550,000 − 360,000 = ₩190,000
- 손상차손누계액: 285,000 − 190,000 = ₩95,000

TIP 손실차손누계액은 누적분, 감가상각비는 당기발생분이다.

정답 ②

고난도

48 (주)한국은 20×1년 초 ₩200,000에 취득하여 보유 중인 건물에 대해 원가모형을 적용하고 정액법(내용연수 5년, 잔존가치 ₩0)으로 감가상각하고 있다. 20×2년 감가상각비와 20×2년 말 손상차손환입은?

구분	사용가치	공정가치	처분부대원가
20×1년 말	₩140,000	₩160,000	₩10,000
20×2년 말	120,000	145,000	15,000

   <u>감가상각비</u> <u>손상차손환입</u>

① ₩40,000   ₩8,000

② ₩40,000   ₩7,500

③ ₩37,500   ₩8,000

④ ₩37,500   ₩7,500

⑤ ₩37,500   ₩0

키워드 **유형자산의 손상 및 장부금액 이해하기**

풀이
- 20×1년 말 장부금액: 200,000 − (200,000 ÷ 5년) = ₩160,000
- 20×1년 말 손상차손: 160,000 − 순공정가치(150,000) = ₩10,000
- 20×1년 말 손상차손 후 장부금액: 160,000 − 10,000 = ₩150,000
- 20×2년 말 감가상각비: 150,000 ÷ 4년 = ₩37,500
- 20×2년 말 장부금액: 150,000 − 37,500 = ₩112,500
- 20×2년 말 손상환입 한도액: 200,000 − (200,000 ÷ 5년 × 2년) = ₩120,000
- 20×2년 말 손상차손환입액: 120,000 − 112,500 = ₩7,500

이론 ✚

> **회수가능가액**
>
> 회수가능가액이란 순매각가치(순공정가치)와 사용가치 중 큰 금액을 말한다. 순매각가치는 합리적인 판단력과 거래의사가 있는 독립된 당사자 사이의 거래에서 자산이 교환될 수 있는 금액으로서 예상처분비용을 차감한 금액을 말하며, 사용가치는 해당 자산 또는 자산그룹의 사용으로부터 예상되는 미래현금흐름의 가치를 말한다.

정답 ④

49 12월 말 결산법인인 (주)한국은 다음과 같은 설비자산을 보유하고 있다. 20×2년도 말 결산시점에 설비자산의 순공정가치는 ₩500,000이며, 사용가치가 ₩550,000일 경우 회계처리로 옳은 것은? (단, 당해 설비자산은 시장가치의 현저한 하락으로 손상 가능성이 있다고 판단되며 동 설비자산의 사용 및 처분으로부터 기대되는 미래의 현금흐름 추정액이 장부금액에 미달한다고 가정한다)

- 취득원가: ₩1,000,000
- 추정 내용연수: 5년
- 추정 잔존가액: 없음
- 취득일자: 20×1년 1월 1일
- 감가상각방법: 정액법

---

① (차) 감 가 상 각 비 ₩200,000 (대) 감가상각누계액 ₩200,000
    손 상 차 손   50,000   손상차손누계액   50,000

② (차) 감 가 상 각 비 ₩250,000 (대) 감가상각누계액 ₩250,000

③ (차) 감 가 상 각 비 ₩200,000 (대) 감가상각누계액 ₩250,000
    손 상 차 손   50,000

④ (차) 감 가 상 각 비 ₩200,000 (대) 감가상각누계액 ₩200,000
    손 상 차 손 100,000   손상차손누계액 100,000

⑤ (차) 감 가 상 각 비 ₩200,000 (대) 감가상각누계액 ₩300,000
    손 상 차 손 100,000

키워드 유형자산의 손상차손(회수가능액의 하락) 시 회계처리 이해하기

풀이
- 20×2년 말 장부금액: $1,000,000 - \dfrac{1,000,000 - 0}{5년} \times 2년 = ₩600,000$
- 손상차손: 장부금액(600,000) − 회수가능가액(550,000) = ₩50,000
- 20×2년 감가상각비: 1,000,000 ÷ 5년 = ₩200,000

정답 ①

50 (주)한국은 20×1년 7월 1일 기계장치를 ₩1,200,000에 취득(정액법, 내용연수 3년, 잔존가치 ₩0, 원가모형 적용, 월할 상각)하였다. (주)한국은 기계장치에 대해 20×1년 말 손상차손이 발생하였고, 20×2년 말 손상차손환입이 발생하였다고 판단하였다. 기계장치의 회수가능액이 20×1년 말 ₩600,000이고, 20×2년 말 ₩700,000이면, 20×2년 말 인식할 손상차손환입액은?　　　　　　　　　　　　　　2022년 공무원 수정

① ₩240,000

② ₩340,000

③ ₩360,000

④ ₩400,000

⑤ ₩600,000

키워드 유형자산의 처분 및 손상 이해하기

풀이
- 20×1년 말 장부금액: $1,200,000 - (\frac{1,200,000}{3년} \times 0.5년) = ₩1,000,000$

- 20×1년 말 손상 후 장부금액: $1,000,000 - 400,000 = ₩600,000$

- 20×2년 말 순장부금액: $600,000 - \frac{600,000}{3년 - 0.5년} = ₩360,000$

- 20×2년 말 손상차손환입 한도액(= 손상차손을 인식하지 않았을 때의 장부금액)

  : $1,200,000 - (\frac{1,200,000 - 0}{3년} \times 1.5년) = ₩600,000$

- 손상차손환입액: $600,000 - 360,000 = ₩240,000$

CHAPTER 06 · 유형자산　**197**

51 (주)한국은 20×1년 초에 건물을 ₩1,000,000에 취득(내용연수 5년, 잔존가치 ₩ 100,000, 연수합계법 감가상각)하였다. 20×1년 말 및 20×2년 말 건물의 순공정가치와 사용가치는 다음과 같다.

구분	20×1년 말	20×2년 말
순공정가치	₩600,000	₩450,000
사용가치	550,000	480,000

(주)한국은 회수가능액과 장부금액의 차이가 중요하고 손상징후가 있는 것으로 판단하고 있다. 20×2년 말 감가상각비와 손상차손환입은?

	감가상각비	손상차손환입
①	₩200,000	₩60,000
②	₩240,000	₩80,000
③	₩200,000	₩80,000
④	₩240,000	₩60,000
⑤	₩200,000	₩70,000

> **키워드** 유형자산의 손상차손 이해하기
>
> **풀이** • 20×1년 말 장부금액: 순공정가치 ₩600,000이다.
>
> • 20×2년 말 손상 전 장부금액: $1,000,000 - (900,000 \times \frac{9}{15}) = ₩460,000$
>
> • 20×2년 말 손상 후 장부금액: $600,000 - (500,000 \times \frac{4}{10}) = ₩400,000$
>
> • 20×2년 말 감가상각비: $(600,000 - 100,000) \times \frac{4}{10} = ₩200,000$
>
> • 20×2년 말 손상차손환입액: $460,000 - 400,000 = ₩60,000$

정답 ①

52 20×1년 1월 1일 (주)감평은 건물과 토지를 ₩2,000,000에 일괄구입하였다. 구입 당시 건물과 토지의 공정가치는 각각 ₩960,000과 ₩1,440,000이었다. 건물의 내용연수는 7년, 잔존가치는 ₩100,000으로 추정하였으며 정액법으로 감가상각한다. 20×1년 12월 31일 건물과 토지에 관한 순공정가치와 사용가치는 다음과 같으며 회수가능액과 장부금액의 차이는 중요하고 손상징후가 있다고 판단된다.

구분	순공정가치	사용가치
건물	₩600,000	₩670,000
토지	1,150,000	1,000,000

(주)감평이 20×1년도에 인식해야 할 손상차손은?　　　　　　　　2016년 감평사

① ₩0

② ₩80,000

③ ₩130,000

④ ₩230,000

⑤ ₩300,000

키워드 유형자산의 손상차손 이해하기

풀이
- 건물의 취득원가: $2,000,000 \times \dfrac{960,000}{960,000 + 1,440,000} = ₩800,000$

- 토지의 취득원가: $2,000,000 \times \dfrac{1,440,000}{960,000 + 1,440,000} = ₩1,200,000$

- 20×1년 말 건물의 장부금액: 800,000 − (700,000 ÷ 7년) = ₩700,000
- 20×1년 말 건물의 손상차손: 670,000 − 700,000 = ₩30,000
- 20×1년 말 토지의 손상차손: 1,150,000 − 1,200,000 = ₩50,000
- 20×1년 말 손상차손: 30,000 + 50,000 = ₩80,000

정답 ②

53 (주)한국은 20×1년 1월 1일 기계장치(취득원가 ₩500,000, 잔존가치 10%, 내용연수 5년)를 취득하여 정액법으로 감가상각을 하였다. 20×2년 말 동 기계장치의 순공정가치는 ₩250,000, 사용가치는 ₩260,000으로 추정되어 손상을 인식하였다. 20×3년 말 동 기계장치의 회수가능액이 ₩250,000으로 회복되었다. 20×3년 말 당기순이익에 미치는 영향은?

① 증가 ₩40,000   ② 증가 ₩30,000

③ 감소 ₩30,000   ④ 감소 ₩40,000

⑤ 감소 ₩110,000

> **키워드** 유형자산의 손상차손 이해하기
>
> **풀이**
> • 20×2년 말 장부금액: $500,000 - (450,000 \times \frac{2년}{5년}) = ₩320,000$
>
> • 20×2년 말 손상차손: $320,000 - 260,000 = ₩60,000$
>
> • 20×2년 말 손상차손 인식 후 장부금액: $320,000 - 60,000 = ₩260,000$
>
> • 20×3년 말 감가상각비: $(260,000 - 50,000) \times \frac{1년}{3년} = ₩70,000$
>
> • 20×3년 말 장부금액: $260,000 - 70,000 = ₩190,000$
>
> • 20×3년 말 손상환입 한도액: $500,000 - (450,000 \times \frac{3년}{5년}) = ₩230,000$
>
> • 20×3년 말 손상차손환입액: $230,000 - 190,000 = ₩40,000$
>
> • 20×3년 말 당기순이익의 영향: 감가상각비(70,000) - 환입액(40,000) = ₩30,000 감소

정답 ③

54 유형자산의 측정, 평가 및 손상에 관한 설명으로 옳지 않은 것은?   제17회

① 현물출자받은 유형자산의 취득원가는 공정가치를 기준으로 결정한다.

② 최초 재평가로 인한 평가손익은 기타포괄손익에 반영한다.

③ 유형자산의 취득 이후 발생한 지출로 인해 동 자산의 미래경제적 효익이 증가한다면, 해당 원가는 자산의 장부금액에 포함한다.

④ 유형자산의 장부금액이 순공정가치보다 크지만 사용가치보다 작은 경우 손상차손은 계상되지 않는다.

⑤ 과거기간에 인식한 손상차손은 직전 손상차손의 인식시점 이후 회수가능액을 결정하는 데 사용한 추정치에 변화가 있는 경우에만 환입한다.

> **키워드** 유형자산의 재평가손익 이해하기
>
> **풀이** 최초 재평가로 인한 평가이익은 기타포괄손익에 반영하고, 평가손실은 당기손익에 반영한다.

정답 ②

55 유형자산에 관한 설명으로 옳은 것은?

① 유형자산의 공정가치가 장부금액을 초과하면 감가상각액을 인식하지 아니한다.
② 유형자산이 손상된 경우 장부금액과 회수가능액의 차액은 기타포괄손익으로 처리하고, 유형자산에서 직접 차감한다.
③ 건물을 재평가모형으로 평가하는 경우 감가상각을 하지 않고 보고기간 말의 공정가치를 재무상태표에 보고한다.
④ 토지에 재평가모형을 최초 적용하는 경우 재평가손익이 발생하면 당기손익으로 인식한다.
⑤ 유형자산의 감가상각대상금액을 내용연수 동안 체계적으로 배부하기 위해 다양한 감가상각방법을 사용할 수 있다.

키워드	유형자산의 감가상각과 재평가 이해하기

풀이 ① 유형자산의 공정가치가 장부금액을 초과하더라도 감가상각을 인식한다.
② 유형자산이 손상된 경우 장부금액과 회수가능액의 차액은 당기손익으로 처리하고, 유형자산에서 차감하는 형식으로 처리한다.
③ 건물을 재평가모형으로 평가하는 경우 감가상각을 하고 보고기간 말의 공정가치를 재무상태표에 보고한다.
④ 토지에 재평가모형을 최초 적용하는 경우 재평가손익이 발생하면 증가액은 재평가잉여금으로 기타포괄손익에, 감소액은 재평가손실로 당기손익으로 인식한다.

정답 ⑤

56 유형자산 재평가모형에 대한 설명으로 옳지 않은 것은? 2022년 공무원 수정

① 최초 인식 후에 공정가치를 신뢰성 있게 측정할 수 있는 유형자산은 재평가일의 공정가치에서 이후의 감가상각누계액과 손상차손누계액을 차감한 재평가금액을 장부금액으로 한다.

② 자산의 장부금액이 재평가로 인하여 증가된 경우에 그 증가액은 기타포괄손익으로 인식하고 재평가잉여금의 과목으로 자본에 가산한다.

③ 동일한 자산에 대하여 이전에 당기손익으로 인식한 재평가감소액이 있다면 그 금액을 한도로 재평가증가액만큼 당기손익으로 인식한다.

④ 자산의 장부금액이 재평가로 인하여 감소된 경우에 그 감소액은 기타포괄손익으로 인식한다. 그러나 그 자산에 대한 재평가잉여금의 잔액이 있다면 그 금액을 한도로 재평가감소액을 당기손익으로 인식한다.

⑤ 특정 유형자산을 재평가할 때, 해당 자산이 포함되는 유형자산의 유형 전체를 재평가한다.

> **키워드** 유형자산의 재평가 이해하기
>
> **풀이** 자산의 장부금액이 재평가로 인하여 감소된 경우에 그 감소액은 당기손익으로 인식한다. 그러나 그 자산에 대한 재평가잉여금의 잔액이 있다면 그 금액을 한도로 재평가감소액을 기타포괄손익으로 인식한다.

정답 ④

57 (주)대한은 20×1년 초 토지를 ₩100,000에 취득하였으며 재평가모형을 적용하여 매년 말 재평가하고 있다. 동 토지의 공정가치가 다음과 같을 때 20×2년에 당기손익으로 인식할 재평가손실은? 제18회

	20×1년 말	20×2년 말
• 공정가치	₩120,000	₩95,000

① ₩5,000   ② ₩15,000

③ ₩20,000   ④ ₩30,000

⑤ ₩35,000

> **키워드** 유형자산의 재평가 이해하기
>
> **풀이** • 20×1년 초 ₩100,000에서 20×2년 말의 공정가치 ₩95,000의 차액이다.
> • 20×2년 말 재평가손실: 100,000 − 95,000 = ₩5,000

정답 ①

58 (주)한국은 20×1년 초 토지(유형자산)를 ₩10,000에 취득하여 재평가모형을 적용하였다. 해당 토지의 공정가치가 다음과 같을 때, 토지와 관련하여 (주)한국이 20×2년 당기손익으로 인식할 금액은?　　　　　　　　　　　　　　　　제24회 수정

PART 1

	20×1년 말	20×2년 말
• 공정가치	₩12,000	₩9,000

① 손실 ₩3,000
② 손실 ₩2,000
③ 손실 ₩1,000
④ 이익 ₩1,000
⑤ 이익 ₩2,000

키워드 유형자산의 재평가 이해하기
풀이 • 20×1년 재평가: 12,000 − 10,000 = ₩2,000(재평가잉여금)
　　 • 20×2년 재평가: 9,000 − 12,000 = − ₩3,000(재평가손실)
　　 • 20×2년 재평가손실 ₩3,000을 20×1년 재평가잉여금 ₩2,000으로 일부 상쇄하고, 남은 잔액 ₩1,000만 당기손실로 처리한다.

정답 ③

59 (주)한국은 20×1년 초 기계장치(내용연수 5년, 잔존가치 ₩0, 정액법 상각, 매년 말 재평가모형 적용)를 ₩100,000에 취득하여 즉시 사용하였다. 20×2년 말 기계장치의 공정가치는 ₩75,000일 때, 기계장치와 관련하여 감가상각누계액 전액 제거 방법에 의할 경우 (주)한국이 20×2년 말 인식할 재평가잉여금(또는 재평가손실)은?

① 재평가잉여금 ₩15,000
② 재평가손실 ₩15,000
③ 재평가잉여금 ₩25,000
④ 재평가손실 ₩25,000
⑤ 재평가잉여금 ₩20,000

키워드 유형자산의 재평가 이해하기
풀이 • 재평가는 항상 감가상각을 먼저 계산한다.
　　 • 20×2년 말 장부금액: $100,000 - (100,000 \times \frac{2년}{5년}) = ₩60,000$
　　 • 20×2년 말 재평가: 75,000 − 60,000 = ₩15,000(재평가잉여금)

정답 ①

60 (주)관세는 20×1년 초에 토지를 ₩150,000에 취득하였으며, 매년 말 재평가모형에 따라 회계처리를 하고 있다. 토지의 공정가치는 20×1년 말 ₩180,000, 20×2년 말 ₩160,000, 20×3년 말 ₩120,000이다. 토지의 재평가가 20×2년과 20×3년의 당기순이익에 미치는 영향은? 2015년 관세사

	20×2년	20×3년
①	₩20,000 감소	불변
②	₩20,000 감소	₩40,000 감소
③	불변	₩30,000 감소
④	₩10,000 증가	₩40,000 감소
⑤	₩10,000 증가	₩30,000 감소

키워드 유형자산의 재평가 이해하기
풀이 • 20×2년 말 재평가: 당기순이익 불변
　20×2년(160,000) − 20×1년(180,000) = 재평가잉여금의 감소 ₩20,000
• 20×3년 말 재평가: 20×2년(160,000) − 20×3년(120,000) = 감소액 ₩40,000
• 20×3년 말 재평가손실: 총감소액(40,000) − 전기분 재평가잉여금의 감소(10,000)
　　　　　　　　　　= 당기순이익 감소 ₩30,000

정답 ③

61 20×1년 초에 설립된 (주)감평은 사옥 건설을 위하여 현금 ₩95,000을 지급하고 건물(공정가치 ₩10,000)이 있는 토지(공정가치 ₩90,000)를 구입하였다. 건물을 철거하면서 철거비용 ₩16,000을 지불하였다. 20×1년 말과 20×2년 말 토지의 공정가치는 각각 ₩120,000과 ₩85,000이고, 재평가모형을 적용하고 있다. 20×2년 포괄손익계산서에 당기비용으로 인식할 토지 재평가손실은? 2016년 감평사

① ₩2,500
② ₩18,000
③ ₩21,000
④ ₩26,000
⑤ ₩35,000

키워드 유형자산의 재평가모형 이해하기
풀이 • 토지의 취득원가: 95,000 + 16,000 = ₩111,000
• 20×2년 토지 재평가손실: 85,000 − 111,000 = ₩26,000

정답 ④

62 (주)서울은 토지를 취득한 후 재평가모형에 의하여 토지에 대한 회계처리를 한다. 토지의 취득원가와 각 회기 말 토지의 공정가치는 다음과 같다. 토지의 재평가와 관련하여 (주)서울이 20×3년에 인식할 당기손실과 총포괄손실은? (단, 법인세효과는 고려하지 않는다)

2018년 공무원 수정

구분	취득원가	각 회계기간 말 공정가치		
	20×1년 초	20×1년 말	20×2년 말	20×3년 말
토지	₩2,500	₩3,000	₩2,700	₩2,300

	당기손실	총포괄손실
①	₩400	₩0
②	₩300	₩100
③	₩300	₩400
④	₩200	₩400
⑤	₩200	₩100

키워드 유형자산의 재평가 이해하기

풀이 • 20×3년 말 당기손실: 2,300 − 취득원가(2,500) = ₩200
   • 20×3년 말 총포괄손실: 2,300 − 2,700 = ₩400

정답 ④

고난도

63 (주)한국은 20×1년 초 영업용 건물(취득원가 ₩500,000, 잔존가치 ₩50,000, 내용연수 5년, 정액법 상각)을 취득하였다. 동 건물은 매년 말 재평가모형을 적용하며, 장부금액과 감가상각누계액을 비례하여 조정하고 있다. (주)한국의 20×1년 말 건물의 공정가치가 ₩450,000일 때 20×1년에 인식해야 할 총포괄손익은?

① ₩90,000   ② ₩80,000

③ ₩50,000   ④ ₩75,000

⑤ ₩40,000

키워드 유형자산의 재평가 이해하기

풀이 • 20×1년 말 감가상각비: (500,000 − 50,000) ÷ 5년 = ₩90,000
   • 20×1년 말 감가상각 후 장부금액: 500,000 − 90,000 = ₩410,000
   • 20×1년 말 재평가잉여금: 450,000 − 410,000 = ₩40,000(기타포괄손익)
   • 20×1년 말 총포괄손익: 감가상각비(90,000) − 기타포괄손익(40,000) = ₩50,000

정답 ③

64 (주)한국은 20×1년 초 ₩100,000인 건물[내용연수 5년, 잔존가치 ₩10,000, 정률법(30%) 상각]을 취득하였다. 동 건물은 재평가모형을 적용하며, 20×1년 말 현재 건물의 공정가치는 ₩66,000이다. 동 건물 관련하여 20×1년 말 (주)한국이 인식할 재평가손익은?

① ₩5,000 감소

② ₩4,000 감소

③ ₩4,000 증가

④ ₩3,000 증가

⑤ ₩3,000 감소

| 키워드 | 유형자산의 재평가 이해하기 |

| 풀이 | • 20×1년 말 감가상각비: 100,000 × 0.3 = ₩30,000 |

• 20×1년 말 재평가 전 장부금액: 100,000 − 30,000 = ₩70,000

• 20×1년 말 재평가손익: 66,000 − 70,000 = ₩4,000 손실

정답 ②

65 (주)한국은 건물에 대하여 재평가모형을 적용하고 있으며, 20×1년 초 건물을 ₩10,000에 취득하였다. (주)한국은 건물에 대하여 정액법(내용연수 4년, 잔존가치 ₩0)으로 감가상각하고 있다. (주)한국은 유형자산이 제거되기 전까지는 재평가잉여금을 이익잉여금으로 대체하지 않는다. 연도별 건물의 공정가치는 다음과 같다.

구분	건물
20×1년 말	₩7,200
20×2년 말	5,100

동 거래가 (주)한국의 20×2년 당기순이익에 미치는 영향은?

① ₩2,100 감소

② ₩300 증가

③ ₩2,400 감소

④ ₩300 감소

⑤ ₩2,100 증가

키워드 유형자산의 재평가모형 이해하기

풀이
- 20×1년 말 건물 장부금액: $10,000 - (10,000 \times \frac{1}{4}) = ₩7,500$

- 20×1년 말 건물 재평가: $7,200 - 7,500 = $ 재평가손실 ₩300

- 20×2년 말 건물 감가상각: $7,200 \times \frac{1}{3} = ₩2,400$

- 20×2년 말 건물 장부금액: $7,200 - 2,400 = ₩4,800$
- 20×2년 말 건물 재평가: $5,100 - 4,800 = $ 재평가이익 ₩300(20×1년 재평가손실 ₩300이 당기수익으로 환원된다)
- 20×2년 말 당기순이익에 미친 영향은 건물의 재평가이익 ₩300에서 감가상각비 ₩2,400을 차감한 ₩2,100이 감소한다.

TIP 당기순이익에 미치는 영향은 수익과 비용이다. 수익은 재평가이익, 비용은 감가상각비이다.

정답 ①

▶ **연계학습** | 에듀윌 기본서 1차 [회계원리 上] p.346

01 무형자산의 회계처리에 관한 설명으로 옳은 것을 모두 고른 것은?　　　　2019년 감평사

> ㉠ 내용연수가 비한정적인 무형자산은 상각하지 않고, 무형자산의 손상을 시사하는 징후가 있을 경우에 한하여 손상검사를 수행해야 한다.
> ㉡ 무형자산을 창출하기 위한 내부 프로젝트를 연구단계와 개발단계로 구분할 수 없는 경우에는 그 프로젝트에서 발생한 지출은 모두 연구단계에서 발생한 것으로 본다.
> ㉢ 브랜드, 제호, 출판표제, 고객목록 및 이와 실질이 유사한 항목은 그것을 외부에서 창출하였는지 또는 내부적으로 창출하였는지에 관계없이 취득이나 완성 후의 지출은 발생시점에 무형자산의 원가로 인식한다.
> ㉣ 내용연수가 유한한 무형자산의 잔존가치는 적어도 매 회계연도 말에는 검토하고, 잔존가치의 변동은 회계추정의 변경으로 처리한다.
> ㉤ 무형자산은 처분하는 때 또는 사용이나 처분으로부터 미래경제적 효익이 기대되지 않을 때 재무상태표에서 제거한다.

① ㉠, ㉡, ㉢

② ㉠, ㉢, ㉣

③ ㉠, ㉣, ㉤

④ ㉡, ㉢, ㉤

⑤ ㉡, ㉣, ㉤

키워드 **무형자산의 기본이론 이해하기**

풀이 ㉠ 내용연수가 비한정적인 무형자산은 상각하지 않고, 매년 무형자산의 손상을 시사하는 징후가 있는지를 검토하고 손상검사를 수행해야 한다.

　　　㉢ 브랜드, 제호, 출판표제, 고객목록 및 이와 실질이 유사한 항목은 그것을 외부에서 창출하였는지 또는 내부적으로 창출하였는지에 관계없이 취득이나 완성 후의 지출은 발생시점에 비용으로 인식한다.

정답 ⑤

02 무형자산에 관한 설명으로 옳지 않은 것은?

① 내부적으로 창출한 영업권은 자산으로 인식하지 않는다.

② 사업결합 전에 그 자산을 피취득자가 인식하였는지 여부에 관계없이, 취득자는 취득일에 피취득자의 무형자산을 영업권과 분리하여 인식한다.

③ 무형자산을 창출하기 위한 내부 프로젝트를 연구단계와 개발단계로 구분할 수 없는 경우에는 그 프로젝트에서 발생한 지출은 모두 연구단계에서 발생한 것으로 본다.

④ 자산에서 발생하는 미래경제적 효익이 기업에 유입될 가능성이 높고 자산의 원가를 신뢰성 있게 측정할 수 있는 경우에만 무형자산을 인식한다.

⑤ 무형자산은 유형자산과 달리 재평가모형을 선택할 수 없으며, 원가모형을 적용한다.

> **키워드** 무형자산의 취득 이해하기
> **풀이** 무형자산은 유형자산과 동일하게 재평가모형과 원가모형을 선택할 수 있다.

정답 ⑤

---

03 무형자산에 관한 설명으로 옳지 않은 것은?

① 무형자산의 손상차손은 장부금액이 회수가능액을 초과하는 경우 인식하며, 회수가능액은 순공정가치와 사용가치 중 큰 금액으로 한다.

② 무형자산의 내용연수는 경제적 내용연수와 법적 내용연수 중 긴 기간으로 한다.

③ 무형자산의 종류로는 물리적 실체는 없지만 식별가능한 비화폐성자산과 사업결합으로 인해 발생하는 영업권이 있다.

④ 최초에 비용으로 인식한 무형항목에 대한 지출은 그 이후에 기업의 회계정책변경의 경우에 한하여 무형자산의 원가로 인식할 수 없다.

⑤ 개별 취득하는 무형자산과 사업결합으로 취득하는 무형자산은 인식 조건 중 미래경제적 효익의 유입가능성은 항상 충족되는 것으로 본다.

> **키워드** 무형자산의 본질(정의) 이해하기
> **풀이** 무형자산의 내용연수는 경제적 내용연수와 법적 내용연수 중 짧은 기간으로 한다.

정답 ②

04 무형자산의 회계처리에 관한 설명으로 옳지 않은 것은?   2019년 세무사

① 사업결합 과정에서 피취득자가 진행하고 있는 연구·개발 프로젝트가 무형자산의 정의를 충족한다면 사업결합 전에 그 자산을 피취득자가 인식하였는지 여부에 관계없이, 취득자는 취득일에 피취득자의 무형자산을 영업권과 분리하여 인식한다.

② 무형자산의 인식기준을 충족하지 못하여 비용으로 인식한 지출은 그 이후에 무형자산의 원가로 인식할 수 없다.

③ 내용연수가 비한정인 무형자산을 유한 내용연수로 재평가하는 것은 그 자산의 손상을 시사하는 징후에 해당하지 않으므로 손상차손을 인식하지 않는다.

④ 상각하지 않는 무형자산에 대하여 사건과 상황이 그 자산의 내용연수가 비한정이라는 평가를 계속하여 정당화하는지를 매 회계기간에 검토하며, 사건과 상황이 그러한 평가를 정당화하지 않는 경우에 비한정 내용연수를 유한 내용연수로 변경하는 것은 회계추정의 변경으로 회계처리 한다.

⑤ 내부적으로 창출한 브랜드, 제호, 출판표제, 고객 목록과 이와 실질이 유사한 항목은 무형자산으로 인식하지 않는다.

> **키워드** 무형자산의 기본이론 이해하기
>
> **풀이** 내용연수가 비한정인 무형자산을 유한 내용연수로 재평가하는 것은 그 자산의 손상을 시사하는 징후에 해당하며 손상차손을 인식한다.

정답 ③

05 무형자산에 관한 다음 설명 중 옳은 것은?   2018년 회계사

① 무형자산을 최초로 인식할 때에는 공정가치로 측정한다.

② 내용연수가 비한정인 무형자산은 상각하지 않는다.

③ 내용연수가 비한정인 무형자산을 유한 내용연수로 재평가하는 경우에는 자산손상의 징후에 해당되지 않으므로 손상차손을 인식하지 않는다.

④ 내용연수가 유한한 무형자산의 잔존가치는 내용연수 종료 시점에 제3자가 자산을 구입하기로 한 약정이 있다고 하더라도 영(0)으로 본다.

⑤ 미래경제적 효익 창출에 대해 식별가능하고 해당 원가를 신뢰성 있게 결정할 수 있는 경우에는 내부적으로 창출한 영업권이라도 무형자산으로 인식할 수 있다.

풀이 ① 무형자산을 최초로 인식할 때에는 원가로 측정한다.
③ 내용연수가 비한정인 무형자산을 유한 내용연수로 재평가하는 경우에도 자산손상의 징후에 해당하고 손상차손을 인식한다.
④ 내용연수가 유한한 무형자산의 잔존가치는 내용연수 종료 시점에 제3자가 자산을 구입하기로 한 약정이 있다면 인정한다.
⑤ 미래경제적 효익 창출에 대해 식별가능하고 해당 원가를 신뢰성 있게 결정할 수 있는 경우라도 내부적으로 창출한 영업권은 무형자산으로 인식할 수 없다.

정답 ②

06 무형자산의 상각에 관한 다음 설명 중 옳은 것은?

① 영업권은 손상차손을 인식한 후에는 회수가능액이 회복되면 손상차손을 환입하여 수익으로 처리한다.

② 무형자산의 상각은 자산을 취득한 때부터 시작한다.

③ 무형자산을 창출하기 위한 내부 프로젝트를 연구단계와 개발단계로 구분할 수 없는 경우에는 그 프로젝트에서 발생한 지출은 모두 개발단계에서 발생한 것으로 본다.

④ 무형자산의 상각방법은 자산의 경제적 효익이 소비되는 형태를 반영한 방법이어야 하지만, 소비 형태를 신뢰성 있게 결정할 수 없는 경우에는 정률법을 사용한다.

⑤ 무형자산의 잔존가치가 해당 자산의 장부금액과 같거나 큰 경우에는 상각액이 영(0)이 된다.

키워드 무형자산의 상각 이해하기
풀이 ① 영업권은 손상차손을 인식한 후에는 회수가능액이 회복되어도 손상차손을 환입하지 않는다.
② 무형자산의 상각은 자산이 사용가능한 때부터 시작한다.
③ 무형자산을 창출하기 위한 내부 프로젝트를 연구단계와 개발단계로 구분할 수 없는 경우에는 그 프로젝트에서 발생한 지출은 모두 연구단계에서 발생한 것으로 본다.
④ 무형자산의 상각방법은 자산의 경제적 효익이 소비되는 형태를 반영한 방법이어야 하지만, 소비 형태를 신뢰성 있게 결정할 수 없는 경우에는 정액법을 사용한다.

정답 ⑤

07 연구개발활동 중 개발활동에 해당하는 것은? 제24회 수정

① 새롭거나 개선된 재료, 장치, 제품, 공정, 시스템이나 용역에 대한 여러 가지 대체안을 제안, 설계, 평가, 최종 선택하는 활동
② 기존 제품을 이용하기 위한 시스템이나 용역에 대한 여러 가지 대체안을 탐색하는 활동
③ 연구결과나 기타 지식을 탐색, 평가, 최종 선택, 응용하는 활동
④ 상업적 목적으로 생산이나 사용 전의 시제품과 모형을 설계, 제작, 시험하는 활동
⑤ 과학적인 새로운 지식을 얻고자 하는 활동

> **키워드** 연구활동 · 개발활동 이해하기
>
> **풀이** 상업적 목적으로 생산이나 사용 전의 시제품과 모형을 설계, 제작, 시험하는 활동은 개발활동에 해당한다.
> ①②③⑤ 연구활동에 해당한다.
>
> 정답 ④

08 자산에 관한 설명으로 옳지 않은 것은? 2015년 공무원 수정

① 유형자산의 감가상각방법은 적어도 매 회계연도 말에 재검토하고, 이를 변경할 경우 회계추정의 변경으로 보아 전진법으로 회계처리 한다.
② 유형자산에 대해 재평가모형을 적용하는 경우 최초 재평가로 인한 장부금액의 증가액은 당기손익이 아닌 기타포괄손익으로 회계처리 한다.
③ 연구개발과 관련하여 연구단계에서 발생한 지출은 당기비용으로 회계처리 하고, 개발단계에서 발생한 지출은 무형자산의 인식기준을 모두 충족할 경우 무형자산으로 인식하고 그 외에는 당기비용으로 회계처리 한다.
④ 투자부동산에 대해 공정가치모형을 적용하는 경우 감가상각비와 공정가치변동으로 발생하는 손익은 모두 당기손익으로 회계처리 한다.
⑤ 무형자산의 내용연수가 유한한 경우에는 상각대상금액을 내용연수 동안 체계적인 방법으로 배분하여야 한다.

> **키워드** 자산의 본질(정의) 이해하기
>
> **풀이** 투자부동산을 공정가치모형으로 평가하는 경우 감가상각비를 인식하지 않고 공정가치변동에 따른 평가손익은 당기손익으로 회계처리 한다. 그러나 원가모형을 적용하는 경우에는 감가상각비를 당기손익으로 처리하고, 평가손익은 발생하지 않는다.
>
> 정답 ④

09 무형자산의 인식에 관한 설명으로 옳은 것은?   2015년 공무원 수정

PART 1

① 내부 프로젝트의 연구단계에 대한 지출은 자산의 요건을 충족하는지를 합리적으로 판단하여 무형자산으로 인식할 수 있다.

② 개발단계에서 발생한 지출은 모두 무형자산으로 인식한다.

③ 사업결합으로 취득하는 무형자산의 취득원가는 취득일의 공정가치로 인식하고, 내부적으로 창출한 영업권은 무형자산으로 인식하지 아니한다.

④ 내부적으로 창출한 브랜드, 출판표제, 고객 목록과 이와 실질이 유사한 항목은 무형자산으로 인식한다.

⑤ 내부 프로젝트의 기초지식의 탐구 및 대체안을 모색하는 활동은 개발단계의 활동이다.

키워드 무형자산의 내부창출단계 이해하기

풀이 ① 내부 프로젝트의 연구단계에 대한 지출은 당기비용(연구비)으로 인식한다.
② 개발단계에서 발생한 지출 중 자산의 인식요건을 충족하는 경우에만 무형자산(개발비)으로 인식하고 그 외에는 당기비용(경상개발비)으로 인식한다.
④ 내부적으로 창출한 브랜드, 출판표제, 고객 목록과 이와 실질이 유사한 항목은 무형자산으로 인식할 수 없다.
⑤ 내부 프로젝트의 기초지식의 탐구 및 대체안을 모색하는 활동은 연구단계의 활동이다.

정답 ③

10 다음은 (주)서울의 연구, 개발과 관련된 자료이다. 자료와 관련하여 (주)서울이 당기손익으로 인식할 연구비는? (단, 개발비로 분류되는 지출의 경우 개발비 자산인식요건을 충족한다고 가정한다)

2018년 공무원 수정

- 새로운 지식을 얻고자 하는 활동의 지출 ₩10,000
- 새롭거나 개선된 재료, 장치, 제품, 공정, 시스템이나 용역에 대한 여러가지 대체안을 제안, 설계, 평가, 최종 선택하는 활동의 지출 ₩10,000
- 생산이나 사용 전의 시제품과 모형을 설계, 제작, 시험하는 활동의 지출 ₩10,000
- 상업적 생산 목적으로 실현가능한 경제적 규모가 아닌 시험공장을 설계, 건설, 가동하는 활동의 지출 ₩10,000
- 무형자산을 창출하기 위한 내부 프로젝트를 연구단계와 개발단계로 구분할 수 없는 경우 그 프로젝트에서 발생한 지출 ₩10,000

① ₩20,000

② ₩30,000

③ ₩40,000

④ ₩45,000

⑤ ₩50,000

키워드 무형자산의 연구단계 이해하기

풀이
- 새로운 지식을 얻고자 하는 활동의 지출 ₩10,000은 연구비이다.
- 새롭거나 최종 선택하는 활동의 지출 ₩10,000은 연구비이다.
- 생산이나 사용 전의 시제품을 설계하는 활동의 지출 ₩10,000은 개발비이다.
- 상업적 생산 목적의 지출 ₩10,000은 개발비이다.
- 연구단계와 개발단계로 구분할 수 없는 경우의 지출 ₩10,000은 연구비이다.
- 연구비: 10,000 + 10,000 + 10,000 = ₩30,000
- 개발비: 10,000 + 10,000 = ₩20,000

정답 ②

11 투자부동산에 해당하지 않는 것은 모두 몇 개인가?

> ㉠ 통상적인 영업과정에서 판매하기 위한 부동산이나 자가사용을 위하여 건설 또는 개발 중인 부동산
> ㉡ 통상적인 영업과정에서 판매목적이 아닌, 장기 시세차익을 얻기 위하여 보유하고 있는 토지
> ㉢ 장래 용도를 결정하지 못한 채로 보유하고 있는 토지
> ㉣ 금융리스로 제공한 토지
> ㉤ 직접 소유하고 운용리스로 제공하기 위해 보유 중인 토지
> ㉥ 종업원이 시장 요율로 임차료를 지급하면서 사용하고 있는 부동산

① 1개   ② 2개   ③ 3개
④ 4개   ⑤ 5개

키워드 **투자부동산 사례 이해하기**
풀이 • 투자부동산에 해당하는 항목: ㉡, ㉢, ㉤
    • 투자부동산에 해당하지 않는 항목: ㉠, ㉣, ㉥

정답 ③

12 투자부동산 회계처리 방법에 관한 설명으로 가장 옳은 것은? 2018년 공무원 수정

① 원칙적으로 공정가치모형과 원가모형 중 하나를 선택할 수 있으므로 투자부동산인 토지는 공정가치모형을 적용하고, 투자부동산인 건물은 원가모형을 적용할 수도 있다.

② 공정가치모형을 선택한 경우에는 공정가치 변동으로 발생하는 손익은 발생한 기간의 기타포괄손익에 반영한다.

③ 자가사용부동산을 공정가치로 평가하는 투자부동산으로 대체하는 경우, 대체하는 시점까지 그 부동산을 감가상각하고, 발생한 손상차손을 인식한다.

④ 종업원으로부터 시장가격에 해당하는 임차료를 받고 있는 경우에도 종업원이 사용하는 부동산은 자가사용부동산이며 투자부동산으로 분류한다.

⑤ 재화의 생산이나 용역의 제공 또는 관리목적에 사용하거나 정상적인 영업과정에서의 판매를 목적으로 보유하는 부동산은 투자부동산이다.

키워드 **투자부동산 이해하기**

풀이 ① 원칙적으로 공정가치모형과 원가모형 중 하나를 선택할 수 있으므로 투자부동산인 토지는 공정가치모형을 적용하면 투자부동산인 건물도 공정가치모형을 적용한다. 즉, 모든 투자부동산에 적용한다.

② 공정가치모형을 선택한 경우에는 공정가치 변동으로 발생하는 손익은 발생한 기간의 당기손익에 반영한다.

④ 종업원으로부터 시장가격에 해당하는 임차료를 받고 있는 경우에도 종업원이 사용하는 부동산은 자가사용부동산이며 유형자산으로 분류한다.

⑤ 재화의 생산이나 용역의 제공 또는 관리목적에 사용하거나 정상적인 영업과정에서의 판매를 목적으로 보유하는 부동산은 제외한다.

정답 ③

13 투자부동산에 관한 설명으로 옳지 않은 것은?

2019년 감평사

① 미래에 투자부동산으로 사용하기 위하여 건설 또는 개발 중인 부동산은 투자부동산에 해당한다.

② 소유 투자부동산은 최초 인식시점에 원가로 측정하며, 거래원가는 최초 측정치에 포함한다.

③ 통상적인 영업과정에서 판매하기 위한 부동산이나 이를 위하여 건설 또는 개발 중인 부동산은 투자부동산에 해당하지 않는다.

④ 투자부동산을 개발하지 않고 처분하기로 결정하는 경우에는 재고자산으로 재분류한다.

⑤ 투자부동산에 대하여 공정가치모형을 선택한 경우, 투자부동산의 공정가치 변동으로 발생하는 손익은 발생한 기간의 당기손익에 반영한다.

키워드 투자부동산의 이론 이해하기

풀이 투자부동산을 개발하지 않고 처분하기로 결정하는 경우에도 투자자산으로 분류한다.

정답 ④

---

14 투자부동산에 대한 설명으로 옳지 않은 것은?

2022년 공무원 수정

① 투자부동산을 개발하지 않고 처분하기로 결정하는 경우에는 그 부동산이 제거될 때까지 투자부동산으로 계속 분류한다.

② 재고자산을 공정가치로 평가하는 투자부동산으로 대체하는 경우, 재고자산의 장부금액과 대체시점의 공정가치의 차액은 당기손익으로 인식한다.

③ 투자부동산에 대하여 공정가치모형을 선택한 경우 감가상각하지 않으며, 공정가치 변동으로 발생하는 손익은 기타포괄손익으로 분류한다.

④ 장래 용도를 결정하지 못한 채로 보유하고 있는 토지는 투자부동산으로 분류한다.

⑤ 장기 시세차익을 얻기 위하여 보유하고 있는 토지는 투자부동산으로 분류되나, 통상적인 영업과정에서 단기간에 판매하기 위하여 보유하는 토지는 투자부동산에서 제외한다.

키워드 투자부동산의 기본이론 이해하기

풀이 투자부동산에 대하여 공정가치모형을 적용하는 경우에 발생하는 평가손익은 기타포괄손익이 아니라 당기손익으로 처리한다.

정답 ③

15 (주)감평은 20×1년 초 (주)대한을 합병하면서 이전대가로 현금 ₩1,500,000과 (주)감평이 보유한 토지(장부금액 ₩200,000, 공정가치 ₩150,000)를 (주)대한의 주주에게 지급하였다. 합병일 현재 (주)대한의 식별가능한 자산의 공정가치는 ₩3,000,000, 부채의 공정가치는 ₩1,500,000이며, 주석으로 공시한 우발부채는 현재의무이며 신뢰성 있는 공정가치는 ₩100,000이다. 합병 시 (주)감평이 인식할 영업권은?   2018년 감평사

① ₩150,000   ② ₩200,000   ③ ₩250,000
④ ₩350,000   ⑤ ₩400,000

무형자산의 영업권 이해하기
• 합병하면서 이전대가로 지급한 금액: 현금(1,500,000) + 토지 공정가치(150,000)
                    = ₩1,650,000
• 순자산의 공정가치: 자산(3,000,000) − [부채(1,500,000) + 우발부채(100,000)]
                    = ₩1,400,000
• 영업권: 1,650,000 − 1,400,000 = ₩250,000

정답 ③

16 (주)한국은 (주)민국을 합병하고 합병대가로 현금 ₩1,000,000과 (주)한국의 주식 공정가치 ₩500,000을 지급하였다. 합병 시점 (주)민국의 재무상태표상 자산총액은 ₩1,500,000이고 부채총액은 ₩300,000이다. 재무상태표상 장부금액은 건물을 제외하고는 공정가치와 동일하다. 건물은 장부상 ₩800,000으로 기록되어 있으나, 합병 시점에 공정가치는 ₩1,000,000인 것으로 확인되었다. 이 합병으로 (주)한국이 인식할 영업권 또는 염가매수차익은?

① ₩100,000   ② ₩110,000
③ ₩120,000   ④ ₩130,000
⑤ ₩140,000

무형자산의 영업권 이해하기
• 합병 시 모든 자산과 부채는 공정가치로 측정한다.
• (주)민국의 순공정가치: 자산(1,700,000) − 부채(300,000) = ₩1,400,000
• 영업권: 1,500,000 − 1,400,000 = ₩100,000

정답 ①

17 (주)한국은 (주)민국에 대한 다음의 실사 결과를 이용하여 인수를 고려하고 있다.

> • 자산의 장부가치: ₩4,000 (공정가치　?　)
> • 부채의 장부가치: ₩2,500 (공정가치 ₩2,500)
> • 자본금: ₩500
> • 자본잉여금: ₩300
> • 이익잉여금: ₩700

만약, 이 중 75%를 ₩2,000에 취득하고 영업권 ₩500을 인식한다면 (주)민국의 자산 공정가치는?

2020년 공무원 수정

① ₩3,500　　　② ₩4,000　　　③ ₩4,500

④ ₩5,000　　　⑤ ₩5,500

키워드 무형자산의 영업권 이해하기

풀이 • 순자산공정가치의 75% < 인수대금 ₩2,000: 영업권 ₩500
• 순자산공정가치의 75%: 2,000 − 500 = ₩1,500
  * 순자산공정가치 100%: 1,500 ÷ 0.75 = ₩2,000
• 순자산공정가치: 자산의 공정가치(x) − 부채의 공정가치(2,500) = ₩2,000 ∴ x = ₩4,500

정답 ③

18 (주)한국은 차세대 통신기술 연구개발을 위해 다음과 같이 지출하였다.

구분	20×1년	20×2년
연구단계	₩100,000	₩100,000
개발단계	–	600,000

20×2년 개발단계 지출액 ₩600,000은 무형자산 인식기준을 충족하였으며, 동년 7월 1일에 개발이 완료되어 사용하기 시작하였다. 동 무형자산은 원가모형을 적용하며, 정액법(내용연수 10년, 잔존가치 ₩0)으로 상각한다. 회수가능액이 20×2년 말 ₩500,000이라고 할 때, 결산 시 인식할 손상차손은? (단, 상각비는 월할 계산한다)

2018년 공무원 수정

① ₩40,000　　　② ₩70,000　　　③ ₩100,000

④ ₩170,000　　　⑤ ₩200,000

키워드 무형자산의 연구단계 이해하기

풀이 • 20×2년 말 장부금액: $600,000 − (\frac{600,000}{10} \times \frac{6}{12}) = ₩570,000$

• 20×2년 말 손상차손: 570,000 − 500,000 = ₩70,000

정답 ②

19 (주)한국은 특허권 ₩600,000(내용연수 5년, 잔존가치 ₩0)을 20×1년 7월 1일에 취득하여 10월 1일부터 사용하고 있다. 특허권의 경제적 효익이 소비될 것으로 예상되는 형태를 신뢰성 있게 결정할 수 없을 경우, 20×1년 말 특허권에 대한 상각비로 인식할 금액은? (단, 특허권은 월할 상각한다)

① ₩60,000   ② ₩50,000

③ ₩80,000   ④ ₩30,000

⑤ ₩120,000

> **키워드** 무형자산의 특허권상각 이해하기
>
> **풀이** • 특허권의 상각은 사용가능할 때부터 시작한다.
>
> • 20×1년 말 특허권상각: $600,000 \div 5년 \times \dfrac{3}{12} = ₩30,000$
>
> 정답 ④

20 (주)한국은 20×1년 초 건물(내용연수 10년, 잔존가치 ₩0, 정액법으로 감가상각)을 ₩200,000에 구입하여 투자부동산으로 분류(공정가치모형 선택)하였다. 20×4년 초 이 건물을 외부에 ₩195,000에 처분하였을 때 인식할 손익은?

구분	20×1년 말	20×2년 말	20×3년 말
건물의 공정가치	₩210,000	₩170,000	₩200,000

① 손실 ₩15,000   ② 손실 ₩5,000

③ 이익 ₩15,000   ④ 이익 ₩5,000

⑤ ₩0

> **키워드** 투자부동산의 처분손익 이해하기
>
> **풀이** • 투자부동산을 공정가치모형으로 평가하는 경우 감가상각하지 않는다. 투자부동산은 공정가치를 장부금액으로 측정한다.
>
> • 20×4년 초 처분손익: 처분금액(195,000) − 장부금액(200,000) = ₩5,000 손실
>
> 정답 ②

21 (주)감평은 20×1년 초 투자 목적으로 건물을 ₩2,000,000에 취득하여 공정가치모형을 적용하였다. 건물의 공정가치 변동이 다음과 같을 때, (주)감평의 20×2년도 당기순이익에 미치는 영향은? (단, 필요할 경우 건물에 대해 내용연수 8년, 잔존가치 ₩0, 정액법으로 감가상각한다)　　2018년 감평사

	20×1년 말	20×2년 말
• 공정가치	₩1,900,000	₩1,800,000

① 영향 없음
② ₩100,000 감소
③ ₩200,000 감소
④ ₩350,000 감소
⑤ ₩450,000 감소

키워드 투자부동산 이해하기
풀이 • 투자부동산을 공정가치모형으로 평가하는 경우 감가상각하지 않는다.
　　　　• 당기순이익의 영향: 1,800,000 − 1,900,000 = ₩100,000 감소

정답 ②

---

22 (주)관세는 20×1년 초 건물을 취득(취득원가 ₩1,050,000, 잔존가치 ₩50,000, 내용연수 10년, 정액법 상각)하고, 이를 투자부동산으로 분류하였다. 동 건물의 공정가치를 신뢰성 있게 측정 가능하여 공정가치모형을 적용하였으며, 20×1년 말 공정가치는 ₩1,080,000이다. 20×1년에 인식할 감가상각비와 공정가치 변동에 따른 당기이익은? (단, 동 건물은 투자부동산 분류요건을 만족하고, 손상차손은 없다)　　2019년 관세사

	감가상각비	당기이익
①	₩0	₩30,000
②	₩0	₩130,000
③	₩100,000	₩0
④	₩100,000	₩30,000
⑤	₩100,000	₩130,000

키워드 투자부동산의 공정가치모형 이해하기
풀이 • 투자부동산을 공정가치모형으로 평가하는 경우 감가상각하지 않는다.
　　　　• 20×1년 말 공정가치는 ₩1,080,000이고 취득원가가 ₩1,050,000이므로 당기이익 ₩30,000이 발생한다.

정답 ①

23 (주)한국은 20×1년 초 건물을 ₩300,000에 취득하고 투자부동산(공정가치모형 선택)으로 분류하였다. 동 건물의 20×1년 말 공정가치는 ₩320,000이며, 건물을 내용연수 10년, 잔존가치 ₩0, 정액법으로 상각한다. (주)한국이 20×2년 초에 동 건물을 ₩325,000에 처분하였다면, 20×2년 당기순이익에 미치는 영향은?

① ₩25,000 감소

② ₩5,000 감소

③ ₩20,000 감소

④ ₩5,000 증가

⑤ ₩20,000 증가

> **키워드** 투자부동산의 재평가 이해하기
>
> **풀이** • 투자부동산을 공정가치모형으로 평가하는 경우 감가상각하지 않는다.
> • 20×1년 순이익의 영향: 320,000 − 300,000 = ₩20,000 증가
> • 20×2년 순이익의 영향: 처분가액(325,000) − 장부금액(320,000) = ₩5,000 증가

정답 ④

24 (주)한국은 20×1년 1월 1일 임대수익과 시세차익을 목적으로 건물을 ₩100,000,000 (내용연수 10년, 잔존가치 ₩0, 정액법)에 구입하고, 해당 건물에 대해서 공정가치모형을 적용하기로 하였다. 20×1년 말 해당 건물의 공정가치가 ₩80,000,000일 경우 (주)한국이 인식해야 할 평가손실은?　2020년 공무원 수정

① 기타포괄손실 ₩10,000,000

② 당기손실 ₩10,000,000

③ 기타포괄손실 ₩20,000,000

④ 당기손실 ₩20,000,000

⑤ 원가모형을 적용하는 경우 당기손실 ₩30,000,000

> **키워드** 투자부동산의 재평가 이해하기
>
> **풀이** • 투자부동산을 공정가치모형으로 평가하는 경우 감가상각하지 않는다.
> • 평가손실: 100,000,000 − 80,000,000 = ₩20,000,000

정답 ④

25 (주)서울은 다음의 3가지 자산을 소유하고 있으며 투자부동산으로 분류하고 있다. 또한 투자부동산에 대하여 공정가치모형을 사용하고 있다. 20×2년 (주)서울의 포괄손익계산서에 포함되어야 할 손익은?

2018년 공무원 수정

구분	취득원가	20×1년 말 공정가치	20×2년 말 공정가치
자산 1	₩300	₩390	₩370
자산 2	350	290	275
자산 3	310	385	390

① ₩105 이익

② ₩80 이익

③ ₩35 손실

④ ₩30 손실

⑤ ₩20 손실

키워드 투자부동산 이해하기

풀이 • 자산 1: 370 − 390 = − ₩20
 • 자산 2: 275 − 290 = − ₩15
 • 자산 3: 390 − 385 = + ₩5
 • 투자부동산 평가손익: (20 + 15) − 5 = ₩30 손실

정답 ④

01 부채에 관한 설명으로 옳지 않은 것은?

① 우발부채는 재무상태표에 보고한다.

② 상품매입으로 인한 채무를 인식하는 계정과목은 매입채무이다.

③ 부채는 결산일로부터 상환기일에 따라 유동부채와 비유동부채로 분류할 수 있다.

④ 부채는 지출시기, 채권자, 지출금액이 현 시점에서 확정될 필요는 없다. 그러나 추정부채 중 충당부채는 재무제표에 인식한다.

⑤ 현재의무는 그 의무를 법적으로 강제할 수 있어야 하고 의제의무도 포함한다.

키워드	부채의 기본개념 이해하기
풀이	우발부채는 재무상태표에 보고하지 않는다.

정답 ①

02 다음 중 금융부채에 해당하지 않는 것을 모두 고른 것은?　　　　2018년 공무원 수정

> ㉠ 미지급금
> ㉡ 사채
> ㉢ 미지급법인세
> ㉣ 차입금
> ㉤ 선수금
> ㉥ 매입채무

① ㉠, ㉡　　　　　　　　　　　　　② ㉡, ㉣

③ ㉢, ㉤　　　　　　　　　　　　　④ ㉣, ㉥

⑤ ㉠, ㉤

키워드	금융상품 이해하기
풀이	• 미지급법인세와 선수금은 비금융부채이다. 　– 미지급법인세: 계약상 권리와 의무가 아닌 법적권리 　– 선수금: 재화나 용역을 주거나 받는 것

정답 ③

03 충당부채, 우발부채, 우발자산에 관한 설명으로 옳은 것은? 제25회

① 경제적 효익의 유입가능성이 높지 않은 우발자산은 그 특성과 추정금액을 주석으로 공시한다.

② 과거에 우발부채로 처리한 경우에는 그 이후 기간에 미래경제적 효익의 유출 가능성이 높아졌다고 하더라도 이를 충당부채로 인식할 수 없다.

③ 미래에 영업손실이 발생할 가능성이 높은 경우에는 그러한 영업손실의 예상 금액을 신뢰성 있게 추정하여 충당부채로 인식한다.

④ 충당부채는 화폐의 시간가치 영향이 중요하다고 하더라도 의무이행 시 예상되는 지출액을 할인하지 않은 금액으로 평가한다.

⑤ 충당부채는 최초 인식과 관련 있는 지출에만 사용한다.

키워드 충당부채와 우발부채 이해하기

풀이 ① 우발자산은 경제적 효익의 유입가능성이 높은 경우에만 그 특성과 추정금액을 주석으로 공시하고, 가능성이 높지 않은 경우에는 공시하지 않는다.

② 과거에 우발부채로 처리한 경우에는 그 이후 기간에 미래경제적 효익의 유출 가능성이 높아졌다면 이를 충당부채로 인식한다.

③ 미래에 영업손실이 발생할 가능성이 높은 경우라도 그러한 영업손실의 예상 금액은 충당부채로 인식하지 않는다.

④ 충당부채는 화폐의 시간가치 영향이 중요하다고 한다면 의무이행 시 예상되는 지출액을 할인한 금액으로 평가한다.

정답 ⑤

04 재무보고의 개념체계에 관한 설명으로 옳은 것은? 제19회

① 일부 부채의 경우는 상당한 정도의 추정을 해야만 측정이 가능할 수 있다.

② 자산 측정기준으로서의 역사적 원가는 현행원가와 비교하여 적시성이 더 높다.

③ 보고기업의 경제적 자원과 청구권의 변동은 그 기업의 재무성과에 의해서만 발생한다.

④ 일반목적재무보고서는 보고기업의 가치를 직접 보여주기 위해 고안되었다.

⑤ 경영활동의 청산이 임박하거나 중요하게 축소할 의도 또는 필요성이 발생하더라도 재무제표는 계속기업의 가정을 적용하여 작성한다.

> **키워드** 부채의 분류 이해하기
>
> **풀이** ② 자산 측정기준으로서의 역사적 원가는 현행원가와 비교하여 신뢰성이 더 높다.
> ③ 보고기업의 경제적 자원과 청구권의 변동은 그 기업의 재무성과에 의해서만 발생하지 않는다.
> ④ 일반목적재무보고서는 보고기업의 가치를 직접 보여주기 위해 고안된 것은 아니다.
> ⑤ 경영활동의 청산이 임박하거나 중요하게 축소할 의도 또는 필요성이 발생한다면 재무제표는 계속기업의 가정이 아닌 다른 기준을 적용하여 작성하는 것이 타당하다.

정답 ①

---

05 다음 중 충당부채와 우발부채·우발자산과 관련된 한국채택국제회계기준의 내용으로 옳지 않은 것은? 제11회

① 충당부채는 자원의 유출가능성이 높고 그 금액을 신뢰성 있게 추정할 수 있으면 충당부채로 재무상태표에 보고하고, 동액을 비용으로 인식해야 한다.

② 미래의 예상되는 우발부채는 부채의 인식기준을 충족시키지 못하지만 발생가능성이 높은 경우 부채로 인식할 수도 있다.

③ 자원의 유출가능성이 매우 높더라도 우발부채로 주석 공시하는 경우가 존재한다.

④ 충당부채는 재무제표에 보고되는 부채이다.

⑤ 우발자산은 미래에 발생가능성이 높다 하더라도 현재의 자산으로 인식할 수 없다.

> **키워드** 부채의 기본개념 중 충당부채 이해하기
>
> **풀이** 미래의 예상되는 우발부채는 부채의 인식기준을 충족시키지 못하며, 아무리 발생가능성이 높다 하더라도 부채로 인식할 수 없다.

정답 ②

06 미래에 현금을 수취할 계약상 권리인 금융자산과 계약상 의무에 해당하는 금융부채로 옳지 않은 것은?

① 미수금과 미지급금
② 선급비용과 선수수익
③ 대여금과 차입금
④ 투자사채와 사채
⑤ 받을어음과 지급어음

키워드 금융상품 이해하기

풀이 선급비용과 선수수익은 비금융상품이다.

정답 ②

07 충당부채에 대한 설명으로 옳지 않은 것은? 　　　　　　　　2022년 공무원 수정

① 충당부채로 인식하는 금액은 현재의무를 보고기간 말에 이행하기 위하여 필요한 지출에 대한 최선의 추정치이어야 한다.
② 미래의 예상 영업손실은 충당부채로 인식하지 아니한다.
③ 충당부채를 인식하기 위한 현재의 의무는 법적의무로서 의제의무는 제외된다.
④ 충당부채를 인식하기 위해서는 과거사건으로 인한 의무가 기업의 미래행위와 독립적이어야 한다.
⑤ 과거에 우발부채로 처리하였더라도 미래경제적 효익의 유출 가능성이 높아진 경우에는 그러한 가능성의 변화가 생긴 기간의 재무제표에 충당부채로 인식한다.

키워드 충당부채 이론 이해하기

풀이 충당부채를 인식하기 위한 현재의 의무는 법적의무로서 의제의무도 포함한다.

정답 ③

08 충당부채, 우발부채, 우발자산에 관한 설명으로 옳지 않은 것은? 2017년 공무원 수정

① 우발자산은 경제적 효익의 유입가능성이 높지 않은 경우에 주석으로 공시한다.
② 예상되는 자산 처분이 충당부채를 생기게 한 사건과 밀접하게 관련되었더라도 예상되는 자산 처분이익은 충당부채를 측정하는 데 고려하지 아니한다.
③ 우발부채와 우발자산은 재무제표에 인식하지 아니한다.
④ 현재의무를 이행하기 위하여 해당 금액을 신뢰성 있게 추정할 수 있고 경제적 효익이 있는 자원을 유출할 가능성이 높은 경우 충당부채로 인식한다.
⑤ 과거에 우발부채로 처리하였더라도 경제적 효익이 있는 자원을 유출할 가능성이 높아진 경우 충당부채로 인식한다.

> **키워드** 충당부채의 정의 이해하기
> **풀이** • 경제적 효익의 유입가능성이 거의 확실(확정)한 경우 우발자산으로 재무제표에 인식한다.
> • 경제적 효익의 유입가능성이 높은 경우 주석으로 공시한다.
> • 경제적 효익의 유입가능성이 높지 않은 경우 공시하지 않는다.

정답 ①

09 충당부채 및 우발부채에 관한 설명으로 옳은 것은? 제17회

① 충당부채와 우발부채는 재무제표 본문에 표시되지 않고 주석으로 표시된다.
② 자원의 유출가능성이 높고, 금액의 신뢰성 있는 추정이 가능한 경우 충당부채로 인식한다.
③ 자원의 유출가능성이 높지 않더라도, 금액의 신뢰성 있는 추정이 가능한 경우 충당부채로 인식한다.
④ 금액의 신뢰성 있는 추정이 가능하지 않더라도, 자원의 유출가능성이 높은 경우 충당부채로 인식한다.
⑤ 금액의 신뢰성 있는 추정이 가능하더라도, 자원의 유출가능성이 높지 않은 경우에는 주석에 공시하지 않는다.

> **키워드** 충당부채와 우발부채의 기본개념 이해하기
> **풀이** ① 충당부채는 재무제표 본문에 부채로 인식하고, 우발부채는 주석으로 표시된다.
> ③ 자원의 유출가능성이 높지 않으면, 금액의 신뢰성 있는 추정이 가능한 경우라도 충당부채로 인식하지 않는다.
> ④ 금액의 신뢰성 있는 추정이 가능하지 않다면, 자원의 유출가능성이 높은 경우라도 충당부채로 인식하지 않는다.
> ⑤ 금액의 신뢰성 있는 추정이 가능하더라도, 자원의 유출가능성이 높지 않은 경우에는 주석으로 공시한다.

정답 ②

10 충당부채와 우발부채에 관한 설명으로 옳지 않은 것은?　　　　2016년 감평사 수정

① 충당부채를 인식하기 위해서는 당해 의무를 이행하기 위하여 경제적 효익을 갖는 자원이 유출될 가능성이 매우 높아야 한다.

② 우발부채는 경제적 효익을 갖는 자원의 유출을 초래할 현재의무가 있는지의 여부가 아직 확인되지 아니한 잠재적 의무이므로 부채로 인식하지 않는다.

③ 현재의무가 존재하지만 그 의무를 이행하는 데 자원의 유출가능성이 높지 않거나, 그 가능성은 높지만 그 금액을 신뢰성 있게 추정할 수 없는 경우 충당부채로 인식하지 않는다.

④ 충당부채를 현재가치로 평가할 때 할인율은 부채의 특유한 위험과 화폐의 시간가치에 대한 현행 시장의 평가를 반영한 세전 이율을 적용한다.

⑤ 현재의무를 가지게 하는 과거의 사건을 의무발생사건이라고 하며, 이 사건으로부터 발생한 의무는 이행하는 것 이외에는 다른 대안이 없어야 한다.

키워드 **충당부채의 인식기준 이해하기**

풀이 충당부채를 인식하기 위해서는 당해 의무를 이행하기 위하여 경제적 효익을 갖는 자원이 유출될 가능성이 높아야 한다.

정답 ①

11 다음 중 충당부채를 인식하기 위해 충족해야 하는 요건으로 옳지 않은 것은?

제24회 수정

> ㉠ 과거사건의 결과로 현재 법적의무나 의제의무가 존재한다.
> ㉡ 해당 의무를 이행하기 위하여 경제적 효익이 있는 자원을 유출할 가능성이 높다.
> ㉢ 미래에 전혀 실현되지 않을 수도 있는 수익을 인식하는 결과를 가져온다.
> ㉣ 해당 의무를 이행하기 위하여 필요한 금액을 신뢰성 있게 추정할 수 있다.

① ㉠   ② ㉡   ③ ㉢
④ ㉣   ⑤ ㉠, ㉢

키워드 충당부채의 인식요건 이해하기

풀이 미래에 실현되지 않을 수도(또는 실현될 수도) 있는 수익은 우발자산으로 자산으로 인식할 수 없다.

이론 ✚
> 충당부채는 아래 3가지 요건을 모두 충족해야 한다.
> 1. 과거사건의 결과로 현재의 의무(법적의무 또는 의제의무)가 존재한다.
> 2. 해당 의무를 이행하기 위하여 경제적 효익이 있는 자원이 유출될 가능성이 높다.
> 3. 해당 의무를 이행하기 위하여 소요되는 금액을 신뢰성 있게 추정할 수 있다.

정답 ③

---

12 다음은 20×1년 초에 설립된 (주)대전의 당기 중 발생 거래의 기말 상황이다.

> • 3월 1일: 은행으로부터 현금 ₩100 차입(만기 3년)
> • 4월 1일: 거래처 A에게 내년 초 신제품을 공급하는 대가로 미리 현금 ₩50을 수령
> • 7월 1일: 거래처 B에게 재고자산 매입대금으로 어음(만기 1년) ₩200 발행
> • 11월 1일: 거래처 C로부터 자금을 차입하면서, 어음(만기 3개월) ₩300 발행
> • 12월 1일: 사무용 비품 구입대금 ₩500 중 ₩100은 어음(만기 3개월) 발행, 나머지는 5개월 후에 지급약정

(주)대전의 20×1년 말 금융부채는?

제17회

① ₩550
② ₩600
③ ₩850
④ ₩1,100
⑤ ₩1,150

풀이 • 금융부채는 현금이나 금융자산으로 결제되는 부채를 말하며, 선수(선급)금은 비금융상품이다.

3월 1일	차입금	₩100
7월 1일	지급어음	200
11월 1일	차입금	300
12월 1일	미지급금	500
	계	₩1,100

정답 ④

---

13 (주)한국백화점은 20×1년에 판매한 제품에 대하여 상자당 경품권 1매씩을 제공하고, 경품권 4매를 제시하는 고객에게 경품을 제공하기로 하였다. (주)한국백화점은 단위당 ₩1,000의 경품 2,000개를 구입해 놓았다. 20×1년 백화점의 총매출은 10,000상자이고, 경품권 추정 회수율은 60%, 경품과 교환된 쿠폰이 5,000매일 경우 20×1년 인식할 경품충당부채는?

① ₩1,250,000

② ₩250,000

③ ₩1,500,000

④ ₩350,000

⑤ ₩750,000

키워드 경품충당부채 잔액의 계산 이해하기

풀이 • 쿠폰 1매당 지급될 경품: 1,000 ÷ 4매 = @₩250
• 회수될 경품권: 10,000매(상자) × 60% = 6,000매
• 경품비용: 6,000매 × @₩250 = ₩1,500,000
• 경품충당부채: (6,000매 − 5,000매) × @₩250 = ₩250,000

정답 ②

14 (주)한국은 판매를 촉진하기 위하여 제품 1개당 쿠폰 1매를 제공하고, 쿠폰 5매를 제시하는 고객에게 원가 @₩2,000의 경품을 지급하기로 하였다. (주)한국은 제품 2,000개를 매출하였으며 경품권의 60%가 회수될 것으로 추정하고 있다. 현재까지 회수된 쿠폰이 700매인 경우, 인식할 경품비용과 충당부채는?

	경품비용	충당부채
①	₩480,000	₩280,000
②	₩480,000	₩200,000
③	₩800,000	₩200,000
④	₩780,000	₩250,000
⑤	₩480,000	₩480,000

> **키워드** 경품충당부채 잔액과 당기비용의 계산 이해하기
> **풀이** • 쿠폰 1매당 지급될 경품: 2,000 ÷ 5매 = @₩400
> • 회수될 쿠폰: 2,000매 × 60% = 1,200매
> • 경품비용: 1,200매 × @₩400 = ₩480,000
> • 경품충당부채: (1,200매 − 700매) × @₩400 = ₩200,000
>
> 정답 ②

15 (주)한국은 판매한 제품에 대하여 2년간 제품보증을 하고 있다. 과거 제품 보증자료에 의하면 보증비용은 매출한 해에 1%, 다음 해에 2%가 지출될 것으로 추정된다. 지난 2년간의 매출액과 실제 지출된 보증비용이 다음과 같을 때, 20×2년의 포괄손익계산서에 표시할 보증비용과 재무상태표에 표시할 제품보증충당부채 잔액은?

	매출액	실제 지출액
• 20×1년	₩800,000	₩25,000
• 20×2년	1,200,000	30,000

	보증비용	충당부채
①	₩36,000	₩4,000
②	₩35,000	₩5,000
③	₩36,000	₩5,000
④	₩60,000	₩5,000
⑤	₩36,000	₩7,000

키워드 제품보증충당부채의 잔액(합계액으로 계산)과 비용(당기분) 계산 이해하기

풀이
• 제품보증비용: 1,200,000 × (1% + 2%) = ₩36,000
• 제품보증충당부채: (800,000 + 1,200,000) × 3% − (25,000 + 30,000) = ₩5,000

정답 ③

16 20×1년 초에 영업을 개시한 (주)한국은 품질보증 기간을 1년으로 하여 에어컨을 판매하고 있다. 20×1년 에어컨 판매수량은 500대이고, 대당 판매가격은 ₩1,000이며, 동종 업계의 과거 경험에 따르면 제품보증비용은 대당 ₩50이 발생할 것으로 추정된다. 20×1년 중 실제 제품보증비 지출이 ₩10,000이면, (주)한국의 20×1년 말 재무상태표에 표시될 제품보증충당부채는? 2022년 공무원 수정

① ₩5,000

② ₩15,000

③ ₩25,000

④ ₩40,000

⑤ ₩20,000

키워드 제품보증충당부채 이해하기

풀이 제품보증충당부채: (500대 × 50) − 10,000 = ₩15,000

정답 ②

17 (주)한국은 제품매출액의 3%에 해당하는 금액을 제품보증비용(보증기간 2년)으로 추정하고 있다. 20×1년의 매출액과 실제 보증청구로 인한 보증비용 지출액은 다음과 같다.

제품매출액 (20×1년)	실제 보증비용 지출액	
	20×1년	20×2년
₩600,000	₩14,000	₩6,000

20×2년 포괄손익계산서의 보증활동으로 인한 비용과 20×2년 말 재무상태표의 충당부채 잔액은? [단, (주)한국은 20×1년 초에 설립되었으며, 20×2년의 매출은 없다고 가정한다]

제17회

	제품보증비	충당부채
①	₩2,000	₩0
②	₩3,000	₩0
③	₩4,000	₩0
④	₩5,000	₩4,000
⑤	₩6,000	₩4,000

키워드 제품보증충당부채의 잔액(합계액으로 계산)과 비용(당기분) 계산 이해하기

풀이
- 20×1년 제품보증비용(설정액): 600,000 × 3% = ₩18,000
- 2년간 실제 지출된 비용: ₩20,000(설정액 초과지출)
- 20×2년 재무상태표의 충당부채: ₩0
- 20×2년 포괄손익계산서의 제품보증비용: ₩2,000

정답 ①

18 다음은 20×1년 말 (주)대한과 관련된 자료이다. 충당부채와 우발부채 금액으로 옳은 것은?

제18회

- 20×1년 초 제품보증충당부채는 없었으며, 20×1년 말 현재 향후 보증청구가 이루어 질 것으로 판단되는 최선의 추정치는 ₩20,000이다.
- (주)대한은 특허권 침해소송에 피고로 계류되었으며, 패소 시 부담하게 될 손해배상액 은 ₩30,000이다. 패소 가능성은 높지 않다.
- 기말 현재 매출채권에 대한 손실충당금으로 계상되어야 할 금액은 ₩20,000이다.
- 유형자산의 내용연수가 종료된 후 복구공사비용으로 추정되는 지출액의 현재가치금액 은 ₩50,000이다.

	충당부채	우발부채
①	₩30,000	₩30,000
②	₩50,000	₩50,000
③	₩70,000	₩50,000
④	₩70,000	₩30,000
⑤	₩100,000	₩0

키워드 충당부채와 우발부채의 종류 이해하기

풀이
- 제품보증충당부채의 최선의 추정치 ₩20,000은 충당부채이다.
- 패소 가능성이 높지 않은 경우 ₩30,000은 우발부채이다.
- 매출채권의 손실충당금 ₩20,000은 자산의 차감계정이다.
- 복구공사비용으로 추정되는 지출액의 현재가치금액 ₩50,000은 충당부채이다.
- 충당부채: 20,000 + 50,000 = ₩70,000
- 우발부채: ₩30,000

정답 ④

19 당기손익 공정가치 측정 금융부채가 아닌 사채에 관한 설명으로 옳지 않은 것은?

① 액면(표시)이자율이 유효이자율보다 낮은 경우에는 할인발행된다.

② 유효이자율법에서 사채할인발행차금의 상각액은 매년 증가한다.

③ 유효이자율법을 적용할 경우 할인 및 할증발행 모두 이자비용은 매년 감소한다.

④ 할증발행의 경우 사채의 장부금액은 매년 감소한다.

⑤ 최초 인식 후 유효이자율법을 사용하여 상각 후 원가로 측정한다.

> **키워드** 사채발행과 차금상각에 관한 기본이론 이해하기
>
> **풀이** 유효이자율법을 적용할 경우 할인발행하면 장부금액이 증가하므로 이자비용은 매년 증가하고, 할증발행하면 장부금액이 감소하므로 매년 이자비용도 감소한다.
>
> 정답 ③

20 사채에 관한 설명으로 옳지 않은 것은?

제15회 수정

① 사채의 표시이자율은 사채소유자에게 현금으로 지급해야 할 이자계산에 사용된다.

② 사채할인발행차금은 발행금액에서 차감하는 형식으로 표시된다.

③ 사채를 할증(할인)발행할 경우, 사채발행비가 있으면 유효이자율은 증가한다.

④ 사채발행 시 사채의 유효이자율이 표시이자율보다 낮은 경우 사채는 할증발행된다.

⑤ 사채가 할인발행되는 경우 사채발행자가 사채만기일에 상환해야 하는 금액은 발행금액보다 크다.

> **키워드** 사채발행과 차금상각에 관한 기본이론 이해하기
>
> **풀이** 사채할인발행차금은 사채액면금액에서 차감하는 형식으로 표시된다.
>
> 정답 ②

21 사채의 발행에 관한 설명으로 옳지 않은 것은? 2015년 공무원 수정

① 할인발행은 유효이자율이 표시이자율보다 큰 경우이다.
② 할증발행의 경우 발행연도의 현금 지급 이자는 사채 이자비용보다 크다.
③ 할인발행의 경우 만기가 가까워질수록 사채의 이자비용이 감소한다.
④ 할증발행과 할인발행은 사채의 만기금액이 동일하다.
⑤ 할인발행의 경우 만기가 가까워질수록 차금상각액은 증가한다.

키워드 사채발행 이해하기
풀이 할인발행한 사채의 장부금액과 이자비용은 만기가 가까워질수록 점차 증가한다.

정답 ③

22 (주)한국은 20×1년 초 만기 4년의 사채를 액면 ₩100,000, 액면이자율 10%로 발행하였다. 이자를 매년도 말에 지급하고 유효이자율은 8%이다. 이 사채의 발행가액은?

	상환기간	8%	10%
• ₩1의 현가계수	4년	0.7350	0.6830
• ₩1의 연금현가계수	4년	3.3121	3.1699

① ₩98,780
② ₩105,199
③ ₩101,421
④ ₩100,000
⑤ ₩106,621

키워드 사채의 발행가격(액면금액과 액면이자의 현재가치) 이해하기
풀이 액면금액의 현재가치(100,000 × 0.7350) + 액면이자의 현재가치(100,000 × 10% × 3.3121)
= ₩106,621

정답 ⑤

23 (주)한국은 20×1년 초 사채를 발행하였다. 발행일의 분개로 옳은 것은?

> • 액면: ₩1,000,000
> • 연이율: 9%
> • 발행대금: ₩980,000
> • 이자지급: 연 1회(매년 12월 31일)
> • 사채발행비: ₩30,000
> • 만기일: 20×3년 12월 31일

① (차) 현   금 ₩980,000   (대) 사   채 ₩1,100,000
   사채할인발행차금   120,000

② (차) 현   금 ₩980,000   (대) 사   채 ₩1,000,000
   사채할인발행차금   20,000

③ (차) 현   금 ₩980,000   (대) 사   채 ₩1,000,000
   사채할인발행차금   50,000   사 채 발 행 비   30,000

④ (차) 현   금 ₩1,000,000   (대) 사   채 ₩1,000,000

⑤ (차) 현   금 ₩950,000   (대) 사   채 ₩1,000,000
   사채할인발행차금   50,000

키워드 사채발행 시 회계처리 이해하기

풀이 사채발행비는 사채발행가격에서 직접 차감한다. 따라서 동액만큼 사채할인발행차금이 증가한다.

정답 ⑤

24 (주)한국은 20×1년 1월 1일 액면금액 ₩100,000, 만기 3년의 사채를 ₩92,410에 발행하였다. 사채의 연간 액면이자는 매년 말 지급되며 20×1년 12월 31일 사채의 장부금액은 ₩94,730이다. 사채의 연간 액면이자율을 추정한 것으로 가장 가까운 것은? (단, 사채발행 시 유효이자율은 9%이다)

2018년 공무원 수정

① 5%

② 6%

③ 7%

④ 8%

⑤ 9%

> **키워드** 사채이자율의 계산 이해하기
>
> **풀이** • 20×1년 말 유효이자: 92,410 × 9% = ₩8,317
> • 20×1년 말 할인발행차금상각액: 94,730 − 92,410 = ₩2,320
> • 20×1년 말 액면이자: 8,317 − 2,320 = ₩5,997(약 ₩6,000)
> • 액면이자율: 6,000 ÷ 100,000 = 0.06(6%)

정답 ②

25 (주)감평은 20×1년 1월 1일에 사채를 발행하여 매년 말 액면이자를 지급하고 유효이자율법에 의하여 상각한다. 20×2년 말 이자와 관련된 회계처리는 다음과 같다.

(차) 이 자 비 용 ₩6,000	(대) 사채할인발행차금 ₩3,000
	현 금 3,000

위 거래가 반영된 20×2년 말 사채의 장부금액이 ₩43,000으로 표시되었다면, 사채의 유효이자율은? (단, 사채의 만기는 20×3년 12월 31일이다)

2017년 감평사

① 연 11%   ② 연 12%

③ 연 13%   ④ 연 14%

⑤ 연 15%

> **키워드** 사채이자율의 계산 이해하기
>
> **풀이** • 20×2년 초 장부금액: 43,000 − 3,000 = ₩40,000
> • 20×2년 말 유효이자: 40,000 × 유효이자율(x) = ₩6,000(이자비용)   ∴ x = 0.15(15%)

정답 ⑤

26 (주)감평은 20×1년 1월 1일에 액면금액 ₩1,000,000(표시이자율 연 8%, 매년 말 이자 지급, 만기 3년)의 사채를 발행하였다. 발행 당시 시장이자율은 연 13%이다. 20×1년 12월 31일 현재 동 사채의 장부금액은 ₩916,594이다. 동 사채와 관련하여 (주)감평이 20×3년도 인식할 이자비용은? (단, 단수차이로 인한 오차가 있으면 가장 근사치를 선택한다)

2018년 감평사

① ₩103,116   ② ₩107,026

③ ₩119,157   ④ ₩124,248

⑤ ₩132,245

> **키워드** 사채의 이자비용 이해하기
> **풀이** • 20×2년 말 차금상각: (916,594 × 13%) − (1,000,000 × 8%) = ₩39,157
> • 20×2년 말 장부금액: 916,594 + 39,157 = ₩955,751
> • 20×3년 말 이자비용: 955,751 × 13% = ₩124,248

정답 ④

27 (주)세무는 20×1년 초 5년 만기 사채를 발행하여 매년 말 액면이자를 지급하고 유효이자율법에 의하여 이자비용을 인식하고 있다. 20×2년 말 이자와 관련하여 다음과 같은 회계처리 후 사채의 장부금액이 ₩84,000이 되었다면, 20×3년 말 사채의 장부금액은?

2018년 세무사

(차) 이 자 비 용	₩8,200	(대) 사채할인발행차금	₩2,000
		현 금	6,200

① ₩86,200   ② ₩86,600   ③ ₩87,000

④ ₩87,200   ⑤ ₩87,600

> **키워드** 사채 이해하기
> **풀이** • 20×2년 말 장부금액: 84,000 − 차금(2,000) = ₩82,000
> • 유효이자율: 이자비용(8,200) ÷ 장부금액(82,000) = 0.1(10%)
> • 20×3년 말 차금상각액: (84,000 × 10%) − 현금이자(6,200) = ₩2,200
> • 20×3년 말 장부금액: 84,000 + 2,200 = ₩86,200

정답 ①

28 20×1년 초 (주)한국은 만기 3년의 사채를 시장이자율 12%로 발행하였다. 20×1년과 20×2년에 계상될 이자비용은? (단, 단수차이로 인한 오차가 있으면 가장 근사치를 선택한다)

| • 발행가액 | ₩92,416 | • 액면이자율 | 연 10% |
| • 액면가액 | 100,000 | • 이자지급 | 매년 말 |

	20×1년도	20×2년도
①	₩11,090	₩11,221
②	₩12,190	₩11,221
③	₩11,090	₩15,190
④	₩11,221	₩12,222
⑤	₩11,295	₩11,222

키워드 사채의 이자비용(기초장부가액 × 유효이자율) 이해하기

풀이
- 20×1년 이자비용: 92,416 × 12% = ₩11,090
- 20×1년 사채할인발행차금상각액: 유효이자(11,090) − 액면이자(10,000) = ₩1,090
- 20×2년 초 장부금액: 92,416 + 1,090 = ₩93,506
- 20×2년 이자비용: 93,506 × 12% = ₩11,221

정답 ①

29 (주)한국은 20×1년 초 다음과 같은 조건의 사채를 ₩43,783에 발행하였다. 20×2년 말 이자 지급 후, 동 사채 전부를 ₩45,000에 조기상환한 경우 사채상환이익은? (단, 금액은 소수점 첫째 자리에서 반올림하며 단수차이가 있으면 가장 근사치를 선택한다)

제19회

- 액면금액: ₩50,000
- 표시이자율: 연 5%(매년 말 이자지급)
- 유효이자율: 연 10%
- 만기: 3년(만기 일시상환)

---

① ₩1,217　　　　　② ₩2,727　　　　　③ ₩4,339

④ ₩5,000　　　　　⑤ ₩5,227

키워드 사채상환 이해하기

풀이 • 20×1년 말 장부금액: 43,783 + {(43,783 × 10%) − (50,000 × 5%)} = ₩45,661
- 20×2년 말 장부금액: 45,661 + {(45,661 × 10%) − (50,000 × 5%)} = ₩47,727
- 20×2년 말 상환이익: 47,727 − 45,000 = ₩2,727

정답 ②

30 (주)한국은 20×1년 1월 1일 사채(액면금액 ₩100,000, 3년 만기 일시상환)를 발행하고, 상각 후 원가로 측정하였다. 액면이자는 연 5%로 매년 말 지급조건이며, 발행 당시 유효이자율은 연 8%이다. 20×3년 1월 1일 사채를 액면금액으로 조기상환하였을 경우, 사채상환손익은? (단, 금액은 소수점 첫째 자리에서 반올림하며, 단수차이가 있으면 가장 근사치를 선택한다)

제21회

기간 ＼ 할인율	단일금액 ₩1의 현재가치		정상연금 ₩1의 현재가치	
	5%	8%	5%	8%
3	0.8638	0.7938	2.7232	2.5771

① ₩2,219 이익　　　　　② ₩2,781 손실

③ ₩2,781 이익　　　　　④ ₩7,734 손실

⑤ ₩7,734 이익

키워드 사채상환 이해하기

풀이 • 20×1년 초 발행가액: (100,000 × 0.7938) + (5,000 × 2.5771) = ₩92,266
- 20×1년 말 장부금액: 92,266 + {(92,266 × 8%) − (100,000 × 5%)} = ₩94,647
- 20×2년 말 장부금액: 94,647 + {(94,647 × 8%) − (100,000 × 5%)} = ₩97,219
- 20×3년 초 상환손익: 97,219 − 100,000 = ₩2,781 손실

정답 ②

31 (주)한국은 20×1년 1월 1일에 액면금액 ₩10,000의 사채(표시이자율 연 5%, 이자는 매년 말 후급, 유효이자율 연 8%, 만기 3년)를 ₩800 할인하여 발행하였다. 20×2년 초 (주)한국이 동 사채를 장부금액에 5%의 상환손실로 부담하는 조건으로 조기상환하였다. 조기상환 금액은? (단, 단수차이가 발생할 경우 가장 근사치를 선택한다)

PART 1

① ₩9,850　　　　　　　　　② ₩9,900

③ ₩9,436　　　　　　　　　④ ₩8,964

⑤ ₩9,908

> [키워드] **사채상환 이해하기**
> [풀이] • 20×1년 초 발행가격: 10,000 − 800 = ₩9,200
> • 20×1년 말 차금상각액: (9,200 × 8%) − (10,000 × 5%) = ₩236
> • 20×1년 말 장부금액: 9,200 + 236 = ₩9,436
> • 20×2년 초 상환손실: 9,436 × 5% = ₩472
> • 20×2년 초 상환금액: 장부금액 9,469 + 상환손실 472 = ₩9,908

정답 ⑤

32 (주)서울은 액면금액이 ₩100,000, 표시이자율이 연 10%(1년에 1회 이자 지급)인 사채를 이자지급일에 현금 ₩113,000을 지급하고 조기상환하였다. 이때 사채상환손실이 ₩8,000이었다면, 상환시점의 사채할인발행차금은?　　　2018년 공무원 수정

① ₩8,000

② ₩5,000

③ ₩3,000

④ ₩2,000

⑤ ₩13,000

> [키워드] **사채 이해하기**
> [풀이] • 상환금액: 113,000 − 액면이자(100,000 × 10%) = ₩103,000
> • 상환 시 장부금액: 103,000 − 손실(8,000) = ₩95,000
> • 상환 시 사채발행차금: 액면금액(100,000) − 장부금액(95,000) = ₩5,000

정답 ②

33 (주)대한은 20×1년 초 다음과 같은 조건의 사채를 발행하고, 상각 후 원가로 측정하였다.

- 액면금액: ₩100,000
- 표시이자율: 5%
- 표시이자 지급방법: 매년 말
- 만기: 5년
- 시장이자율: 8%
- 상환방법: 만기 일시상환

만기를 1년 앞둔 20×4년 말에 현금이자 지급 후 동 사채를 ₩95,000에 상환하였을 경우, 사채상환손익은? (단, 계산과정에서 단수 차이가 있는 경우 가장 근사치를 선택한다)

제17회

[현재가치계수]

단일 금액의 현재가치계수

구분	1기간	2기간	3기간	4기간	5기간
5%	0.9524	0.9070	0.8638	0.8227	0.7835
8%	0.9259	0.8573	0.7938	0.7350	0.6806

정상연금의 현재가치계수

구분	1기간	2기간	3기간	4기간	5기간
5%	0.9524	1.8594	2.7232	3.5460	4.3295
8%	0.9259	1.7833	2.5771	3.3121	3.9927

① 손실 ₩5,000

② 손실 ₩2,220

③ ₩0

④ 이익 ₩2,220

⑤ 이익 ₩5,000

키워드 사채상환 시 상환손익(장부금액과 상환금액 차이) 이해하기

풀이 • 사채의 발행일로부터 만기가 1년 남았으므로 1기간의 현가계수를 적용하여 20×4년 말 장부금액을 계산하면 간단하다.
   • 20×4년 말 장부금액: (100,000 × 0.9259) + (5,000 × 0.9259) = ₩97,220
   • 20×4년 말 상환손익: 장부금액(97,220) − 상환금액(95,000) = ₩2,220 이익

TIP 만기를 1년 앞둔 시점이라면 만기를 1년으로 계산한다. 따라서 현가계수 기간을 1기간으로 계산한다.

정답 ④

고난도

34 (주)한국은 20×1년 초 액면금액 ₩100,000(만기 3년, 표시이자율 연 6%, 매년 말 이 자지급)의 사채를 발행하였으며, 사채의 발행 당시 유효이자율은 연 8%이었다. (주)한국 은 20×2년 6월 30일 사채를 조기상환하였다. 조기상환 시 발생한 사채상환손실은 ₩1,713이 발생하였다. 상환일의 사채조기상환금액은? (단, 이자비용은 월할 계산하고, 계산금액은 소수점 첫째 자리에서 반올림하며, 단수차이로 인한 오차가 있으면 가장 근사 치를 선택한다)

기간	단일금액 ₩1의 현재가치		정상연금 ₩1의 현재가치	
	6%	8%	6%	8%
1	0.9434	0.9259	0.9434	0.9259
2	0.8900	0.8574	1.8334	1.7833
3	0.8396	0.7938	2.6730	2.5771

① ₩99,000

② ₩95,574

③ ₩98,000

④ ₩98,574

⑤ ₩99,574

키워드 **사채상환 이해하기**

풀이
- 20×1년 초 발행가격: (100,000 × 0.7938) + (6,000 × 2.5771) = ₩94,843
- 20×1년 말 차금상각액: (94,843 × 8%) − (100,000 × 6%) = ₩1,587
- 20×1년 말 장부금액: 94,843 + 1,587 = ₩96,430
- 20×2년 6월 30일 장부금액: 96,430 + (96,430 × 4%) − (100,000 × 3%) = ₩97,287
- 20×2년 6월 30일 상환금액: 97,287 + 손실(1,713) = ₩99,000

TIP 조기상환금액은 상환 당시 장부금액 ± 상환손익이다.

정답 ①

35 다음은 (주)한국이 20×1년 1월 1일 발행한 사채의 회계처리를 위한 자료의 일부이다. 이를 통하여 알 수 있는 내용으로 옳지 않은 것은? (단, 계산된 금액은 소수점 이하 첫째 자리에서 반올림한다)

> • 사채권면에 표시된 발행일은 20×1년 1월 1일, 액면금액은 ₩1,000,000이며 이자 지급일은 매년 12월 31일이고 만기는 3년이다.
>
> 유효이자율법에 의한 상각표
>
> | 일자 | 유효이자 | 표시이자 | 상각액 | 장부금액 |
> |---|---|---|---|---|
> | 20×1년 1월 1일 | – | – | – | ₩951,963 |
> | 20×1년 12월 31일 | ? | ₩100,000 | ₩14,236 | ? |

① 사채 발행 시 적용된 유효이자율은 연 10%이다.
② 사채 발행 시 인식할 사채할인발행차금은 ₩48,037이다.
③ 20×1년 말 상각 후 사채의 장부금액은 ₩966,199이다.
④ 20×2년 말 사채와 관련하여 손익계정에 대체되는 이자비용은 ₩115,944이다.
⑤ 20×3년 1월 1일 사채 전부를 ₩980,000에 상환한 경우 사채상환이익은 ₩2,143이다.

키워드 사채이자율의 계산 이해하기
풀이 사채 발행 시 적용된 유효이자율은 연 12%이다.

정답 ①

▶ **연계학습** | 에듀윌 기본서 1차 [회계원리 上] p.414

01 자본변동표에서 확인할 수 없는 항목은? 제18회 수정

① 자기주식의 취득
② 유형자산의 재평가이익
③ FVOCI금융자산평가이익
④ 현금배당
⑤ 주식분할

> **키워드** 자본변동표 이해하기
>
> **풀이** 주식의 분할은 자본에 변동을 주지 않으므로 자본변동표에서 확인할 수 없다. 그러나 유형자산의 재평가이익은 기타포괄손익누계액으로 자본변동표에 포함한다.

정답 ⑤

02 자본과 관련된 설명으로 옳은 것은? 제14회

① 자본 구성항목의 표시는 유동성배열법을 따른다.
② 주식배당으로 주식을 교부하면 자본금이 증가한다.
③ 주식발행초과금과 같은 자본잉여금이라도 주주에게 배당이 가능하다.
④ 자본이란 자산총액에서 부채총액을 차감한 잔액으로 채권자에게 귀속될 잔여지분의 성격을 갖는다.
⑤ 기타포괄손익누계액은 자본거래로부터 발생한다.

> **키워드** 자본회계의 기초개념 이해하기
>
> **풀이** ① 자본 구성항목의 표시는 납입자본, 이익잉여금, 기타자본구성요소로 구분하여 분류한다.
> ③ 주식발행초과금과 같은 자본잉여금은 주주에게 배당이 불가능하다.
> ④ 자본이란 자산총액에서 부채총액을 차감한 잔액으로 소유주에게 귀속될 잔여지분의 성격을 갖는다.
> ⑤ 기타포괄손익누계액은 손익거래로부터 발생한다.

정답 ②

03 다음 기타포괄손익 항목 중 제거될 때 당기손익에 영향을 미치지 않는 것을 모두 고른 것은?

2015년 관세사

> ㉠ FVOCI금융자산평가이익(채무상품)
> ㉡ 재무제표 환산과정에서 발생하는 외환차이
> ㉢ 유형자산의 재평가잉여금
> ㉣ 확정급여제도의 재측정요소
> ㉤ 현금흐름위험회피 파생상품평가손익 중 위험회피에 효과적인 부분

① ㉠, ㉤
② ㉡, ㉣
③ ㉡, ㉤
④ ㉢, ㉣
⑤ ㉢, ㉤

키워드 기타포괄손익누계액의 종류 이해하기

풀이 기타포괄손익이 실현될 때 당기손익으로 재분류하여야 할 항목은 ㉠, ㉡, ㉤이며, 이익잉여금으로 대체하여야 할 항목은 ㉢, ㉣이다.

이론 ✚
> 기타포괄손익누계액은 다음과 같다. 1, 2, 3은 재분류조정 대상이고 4, 5, 6는 재분류조정 대상이 아니다.
> 1. FVOCI금융자산평가손익(채무상품)
> 2. 해외사업환산손익: 해외사업장의 재무제표 환산으로 인한 손익
> 3. 현금흐름위험회피 파생상품평가손익: 위험회피에 비효과적인 부분은 당기손익에 반영
> 4. 재평가잉여금: 유형자산 등을 공정가치로 평가하여 발생한 이익
> 5. 순확정급여부채(자산)의 재측정요소
> 6. FVOCI금융자산평가손익(지분상품)

정답 ④

04 기타포괄이익을 증감시키는 거래는?

제24회 수정

① 영업용 차량에 대한 처분손익 인식
② 유형자산에 대한 최초 재평가에서 평가이익 인식
③ FVOCI금융자산의 처분손익 인식
④ 매출채권에 대한 손상차손 인식
⑤ 장기 신용(외상)으로 용역(서비스) 제공

키워드 기타포괄손익 이해하기

풀이 유형자산에 대한 최초 재평가에서 평가이익을 인식하면 재평가잉여금(기타포괄이익)이 증가한다.

정답 ②

05 당기순손익과 총포괄손익 간의 차이를 발생시키는 항목으로 옳은 것을 모두 고른 것은?

> ㉠ 감자차익
> ㉡ 주식선택권
> ㉢ 확정급여제도의 재측정요소
> ㉣ 이익준비금
> ㉤ 해외사업장의 재무제표 환산으로 인한 손익

① ㉠, ㉡   ② ㉠, ㉤   ③ ㉡, ㉢
④ ㉡, ㉣   ⑤ ㉢, ㉤

키워드 자본의 기타포괄손익항목 이해하기
풀이 당기순손익과 총포괄손익 간의 차이는 기타포괄손익이며, 기타포괄손익항목에는 ㉢, ㉤이 해당한다.

정답 ⑤

06 자본에 관한 설명으로 옳지 않은 것을 모두 고른 것은?

> ㉠ 자기주식을 취득하면 자본총액은 증가한다.
> ㉡ 유상증자 시에 자본금은 증가하나 자본총액은 변동하지 않는다.
> ㉢ 무상증자 시에 자본금은 증가하나 자본총액은 변동하지 않는다.
> ㉣ 주식배당 시에 자산총액과 자본총액은 변동하지 않는다.
> ㉤ 주식분할로 인해 발행주식수가 증가하여도 액면가액은 변동이 없다.
> ㉥ 임의적립금은 주주총회의 의결을 통해 미처분이익잉여금으로 이입한 후 배당할 수 있다.

① ㉠, ㉡, ㉤
② ㉠, ㉤, ㉥
③ ㉡, ㉢, ㉣
④ ㉡, ㉣, ㉤
⑤ ㉢, ㉣, ㉥

키워드 자본의 증자·감자 이해하기
풀이 ㉠ 자기주식을 취득하면 자본총액은 감소한다.
㉡ 유상증자 시에 자본금도 증가하고 자본총액도 증가한다.
㉤ 주식분할로 인해 발행주식수가 증가하고 액면가액은 감소한다.

정답 ①

CHAPTER 09 · 자본회계   **249**

07 무상증자, 주식배당, 주식분할 및 주식병합 간의 비교로 옳지 않은 것은? 2019년 관세사

① 무상증자, 주식배당 및 주식병합의 경우 총자본은 변하지 않지만 주식분할의 경우 총자본은 증가한다.

② 무상증자와 주식배당의 경우 자본금은 증가한다.

③ 주식배당과 주식분할의 경우 자본잉여금은 변하지 않는다.

④ 주식배당의 경우 이익잉여금이 감소하지만 주식분할의 경우 이익잉여금은 변하지 않는다.

⑤ 무상증자, 주식배당 및 주식분할의 경우 발행주식수가 증가하지만 주식병합의 경우 발행주식수가 감소한다.

키워드 **자본의 무상증자, 주식배당, 주식분할 이해하기**

풀이 무상증자, 주식배당 및 주식병합의 경우 총자본은 변하지 않고, 주식분할의 경우에도 총자본은 변하지 않는다.

이론 ✚

구분	주식배당	무상증자	주식분할	주식병합
자본금	증가	증가	불변	불변
자본잉여금	불변	감소 가능	불변	불변
이익잉여금	감소	감소 가능	불변	불변
자본총액	불변	불변	불변	불변
유통주식수	증가	증가	증가	감소
액면단가	불변	불변	감소	증가

TIP 중요한 지문이므로 여러 번 읽어서 숙지하여야 한다.

정답 ①

---

08 자본에 관한 설명으로 옳지 않은 것은?

① 무상증자 시에는 자본총계가 불변한다.

② 주식 발행과 직접 관련하여 발생한 거래원가는 주식발행가격에서 차감한다.

③ 이익준비금은 상법 규정에 따라 강제적으로 매기 배당금(주식배당을 제외한 금액)의 1/10 이상 적립하도록 규정하고 있으나, 그 금액을 외부 금융기관에 예치해야 할 의무는 없다.

④ 유상감자는 자본금의 감소로 소멸되는 주식의 대가를 주주에게 실질적으로 지급하는 것으로 형식적 감자에 해당한다.

⑤ 임의적립금은 주주총회의 의결을 거쳐 미처분이익잉여금으로 이입한 후 이익배당 재원으로 사용할 수 있다.

09 (주)한국은 20×1년 초 현금 ₩100,000을 출자하여 설립하였으며, 이는 재고자산 20 개를 구입할 수 있는 금액이다. 기중에 물가가 3% 상승하였으며, 기말순자산은 ₩ 150,000이다. 20×1년 말 동 재고자산을 구입할 수 있는 가격이 개당 ₩6,000이라 면, 실물자본유지개념에 의한 당기이익은? (단, 기중 자본거래는 없다) 제26회 수정

① ₩27,000

② ₩30,000

③ ₩32,000

④ ₩42,000

⑤ ₩50,000

10 (주)한국은 20×1년 초 현금 ₩500,000을 출자하여 설립하였으며, 이는 재고자산 100개를 구입할 수 있다. 기중에 물가가 3% 상승하였으며, 기말순자산은 ₩700,000 이다. 20×1년 말 동 재고자산을 구입할 수 있는 가격이 개당 ₩5,500이라면, 명목자본 유지개념에 의한 당기이익은? (단, 기중 자본거래는 없다)

① ₩100,000   ② ₩150,000

③ ₩200,000   ④ ₩250,000

⑤ ₩300,000

키워드 자본유지개념 이해하기

풀이 • 명목자본유지개념: 700,000 − 500,000 = ₩200,000
• 실물자본유지개념: 실물자산인 재고자산의 기초수량(100개)만큼 구매할 수 있는 금액을 자본으로 유지해야 한다.
 − 수정 후 기초자본: 100개 × @₩5,500 = ₩550,000
 − 당기이익: 기말자본 700,000 − 수정 후 기초자본(550,000) = ₩150,000

정답 ③

11 (주)한국은 20×2년 3월 27일 정기 주주총회에서 20×1년 재무제표를 승인하면서 현금 배당을 선언하고 즉시 지급하였다. 주주총회의 배당금 선언 및 지급이 (주)한국의 재무제 표에 미치는 영향으로 옳은 것은? 제25회

① 20×1년 말 현금을 감소시킨다.

② 20×1년 당기순이익을 감소시킨다.

③ 20×1년 말 자본을 감소시킨다.

④ 20×2년 당기순이익을 감소시킨다.

⑤ 20×2년 말 자본을 감소시킨다.

키워드 이익배당(현금) 이해하기

풀이 • 현금배당은 실질적 감자에 해당하고, 배당 선언일에 자본이 감소한다. 따라서 20×1년도 순이익에 대하여 20×2년에 배당을 선언하고 현금을 지급하였다면 20×1년 말에 자본이 감소하는 것이 아니라 20×2년 배당 선언일에 자본과 자산(현금)이 감소한다.
• 20×2년 3월 27일 현금배당 시
(차) 이 익 잉 여 금   ×××   (대) 현   금   ×××

정답 ⑤

12 (주)서울은 20×1년 12월 말에 주당 액면금액 ₩5,000인 보통주 1,000주를 주당 ₩10,000에 발행(유상증자)하였으며, 주식인쇄비 등 주식발행과 관련된 비용이 ₩1,000,000 발생하였다. 유상증자 직전에 (주)서울의 자본에는 주식할인발행차금의 미상각 잔액이 ₩1,500,000 존재하였다. 이 거래와 관련하여 (주)서울이 20×1년 말에 보고할 주식발행초과금은?   2018년 공무원 수정

① ₩2,500,000   ② ₩4,000,000

③ ₩9,000,000   ④ ₩9,500,000

⑤ ₩10,000,000

> **키워드** 자본의 주식발행 이해하기
> **풀이** • 주식발행초과금: (9,000,000 − 5,000,000) − 1,500,000 = ₩2,500,000
> • 주식인쇄비 등 주식발행과 관련된 비용 ₩1,000,000은 발행가격에서 직접 차감한다.
> • 주식할인발행차금 미상각 잔액 ₩1,500,000은 주식발행초과금에서 차감한다.

정답 ①

13 (주)한국은 주식할인발행차금 잔액 ₩500,000이 있는 상태에서 주당 액면금액 ₩5,000인 보통주 1,000주를 주당 ₩10,000에 발행하였다. 주식발행과 관련한 직접적인 총비용은 ₩800,000이 발생하였다. 이 거래의 결과에 대한 설명으로 옳은 것은? (단, 모든 거래는 현금거래이다)   2020년 공무원 수정

① 주식발행 관련 비용 ₩800,000은 비용처리 된다.

② 자본증가액은 ₩9,200,000이다.

③ 주식할인발행차금 잔액은 ₩500,000이다.

④ 주식발행초과금 잔액은 ₩4,500,000이다.

⑤ 주식발행과 관련하여 주식발행가격과 액면금액과의 차이는 당기손익의 발생요건이 될 수 있다.

> **키워드** 자본의 주식발행 이해하기
> **풀이** 주식발행과 관련한 직접적인 총비용 ₩800,000은 주식발행가격에서 차감한다.
>
> | (차) 현 금 | ₩9,200,000 | (대) 자 본 금 | ₩5,000,000 |
> |---|---|---|---|
> | | | 주 식 발 행 초 과 금 | 3,700,000 |
> | | | 주 식 할 인 발 행 차 금 | 500,000 |
>
> ① 주식발행 관련 비용 ₩800,000은 주식발행가격에서 차감한다.
> ③ 주식할인발행차금 잔액은 ₩0이다.
> ④ 주식발행초과금 잔액은 ₩3,700,000이다.
> ⑤ 주식발행은 당기손익과는 무관하다.

정답 ②

14 (주)한국의 20×1년 초 자본의 내역은 다음과 같다.

자본금(주당 액면금액 ₩500, 총발행주식수 200주)	₩100,000
주식발행초과금(자본잉여금)	30,000
이익잉여금	54,000
자본조정(주당 ₩120에 취득한 자기주식 200주)	(24,000)
합계	₩160,000

자기주식의 변동사항

4/15: 자기주식 300주 주당 110에 취득	₩33,000
6/30: 자기주식 300주 주당 130에 매각	₩39,000
10/5: 자기주식 100주 소각	₩0

(주)한국은 20×1년도 당기순이익 ₩50,000과 기타포괄손실 ₩30,000을 보고하였고 현금배당 ₩10,000을 실시하였다. 20×1년 말 (주)한국의 기말자본총계는?

① ₩166,000 ② ₩170,000 ③ ₩165,000
④ ₩175,000 ⑤ ₩176,000

키워드 자본 및 자기주식 이해하기

풀이 • 10월 5일 자기주식의 소각은 자본 불변이다.

자본

4/15 취득	₩33,000	기초잔액	₩160,000
기타포괄손실	30,000	6/30 매각	39,000
현금배당	10,000	당기순이익	50,000
기말잔액	176,000		
	₩249,000		₩249,000

정답 ⑤

15 (주)서울의 20×1년 초 자본은 ₩600,000이다. 20×1년의 다음 자료에 따른 20×1년 말의 자본은? (단, 법인세 효과는 고려하지 않는다) 2016년 공무원 수정

PART 1

> • 20×1년 당기순이익은 ₩20,000이다.
> • 액면금액 ₩500인 주식 40주를 주당 ₩1,000에 발행하였는데, 신주발행비로 ₩2,000을 지출하였다.
> • 자기주식 3주를 주당 ₩3,000에 취득하였고, 그 이후 1주를 주당 ₩1,000에 처분하였다.
> • 이익처분으로 현금배당 ₩3,000, 주식배당 ₩2,000을 실시하였으며, ₩2,000을 이익준비금(법정적립금)으로 적립하였다.

① ₩645,000   ② ₩647,000   ③ ₩649,000

④ ₩655,000   ⑤ ₩652,000

키워드 자본 이해하기

풀이 • 600,000 + 20,000 + (40,000 − 2,000) − 9,000 + 1,000 − 3,000 = ₩647,000
　　　• 주식배당과 이익준비금의 적립은 자본총액에 영향을 주지 않는다.

정답 ②

16 다음 자료를 이용하여 계산한 기말자본총액은?

> - 기초자본총액: ₩10,000
> - 7월 1일: 주당 액면가액 ₩100의 자기주식 10주를 주당 ₩300에 취득
> - 8월 1일: 위 자기주식 중 5주를 주당 ₩350에 매각
> - 9월 1일: 위 자기주식 중 3주를 소각

① ₩7,850 ② ₩8,150 ③ ₩8,500
④ ₩8,750 ⑤ ₩9,650

키워드 자본총계 중 자기주식의 취득 시 회계처리 이해하기

풀이 • 기말자본총액: 기초(10,000) − 7월 1일(3,000) + 8월 1일(1,750) = ₩8,750
  − 7월 1일 자기주식의 취득: 10주 × 300 = ₩3,000(자본의 감소)
   (차) 자 기 주 식(감소) ₩3,000   (대) 현   금 ₩3,000
  − 8월 1일 자기주식의 매각(재발행): 5주 × 350 = ₩1,750(자본의 증가)
   (차) 현   금 ₩1,750   (대) 자 기 주 식 ₩1,500(증가)
                        자 기 주 식 처 분 이 익 250(증가)
  − 9월 1일 자기주식의 소각: 자본의 불변
   (차) 자   본   금 ₩300(감소) (대) 자 기 주 식 ₩900(증가)
       감 자 차 손 600(감소)

정답 ④

고난도

17 20×1년 초 설립된 (주)감평의 20×3년 말 자본계정은 다음과 같으며, 설립 후 현재까지 자본금 변동은 없었다. 그동안 배당가능이익의 부족으로 어떠한 형태의 배당도 없었으나, 20×3년 말 배당재원의 확보로 20×4년 3월 10일 정기 주주총회에서 ₩7,500,000의 현금배당을 선언할 예정이다. (주)감평이 우선주에 배분할 배당금은? (단, 우선주는 누적적이고 완전 참가적이다)

구분	액면금액	발행주식수	자본금 총계	비고
보통주	₩5,000	12,000주	₩60,000,000	배당률 3%
우선주	10,000	3,000주	30,000,000	배당률 5%

① ₩2,900,000 ② ₩3,900,000
③ ₩4,500,000 ④ ₩4,740,000
⑤ ₩4,900,000

키워드 자본의 배당금 지급 이해하기

풀이 • 보통주 배당금: 60,000,000 × 3% = ₩1,800,000

• 우선주 배당금: 30,000,000 × 5% × 3년 = ₩4,500,000

• 잔여배당: 7,500,000 − (1,800,000 + 4,500,000) = ₩1,200,000

• 우선주 잔여배당: $1,200,000 \times \dfrac{30,000,000}{90,000,000} = ₩400,000$

• 우선주 배당금: 4,500,000 + 400,000 = ₩4,900,000

TIP 배당금 지급은 항상 우선주 배당금을 먼저 계산하고 난 후 보통주 배당금을 계산한다.

정답 ⑤

18 20×1년 말 (주)한국의 재무상태표 내용은 다음과 같다. 자본합계는 ₩5,000,000이 었다. 이 중 전기이월이익잉여금은 ₩500,000, 당기순이익은 ₩800,000이다. 회사 는 모두를 배당하기로 결정하고 현금배당 50%, 주식배당 50%일 경우 이익준비금의 적립액은?

① ₩50,000 ② ₩80,000

③ ₩65,000 ④ ₩130,000

⑤ ₩60,000

키워드 자본회계 중 이익잉여금의 처분 이해하기

풀이 • 당기말 미처분이익잉여금: 전기이월이익잉여금(500,000) + 당기순이익(800,000) = ₩1,300,000

• 이익준비금 적립액: (1,300,000 × 0.5) × 0.1 = ₩65,000

정답 ③

19 (주)한국의 당기순이익은 ₩4,000,000이며, 기타 자료가 다음과 같을 경우 재무상태 표에 표시할 당기말 미처분이익잉여금은?

• 전기이월이익잉여금	₩300,000	• 전기오류수정손실	₩120,000
• 중간배당액	30,000	• 회계변경누적효과(이익)	50,000

① ₩4,000,000　　　　　　　　② ₩4,220,000

③ ₩4,200,000　　　　　　　　④ ₩4,500,000

⑤ ₩4,100,000

20 다음 중 자기주식의 회계처리에 관한 설명으로 한국채택국제회계기준에 부합되지 않는 것은?

① 자기주식은 자본에 대한 차감적 자본조정으로 계상한다.

② 자기주식의 취득 시 취득가액과 최초발행가액이 다르면 그 차액을 당기손익으로 처리한다.

③ 자기주식의 처분 시 이익이 발생하면 자본잉여금으로 분류한다.

④ 자기주식의 소각 시 액면금액과 취득가액의 차액은 감자차익(차손)으로 계상 한다.

⑤ 자기주식의 처분 시 손실이 발생하면 먼저 자기주식 처분이익과 상계 후 잔액은 결손금처리에 준하여 회계처리 한다.

키워드 자기주식의 취득 및 처분 시 기본개념 이해하기

풀이 자기주식의 회계처리방법에는 원가법과 액면가액법이 있으나, 현행기준에서는 원칙적으로 원가법을
채택하고 있다. 따라서 자기주식을 취득하는 경우에는 손익이 발생하지 않는다.

정답 ②

21 (주)한국은 다음과 같이 액면가 ₩500인 자기주식을 취득하여 매각하였다. 6월 8일 매각
시점의 분개로 옳은 것은?

날짜	적요	금액	주식수
6월 1일	취득	₩550	100주
6월 5일	매각	560	30주
6월 8일	매각	530	50주

① (차) 현　　　　금　₩27,500　(대) 자　기　주　식　₩27,500

② (차) 현　　　　금　₩27,500　(대) 자　기　주　식　₩28,500
　　　자기주식처분손실　1,000

③ (차) 현　　　　금　₩26,500　(대) 자　기　주　식　₩27,500
　　　자기주식처분이익　　300
　　　자기주식처분손실　　700

④ (차) 현　　　　금　₩29,000　(대) 자　기　주　식　₩27,500
　　　　　　　　　　　　　　　　자기주식처분손실　　600
　　　　　　　　　　　　　　　　자기주식처분이익　　900

⑤ (차) 현　　　　금　₩29,000　(대) 자　기　주　식　₩27,500
　　　　　　　　　　　　　　　　자기주식처분이익　1,500

키워드 자본의 자기주식 이해하기

풀이 • 자기주식을 처분할 때 처분손익이 있으면 우선 상계하여야 한다.
　• 6월 5일(매각): (560 − 550) × 30주 = 자기주식 처분이익 ₩300
　• 6월 8일(매각): (530 − 550) × 50주 = 자기주식 처분손실 1,000 − 300 = ₩700

정답 ③

22 가중평균유통주식수의 계산에 관한 설명 중 옳지 않은 것은?

① 유상증자는 납입일을 기준으로 유통주식수에 가산한다.

② 자기주식은 취득시점부터 매각시점까지의 기간 동안 유통주식수에서 차감한다.

③ 주식분할의 경우 주식이 분할된 시점부터 유통주식수에 가산한다.

④ 주식병합은 기초부터 유통주식수에 차감한다.

⑤ 주식배당, 무상증자의 경우 기초부터 유통주식수에 가산한다.

> **키워드** 주당 순이익 계산 시 유통주식수의 계산 이해하기
> **풀이** 주식분할의 경우 분할일과는 관계없이 기초부터 유통주식 수량을 계산한다.

정답 ③

23 주당이익 계산 시 유통보통주식수를 감소시키는 거래는? (단, 각 사건은 독립적이며, 보통주와 관련하여 기중에 발생한 것으로 가정한다)   제24회 수정

① 유상증자

② 무상증자

③ 주식병합

④ 자기주식 처분

⑤ 주식배당

> **키워드** 유통보통주식수의 계산 이해하기
> **풀이** 주식병합의 경우 주식수가 감소한다. 그러나 유상증자, 무상증자, 자기주식 처분, 주식배당의 경우 주식수가 증가한다.

정답 ③

24 20×1년도 자본과 관련된 자료가 다음과 같을 때 주당이익은? (단, 우선주는 누적적 우선주이다)

제19회

• 당기순이익	₩26,000,000
• 기초 보통주(주당 액면금액 ₩5,000)	10,000주
• 기초 우선주(주당 액면금액 ₩5,000, 배당률 연 8%)	5,000주

① ₩1,500
② ₩2,000
③ ₩2,400
④ ₩2,500
⑤ ₩3,000

키워드 주당 순이익 이해하기

풀이 • 우선주 배당금: (5,000주 × 5,000) × 8% = ₩2,000,000

• 주당순이익: $\dfrac{26,000,000 - 2,000,000}{10,000주}$ = @₩2,400

정답 ③

25 (주)한국의 20×1년도 포괄손익계산서상 당기순이익은 ₩480,000이고, 우선주(비참가적, 비누적적)는 1,000주이고 우선주 배당금은 주당 ₩30이다. (주)한국의 20×1년도 기본주당 순이익이 ₩150일 때, 20×1년 말 가중평균유통보통주식수는?

① 2,000주
② 3,000주
③ 4,000주
④ 5,000주
⑤ 6,000주

키워드 주당 순이익 이해하기

풀이 • 우선주 배당금: 1,000주 × @₩30 = ₩30,000

• 가중평균유통보통주식수: (480,000 − 30,000) ÷ @₩150 = 3,000주

정답 ②

26 (주)한국의 20×1년 초 보통주식수는 15,000주이다. 20×1년도에 발행된 보통주는 다음과 같다. 20×1년도 (주)한국의 가중평균유통보통주식수는? (단, 가중평균유통보통주식수는 월수를 기준으로 계산한다)

> • 7월 1일: 신주 10%를 유상으로 증자하여 공정가치로 발행하였다.
> • 9월 1일: 무상증자 10%를 실시하였다.

① 17,550주   ② 17,325주

③ 16,650주   ④ 18,150주

⑤ 17,350주

키워드	자본의 보통주식수 이해하기

풀이	• 20×1년 초: 15,000주

• 20×1년 7월 1일 유상증자: 15,000주 × 10% × 6/12 = 750주
• 20×1년 9월 1일 무상증자: (15,000주 + 750주) × 10% = 1,575주
• 20×1년 유통보통주식수: 15,000주 + 750주 + 1,575주 = 17,325주

정답 ②

27 (주)한국의 20×1년도 당기순이익은 ₩3,000,000이며, 20×1년 초 유통주식수는 10,000주이다. 3월 1일 유상증자를 실시하여 보통주 5,000주를 발행하였으며, 8월 1일에는 보통주 1,000주의 자기주식을 취득하였다. 그리고 20×1년도 당기순이익에 대해 우선주 배당 ₩250,000을 실시하기로 결의하였다. (주)한국의 20×1년도 주당순이익은? (단, 가중평균유통보통주식수는 월수를 기준으로 계산한다)

① ₩230   ② ₩245   ③ ₩255

④ ₩200   ⑤ ₩250

키워드	주당 순이익 계산 시 유통주식수의 계산 이해하기

풀이	• 당기순이익(3,000,000) − 우선주 배당금(250,000) = ₩2,750,000

• 가중평균유통보통주식수: 10,000주 + 4,167주 − 417주 = 13,750주
  − 20×1년 초: 10,000주
  − 20×1년 3월 1일: 5,000주 × 10/12 = 4,167주
  − 20×1년 8월 1일: 1,000주 × 5/12 = −417주
• 주당 순이익: 2,750,000 ÷ 13,750주 = @₩200

정답 ④

28 (주)감평의 20×1년도 발행주식 변동내역은 다음과 같다.

		보통주	우선주
• 1월 1일	발행주식수	6,400주	5,000주
• 4월 1일	유상증자	2,000주	–
• 7월 1일	무상증자 20%	1,580주	–

우선주 1주당 배당금은 ₩60이고, 20×1년도 당기순이익은 ₩1,342,800이다. 20×1
년도 기본주당 순이익은? (단, 가중평균유통보통주식수 계산은 월할 계산한다)

2019년 감평사 수정

① ₩110　　　　② ₩120　　　　③ ₩130
④ ₩140　　　　⑤ ₩150

키워드 **주당 순이익 이해하기**

풀이 • 우선주 배당금: 5,000주 × @₩60 = ₩300,000
　　• 가중평균주식수: 6,400주 + (2,000주 × 9/12) + 1,580주 = 9,480주

　　• 주당 순이익: $\dfrac{1{,}342{,}800 - 300{,}000}{9{,}480주}$ = @₩110

정답 ①

---

29 다음 (주)한국의 20×1년 보통주 변동내역은 다음과 같다.

• 기초 유통보통주식수 6,000주
• 7월 1일 보통주 무상증자 500주
• 9월 1일 보통주 공정가치 발행 유상증자 900주

20×1년 가중평균유통보통주식수는? (단, 기간은 월할 계산한다)　　2022년 공무원 수정

① 6,550주　　　　② 6,800주
③ 6,900주　　　　④ 7,200주
⑤ 7,400주

키워드 **가중평균유통보통주식수의 계산 이해하기**

풀이 • 기초 유통보통주식수: 6,000주
　　• 7월 1일 보통주 무상증자: 500주
　　• 9월 1일 보통주 유상증자: 900주 × 4/12 = 300주
　　• 20×1년 가중평균유통보통주식수: 6,000주 + 500주 + 300주 = 6,800주

정답 ②

30 20×1년 (주)서울의 보통주 발행주식수 변동 상황은 다음과 같다. 20×1년 (주)서울의 당기순이익이 ₩2,070,000이라면 기본주당 순이익은? (단, 가중평균유통보통주식수 계산은 월할로 하며, 기본주당 순이익은 소수점 첫째 자리에서 반올림하여 계산한다)

2016년 공무원 수정

일자	변동내용	발행주식수
20×1년 1월 1일	기초	1,500주
20×1년 7월 1일	무상증자	400주
20×1년 10월 1일	유상증자	400주
20×1년 12월 31일	기말	2,300주

① ₩900
② ₩1,035
③ ₩1,150
④ ₩1,250
⑤ ₩1,050

키워드 주당 순이익 이해하기

풀이
- 가중평균보통주식수: 1,500주 + 400주 + (400주 × 3/12) = 2,000주
- 기본주당 순이익: $\dfrac{2,070,000}{2,000주}$ = @₩1,035

정답 ②

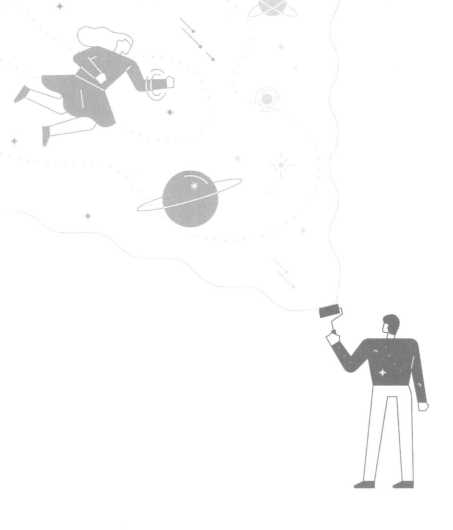

모든 것은 꿈에서 시작된다.

꿈 없이 가능한 일은 없다.

먼저 꿈을 가져라.

오랫동안 꿈을 그리는 사람은

마침내 그 꿈을 닮아간다.

– 앙드레 말로

10 수익·비용회계

▶ **연계학습** | 에듀윌 기본서 1차 [회계원리 上] p.454

01 '고객과의 계약에서 생기는 수익'의 수익인식의 5단계 순서로 옳은 것은?

> ㉠ 고객과의 계약식별   ㉡ 거래가격의 산정
> ㉢ 수행의무의 식별   ㉣ 거래가격의 수행의무 배분
> ㉤ 수행의무의 이행 시 수익인식

① ㉠ → ㉡ → ㉢ → ㉣ → ㉤
② ㉠ → ㉢ → ㉡ → ㉣ → ㉤
③ ㉡ → ㉠ → ㉢ → ㉣ → ㉤
④ ㉡ → ㉢ → ㉠ → ㉣ → ㉤
⑤ ㉢ → ㉠ → ㉡ → ㉣ → ㉤

키워드 수익인식의 5단계 이해하기
풀이 수익인식의 5단계는 '계약식별 → 수행의무식별 → 거래가격산정 → 거래가격배분 → 수행의무이행' 순이다.

정답 ②

02 고객과의 계약에서 생기는 수익에 관한 설명으로 옳지 않은 것은?

① 기업이 재화나 용역을 고객에게 이전할 것이라는 정당한 기대를 하도록 한다면, 이러한 약속도 고객과의 계약에 포함될 수 있다.

② 거래가격은 고객에게 약속한 재화나 용역을 이전하고 그 대가로 기업이 받을 권리를 갖게 될 것으로 예상하는 금액이며, 제삼자를 대신해서 회수한 금액은 제외한다.

③ 고객과의 계약에서 식별되는 수행의무는 계약에 분명히 기재한 재화나 용역에만 한정하여야 한다.

④ 기업이 받을 권리를 갖게 될 변동대가(금액)에 미치는 불확실성의 영향을 추정할 때에는 그 계약 전체에 하나의 방법을 일관되게 적용한다.

⑤ 고객과의 어떤 계약은 존속 기간이 고정되지 않을 수 있고 당사자 중 한 편이 언제든지 종료하거나 수정할 수도 있다.

풀이 고객과의 계약에서 식별되는 수행의무는 계약에 분명히 기재한 재화나 용역에만 한정되지 않을 수
있다.

정답 ③

03 한국채택국제회계기준서 제1115호 '고객과의 계약에서 생기는 수익'에 대한 다음 설명 중 옳지 않은 것은?
2018년 회계사

① 계약이란 둘 이상의 당사자 사이에 집행 가능한 권리와 의무가 생기게 하는 합의
이다.
② 하나의 계약은 고객에게 재화나 용역을 이전하는 여러 약속을 포함하며, 그 재화
나 용역들이 구별된다면 약속은 수행의무이고 별도로 회계처리한다.
③ 거래가격은 고객이 지급하는 고정된 금액을 의미하며, 변동 대가는 포함하지 않
는다.
④ 거래가격은 일반적으로 계약에서 약속한 각 구별되는 재화나 용역의 상대적 개별
판매가격을 기준으로 배분한다.
⑤ 기업이 약속한 재화나 용역을 고객에게 이전하여 수행의무를 이행할 때(또는 기
간에 걸쳐 이행하는 대로) 수익을 인식한다.

키워드 수익회계 이해하기
풀이 거래가격은 고객이 지급하는 고정된 금액을 의미하며, 변동 대가를 포함한다.

정답 ③

04 계약은 둘 이상의 당사자 사이에 집행 가능한 권리와 의무가 생기게 하는 합의이다. 옳지 않은 것은?

① 계약 당사자들이 계약을 승인하고 각자의 의무를 수행하기로 확약한다.
② 이전할 재화나 용역과 관련된 각 당사자의 권리를 식별할 수 있다.
③ 이전할 재화나 용역의 지급조건을 식별할 수 있다.
④ 계약에 상업적 실질은 관련되어 있지 않다.
⑤ 고객에게 이전할 재화나 용역에 대하여 받을 권리를 갖게 될 대가의 회수 가능성
이 높다.

키워드 수익의 계약식별 이해하기
풀이 계약은 상업적 실질이 있어야 한다.

정답 ④

05 수익으로 인식할 수 있는 경우로 옳지 않은 것은?

① 고객에게 재화나 용역을 이전해야 하는 의무가 남아 있지 않고, 고객이 약속한 대가를 모두(또는 대부분) 받았으며 그 대가는 환불되지 않는 경우

② 기업이 약속한 재화나 용역을 아직 고객에게 이전하지 않았고 어떤 대가도 아직 받지 않았고 아직 받을 권리도 없는 경우

③ 고객에게 재화나 용역을 이전하였고 그 자산을 고객이 통제하는 경우

④ 수행의무에 해당하는 용역유형의 보증의 경우

⑤ 계약이 종료되었고 고객에게서 받은 대가는 환불되지 않는 경우

> **키워드** 수행의무의 이행 이해하기
>
> **풀이** 기업이 약속한 재화나 용역을 아직 고객에게 이전하지 않았고 어떤 대가도 아직 받지 않았고 아직 받을 권리도 없는 경우에는 수익을 인식할 수 없다.

정답 ②

고난도

06 거래가격을 산정할 때에 관한 설명으로 옳지 않은 것은?

① 거래가격은 고객에게 약속한 재화나 용역을 이전하고 그 대가로 기업이 받을 권리를 갖게 될 것으로 예상하는 금액이며, 제3자를 대신해서 회수한 금액(예 일부 판매세)도 포함한다.

② 거래가격을 산정하기 위하여 기업은 재화나 용역을 현행 계약에 따라 약속대로 고객에게 이전할 것이고 이 계약은 취소·갱신·변경되지 않을 것이라고 가정한다.

③ 고객과의 계약에서 약속한 대가는 고정금액, 변동금액 또는 둘 다를 포함할 수 있다.

④ 이미 인식한 누적 수익 금액 중 유의적인 부분을 되돌리지(환원하지) 않을 가능성이 매우 높은 정도까지만 추정된 변동대가(금액)의 일부나 전부를 거래가격에 포함한다.

⑤ 변동대가(금액)의 추정은 기댓값 또는 가능성이 가장 높은 금액으로 추정한다.

> **키워드** 거래가격 이해하기
>
> **풀이** 거래가격은 고객에게 약속한 재화나 용역을 이전하고 그 대가로 기업이 받을 권리를 갖게 될 것으로 예상하는 금액이며, 제3자를 대신해서 회수한 금액(예 일부 판매세)은 제외한다.

정답 ①

07 거래가격을 수익으로 인식할 때에 관한 설명으로 옳지 않은 것은?

① 고객에게 재화나 용역을 이전할 때 계약에 있는 유의적인 금융요소는 화폐의 시간가치가 미치는 영향을 약속된 대가에 반영하지 않는다.

② 반품권이 있는 판매 관련 환불부채는 보고기간 말마다 반품 예상량의 변동에 따라 환불부채의 측정치를 새로 수정하고 이에 따라 생기는 조정액을 수익(또는 수익의 차감)으로 인식한다.

③ 고객이 현금 외의 형태로 대가를 약속한 계약의 경우에 거래가격은 비현금대가를 공정가치로 측정한다.

④ 거래가격의 배분은 상대적 개별 판매가격에 기초하여 각 수행의무에 비례하여 배분한다.

⑤ 할인액은 일부 수행의무에만 관련된다는 관측 가능한 증거가 있는 때 외에는, 계약상 모든 수행의무에 비례하여 배분한다.

> **키워드** 거래가격 및 배분 이해하기
>
> **풀이** 고객에게 재화나 용역을 이전할 때 계약에 있는 유의적인 금융요소는 화폐의 시간가치가 미치는 영향을 반영하여 약속된 대가(금액)를 조정한다.

> **정답** ①

08 기간에 걸쳐 이행하는 수행의무(진행기준)로서 옳지 않은 것은?

① 광고제작수수료의 수익은 기간에 걸쳐 이행하는 수행의무이다.

② 하나의 공연입장권으로 여러 행사에 참여할 수 있는 경우의 수익은 기간에 걸쳐 이행하는 수행의무이다.

③ 학원수강료의 수익은 기간에 걸쳐 이행하는 수행의무이다.

④ 이자수익, 배당수익, 로열티 수익의 수익은 기간에 걸쳐 이행하는 수행의무이다.

⑤ 주문제작 및 건설계약의 수익은 기간에 걸쳐 이행하는 수행의무이다.

> **키워드** 기간에 걸쳐 이행하는 수행의무 이해하기
>
> **풀이** 이자수익은 원칙적으로 유효이자율법으로 인식하고, 배당수익은 주주로서 배당을 받을 권리가 확정되는 시점에 인식한다. 로열티 수익은 관련된 약정의 실질을 반영하여 발생기준에 따라 인식한다.

> **정답** ④

09 수익의 인식시점에 관한 설명으로 옳지 않은 것은?

① 설치 및 검사조건부 판매에서 재화나 용역이 합의된 규격에 부합하는지 객관적으로 판단할 수 있다면 고객의 인수여부와 관계없이 수익으로 인식한다.

② 설치 및 검사조건부 판매에서 재화나 용역이 합의된 규격에 부합하는지 객관적으로 판단할 수 없다면 고객이 인수를 수락하는 시점에서 수익으로 인식한다.

③ 반품권이 부여된 판매의 경우 반품기간에 언제라도 반품을 받기로 하는 기업의 약속은 환불할 의무에 더하여 수행의무로 회계처리하지 않는다.

④ 반품권이 부여된 판매의 경우 기업이 받을 권리를 갖게 될 것으로 예상하는 대가(금액)를 이전하는 제품에 대한 수익으로 인식한다.

⑤ 고객에게서 선수금을 받은 경우에는 미래에 재화나 용역을 이전할 수행의무에 대한 선수금을 계약부채로 인식하고 해당 금액을 수익으로 인식한다.

키워드 수익의 인식시점 이해하기

풀이 고객에게서 선수금을 받은 경우에는 미래에 재화나 용역을 이전할 수행의무에 대한 선수금을 계약부채로 인식하며, 그 재화나 용역을 이전하고 따라서 수행의무를 이행할 때 계약부채를 제거하고 수익으로 인식한다.

정답 ⑤

10 기간에 걸쳐 수익을 인식하는 경우로 옳지 않은 것은?

① 광고제작수수료
② 수강료수익
③ 건설계약
④ 장기할부판매
⑤ 설치수수료 및 A/S용역 수수료

키워드 기간에 걸쳐 인식하는 수익 이해하기

풀이 장기할부판매는 재화가 고객에게 이전되는 시점에서 수익으로 인식한다.

정답 ④

11 고객과의 계약으로부터 발생하는 수익에서 거래가격 산정에 대한 설명으로 옳지 않은 것은?

2020년 공무원 수정

① 거래가격을 산정하기 위해서는 계약 조건과 기업의 사업 관행을 참고한다.
② 기업에 특성이 비슷한 계약이 많은 경우에 '기댓값'은 변동대가(금액)의 적절한 추정치일 수 있다.
③ 고객과의 계약에서 약속한 대가는 고정금액, 변동금액 또는 둘 다를 포함할 수 있다.
④ 고객이 현금 외의 형태로 대가를 약속한 계약의 경우에 거래가격은 비현금대가를 장부금액으로 측정한다.
⑤ 고객과의 계약에서 약속한 대가에 거래당사자 간의 지급시기로 인한 유의적인 금융요소를 고려하여야 한다.

키워드 수익의 인식단계 이해하기
풀이 고객이 현금 외의 형태로 대가를 약속한 계약의 경우에 거래가격은 비현금대가를 공정가치로 측정한다.

정답 ④

12 수익인식시점에 관한 설명 중 옳지 않은 것은?

① 반품률을 합리적으로 추정할 수 없으면 구매자가 재화의 인수를 공식적으로 수락한 시점 또는 반품기간이 종료된 시점에 수익으로 인식한다.
② 상품권을 판매한 때 현금수령액은 부채계정인 선수금으로 처리하고, 상품권 회수 시점에서 이를 수익으로 인식한다.
③ 수출업무를 대행하는 종합상사는 판매를 위탁하는 회사를 대신하여 상품을 수출하므로 판매수수료만을 수익으로 인식한다.
④ 설치 및 검사조건부 판매의 경우 구매자가 재화의 인도를 수락하고, 설치와 검사가 완료된 때 수익으로 인식한다.
⑤ 임대업을 영위하는 회사는 임대매장에서 발생하는 매출과 임차인으로부터 수취하는 임대료를 수익으로 인식한다.

키워드 수익의 인식기준 이해하기
풀이 임대업을 영위하는 회사는 임대매장에서 발생하는 매출과는 무관하므로 임차인으로부터 수취하는 임대료만을 수익으로 인식한다.

정답 ⑤

13 수익금액과 원가를 신뢰성 있게 측정할 수 있고, 기업에 유입되는 경제적 효익의 유입가 능성이 높다고 가정할 때, 옳지 않은 것은? 2017년 공무원 수정

① 할부 판매의 수익 인식 시점은 재화나 용역이 고객에게 이전된 시점이고 할부금 총액의 현재가치를 수익으로 인식한다.

② 제한적인 반품권이 부여된 판매의 경우, 반품가능성을 예측하기 어렵다면, 구매 자가 공식적으로 재화의 선적을 수락한 시점이나 재화를 인도받은 후 반품기간이 종료된 시점에 수익을 인식한다.

③ 위탁판매의 경우, 위탁자는 수탁자가 제3자에게 재화를 판매한 시점에 수익을 인 식한다.

④ 재고자산에 대한 판매 후 재매입 약정의 경우, 소유에 따른 위험과 보상이 실질적 으로 이전되지 않더라도 법적 소유권이 이전되면 수익을 인식한다.

⑤ 출판물 구독의 경우, 해당 품목의 가액이 매기 비슷한 경우에는 발송기간에 걸쳐 정액기준으로 수익을 인식한다.

> **키워드** 수익의 인식기준 이해하기
> **풀이** 법적 소유권이 이전되었더라도 판매자가 소유에 따른 위험과 보상을 보유하고 있고 고객이 자산을 통제하고 있지 않는다면 판매로 보지 않고 수익을 인식하지 않는다.

정답 ④

14 (주)한국은 20×1년 7월 1일 고객에게 청소용품 1대를 판매하고 동시에 A/S용역을 제공 하였다. A/S용역은 일반적으로 1년이며 청소용품의 판매 대가는 ₩100,000이며, A/S를 원하지 않는 고객에게는 ₩90,000에 판매하고 있다. (주)한국이 20×1년 말 고 객과의 계약으로 인한 설명으로 옳지 않은 것은? (단, A/S용역은 보증기간 동안 균등하 게 발생한다)

① 고객과의 계약은 청소용품과 A/S용역에 관련된 계약이다.

② 기업이 수행해야 할 의무는 2개이며, 청소용품의 이전과 A/S용역의 수행의무 이다.

③ 기업의 총거래가격은 ₩100,000으로 산정한다.

④ 기업이 거래가격을 배분할 때 청소용품 ₩100,000과 A/S용역 ₩10,000의 개 별 판매가격에 기초하여 배분한다.

⑤ 20×1년 말 A/S용역에 배분된 거래가격은 ₩5,000이다.

풀이 기업이 거래가격을 배분할 때 청소용품 ₩90,000과 A/S용역 ₩10,000의 개별 판매가격에 기초하여 배분한다.

정답 ④

15 12월 한 달간 상품판매와 관련된 자료가 다음과 같을 때 매출액은? (단, 상품판매 가격은 단위당 ₩100으로 동일하다)

제19회

• 12월 1일에 상품 200개를 5개월 할부로 판매하고, 대금은 매월 말에 20%씩 받기로 하다.
• 12월 17일에 상품 100개를 판매하였다.
• 12월 28일에 위탁상품 50개를 수탁자에게 발송하였고 12월 31일 현재 수탁자가 판매하지 않고 전량 보유 중이다.
• 12월 30일에 상품 50개를 도착지인도조건으로 판매하여 다음 달에 도착할 예정이다.

① ₩14,000
② ₩15,000
③ ₩19,000
④ ₩24,000
⑤ ₩30,000

키워드 재고자산 이해하기

풀이 • 12월 1일 할부 매출은 인도기준: 200개 × @₩100 = ₩20,000
• 12월 17일 상품판매: 100개 × @₩100 = ₩10,000
• 12월 28일 위탁상품은 판매로 보지 않는다.
• 12월 30일 도착지인도조건으로 판매한 상품은 판매로 보지 않는다.

정답 ⑤

16 (주)한국은 매출액의 10%를 판매수수료로 지급하는 위탁판매계약을 맺고 (주)민국에게 위탁한 적송품 100개 단위당 원가 ₩100을 적송하였으며, (주)민국은 적송품 80개를 단위당 ₩150에 고객에게 판매하였다. 판매한 실수금 ₩10,800은 계좌 송금으로 입금 받았다. 적송품 판매와 관련하여 (주)한국과 (주)민국이 인식할 당기수익 금액은?

	(주)한국	(주)민국
①	₩10,800	₩1,080
②	₩10,800	₩1,200
③	₩12,000	₩1,200
④	₩12,000	₩1,080
⑤	₩10,000	₩1,000

키워드 위탁판매 이해하기

풀이 • 위탁판매의 경우, 수탁자가 상품을 판매하면 그 매출액은 위탁자의 수익으로 인식하고, 수탁자는 위탁자로부터 받기로 약정한 수수료만 수익으로 인식한다.
• 위탁자 (주)한국: 80개 × 150 = ₩12,000
• 수탁자 (주)민국: 12,000 × 10% = ₩1,200

정답 ③

17 (주)한국은 제품 50단위(원가 ₩3,000)를 단위당 ₩4,000에 현금판매하였다. (주)한국은 동 제품판매와 관련하여 제품판매 후 2주 이내에 고객이 반품을 요청하는 경우 전액 환불해 주고 있다. 동 제품판매에 대한 합리적인 반품률 추정치가 2%인 경우, (주)한국의 회계처리로 옳은 것은?

① (차) 현   금   200,000   (대) 매 출 수 익   200,000
② (차) 현   금   200,000   (대) 매 출 수 익   150,000
                                    상 품 매 출 이 익   50,000
③ (차) 현   금   150,000   (대) 매 출 수 익   150,000
④ (차) 현   금   200,000   (대) 매 출 수 익   196,000
                                    환 불 부 채   4,000
⑤ (차) 현   금   200,000   (대) 매 출 수 익   200,000
         계 약 자 산   4,000   환 불 부 채   4,000

키워드 환불(반품)부채 이해하기

풀이 매출액 ₩200,000(50개 × @₩4,000) 중 제품판매에 대한 합리적인 반품률 추정치 2%(4,000)는 환불부채로 인식하고 나머지 98%(196,000)를 매출수익으로 인식한다.

정답 ④

18 (주)대한은 20×1년 1월 1일 유형자산을 취득하고 그 대금을 다음과 같이 지급하기로 하였다. 동 거래의 액면금액과 현재가치의 차이는 중요하며, 동 거래에 적용할 유효이자율이 연 10%일 때 20×2년에 인식할 이자비용은? (단, 단수 차이로 인한 오차가 있을 경우 가장 근사치를 선택한다) 제18회

[현금 지급]

20×1년 말	20×2년 말	20×3년 말
₩100,000	₩100,000	₩100,000

[정상연금의 현재가치계수]

구분	1기간	2기간	3기간
10%	0.9091	1.7355	2.4869

① ₩9,091

② ₩15,355

③ ₩15,778

④ ₩17,355

⑤ ₩24,869

키워드 장기할부 취득 시 이자지급 이해하기

풀이 • 20×2년 말 장기미지급금의 장부금액: 100,000 × 1.7355(2기간) = ₩173,550
• 20×2년 말 이자비용: 173,550 × 10% = ₩17,355

정답 ④

고난도

19 (주)한국은 20×1년 초에 제품을 ₩500,000에 판매하면서, 대금 중 ₩100,000은 판매 즉시 현금 수취하고 나머지 ₩400,000은 향후 2년에 걸쳐 매년 말에 ₩200,000씩 받기로 하였다. 동 거래에는 유의적인 금융요소가 포함되어 있고, 판매계약의 할인율은 연 10%에 해당한다. 제품의 판매거래로 (주)한국이 20×1년에 인식하게 될 수익의 총액은? (단, 현재가치 계산 시 다음의 현가표를 이용하며, 단수차이가 발생하는 경우 가장 근사치를 선택한다)

기간	연 이자율 10%	
	단일금액 ₩1의 현재가치	정상연금 ₩1의 현재가치
2	0.8264	1.7355
3	0.7513	2.4868

① ₩334,710

② ₩481,000

③ ₩463,616

④ ₩480,965

⑤ ₩481,810

키워드 할부대출 이해하기

풀이
- 매출수익: 100,000 + (200,000 × 1.7355) = ₩447,100
- 이자수익: (200,000 × 1.7355) × 10% = ₩34,710
- 수익총액: 447,100 + 34,710 = ₩481,810

정답 ⑤

20 (주)한국은 20×1년 초 토지를 구입하고 구입 당시 현금 ₩1,000을 지급하고 나머지는 다음과 같이 대금을 지급하기로 하였다.

구분	20×1년 말	20×2년 말
현금	₩2,000	₩2,000

20×1년 말 토지와 장기미지급금(유효이자율 10% 적용)의 장부금액은? (단, 10% 2기간 현재가치계수 0.82645, 정상연금의 10% 2기간 현재가치계수는 1.7355이며, 단수차이가 발생할 경우 가장 근사치를 선택한다)

	토지	미지급금
①	₩3,000	₩1,653
②	₩3,000	₩1,818
③	₩4,471	₩1,653
④	₩4,471	₩1,818
⑤	₩4,818	₩1,818

키워드 유형자산의 장기 할부취득 이해하기

풀이 • 토지의 장부금액: 1,000 + 3,471(= 2,000 × 1.7355) = ₩4,471
• 미지급금의 장부금액: 3,471 − {2,000 − (2,000 × 1.7355 × 10%)} = ₩1,818

TIP 미래현금흐름액 ₩2,000을 현재가치로 평가한다.

정답 ④

21 (주)한국의 20×1년도 이자비용은 ₩15,000이다. 여기에는 사채할인발행차금 상각액 ₩1,000이 포함되어 있다. 미지급이자비용의 기초 잔액과 기말 잔액은 각각 ₩3,000과 ₩5,000이고, 선급이자비용의 기초 잔액과 기말 잔액은 각각 ₩2,500과 ₩3,500이다. 20×1년도 현금흐름은?

① ₩13,500 ② ₩12,500

③ ₩14,500 ④ ₩15,000

⑤ ₩13,000

키워드 수익·비용계정 이해하기

풀이

이자비용			
미 지 급 기 말	₩5,000	미 지 급 기 초	₩3,000
선 급 기 초	2,500	선 급 기 말	3,500
현 금	(13,000)	손 익	14,000
	₩20,500		₩20,500

• 사채할인발행차금 상각액 ₩1,000은 현금 지급이 없으므로 차감하고 계산한다.

정답 ⑤

---

22 (주)한국의 20×1년도 포괄손익계산서의 이자비용은 ₩1,000이었으나 이 금액에는 사채할인발행차금 상각액 ₩200이 포함되어 있다. 20×1년도 이자와 관련된 자료가 다음과 같을 때, 이자 지급으로 인한 현금 유출은?

구분	기초 잔액	기말 잔액
선급이자	₩150	₩180
미지급이자	200	250

① ₩730 ② ₩750

③ ₩780 ④ ₩820

⑤ ₩790

키워드 수익·비용계정 이해하기

풀이

이자비용			
선 급 기 초	₩150	선 급 기 말	₩180
미 지 급 기 말	250	미 지 급 기 초	200
현 금	(780)	손 익	800
	₩1,180		₩1,180

• 사채할인발행차금 상각액 ₩200은 현금 지출이 없는 비용이므로 이자비용 ₩1,000에서 차감하고 계산한다.

정답 ③

23 20×1년 말 재무상태표의 선수이자는 ₩1,000, 미수이자의 잔액은 없다. 20×2년 말 재무제표 항목이 다음과 같을 때, 20×2년도 이자의 현금 수령액은? 제17회

• 선수이자	₩0
• 미수이자	2,000
• 이자수익	8,000

① ₩0

② ₩1,000

③ ₩3,000

④ ₩5,000

⑤ ₩8,000

키워드 직접법에 의한 각 수익계정의 구조 이해하기

풀이

<table>
<tr><th colspan="4">이자수익</th></tr>
<tr><td>기초미수이자</td><td>₩0</td><td>기초선수이자</td><td>₩1,000</td></tr>
<tr><td>기말선수이자</td><td>0</td><td>기말미수이자</td><td>2,000</td></tr>
<tr><td>손 익</td><td>8,000</td><td>현 금</td><td>(5,000)</td></tr>
<tr><td></td><td>₩8,000</td><td></td><td>₩8,000</td></tr>
</table>

정답 ④

24 (주)한국은 20×1년 9월 1일에 건물에 대한 12개월분 보험료 ₩60,000을 지급하고 차변에 '보험료 ₩60,000'으로 분개하였다. 20×1년 12월 31일에 필요한 수정분개는? 제16회

	차변		대변	
①	선급보험료	₩20,000	보험료	₩20,000
②	보험료	₩20,000	선급보험료	₩20,000
③	선급보험료	₩40,000	보험료	₩40,000
④	보험료	₩40,000	선급보험료	₩40,000
⑤	선급보험료	₩60,000	보험료	₩60,000

키워드 보험료의 미경과(선급)액 계산 시 비용처리법 이해하기

풀이
- 보험료(60,000) ÷ 12개월 = ₩5,000(1개월)
- 경과분: 4개월 × 5,000 = ₩20,000(보험료)
- 미경과분: 8개월 × 5,000 = ₩40,000(선급보험료)

정답 ③

25 (주)한국은 20×1년 10월 1일에 사무실을 임대하고, 1년분 임대료로 ₩1,200을 현금 수취하여 이를 전액 수익으로 처리하였다. 기말수정분개가 정상적으로 처리되었을 때, 동 사무실 임대와 관련하여 수익에 대한 마감분개로 옳은 것은? 제26회 수정

	차변		대변	
① 임 대 료	₩300	집 합 손 익	₩300
② 집 합 손 익	₩900	임 대 료	₩900
③ 선 수 임 대 료	₩300	임 대 료	₩300
④ 임 대 료	₩900	선 수 임 대 료	₩900
⑤ 차 기 이 월	₩900	선 수 임 대 료	₩900

키워드 수익비용의 마감 이해하기

풀이
- 1년분 임대료 ₩1,200 중 당기분(임대료) ₩300 차기분(선수임대료) ₩900이다.
- 현금 수취 시: (차) 현금 1,200 (대) 임대료 1,200
- 기말수정분개: (차) 임대료 900 (대) 선수임대료 900
- 기말마감분개는 당기에 속하는 임대료를 집합손익으로 대체한다.
- 기말마감분개: (차) 임대료 300 (대) 집합손익 300

정답 ①

26 (주)한국은 11월 1일에 건물의 화재보험료 6개월분 ₩1,200을 현금 지급하고 전액 비용으로 처리하였다. 기말보험료계정 마감분개로 옳은 것은?

	차변		대변	
① 보 험 료	₩800	집 합 손 익	₩800
② 집 합 손 익	₩400	보 험 료	₩400
③ 선 급 보 험 료	₩800	보 험 료	₩800
④ 보 험 료	₩400	선 급 보 험 료	₩400
⑤ 차 기 이 월	₩400	보 험 료	₩400

키워드 수익비용의 마감 이해하기

풀이
- 6개월분 보험료 ₩1,200 중 당기분(보험료) ₩400 차기분(선급보험료) ₩800이다.
- 현금 지급 시: (차) 보험료 1,200 (대) 현금 1,200
- 기말수정분개: (차) 선급보험료 800 (대) 보험료 800
- 기말마감분개는 당기에 속하는 보험료를 집합손익으로 대체한다.
- 기말마감분개: (차) 집합손익 400 (대) 보험료 400

정답 ②

27 (주)한국의 20×1년 초 미지급임차료계정 잔액은 ₩1,500이었다. 20×1년 말 수정 후 시산표상 임차료 관련 계정 잔액이 다음과 같을 때, (주)한국이 임차와 관련하여 20×1년도에 지급한 현금총액은?

제21회

• 임차료	₩12,000
• 선급임차료	300

① ₩12,300 ② ₩12,800

③ ₩13,500 ④ ₩13,800

⑤ ₩14,300

키워드 수익·비용계정 이해하기

풀이

임차료(비용)

기 말 미 지 급	₩0	기 초 미 지 급	₩1,500
기 초 선 급	0	기 말 선 급	300
현 금 지 급	(13,800)	손익(임차료)	12,000
	₩13,800		₩13,800

정답 ④

28 (주)한국의 기초와 기말재무상태표에 계상되어 있는 미수임대료와 선수임대료 잔액은 다음과 같다.

구분	기초	기말
미수임대료	₩500	₩0
선수임대료	600	200

현금흐름표의 현금 유입이 ₩800일 경우 당기 포괄손익계산서의 임대료는?

① ₩500 ② ₩600

③ ₩700 ④ ₩800

⑤ ₩900

키워드 수익계정의 구조 이해하기

풀이

임대료

미 수 기 초	₩500	미 수 기 말	₩0
선 수 기 말	200	선 수 기 초	600
손 익	(700)	현 금 유 입	800
	₩1,400		₩1,400

정답 ③

29 (주)한국은 20×1년 초 공장 신축공사(공사기간 3년, 계약금액 ₩9,000,000)를 수주하였으며, 공사 관련 자료는 다음과 같다. (주)한국이 20×2년도에 인식할 공사이익은? (단, 수익은 진행기준으로 인식하며, 진행률은 발생한 누적계약원가에 기초하여 측정한다)

구분	20×1년	20×2년	20×3년
발생 누적계약원가	₩700,000	₩4,200,000	₩7,000,000
추가 소요예정원가	6,300,000	2,800,000	–

① ₩1,000,000
② ₩1,100,000
③ ₩1,200,000
④ ₩1,400,000
⑤ ₩1,450,000

키워드 건설계약 이해하기

풀이
- 20×1년 진행률: $\dfrac{700,000}{7,000,000} = 0.1(10\%)$
- 20×1년 공사수익: $9,000,000 \times 10\% = ₩900,000$
- 20×1년 공사이익: $900,000 - 700,000 = ₩200,000$
- 20×2년 진행률: $\dfrac{4,200,000}{7,000,000} = 0.6(60\%)$
- 20×2년 공사수익: $(9,000,000 \times 60\%) - 900,000 = ₩4,500,000$
- 20×2년 공사이익: $4,500,000 - 3,500,000 = ₩1,000,000$

정답 ①

30 (주)관세는 20×1년 초에 (주)세관과 공장건설계약을 체결하였다. 총공사계약금액은 ₩100,000이며, 공사가 완성된 20×3년 말까지 건설공사와 관련된 자료는 다음과 같다. (주)관세는 진행기준을 적용하여 수익을 인식하며, 공사 진행률은 누적발생공사원가에 기초하여 측정한다. 20×2년에 인식해야 할 공사손익은? 2015년 관세사

구분	20×1년	20×2년	20×3년
당기 발생 공사원가	₩20,000	₩35,000	₩55,000
추정 총공사원가	100,000	110,000	110,000
공사대금 청구액	35,000	35,000	30,000
공사대금 회수액	30,000	30,000	40,000

① 공사이익 ₩10,000
② 공사손실 ₩10,000
③ 공사이익 ₩5,000
④ 공사손실 ₩5,000
⑤ 공사이익 ₩20,000

키워드 용역제공(건설계약) 이해하기

풀이
- 20×1년 진행률: $\dfrac{20,000}{100,000} = 0.2(20\%)$

- 20×1년 공사수익: 100,000 × 20% = ₩20,000

- 20×1년 공사이익: 20,000 − 20,000 = ₩0

- 20×2년 진행률은 총계약원가가 총계약수익을 초과하므로 진행기준을 적용하지 않고 예상되는 손실과 전기분 이익의 합계액을 당기손실로 인식한다.

- 20×2년 공사손익: 100,000 − 110,000 = ₩10,000 손실

정답 ②

31 (주)한국이 20×1년 수주하여 20×3년 완공한 건설공사에 관한 자료이다.

구분	20×1년	20×2년	20×3년
당기 발생 계약원가	₩20억	₩40억	₩60억
총계약원가추정액	80억	100억	120억
계약대금 청구	30억	40억	50억
계약대금 회수	20억	30억	70억

이 건설계약의 최초 계약금액은 ₩100억이었으나, 20×2년 중 설계변경과 건설원가 상승으로 인해 계약금액이 ₩120억으로 변경되었다. (주)한국이 20×2년에 인식할 계약손익은? (단, 진행률은 누적발생계약원가를 총계약원가추정액으로 나누어 계산한다)

① ₩5억 손실　　　　　　② ₩3억 손실
③ ₩3억 이익　　　　　　④ ₩7억 이익
⑤ ₩6억 이익

키워드 건설계약 계약금액(총수익)의 변경 이해하기

풀이
- 20×1년 진행률: $\dfrac{20억}{80억} = 0.25(25\%)$

- 20×1년 공사수익: 100억 × 25% = ₩25억

- 20×1년 공사이익: 25억 − 20억 = ₩5억

- 20×2년 진행률: $\dfrac{60억}{100억} = 0.6(60\%)$

- 20×2년 공사수익: (120억 × 60%) − 25억 = ₩47억

- 20×2년 공사이익: 47억 − 40억 = ₩7억 이익

정답 ④

32 (주)한국은 20×1년 1월 1일 교량 건설계약을 수주하였다. 동 건설계약과 관련된 자료는 다음과 같으며, 발생원가에 기초하여 진행률을 계산할 경우, 20×2년 (주)한국이 인식할 공사손익은?

구분	20×1년	20×2년	20×3년
• 계약수익: ₩2,000,000			
• 공사기간: 20×1년 1월 1일 ~ 20×3년 12월 31일			
• 공사원가			
총공사예정원가	₩1,800,000	₩2,100,000	₩2,100,000
당기 공사원가	540,000	720,000	840,000

① ₩150,000 공사손실 ② ₩150,000 공사이익

③ ₩160,000 공사이익 ④ ₩120,000 공사손실

⑤ ₩160,000 공사손실

키워드 건설계약 공사손실 이해하기

풀이
- 20×1년 진행률: $\dfrac{540,000}{1,800,000} = 0.3(30\%)$

- 공사수익: 2,000,000 × 30% = ₩600,000
- 공사이익: 600,000 − 540,000 = ₩60,000
- 20×2년 공사손익: 총공사손실(2,100,000 − 2,000,000) + 20×1년 공사이익(60,000)
  = ₩160,000 손실

정답 ⑤

고난도

33 (주)감평은 20×1년 중 (주)한국이 주문한 맞춤형 특수기계를 ₩10,000에 제작하는 계약을 체결하였다. 20×1년에 발생한 제작원가는 ₩2,000이고, 추정 총원가는 ₩8,000이다. 20×2년에 설계변경이 있었고, 이로 인한 원가상승을 반영하여 계약금액을 ₩12,000으로 변경하였다. 20×2년에 발생한 제작원가는 ₩4,000이고, 추정 총원가는 ₩10,000이다. 이 기계는 20×3년 3월 31일에 완성되었다. 원가기준 투입법으로 진행률을 측정할 때 (주)감평이 동 계약과 관련하여 20×2년도에 인식할 이익은?

2019년 감평사

① ₩300 ② ₩400

③ ₩500 ④ ₩600

⑤ ₩700

키워드 건설계약의 원가율과 공사이익 이해하기

풀이
- 20×1년 말 진행률: $\dfrac{2,000}{8,000}$ = 0.25(25%)

- 20×1년 말 공사수익: 10,000 × 25% = ₩2,500

- 20×1년 말 공사이익: 2,500 − 2,000 = ₩500

- 20×2년 말 진행률: $\dfrac{6,000}{10,000}$ = 0.6(60%)

- 20×2년 말 공사수익: (12,000 × 60%) − 2,500 = ₩4,700

- 20×2년 말 공사이익: 4,700 − 4,000 = ₩700

TIP 계약금액이 변경된 경우 변경된 연도부터 적용한다.

정답 ⑤

---

34 건설업을 영위하는 (주)한국은 20×1년 초 (주)대한과 공장건설을 위한 건설계약을 ₩1,200,000에 체결하였다. 총공사기간이 계약일로부터 3년일 때, (주)한국의 20×1년 공사이익과 미청구공사 또는 초과청구공사는? (단, 동 건설계약의 수익은 진행기준으로 인식하며, 발생한 누적계약원가를 기준으로 진행률을 계산한다)

구분	20×1년	20×2년	20×3년
실제 계약원가 발생액	₩200,000	₩400,000	₩300,000
연도 말 예상 추가계약원가	600,000	300,000	−
공사대금 청구	350,000	450,000	400,000

	공사이익	대금 청구
①	₩100,000	₩50,000
②	₩100,000	₩(50,000)
③	₩150,000	₩(40,000)
④	₩150,000	₩40,000
⑤	₩300,000	₩(350,000)

키워드 건설계약 공사이익 이해하기

풀이
- 20×1년 말 진행률: $\dfrac{200,000}{800,000}$ = 0.25(25%)

- 20×1년 말 공사수익: 1,200,000 × 25% = ₩300,000

- 20×1년 말 공사이익: 300,000 − 200,000 = ₩100,000

- 20×1년 말 초과청구공사: 공사수익(300,000) − 청구액(350,000) = −₩50,000

정답 ②

35 (주)한국은 20×1년 초에 설립되었으며 다음은 법인세와 관련된 자료이다. 20×1년 말 재무상태표에 계상될 이연법인세자산(부채)은 얼마인가? [단, 이연법인세자산(또는 부채)의 인식조건은 충족된다]

> - 20×1년도 법인세차감전순이익이 ₩150,000이다.
> - 세무조정 결과 회계이익과 과세소득의 차이로 인해 일시적으로 차감할 차이는 ₩20,000 이고, 기부금 한도초과액은 ₩8,000이다.
> - 법인세 세율은 30%이며, 차기의 법인세율은 20%로 예상된다.

① 이연법인세자산 ₩4,000

② 이연법인세자산 ₩6,000

③ 이연법인세부채 ₩4,000

④ 이연법인세부채 ₩6,000

⑤ 이연법인세자산 ₩2,000

키워드 이연법인세 자산과 부채의 계산 이해하기

풀이 • 이연법인세는 일시적 차이만 계산하고, 기부금 한도초과액 ₩8,000은 제외한다.

• 차감할 일시적 차이는 이연법인세자산으로 20,000 × 20% = ₩4,000이다.

• 가산할 일시적 차이는 이연법인세부채로 계상한다. 다만, 세율은 미래세율을 적용한다.

정답 ①

▶ **연계학습** | 에듀윌 기본서 1차 [회계원리 上] p.502

01 회계추정의 변경에 해당하지 않는 것은? 제15회

① 유형자산의 잔존가치를 취득원가의 10%에서 5%로 변경하는 경우
② 유형자산의 내용연수를 5년에서 10년으로 변경하는 경우
③ 유형자산의 감가상각방법을 정률법에서 정액법으로 변경하는 경우
④ 제품보증충당부채의 적립비율을 매출액의 1%에서 2%로 변경하는 경우
⑤ 재고자산의 단위원가 결정방법을 선입선출법에서 총평균법으로 변경하는 경우

> **키워드** 회계변경 중 정책의 변경과 추정의 변경 이해하기
>
> **풀이** 재고자산의 단위원가 결정방법을 선입선출법에서 총평균법으로 변경하는 것은 회계정책의 변경에 해당한다.
>
> 정답 ⑤

02 회계변경 및 오류수정에 관한 설명으로 옳지 않은 것은? 제13회

① 과거의 합리적 추정 이후에 새로운 정보추가로 수정되는 것은 오류수정이 아니다.
② 거래의 실질이 다른 거래에 대해 다른 회계정책을 적용하는 것은 회계정책의 변경이다.
③ 측정기준의 변경은 회계정책의 변경이다.
④ 자산으로 처리해야 할 항목을 비용 처리한 것은 오류에 해당된다.
⑤ 감가상각자산의 추정내용연수가 변경되는 경우 그 변경 효과는 전진적으로 인식한다.

> **키워드** 회계변경 중 정책의 변경과 추정의 변경 이해하기
>
> **풀이** 거래의 실질이 다른 거래에 대해 다른 회계정책을 적용하는 것은 올바른 회계처리이다. 만약 거래의 실질이 다른 거래에 대하여 동일한 회계정책을 적용하면 거래의 실질을 반영하지 못하는 결과가 된다. 모든 거래는 그 실질에 따라 합리적인 방법을 선택하여야 한다.
>
> 정답 ②

03 다음 중 회계변경 및 오류수정에 관한 설명으로 옳은 것은?

① 거래, 기타 사건 또는 상황에 대하여 구체적으로 적용할 수 있는 한국채택국제회계기준이 없는 경우, 경영진은 판단에 따라 회계정책을 개발 및 적용하여 회계정보를 작성할 수 없다.
② 회계정책의 변경과 회계추정의 변경을 구분하는 것이 어려운 경우에는 이를 회계추정의 변경으로 보아 전진 적용한다.
③ 당기에 미치는 추정변경의 효과는 당기손익으로 인식하고, 미래기간에 미치는 추정변경의 효과는 기타포괄손익으로 인식한다.
④ 우발상황의 결과에 따라 인식되는 손익은 오류수정에 해당한다.
⑤ 측정기준의 변경은 회계추정의 변경에 해당한다.

키워드 회계변경 및 오류수정 이해하기
풀이 ① 거래, 기타 사건 또는 상황에 대하여 구체적으로 적용할 수 있는 한국채택국제회계기준이 없는 경우, 경영진은 판단에 따라 회계정책을 개발 및 적용하여 회계정보를 작성할 수 있다.
③ 당기에 미치는 추정변경의 효과는 당기손익으로 인식하고, 미래기간에 미치는 추정변경의 효과는 미래기간의 손익으로 인식한다.
④ 우발상황의 결과에 따라 인식되는 손익은 오류수정에 해당하지 않는다.
⑤ 측정기준의 변경은 회계정책의 변경에 해당한다.

정답 ②

04 다음 중 회계변경과 오류수정에 대한 한국채택국제회계기준의 내용으로 옳지 않은 것은?

제11회 수정

① 회계추정의 변경은 전진법으로 처리하고, 회계정책의 변경은 소급법으로 처리함을 원칙으로 한다.
② 현금기준으로 회계처리한 것을 발생기준으로 변경하는 것은 오류수정에 해당한다.
③ 회계정책의 변경효과와 회계추정의 변경효과로 구분이 불가능한 경우에는 회계추정의 변경으로 본다.
④ 감가상각대상자산의 내용연수 변경은 회계추정의 변경이다.
⑤ 회계변경은 기업이 회계정책을 선택할 수 있으므로 변경의 정당성을 꼭 입증할 필요는 없다.

키워드 회계변경 중 정책의 변경과 추정의 변경 이해하기
풀이 회계변경은 기업이 회계정책을 선택할 수 있으나, 변경의 정당성을 입증하여야 한다.

정답 ⑤

05 회계정책, 회계추정의 변경 및 오류에 관한 설명으로 옳은 것은?　　　2017년 감평사

① 측정기준의 변경은 회계정책의 변경이 아니라 회계추정의 변경에 해당한다.

② 회계추정의 변경효과를 전진적으로 인식하는 것은 추정의 변경을 그것이 발생한 시점 이후부터 거래, 기타 사건 및 상황에 적용하는 것을 말한다.

③ 과거에 발생한 거래와 실질이 다른 거래, 기타 사건 또는 상황에 대하여 다른 회계정책을 적용하는 경우에도 회계정책의 변경에 해당한다.

④ 과거기간의 금액을 수정하는 경우 과거기간에 인식, 측정, 공시된 금액을 추정함에 있어 사후에 인지된 사실을 이용할 수 있다.

⑤ 회계정책의 변경과 회계추정의 변경을 구분하는 것이 어려운 경우에는 이를 회계정책의 변경으로 본다.

키워드 회계변경의 정의 이해하기

풀이 ① 측정기준의 변경은 회계정책의 변경에 해당한다.

③ 과거에 발생한 거래와 실질이 다른 거래, 기타 사건 또는 상황에 대하여 다른 회계정책을 적용하는 경우에도 회계정책의 변경에 해당하지 않는다.

④ 과거기간의 금액을 수정하는 경우 과거기간에 인식, 측정, 공시된 금액을 추정함에 있어 사후에 인지된 사실을 이용할 수 없다.

⑤ 회계정책의 변경과 회계추정의 변경을 구분하는 것이 어려운 경우에는 이를 회계추정의 변경으로 본다.

정답 ②

06 회계정책, 회계추정의 변경 및 오류에 대한 다음 설명 중 옳지 않은 것은?

2018년 회계사 수정

① 전기오류의 수정은 오류가 발견된 기간의 당기손익으로 보고한다.

② 전기오류는 특정기간에 미치는 오류의 영향이나 오류의 누적효과를 실무적으로 결정할 수 없는 경우를 제외하고는 소급재작성에 의하여 수정한다.

③ 회계정책의 변경과 회계추정의 변경을 구분하는 것이 어려운 경우에는 회계추정의 변경으로 본다.

④ 과거에 발생한 거래와 실질이 다른 거래, 기타 사건 또는 상황에 대하여 다른 회계정책을 적용하는 경우는 회계정책의 변경에 해당하지 아니한다.

⑤ 과거에 발생하였지만 중요하지 않았던 거래, 기타 사건 또는 상황에 대하여 새로운 회계정책을 적용하는 경우는 회계정책의 변경에 해당하지 않는다.

키워드 오류수정 이해하기

풀이 전기오류의 수정은 오류가 발견된 기간의 당기손익으로 보고하지 않는다.

정답 ①

---

07 (주)한국은 20×1년 초 업무용 차량을 ₩2,000,000에 취득하였다. 구입 당시에 동 차량의 내용연수는 5년이고 잔존가치는 ₩200,000으로 추정되었다. 감가상각방법으로서 연수합계법을 사용하여 왔으나 20×4년 초에 정액법으로 변경하고, 잔존내용연수는 4년 재추정되었고 동일 시점에 잔존가치를 ₩40,000으로 변경하였다. 20×4년도 포괄손익계산서상 감가상각비는?

① ₩120,000

② ₩130,000

③ ₩140,000

④ ₩150,000

⑤ ₩160,000

키워드 유형자산의 감가상각 이해하기

풀이
- 20×3년 말 장부금액: $2,000,000 - (1,800,000 \times \frac{12}{15}) = ₩560,000$
- 20×4년 말 감가상각비: $(560,000 - 40,000) \div 4년 = ₩130,000$

정답 ②

08 (주)대한은 20×1년 초에 기계설비 ₩5,000,000(내용연수 8년, 잔존가치 ₩1,000,000)을 취득하였다. 20×3년 초 이 기계설비에 대해 부속장치 설치를 위한 ₩2,500,000의 추가적 지출(자산인식요건 충족함)이 있었으며, 이로 인하여 총 내용연수는 12년, 잔존가치는 ₩1,500,000으로 변경되었다. 감가상각방법으로 정액법을 적용할 경우 20×3년 말에 인식해야 할 장부금액은?

① ₩6,500,000
② ₩5,800,000
③ ₩6,000,000
④ ₩6,600,000
⑤ ₩5,000,000

키워드 감가상각방법의 추정의 변경 이해하기

풀이
- 20×3년 초 장부금액: $5,000,000 - (\dfrac{5,000,000 - 1,000,000}{8년} \times 2년) + 2,500,000$

$= ₩6,500,000$

- 20×3년 말 감가상각비: $\dfrac{6,500,000 - 1,500,000}{8년 - 2년 + 4년} = ₩500,000$

- 20×3년 말 장부금액: $6,500,000 - 500,000 = ₩6,000,000$

TIP 사용한 기간까지 감가상각을 진행한 후 계산한다.

정답 ③

09 (주)대한은 20×1년 초에 기계를 ₩500,000에 취득하였다. 내용연수는 5년이며, 잔존가치는 ₩50,000이다. 20×3년 초 이 기계에 ₩80,000의 부속장치를 설치하였다. 이로 인하여 기계의 잔존내용연수는 2년 증가하였고, 잔존가치는 ₩70,000으로 증가되었다. 감가상각방법은 정액법에서 연수합계법을 사용할 경우, 20×3년 말에 이 기계의 감가상각비로 계상해야 하는 금액은?

① ₩100,000
② ₩165,000
③ ₩110,000
④ ₩80,000
⑤ ₩125,000

키워드 감가상각방법의 추정의 변경 이해하기

풀이
- 20×3년 초 장부금액: $500,000 - (\dfrac{500,000 - 50,000}{5년} \times 2년) + 80,000 = ₩400,000$

- 20×3년 감가상각비: $(400,000 - 70,000) \times \dfrac{5}{15} = ₩110,000$

정답 ③

PART 1

10 (주)한국은 20×1년 10월 초 기계장치(잔존가치 ₩1,000, 내용연수 5년, 연수합계법 상각)를 ₩16,000에 구입함과 동시에 사용하였다. (주)한국은 20×3년 초 동 기계장치에 대하여 ₩5,000을 지출하였는데, 이 중 ₩3,000은 현재의 성능 유지를 위한 지출에 해당하고, ₩2,000은 생산능력을 증가시키는 지출로 자산의 인식조건을 충족한다. 동 지출에 대한 회계처리 반영 후, 20×3년 초 기계장치의 장부금액은? (단, 원가모형을 적용하며, 감가상각은 월할 계산한다) 제24회 수정

① ₩12,600   ② ₩12,000

③ ₩13,000   ④ ₩15,000

⑤ ₩12,500

> **키워드** 유형자산의 추가적 지출 이해하기
>
> **풀이** • 현재의 성능 유지를 위한 지출은 비용이고 생산능력을 증가시키는 지출은 장부금액에 포함한다.
>
> • 20×2년 말 감가상각누계액: $\{(16,000 - 1,000) \times \frac{5}{15}\} + \{(16,000 - 1,000) \times \frac{4}{15} \times \frac{3}{12}\}$
>
> $= ₩6,000$
>
> • 20×3년 초 장부금액: $16,000 - 6,000 + 2,000 = ₩12,000$
>
> **TIP** 현재의 성능을 유지하기 위한 지출은 비용이다.

정답 ②

11 (주)한국은 20×1년 7월 초 설비자산(내용연수 4년, 잔존가치 ₩2,000, 연수합계법으로 감가상각)을 ₩20,000에 취득하였다. 20×3년 초 ₩10,000을 지출하여 설비자산의 내용연수를 6개월 더 연장하고, 잔존내용연수는 3년으로 재추정되었으며 잔존가치는 변화가 없다. 20×3년 말 감가상각 후 설비자산을 ₩15,000에 처분하였을 때 포괄손익계산서에 인식할 당기손익은? (단, 감가상각은 월할 상각하며, 원가모형을 적용한다)

① ₩6,050 감소   ② ₩3,950 감소

③ ₩5,100 감소   ④ ₩9,050 감소

⑤ ₩13,000 감소

> **키워드** 회계추정의 변경 이해하기
>
> **풀이** • 20×3년 초 장부금액: $10,100[= 20,000 - (18,000 \times \frac{5.5}{10})] + 10,000 = ₩20,100$
>
> • 20×3년 말 감가상각: $(20,100 - 2,000) \times \frac{3}{6} = ₩9,050$
>
> • 20×3년 말 장부금액: $20,100 - 9,050 = ₩11,050$
>
> • 20×3년 말 처분이익: $15,000 - 11,050 = ₩3,950$
>
> • 20×3년 말 당기손익: 감가상각(9,050) − 처분이익(3,950) = ₩5,100 감소

정답 ③

12 실지재고조사법을 사용하는 기업이 당기 중 상품 외상매입에 대한 회계처리를 누락하였다. 기말 현재 동 매입채무는 아직 상환되지 않았다. 기말실지재고조사에서는 이 상품이 포함되었다. 외상매입에 대한 회계처리 누락의 영향으로 옳은 것은?   제14회

	자산	부채	자본	당기순이익
①	과소	과소	영향없음	영향없음
②	과소	과소	과대	과대
③	과소	과소	영향없음	과소
④	영향없음	영향없음	영향없음	영향없음
⑤	영향없음	과소	과대	과대

키워드 기말재고와 매입의 오류에 미치는 영향 이해하기
풀이 (차) 매   입   ×××   (대) 외 상 매 입 금   ×××
위의 분개가 누락되었으므로 매입의 누락으로 매출원가의 과소, 매출이익의 과대, 부채의 누락으로 부채의 과소, 자본의 과대, 자산은 불변의 영향이 있다.

정답 ⑤

13 (주)한국은 20×1년 기말재고자산(상품) ₩1,000을 과대계상하였다. 해당 오류가 향후 밝혀지지 않을 경우, 다음 설명 중 옳지 않은 것은?   제24회 수정

① 20×1년 매출원가는 ₩1,000 과대계상 된다.
② 20×1년 영업이익은 ₩1,000 과대계상 된다.
③ 20×2년 기초재고자산은 ₩1,000 과대계상 된다.
④ 20×2년 매출원가는 ₩1,000 과대계상 된다.
⑤ 누락된 기말재고자산이 20×2년 중 판매되었다면, 20×3년 매출총이익은 영향이 없다.

키워드 재고자산의 오류 이해하기
풀이 • 20×1년 기말재고의 과대계상 ⇨ 20×2년 기초재고의 과대계상
   - 20×1년: 기말재고자산 과대
      ⇨ 매출원가 과소계상, 영업이익(매출이익) 과대계상
   - 20×2년: 기초재고자산 과대
      ⇨ 매출원가 과대계상, 영업이익(매출이익) 과소계상
   - 20×3년: 영향 없음

정답 ①

14 (주)한국은 20×1년 12월분 임대료 ₩1,000이 발생하였으나 수정분개를 누락하였다. 20×2년 1월에 현금으로 받아 20×2년 수익으로 인식하였다. 이러한 회계처리가 20×1년 재무제표에 미치는 영향으로 옳지 않은 것은?

① 20×1년 말 자산은 ₩1,000 과소계상 되었다.

② 20×1년 말 부채에는 영향 없다.

③ 위의 분개는 시산표 합계에 영향을 주지 않는다.

④ 20×1년 말 자본은 ₩1,000 과소계상 되었다.

⑤ 20×1년 수익은 ₩1,000 과소계상 되었다.

키워드 오류가 재무제표에 미치는 영향 이해하기

풀이 • 20×1년 회계처리 누락

(차) 미 수 임 대 료   1,000   (대) 임   대   료   1,000

⇨ 수익 과소계상, 자산 과소계상, 순이익 과소계상, 자본 과소계상, 부채 영향없음

• 시산표의 차변합계와 대변합계가 ₩1,000 증가한다.

정답 ③

15 (주)한국은 20×1년 4월 1일 향후 1년 간 (주)서울에게 토지를 임대하고 1년분 ₩1,200 (1개월 ₩100)을 현금으로 받아 부채로 회계처리하였다. 이 거래와 관련하여 (주)한국이 20×1년 말에 수정분개를 하지 않았을 경우, 기말재무제표에 미치는 영향으로 옳지 않은 것은?

① 부채가 ₩900 과대계상 된다.

② 자산에 미치는 영향은 없다.

③ 자본이 ₩900 과소계상 된다.

④ 수익이 ₩900 과대계상 된다.

⑤ 순이익이 ₩900 과소계상 된다.

키워드 수익·비용이연과 예상 이해하기

풀이 • 4/1 현금 수취 시: (차)현   금   1,200   (대) 선 수 임 대 료   1,200

• 기말수정분개 시: (차) 선 수 임 대 료   900   (대) 임   대   료   900

• 현금으로 수취한 선수임대료 1년분 ₩1,200 중 9개월분(₩900)은 당기수익이고, 3개월분(₩300)은 차기분으로 선수임대료이다. 이때 9개월분(₩900) 임대료수익의 회계처리가 누락되었으므로 수익이 ₩900 과소계상 된다.

정답 ④

16 (주)한국은 20×1년 10월 1일 건물을 임차하고 1년분 임차료 ₩30,000을 전액 현금 지급하면서 임차료(비용)로 회계처리하였다. 동 거래와 관련하여 (주)한국이 20×1년 말에 수정분개를 하지 않았을 경우, 재무상태표에 미치는 영향은? 제24회 수정

	자산	부채	자본
①	₩7,500(과대)	영향 없음	₩7,500(과대)
②	₩7,500(과대)	₩7,500(과대)	영향 없음
③	₩22,500(과소)	영향 없음	₩22,500(과소)
④	₩22,500(과대)	₩22,500(과대)	영향 없음
⑤	영향 없음	₩22,500(과소)	₩22,500(과대)

키워드 기말수정분개의 영향 이해하기

풀이
- 10/1 현금 지급 시: (차) 임   차   료 ₩30,000   (대) 현   금 ₩30,000
- 기말수정분개 시: (차) 선 급 임 차 료 ₩22,500   (대) 임   차   료 ₩22,500
- 현금으로 지급한 임차료 1년분 ₩30,000 중 3개월분(₩7,500)은 당기비용이고, 9개월분(₩22,500)은 차기분으로 선급임차료이다. 이때 9개월분(₩22,500) 선급비용인 자산의 회계처리가 누락되었으므로, 자산은 ₩22,500 과소계상 되고, 부채는 영향이 없고, 자본은 ₩22,500 과소계상 된다. 따라서 비용이 과대계상되어 순이익이 ₩22,500 과소계상 된다.

정답 ③

17 (주)한국의 20×1년 말 결산 시 당기순이익 ₩100,000이 산출되었으나, 다음과 같은 사항이 누락되었다. 누락 사항을 반영할 경우의 당기순이익은? (단, 법인세는 무시한다)

> • 당기 초 소모품 ₩10,000을 구입하여 비용으로 처리하였고 기말 현재 소모품 중 ₩2,000이 남아있다.
> • 20×1년 7월 1일에 현금 ₩100,000을 은행에 예금하였다(연 이자율 10%, 이자 지급일은 매년 6월 30일).
> • 20×1년도의 임차료 ₩2,000이 미지급 상태이다.

① ₩100,000

② ₩105,000

③ ₩101,000

④ ₩102,000

⑤ ₩95,000

키워드 순이익의 수정 이해하기

풀이
• 수정 전 순이익	₩100,000
• 소모품(미사용)	(+) 2,000
• 미수이자수익	(+) 5,000
• 미지급임차료	(−) 2,000
수정 후 순이익	₩105,000

정답 ②

18 (주)한국은 다음 거래를 누락한 상태에서 당기순이익을 ₩40,000으로 산정하였다. 다음 거래를 추가로 반영할 경우 포괄손익계산서상 당기순이익은? 2022년 공무원 수정

> • 미수이자수익 발생   ₩10,000
> • 선수수익의 수익실현   40,000
> • 매출채권의 현금 회수   20,000
> • 매입채무의 현금 상환   7,000
> • 미지급이자비용 발생   3,000

① ₩50,000   ② ₩87,000   ③ ₩90,000

④ ₩92,000   ⑤ ₩95,000

순이익에 미치는 영향 이해하기

• 수정분개의 결과 수익 or 비용이 대변이면 순이익에 (+), 차변이면 (−)이다.

• 수정 전 순이익   ₩40,000

(차) 미 수 이 자	10,000	(대) 이 자 수 익 10,000	(+) 10,000
(차) 선 수 수 익	40,000	(대) 수　　　익 40,000	(+) 40,000
(차) 현　　　금	20,000	(대) 매 출 채 권 20,000	0
(차) 매 입 채 무	7,000	(대) 현　　　금 7,000	0
(차) 이 자 비 용	3,000	(대) 미지급이자 3,000	(−) 3,000

• 수정 후 순이익   ₩87,000

정답 ②

---

19 (주)한국은 결산 결과 당기순이익 ₩5,000,000을 계상하였으나 다음과 같은 추가사항이 발견되었다. 당기순이익에 미치는 영향은?

- 임대료 미수액 ₩300,000 계상 누락
- 기말상품재고액 ₩800,000을 ₩80,000으로 계상
- 이자 선수액 ₩400,000 계상 누락
- 감가상각비 ₩700,000을 ₩900,000으로 오기

---

① ₩820,000 과소계상   ② ₩820,000 과대계상

③ ₩620,000 과소계상   ④ ₩620,000 과대계상

⑤ ₩420,000 과소계상

오류로 인해 당기순이익에 미치는 영향 이해하기

• 5,000,000 + 300,000 + 720,000 − 400,000 + 200,000 = ₩5,820,000

• 정확한 당기순이익은 ₩5,820,000이므로 ₩820,000이 과소계상 된다.

정답 ①

20 20×1년 말 (주)한국이 작성한 재무제표에서 다음과 같은 오류가 발견되었다. 이들 오류가 당기순이익에 미치는 영향은? 제15회

> • 선적지인도조건으로 매입하여 20×1년 말 운송 중인 상품 ₩600,000이 장부에 기록되지 않았으며, 기말재고자산에도 포함되지 않았다.
> • 20×1년 초 본사의 사무용 비품 ₩1,000,000(내용연수 5년, 잔존가치 없음)을 취득하면서 비용으로 처리하였다. 동 비품은 정액법으로 감가상각하여야 한다.

① ₩400,000 과소계상

② ₩800,000 과소계상

③ ₩1,000,000 과소계상

④ ₩1,400,000 과소계상

⑤ ₩1,600,000 과소계상

키워드 오류로 인해 당기순이익에 미치는 영향 이해하기

풀이 • 선적지인도조건으로 매입한 상품 ₩600,000이 장부에 기록되지 않았고 기말재고에도 포함되지 않았다면, 매입의 과소계상, 기말재고의 과소계상으로 순이익에는 영향을 주지 않는다.
• 비품 ₩1,000,000(내용연수 5년, 잔존가치 없음)을 취득하면서 비용으로 처리하였다면, 비용 ₩1,000,000이 과대계상 된다. 동 비품을 감가상각한다면, 감가상각비 ₩200,000이 계상되어 결국 비용 ₩800,000이 과대계상 되며 당기순이익은 ₩800,000 과소계상 된다.

정답 ②

21 (주)한국의 20×1년 말 결산수정사항 반영 전 당기순이익은 ₩1,070,000이었다. 다음 결산수정사항을 반영한 후의 당기순이익은? (단, 이자와 보험료는 월할 계산한다) 제19회

> • 20×1년 7월 1일 거래처에 현금 ₩200,000을 대여하면서 1년 후에 원금과 이자(연 9%)를 회수하기로 약정하였다.
> • 20×1년 12월 1일에 향후 1년치 보험료 ₩24,000을 현금으로 지급하면서 선급보험료로 회계처리하였다.

① ₩1,055,000

② ₩1,061,500

③ ₩1,077,000

④ ₩1,078,500

⑤ ₩1,081,000

결산수정사항 이해하기

풀이 • 미수이자의 계상: 200,000 × 9% × 6/12 = ₩9,000
• 보험료의 계상: 24,000 × 1/12 = ₩2,000
• 당기순이익: 1,070,000 + 9,000 − 2,000 = ₩1,077,000

정답 ③

22 (주)한국은 수정사항을 반영하기 전 법인세비용차감전순이익이 ₩100,000인 경우, 수정사항을 반영한 후의 법인세비용차감전순이익은? (단, 수정 전 시산표상 재평가잉여금과 기타포괄손익−공정가치 측정 금융자산평가손익의 잔액은 없다)

> • 선급보험료 ₩30,000 중 1/3의 기간이 경과하였다.
> • 대여금에 대한 이자발생액은 ₩20,000이다.
> • 미지급급여 ₩4,000이 누락되었다.
> • 자산재평가손실 ₩50,000이 누락되었다.
> • 기타포괄손익−공정가치 측정 금융자산평가이익 ₩16,000이 누락되었다.
> • 자기주식 처분이익 ₩30,000이 누락되었다.

① ₩56,000

② ₩66,000

③ ₩72,000

④ ₩102,000

⑤ ₩106,000

키워드 순이익의 수정 이해하기

풀이 • 수정분개

(차) 보 험 료	10,000	(대) 선 급 보 험 료	10,000 ⇨ 순이익 감소
(차) 미 수 이 자	20,000	(대) 이 자 수 익	20,000 ⇨ 순이익 증가
(차) 급 여	4,000	(대) 미 지 급 급 여	4,000 ⇨ 순이익 감소
(차) 재 평 가 손 실	50,000	(대) 유 형 자 산	50,000 ⇨ 순이익 감소

• 수정 후 순이익: 100,000 − 10,000 + 20,000 − 4,000 − 50,000 = ₩56,000
• 기타포괄손익−공정가치 측정 금융자산평가이익과 자기주식 처분이익은 당기손익에 영향을 주지 않는다.

TIP 법인세비용차감전순이익은 당기순이익과 같은 개념이다. 좋은 것은 더하고 나쁜 것은 뺀다.

정답 ①

23 (주)한국은 12월 말 결산법인이다. 다음의 기말수정분개가 (주)한국의 재무제표에 미치는 영향으로 옳은 것은? (단, 법인세는 무시한다)

> • 10월 1일에 1년간 보험료 ₩120,000을 현금으로 지급하면서 전액 보험료로 기록하였다.
> • 1월 2일에 소모품 ₩100,000을 구입하면서 전액 소모품(자산)으로 기록하였다. 기말에 실시한 결과 소모품은 ₩30,000으로 확인되었다.
> • 9월 1일에 1년간 건물 임대로 ₩60,000을 현금 수취하면서 전액 수익으로 기록하였다.

① 자산이 ₩90,000만큼 증가한다.
② 부채가 ₩20,000만큼 감소한다.
③ 비용이 ₩20,000만큼 감소한다.
④ 당기순이익이 ₩20,000만큼 증가한다.
⑤ 시산표 차변합계는 ₩40,000만큼 증가한다.

키워드 기말수정사항의 누락 이해하기

풀이
• 10월 1일: (차) 선 급 보 험 료　90,000　(대) 보　　　험　　　료　90,000
• 1월 2일: (차) 소 　모 　품 　비　70,000　(대) 소　　　모　　　품　70,000
• 9월 1일: (차) 임 　　대 　　료　40,000　(대) 선 수 임 대 료　40,000
① 자산이 ₩20,000만큼 증가한다.
② 부채가 ₩40,000만큼 증가한다.
④ 당기순이익이 ₩20,000만큼 감소한다.
⑤ 시산표 차변합계와 대변합계는 불변이다.

정답 ③

---

24 20×1년 12월분 관리직 종업원 급여 ₩500이 발생하였으나 장부에 기록하지 않았고, 이 금액을 20×2년 1월에 지급하면서 전액 20×2년 비용으로 인식하였다. 이러한 회계처리의 영향으로 옳지 않은 것은? (단, 20×1년과 20×2년에 동 급여에 대한 별도의 수정분개는 하지 않은 것으로 가정한다) 제25회

① 20×1년 비용 ₩500 과소계상
② 20×1년 말 자산에는 영향 없음
③ 20×1년 말 부채 ₩500 과소계상
④ 20×1년 말 자본 ₩500 과대계상
⑤ 20×2년 당기순이익에는 영향 없음

키워드 오류수정 이해하기

풀이 • 20×1년 회계처리 누락

(차) 급   여   ₩500   (대) 미 지 급 급 여   ₩500

⇨ 비용 과소계상, 부채 과소계상, 순이익 과대계상, 자본 과대계상, 자산 영향 없음

• 20×2년 급여 지급 분개

(차) 급   여   ₩500   (대) 현   금   ₩500

⇨ 20×1년 급여의 누락으로 20×2년 비용 과대계상, 순이익 과소계상

정답 ⑤

---

25 (주)한국이 20×1년에 발생한 거래 및 결산수정사항을 반영하여 회계처리하였을 때, 20×1년 당기순이익에 각각 미치는 영향은?

- 7월 1일 만기 1년의 정기예금 ₩100,000을 예치하였다. 연 이자율은 6%이며, 만기 시점에 이자를 받는다.
- 11월 1일에 창고를 1년간 임대하고, 임대료 ₩12,000을 현금으로 받아 수익으로 처리하였다.
- 종업원에 대한 12월분 급여 ₩2,000은 20×2년 1월에 지급하기로 하였다.

① ₩15,000 감소   ② ₩15,000 증가

③ ₩9,000 감소   ④ ₩9,000 증가

⑤ ₩11,000 증가

키워드 당기순이익에 미치는 영향 이해하기

풀이 • 7월 1일: (차) 미 수 이 자   3,000   (대) 이 자 수 익   3,000 (=100,000 × 6% × 6/12)

• 11월 1일: (차) 임 대 료 10,000   (대) 선수임대료 10,000 (차기 10개월분)

• 12월 31일: (차) 급   여 2,000   (대) 미지급급여   2,000 (12월분 급여)

• 순이익의 영향: 이자수익(3,000) − [임대료(10,000) + 급여(2,000)] = ₩9,000 감소

정답 ③

26 (주)한국은 20×1년 10월 1일 기계장치(잔존가치 ₩1,000, 내용연수 5년, 정액법 상각)를 ₩121,000에 현금으로 취득하면서 기계장치를 소모품비로 잘못 기입하였다. 20×1년 결산 시 장부를 마감하기 전에 동 오류를 확인한 경우, 필요한 수정분개는? (단, 원가모형을 적용하며, 감가상각은 월할 상각한다) 제21회

① (차) 기 계 장 치   ₩115,000   (대) 현   금   ₩115,000

② (차) 기 계 장 치   ₩121,000   (대) 현   금   ₩121,000

③ (차) 기 계 장 치   ₩115,000   (대) 소 모 품 비   ₩115,000
      감 가 상 각 비   6,000   감가상각누계액   6,000

④ (차) 기 계 장 치   ₩121,000   (대) 소 모 품 비   ₩121,000
      감 가 상 각 비   6,000   감가상각누계액   6,000

⑤ (차) 기 계 장 치   ₩121,000   (대) 소 모 품 비   ₩121,000
      감 가 상 각 비   24,000   감가상각누계액   24,000

키워드 오류수정 이해하기

풀이
- 오류분개: (차) 소 모 품 비   121,000   (대) 현   금   121,000
- 수정분개: (차) 기 계 장 치   121,000   (대) 소 모 품 비   121,000
- 감가상각: (차) 감 가 상 각 비   6,000   (대) 감 가 상 각 누 계 액   6,000
- 20×1년 말 감가상각비: $(121{,}000 - 1{,}000) \div 5년 \times \dfrac{3}{12} = ₩6{,}000$

정답 ④

고난도

27 (주)한국은 20×2년 장부마감 전 다음과 같은 중요한 오류를 발견하였다. 오류를 수정하기 전 20×2년의 당기순이익은 ₩900,000이다. 오류를 수정한 후의 당기순이익은? (단, 법인세 효과는 무시한다)

	20×1년	20×2년
• 기말재고자산	₩100,000 과대계상	₩120,000 과대계상
• 감가상각비	40,000 과소계상	40,000 과소계상

① ₩820,000   ② ₩840,000   ③ ₩960,000

④ ₩860,000   ⑤ ₩940,000

키워드 자동조정(기말재고)과 비자동조정(감가상각비)의 오류에 미치는 영향 이해하기

풀이

구분	당기순이익		이익잉여금
	20×1년	20×2년	
기말재고자산	₩100,000 과대	₩100,000 과소	–
	–	120,000 과대	120,000 과대
감가상각비	40,000 과대	40,000 과대	80,000 과대
계	₩140,000 과대	₩60,000 과대	₩200,000 과대

• 20×2년의 당기순이익이 실제보다 ₩60,000이 과대계상 되었으므로 정확한 당기순이익은 ₩840,000이다.

TIP 기말재고자산은 당기순이익과 비례하고 감가상각비와는 반비례한다.

정답 ②

28 (주)한국의 재무제표에는 다음과 같은 오류가 포함되어 있었다. 다음과 같은 오류로 말미암아 20×2년 말의 당기순이익과 이익잉여금이 과대(과소)계상되는 금액은?

	20×1년	20×2년
• 기말재고자산	₩3,000 과대계상	₩1,000 과소계상
• 감가상각비	2,500 과대계상	800 과소계상

	당기순이익	이익잉여금
①	₩3,200 과소계상	₩1,700 과소계상
②	₩3,200 과대계상	₩2,700 과대계상
③	₩3,200 과소계상	₩2,700 과소계상
④	₩1,700 과소계상	₩1,700 과대계상
⑤	₩1,700 과소계상	₩1,700 과소계상

키워드 자동조정(기말재고)과 비자동조정(감가상각비)의 오류에 미치는 영향 이해하기

풀이

구분	당기순이익		이익잉여금
	20×1년	20×2년	
기말재고자산	₩3,000 과대	₩3,000 과소	–
	–	1,000 과소	₩1,000 과소
감가상각비	2,500 과소	800 과대	1,700 과소
계	₩500 과대	₩3,200 과소	₩2,700 과소

정답 ③

29 (주)감평의 20×1년도 회계오류 수정 전 법인세비용차감전순이익은 ₩500,000이다. 오류수정과 관련된 자료는 다음과 같다.

구분	20×0년	20×1년
기말재고자산 과대(과소)계상	₩12,000 과소	₩5,000 과대
선급비용을 당기비용으로 처리	4,000	3,000

회계오류 수정 후 (주)감평의 20×1년도 법인세비용차감전순이익은? 2019년 감평사

① ₩476,000

② ₩482,000

③ ₩486,000

④ ₩488,000

⑤ ₩492,000

키워드 자동조정과 비자동조정의 오류에 미치는 영향 이해하기

풀이

구분	20×0년	20×1년	합계
기말재고자산 과대(과소)계상	₩12,000 과소	₩12,000 과대	–
	–	5,000 과대	₩5,000 과대
선급비용을 당기비용으로 처리	4,000 과소	4,000 과대	–
	–	3,000 과소	3,000 과소
계	₩16,000 과소	₩18,000 과대	₩2,000 과대

• 정확한 순이익: 500,000 − 18,000 = ₩482,000

정답 ②

30 (주)서울은 20×1년과 20×2년에 당기순이익으로 각각 ₩1,000,000과 ₩2,000,000을 보고하였다. 그러나 20×1년과 20×2년의 당기순이익에는 다음과 같은 중요한 오류가 포함되어 있었다. 이러한 오류가 20×1년과 20×2년의 당기순이익에 미친 영향으로 가장 옳은 것은? 2018년 공무원 수정

	20×1년	20×2년
• 감가상각비	₩100,000 과대계상	₩200,000 과대계상
• 기말선급보험료	30,000 과소계상	20,000 과소계상
• 기말재고자산	70,000 과소계상	50,000 과소계상

	20×1년	20×2년
①	₩200,000 과대계상	₩210,000 과대계상
②	₩200,000 과대계상	₩200,000 과소계상
③	₩170,000 과소계상	₩200,000 과대계상
④	₩200,000 과소계상	₩170,000 과소계상
⑤	₩170,000 과소계상	₩170,000 과소계상

키워드 오류수정 이해하기

풀이

구분	당기순이익		이익잉여금
	20×1년	20×2년	
감가상각비	₩100,000 과소	₩200,000 과소	₩300,000 과소
20×1년 선급보험료	30,000 과소	30,000 과대	–
20×2년 선급보험료	–	20,000 과소	20,000 과소
20×1년 기말재고	70,000 과소	70,000 과대	–
20×2년 기말재고	–	50,000 과소	50,000 과소
계	₩200,000 과소	₩170,000 과소	₩370,000 과소

TIP 재고자산과 선급보험료는 자동조정이고 당기순이익과 비례한다.

정답 ④

▶ **연계학습** | 에듀윌 기본서 1차 [회계원리 上] p.525

01 재무제표 표시에 관한 설명으로 옳지 않은 것은?   제16회

① 재무제표의 목적은 광범위한 정보이용자의 경제적 의사결정에 유용한 기업의 재무상태, 재무성과와 재무상태변동에 관한 정보를 제공하는 것이다.

② 당기손익과 기타포괄손익은 단일 포괄손익계산서에 두 부분으로 나누어 표시할 수 있다.

③ 기업은 재무상태, 경영성과, 현금흐름 정보를 발생기준 회계에 따라 재무제표를 작성한다.

④ 경영진은 재무제표를 작성할 때 계속기업으로서의 존속가능성을 평가해야 한다.

⑤ 부적절한 회계정책은 이에 대하여 공시나 주석 또는 보충 자료를 통해 설명하더라도 정당화될 수 없다.

키워드 재무제표 작성의 일반사항 이해하기
풀이 기업은 현금흐름을 제외한 재무상태, 경영성과 등의 정보를 발생기준 회계에 따라 재무제표를 작성한다. 현금흐름 정보는 현금주의에 의한다.

정답 ③

02 재무제표 표시에 관한 설명으로 옳지 않은 것은?   2016년 감평사 수정

① 재무제표가 한국채택국제회계기준의 요구사항을 모두 충족한 경우가 아니라면 한국채택국제회계기준을 준수하여 작성되었다고 기재하여서는 아니 된다.

② 기업이 재무상태표에 유동자산과 비유동자산, 그리고 유동부채와 비유동부채로 구분하여 표시하는 경우, 이연법인세자산(부채)은 유동자산(부채)으로 분류하지 아니한다.

③ 매입채무 그리고 종업원 및 그 밖의 영업원가에 대한 미지급비용과 같은 유동부채는 기업의 정상영업주기 내에 사용되는 운전자본의 일부이다. 이러한 항목은 보고기간 후 12개월 후에 결제일이 도래한다 하더라도 유동부채로 분류한다.

④ 유형자산 재평가잉여금을 이익잉여금으로 대체하는 경우 그 금액은 당기손익으로 인식한다.

⑤ 계속기업의 가정이 적절한지의 여부를 평가할 때 경영진은 적어도 보고기간 말로부터 향후 12개월 기간에 대하여 이용가능한 모든 정보를 고려한다.

키워드 재무제표의 기본이론 이해하기
풀이 유형자산 재평가잉여금을 이익잉여금으로 대체하는 경우 그 금액은 당기손익으로 인식하지 않고 기타포괄손익으로 인식한다.

정답 ④

03 당기손익에 포함된 비용을 기능별로 표시하는 경우 다른 비용과 분리 공시해야 하는 항목으로 옳은 것은?

① 제품과 재공품의 변동   ② 종업원 급여 비용
③ 감가상각비와 기타 상각비   ④ 매출원가
⑤ 원재료와 소모품의 사용액

키워드 비용의 분류 이해하기
풀이 매출원가와 매출총이익은 기능별 손익계산서를 작성하는 경우에 표시되는 항목이다.

정답 ④

04 재무제표 표시에 관한 설명으로 옳지 않은 것을 모두 고른 것은?

> ㉠ 부적절한 회계정책은 이에 대하여 공시나 주석 또는 보충 자료를 통해 설명함으로써
> 정당화될 수 있다.
> ㉡ 수익과 비용의 어느 항목도 당기손익과 기타포괄손익을 표시하는 보고서에 특별손
> 익 항목으로 표시할 수 없다.
> ㉢ 기업의 모든 재무제표는 발생기준 회계를 적용하여 작성한다.
> ㉣ 상이한 성격이나 기능을 가진 항목은 구분하여 표시한다. 다만 중요하지 않은 항목
> 은 성격이나 기능이 유사한 항목과 통합하여 표시할 수 있다.
> ㉤ 한국채택국제회계기준이 달리 허용하거나 요구하는 경우를 제외하고는 당기 재무제
> 표에 보고되는 모든 금액에 대해 전기 비교정보를 표시한다.

① ㉠, ㉡, ㉢   ② ㉠, ㉢   ③ ㉡, ㉣, ㉤
④ ㉠, ㉣   ⑤ ㉢, ㉤

키워드 재무제표의 표시 이해하기
풀이 ㉠ 부적절한 회계정책은 이에 대하여 공시나 주석 또는 보충 자료를 통해 설명하더라도 정당화될
수 없다.
㉢ 기업은 현금흐름을 제외한 모든 재무제표는 발생기준 회계를 적용하여 작성한다.

정답 ②

05 '재무상태표 및 포괄손익계산서와 주석'에 관한 설명으로 옳지 않은 것은?

① 재무상태표에 표시되어야 할 항목의 순서나 형식을 규정하지 아니한다.
② 한국채택국제회계기준의 요구에 따라 공시되는 정보가 중요하지 않다면 그 공시
를 제공할 필요는 없다.
③ 어떠한 수익과 비용 항목도 포괄손익계산서상에 특별손익으로 구분표시할 수 없
으나 주석에는 특별손익으로 나타내야 한다.
④ 주석은 재무제표 어느 곳에도 표시되지 않지만 재무제표를 이해하는 데 목적적합
한 정보를 제공한다.
⑤ 재무제표에는 중요하지 않아 구분하여 표시하지 않은 항목이라도 주석에서는 구
분표시해야 할 만큼 충분히 중요할 수 있다.

키워드 재무제표의 표시방법 및 기본개념 이해하기
풀이 어떠한 수익과 비용 항목도 포괄손익계산서상에 특별손익으로 구분표시할 수 없으며, 주석에도 특별
손익을 나타내서는 안 된다.

정답 ③

06 재무제표 작성원칙에 관한 설명으로 옳지 <u>않은</u> 것은? 제17회

① 전체 재무제표(비교정보를 포함)는 적어도 1년마다 작성한다.

② 재무제표의 표시통화는 천 단위 이상으로 표시할 수 없다. 예를 들어, 백만 단위로 표시할 경우 정보가 지나치게 누락되어 이해가능성이 훼손될 수 있다.

③ 자산과 부채, 수익과 비용은 상계하지 않고 구분하여 표시하는 것을 원칙으로 한다.

④ 한국채택국제회계기준이 달리 허용하거나 요구하는 경우를 제외하고는 당기 재무제표에 보고되는 모든 금액에 대해 전기 비교정보를 표시한다.

⑤ 상이한 성격이나 기능을 가진 항목은 구분하여 표시한다. 다만, 중요하지 않은 항목은 성격이나 기능이 유사한 항목과 통합하여 표시할 수 있다.

> **키워드** 재무제표 작성의 일반사항 이해하기
> **풀이** 재무정보가 지나치게 누락되어 이해가능성이 중요하게 훼손되지 않는 한 재무제표의 표시통화는 천 단위 이상으로 표시할 수 있다.

정답 ②

---

07 재무제표 표시에 대한 설명으로 옳은 것은? 2018년 공무원 수정

① 재무상태표에 자산과 부채는 반드시 유동성 순서에 따라 표시하여야 한다.

② 정상적인 영업활동과 구분되는 거래나 사건에서 발생하는 것으로 그 성격이나 미래의 지속성에 차이가 나는 특별손익 항목은 포괄손익계산서에 구분해서 표시하여야 한다.

③ 부적절한 회계정책이라도 공시나 주석 또는 보충 자료를 통해 잘 설명된다면 정당화될 수 있다.

④ 재무제표 항목의 표시와 분류방법의 적절한 변경은 회계정책 변경에 해당된다.

⑤ 포괄손익계산서는 당기손익과 기타포괄손익으로 표시하는 단일포괄손익계산서로만 작성하여 보고하여야 한다.

> **키워드** 재무제표 작성의 일반사항 이해하기
> **풀이** ① 재무상태표의 자산과 부채는 유동성 순서에 따른 표시방법이 신뢰성 있고 더욱 목적적합한 정보를 제공하는 경우를 제외하고는 유동자산과 비유동자산, 유동부채와 비유동부채로 재무상태표에 구분하여 표시한다.
> ② 수익과 비용의 어느 항목도 당기손익과 기타포괄손익을 표시하는 보고서 또는 주석에 특별손익 항목으로 표시할 수 없다.
> ③ 부적절한 회계정책은 이에 대하여 공시나 주석 또는 보충 자료를 통해 설명하더라도 정당화될 수 없다.
> ⑤ 포괄손익계산서는 단일포괄손익계산서와 두 개의 보고서로 작성할 수 있다.

정답 ④

08 재무제표 표시에 관한 설명으로 옳은 것은? 제24회 수정

① 전체 재무제표(비교정보를 포함)는 임의적으로 작성할 수 있다.

② 한국채택국제회계기준을 준수하여 작성된 재무제표는 국제회계기준을 준수하여 작성된 재무제표임을 주석으로 공시할 수 있다.

③ 당기손익과 기타포괄손익은 단일의 포괄손익계산서에서 두 부분으로 나누어 표시할 수 없다.

④ 한국채택국제회계기준에서 요구하거나 허용하지 않는 한 자산과 부채 그리고 수익과 비용은 상계하지 아니한다. 다만, 평가충당금 등을 해당계정에서 차감하는 것은 상계에 해당한다.

⑤ 재무제표는 기업의 현금흐름을 제외한 재무상태, 재무성과를 공정하게 표시해야 한다.

키워드 재무제표의 기본이론 이해하기

풀이 ① 전체 재무제표(비교정보를 포함)는 적어도 1년마다 작성한다.
③ 당기손익과 기타포괄손익은 단일의 포괄손익계산서에서 두 부분으로 나누어 표시할 수 있다.
④ 한국채택국제회계기준에서 요구하거나 허용하지 않는 한 자산과 부채 그리고 수익과 비용은 상계하지 아니한다. 다만, 평가충당금 등을 해당계정에서 차감하는 것은 상계에 해당하지 않는다.
⑤ 재무제표는 기업의 현금흐름을 제외한 재무상태, 재무성과를 발생기준에 따라 작성하여야 한다.

정답 ②

---

09 재무제표 작성 및 표시에 대한 설명으로 옳지 않은 것은? 2017년 공무원 수정

① 경영진은 재무제표를 작성할 때 계속기업으로서의 존속가능성을 평가해야 한다.

② 기업은 현금흐름 정보를 제외하고는 발생기준 회계를 사용하여 재무제표를 작성한다.

③ 중요하지 않은 항목은 성격이나 기능이 유사한 항목과 통합하여 표시할 수 있다.

④ 매출채권에 대해 대손(손실)충당금을 차감하여 순액으로 측정하는 것은 상계표시에 해당한다.

⑤ 재무제표에 보고되는 모든 금액에 대해 전기 비교정보를 공시한다. 당기 재무제표를 이해하는 데 목적적합하다면 서술형 정보의 경우에도 비교정보를 포함한다.

키워드 재무제표의 이론 이해하기

풀이 대손(손실)충당금이나 재고자산 평가충당금 등과 같은 평가계정을 차감하여 순액으로 표시하는 것은 상계표시에 해당하지 않는다.

정답 ④

10 재무제표 표시에 관한 설명으로 옳지 않은 것은? 제17회 수정

① 재무제표의 목적은 정보이용자의 경제적 의사결정에 유용한 정보를 제공하는 것이다.

② 유사한 항목은 중요성 분류에 따라 재무제표에 구분하여 표시한다. 상이한 성격이나 기능을 가진 항목은 구분하여 표시한다. 다만, 중요하지 않은 항목은 성격이나 기능이 유사한 항목과 통합하여 표시할 수 있다.

③ 재무제표에 인식되는 금액은 추정이나 판단에 의한 정보를 포함하지 않는다.

④ 당기 재무제표를 이해하는 데 목적적합하다면 서술형 정보의 경우에도 비교정보를 포함한다.

⑤ 재무제표의 작성 기준과 구체적 회계정책에 대한 정보를 제공하는 주석은 재무제표의 별도 부분으로 표시할 수 있다.

> **키워드** 재무제표 작성의 일반사항 이해하기
> **풀이** 재무제표에 인식되는 금액은 추정이나 판단에 의한 정보를 포함한다.

정답 ③

11 재무제표 작성과 관련된 설명으로 옳지 않은 것은?

① 기업은 현금흐름 정보를 포함한 모든 재무제표를 발생기준 회계를 사용하여 작성한다.

② 비용의 성격별 또는 기능별 분류법 중에서 신뢰성 있고 더욱 목적적합한 정보를 제공할 수 있는 방법을 적용하여 당기손익으로 인식한 비용의 분석내용을 표시한다.

③ 유사한 항목은 중요성 분류에 따라 재무제표에 구분하여 표시한다. 상이한 성격이나 기능을 가진 항목은 구분하여 표시한다. 다만, 중요하지 않은 항목은 성격이나 기능이 유사한 항목과 통합하여 표시할 수 있다.

④ 한국채택국제회계기준에서 요구하거나 허용하지 않는 한 자산과 부채 그리고 수익과 비용은 상계처리하지 않는다.

⑤ 재무제표가 한국채택국제회계기준의 요구사항을 모두 충족한 경우가 아니라면 한국채택국제회계기준을 준수하여 작성되었다고 기재하여서는 아니 된다.

> **키워드** 재무제표의 일반원칙 이해하기
> **풀이** 기업은 현금흐름 정보를 제외하고는 발생기준 회계를 사용하여 재무제표를 작성한다.

정답 ①

12 한국채택국제회계기준에 따른 재무제표 작성과 표시에 관한 설명으로 옳은 것은?

2016년 관세사 수정

① 유동성 순서에 따른 표시방법을 적용할 경우 모든 자산과 부채는 유동성의 순서에 따라 표시한다.

② 별개의 손익계산서를 표시하는 경우, 포괄손익을 표시하는 보고서에는 당기손익 부분을 표시한다.

③ 기업이 재무상태표에 유동자산과 비유동자산, 그리고 유동부채와 비유동부채로 구분하여 표시하는 경우, 이연법인세자산(부채)은 유동자산(부채)으로 분류한다.

④ 재무상태표에서 비유동자산보다 유동자산을, 비유동부채보다는 유동부채를 먼저 표시해야 한다.

⑤ 성격별 표시방법에 의할 경우 매출원가를 반드시 다른 비용과 분리하여 공시해야 한다.

키워드　유동·비유동 구분법 이해하기

풀이　② 별개의 손익계산서를 표시하는 경우, 포괄손익을 표시하는 보고서에는 당기손익 부분을 표시하지 않는다.
　　　③ 기업이 재무상태표에 유동자산과 비유동자산, 그리고 유동부채와 비유동부채로 구분하여 표시하는 경우, 이연법인세자산(부채)은 유동자산(부채)으로 분류하지 않는다.
　　　④ 유동자산과 비유동자산, 유동부채와 비유동부채로 재무상태표에 구분하여 표시하는 경우 비유동을 먼저 배열하더라도 무방하고 형식에는 규정이 없다.
　　　⑤ 기능별 표시방법에 의할 경우 매출원가를 반드시 다른 비용과 분리하여 공시해야 한다.

정답 ①

13 다음 중 포괄손익계산서의 내용으로 옳지 않은 것은?

① 비용의 성격별 분류는 기능별로 재배분할 필요가 없으므로 적용이 간단할 수 있고 정보이용자의 미래현금흐름을 예측하는 데 유용한 정보를 제공한다.

② 당기순손익의 구성요소는 단일 포괄손익계산서의 일부로 표시하고 별개의 손익계산서로 표시될 수 없다.

③ 재무제표를 작성할 때 합리적 추정을 사용해야 하는데 이는 최선의 측정치로 신뢰성이 훼손되는 것은 아니다.

④ 자산에 대하여 손상차손 회계를 적용할 때 고려하는 사용가치는 그 자산의 공정가치와 다르다.

⑤ 영업이익에 포함되지 않은 항목 중 기업의 영업성과를 반영하는 그 밖의 수익항목이 있다면 조정영업이익으로 주석에 표시하여야 한다.

14 현금흐름표의 작성에 관한 설명으로 옳지 않은 것은?

① 리스이용자의 금융리스 부채 상환에 따른 현금유출은 투자활동현금흐름으로 분류한다.

② 차입금의 상환에 따른 현금유출은 재무활동 현금흐름으로 분류한다.

③ 단기매매목적으로 보유하는 유가증권의 취득·판매에 따른 현금흐름은 영업활동으로 분류한다.

④ 유형자산 또는 무형자산 처분에 따른 현금유입은 투자활동 현금흐름으로 분류한다.

⑤ 법인세로 인한 현금흐름은 별도로 공시하며, 재무활동과 투자활동에 명백히 관련되지 않는 한 영업활동 현금흐름으로 분류한다.

키워드 현금흐름표의 기본개념 이해하기

풀이 리스이용자의 금융리스 부채 상환에 따른 현금유출은 재무활동 현금흐름으로 분류한다.

정답 ①

15 현금흐름의 다음 활동 중 영업활동 현금흐름에 속하지 않는 것은?   제24회 수정

① 고객에게 용역제공을 수행하고 유입된 현금

② 단기매매항목의 주식 처분으로 인한 유입된 현금

③ 순이익에 대한 배당금 지급으로 유출된 현금

④ 종업원 급여 지급으로 유출된 현금

⑤ 재고자산 처분으로 유입된 현금

키워드 현금흐름의 영업활동 오류 이해하기

풀이 순이익에 대한 배당금 지급으로 유출된 현금은 재무활동으로 분류한다.

정답 ③

16 현금흐름표상 영업활동 현금흐름에 관한 설명으로 옳은 것은? 제19회

① 영업활동 현금흐름은 직접법 또는 간접법 중 하나의 방법으로 보고할 수 있으나, 한국채택국제회계기준에서는 직접법을 사용할 것을 권장하고 있다.

② 단기매매목적으로 보유하는 유가증권의 판매에 따른 현금은 영업활동으로부터의 현금유입에 포함되지 않는다.

③ 일반적으로 법인세로 납부한 현금은 영업활동으로 인한 현금유출에 포함되지 않는다.

④ 직접법은 당기순이익의 조정을 통해 영업활동 현금흐름을 계산한다.

⑤ 간접법은 영업을 통해 획득한 현금에서 영업을 위해 지출한 현금을 차감하는 방식으로 영업활동 현금흐름을 계산한다.

키워드 현금흐름의 활동구분 이해하기

풀이 ② 단기매매목적으로 보유하는 유가증권의 판매에 따른 현금은 영업활동으로부터의 현금유입에 포함한다.
③ 일반적으로 법인세로 납부한 현금은 영업활동으로 인한 현금유출에 포함한다.
④ 간접법은 당기순이익의 조정을 통해 영업활동 현금흐름을 계산한다.
⑤ 직접법은 영업을 통해 획득한 현금에서 영업을 위해 지출한 현금을 차감하는 방식으로 영업활동 현금흐름을 계산한다.

정답 ①

17 20×1년 초에 설립된 (주)한국의 손익 자료가 다음과 같을 때, 20×1년도의 당기순이익은? (단, 손상차손은 없다고 가정하고 이자비용은 재무활동이다) 2017년 공무원 수정

• 매출	₩2,000,000
• 매출원가	500,000
• 유형자산 감가상각비	100,000
• 임대수익	100,000
• FVPL금융자산 평가손실	200,000
• FVOCI금융자산 평가손실	100,000
• 유형자산 재평가잉여금	200,000
• 이자비용	100,000

① ₩1,000,000
② ₩1,100,000
③ ₩1,200,000
④ ₩1,250,000
⑤ ₩1,300,000

키워드 **당기순이익의 계산 이해하기**

풀이

포괄손익계산서

매 출 원 가	₩500,000	매 출	₩2,000,000
감 가 상 각 비	100,000	임 대 수 익	100,000
FVPL금융자산평가손실	200,000		
이 자 비 용	100,000		
당 기 순 이 익	(1,200,000)		
	₩2,100,000		₩2,100,000

• FVOCI금융자산 평가손실과 유형자산 재평가잉여금은 기타포괄손익으로 당기손익에 반영하지 않는다.

정답 ③

18 다음의 자료를 사용하여 계산된 당기순이익과 총포괄이익은? (단, 법인세율은 30%이다)

• 총매출액	₩824,000
• 매출할인	12,000
• 기타수익	30,000
• 기초재고자산	82,000
• 기말재고자산	62,000
• 매입액	392,000
• 물류비와 관리비	200,000
• FVOCI금융자산 평가이익	20,000

	당기순이익	총포괄이익
①	₩155,000	₩181,000
②	₩167,000	₩181,000
③	₩173,000	₩175,000
④	₩161,000	₩175,000
⑤	₩171,000	₩181,000

키워드 포괄손익계산서의 당기손익과 총포괄손익의 계산(T계정을 그려서) 이해하기

풀이

1. 순매출액		₩812,000
2. 매출원가		(412,000)
1) 기초재고액	₩82,000	
2) 매입액	392,000	
3) 기말재고액	(62,000)	
3. 매출총이익		400,000
4. 기타수익		30,000
5. 물류비와 관리비		(200,000)
6. 법인세차감전순이익		230,000
7. 법인세비용(30%)		(69,000)
8. 당기순이익		161,000
9. FVOCI금융자산 평가이익		20,000
10. 법인세비용(30%)		(6,000)
11. 총포괄이익		₩175,000

정답 ④

316　PART 1 • 재무회계

19 (주)한국은 20×1년 중 매출액이 ₩150,000이며, 매출활동과 관련한 기타 자료는 다음과 같다. 매출로 인한 현금유입액은?

	기초 잔액	기말 잔액
• 매출채권	₩10,000	₩20,000
• 선수금	20,000	40,000

① ₩180,000
② ₩190,000
③ ₩170,000
④ ₩160,000
⑤ ₩150,000

키워드 직접법에 의한 현금흐름의 계산(T계정을 그려서) 이해하기

풀이

매출채권 · 선수금

기 초 잔 액	₩10,000	기 말 잔 액	₩20,000
기 말 잔 액	40,000	기 초 잔 액	20,000
매 출 액	150,000	현 금 유 입 액	(160,000)
	₩200,000		₩200,000

정답 ④

20 (주)한국은 20×1년 중 재고자산 ₩300,000을 모두 외상으로 매입하였다. 매입활동과 관련된 기타 자료가 다음과 같을 때, 매입으로 인한 현금유출액은?

	기초 잔액	기말 잔액
• 매입채무	₩30,000	₩20,000
• 선급금	40,000	50,000

① ₩300,000
② ₩310,000
③ ₩320,000
④ ₩330,000
⑤ ₩340,000

키워드 직접법에 의한 현금흐름의 계산(T계정을 그려서) 이해하기

풀이

매입채무 · 선급금

기 초 잔 액	₩40,000	기 말 잔 액	₩50,000
기 말 잔 액	20,000	기 초 잔 액	30,000
현 금 유 출 액	(320,000)	매 입 액	300,000
	₩380,000		₩380,000

정답 ③

21 다음 자료를 이용하여 계산한 건물처분으로 유입된 현금흐름은? 제16회

구분	건물	감가상각누계액
기초	₩400,000	₩140,000
기말	460,000	160,000

- 기중 건물 취득금액은 ₩140,000이다.
- 기중 건물의 처분이익은 ₩10,000이다.
- 당기 건물의 감가상각비는 ₩50,000이다.

① ₩30,000   ② ₩40,000   ③ ₩50,000

④ ₩60,000   ⑤ ₩70,000

키워드 직접법에 의한 현금흐름의 계산 이해하기

풀이
- 기초장부금액: (400,000 − 140,000) + 취득(140,000) − 감가(50,000) = ₩350,000
- 기말장부금액: 460,000 − 160,000 = ₩300,000
- 기중처분원가: 기초(350,000) − 기말(300,000) = ₩50,000
- 처분액(현금유입액): 처분원가(50,000) + 처분이익(10,000) = ₩60,000

TIP 건물처분의 현금흐름은 건물처분가격이다.

정답 ④

22 (주)한국의 20×1년 토지와 단기차입금 자료가 다음과 같을 때, 20×1년의 투자 및 재무 현금흐름에 대한 설명으로 옳은 것은? (단, 모든 거래는 현금거래이다)

2017년 공무원 수정

	기초	기말
• 토지(유형자산)	₩150,000	₩250,000
• 단기차입금	100,000	180,000

〈추가자료〉
• 토지는 취득원가로 기록하며, 20×1년에 손상차손은 없었다.
• 20×1년 중에 토지(장부금액 ₩50,000)를 ₩75,000에 매각하였다.
• 20×1년 중에 단기차입금 ₩100,000을 차입하였다.

① 토지 취득으로 인한 현금유출은 ₩100,000이다.
② 토지의 취득과 매각으로 인한 투자활동 순현금유출은 ₩75,000이다.
③ 단기차입금 상환으로 인한 현금유출은 ₩80,000이다.
④ 단기차입금의 상환 및 차입으로 인한 재무활동 순현금유입은 ₩100,000이다.
⑤ 토지의 취득으로 단기차입금이 발생했다면 이는 투자활동 현금흐름으로 처리한다.

키워드 재무활동 및 투자활동의 현금흐름 이해하기

풀이

토지

기 초 잔 액	₩150,000	기 말 잔 액	₩250,000
현 금 구 입	150,000	현 금 처 분	50,000
	₩300,000		₩300,000

• 토지 취득(구입)으로 인한 현금유출액: ₩150,000
• 토지 취득(₩150,000)과 매각(₩75,000)으로 인한 순현금유출액: ₩75,000

단기차입금

기 말 잔 액	₩180,000	기 초 잔 액	₩100,000
현 금 상 환	20,000	현 금 차 입	100,000
	₩200,000		₩200,000

• 당기상환액(₩20,000)과 당기차입액(₩100,000)에 의한 순현금유입액: ₩80,000
⑤ 토지의 취득으로 단기차입금이 발생했다면 이는 재무활동 현금흐름으로 처리한다.

TIP 토지계정에는 항상 장부금액으로 기장한다. 처분액 ₩75,000은 장부금액이 아니다.

정답 ②

23 (주)한국의 20×1년도 현금흐름표 자료가 다음과 같을 때, 재무활동 현금흐름은?

제24회 수정

• 기초 현금및현금성자산	₩8,000	• 투자활동 현금흐름	(−)₩17,000
• 기말 현금및현금성자산	4,000	• 영업활동 현금흐름	25,000

① ₩12,000　　　　② (−)₩12,000　　　　③ (−)₩4,000

④ ₩4,000　　　　⑤ ₩8,000

키워드 현금흐름표 이해하기

풀이

현금흐름표

1. 영업활동 현금흐름	₩25,000
2. 투자활동 현금흐름	−17,000
3. 재무활동 현금흐름	(−12,000)
4. 순현금흐름	−4,000
5. 기초 현금및현금성자산	8,000
6. 기말 현금및현금성자산	₩4,000

정답 ②

24 (주)서울이 보고한 20×1년도의 당기순이익은 ₩300,000이다. 다음은 당기 현금흐름표 작성에 필요한 자료이다. (주)서울의 20×1년도 영업활동 현금흐름은? 2018년 공무원 수정

• 금융자산 처분이익	₩30,000	• 감가상각비	₩40,000
• 매출채권 순증가	20,000	• 매입채무 증가	30,000
• 유형자산 처분이익	50,000	• 유형자산 손상차손	10,000
• 매출채권 손상차손	15,500	• 기계장치 취득	50,000

① ₩220,000　　　　② ₩260,000　　　　③ ₩270,000

④ ₩280,000　　　　⑤ ₩290,000

키워드 현금흐름표 이해하기

풀이

현금흐름표

당 기 순 이 익	₩300,000	영업활동현금흐름	(₩280,000)
감 가 상 각 비	40,000	금융자산처분이익	30,000
매 입 채 무 증 가	30,000	매 출 채 권 증 가	20,000
유형자산손상차손	10,000	유형자산처분이익	50,000
	₩380,000		₩380,000

• 매출채권 증가를 계산하면 매출채권 손상차손은 무시한다.

• 기계장치 취득은 투자활동이다.

정답 ④

25 다음 자료를 이용하여 계산한 영업활동 순현금흐름은?

• 당기순이익	₩300,000	• 감가상각비	₩30,000
• 재고자산 증가	40,000	• 매입채무 증가	60,000
• 기계장치 처분금액(장부금액: ₩70,000)			90,000

① ₩270,000 ② ₩290,000 ③ ₩310,000

④ ₩330,000 ⑤ ₩350,000

키워드 간접법에 의한 현금흐름의 계산(좋은 건 빼고, 나쁜 건 더하고) 이해하기

풀이

현금흐름표

당 기 순 이 익	₩300,000	영업활동현금흐름	(₩330,000)
감 가 상 각 비	30,000	재 고 자 산 증 가	40,000
매 입 채 무 증 가	60,000	기 계 처 분 이 익	20,000
	₩390,000		₩390,000

정답 ④

26 다음은 (주)한국의 20×1년도 재무제표 자료이다. (주)한국의 20×1년도 당기순이익이 ₩500,000일 때, 현금흐름표상 간접법으로 산출한 영업활동 현금흐름은? (단, 이자비용은 영업활동이다)

• 감가상각비	₩130,000	• 매출채권(순액) 증가	₩140,000
• 손상차손(매출채권)	10,000	• 사채상환손실	40,000
• 이자비용	20,000	• 재고자산 감소	120,000
• 미지급금 감소	50,000		

① ₩600,000 ② ₩610,000 ③ ₩640,000

④ ₩650,000 ⑤ ₩690,000

키워드 현금흐름표 이해하기

풀이

현금흐름표

당 기 순 이 익	₩500,000	영업활동현금흐름	(₩650,000)
감 가 상 각 비	130,000	매 출 채 권 증 가	140,000
사 채 상 환 손 실	40,000		
재 고 자 산 감 소	120,000		
	₩790,000		₩790,000

• 손상차손(매출채권)은 무시한다.

• 이자비용은 영업활동이므로 무시한다.

• 미지급금 감소는 재무활동이다.

정답 ④

PART 1

27 다음은 (주)감평의 20×1년 현금흐름표 작성을 위한 자료이다.

• 감가상각비	₩40,000
• 미지급이자 증가액	5,000
• 유형자산 처분손실	20,000
• 매출채권 증가액	15,000
• 이자비용	25,000
• 재고자산 감소액	4,000
• 법인세비용	30,000
• 매입채무 감소액	6,000
• 미지급법인세 감소액	5,000
• 당기순이익	147,000

(주)감평은 간접법으로 현금흐름표를 작성하며, 이자 지급 및 법인세 납부를 영업활동으로 분류한다. 20×1년 (주)감평이 현금흐름표에 보고해야 할 영업활동 순현금흐름은?

① ₩160,000

② ₩165,000

③ ₩190,000

④ ₩195,000

⑤ ₩215,000

키워드	현금흐름표 이해하기

풀이

현금흐름표

당 기 순 이 익	₩147,000	영업활동 현금흐름	(₩190,000)
감 가 상 각 비	40,000	미지급법인세 감소	5,000
유형자산 처분손실	20,000	매 출 채 권 증 가	15,000
미지급이자 증가	5,000	매 입 채 무 감 소	6,000
재 고 자 산 감 소	4,000		
	₩216,000		₩216,000

• 이자비용 ₩25,000과 법인세비용 ₩30,000은 이미 고려되어 있다.

정답	③

28 (주)한국의 당기순이익은 ₩80,000이고, 단기차입금에서 발생한 이자비용은 ₩3,000 이며, 보유하고 있는 유형자산의 감가상각비는 ₩7,000이다. 당기의 영업활동과 관련 된 자산과 부채의 변동내역은 다음과 같다. (단, 이자 지급과 이자 수취는 각각 재무활동 과 투자활동으로 분류한다)

• 재고자산의 증가	₩5,000
• 매출채권(순액)의 감소	4,000
• 매입채무의 감소	4,000
• 선수금의 감소	1,500

(주)한국의 당기 영업활동 순현금유입액은?

① ₩83,500

② ₩85,000

③ ₩80,500

④ ₩86,500

⑤ ₩76,000

키워드 현금흐름표 이해하기

풀이

현금흐름표

당 기 순 이 익	₩80,000	영 업 활 동	₩(83,500)
이 자 비 용	3,000	재고자산 증가	5,000
감 가 상 각 비	7,000	매입채무 감소	4,000
매 출 채 권 감 소	4,000	선 수 금 감 소	1,500
	₩94,000		₩94,000

정답 ①

29 다음은 (주)감평의 20×1년도 현금흐름표를 작성하기 위한 자료이다.

---

(1) 20×1년도 포괄손익계산서 자료
- 당기순이익: ₩100,000
- 손상차손: ₩5,000(매출채권에서 발생)
- 감가상각비: ₩20,000
- 유형자산 처분이익: ₩7,000
- 사채상환손실: ₩8,000

(2) 20×1년 말 재무상태표 자료
- 20×1년 기초금액 대비 기말금액의 증감은 다음과 같다.

자산		부채	
계정과목	증가(감소)	계정과목	증가(감소)
재고자산	(₩80,000)	매입채무	(₩4,000)
매출채권(순액)	50,000	미지급급여	6,000
유형자산(순액)	(120,000)	사채(순액)	(90,000)

(주)감평의 20×1년도 영업활동 순현금흐름은?   2018년 감평사

① ₩89,000

② ₩153,000

③ ₩158,000

④ ₩160,000

⑤ ₩161,000

키워드 현금흐름표 이해하기

풀이

현금흐름표

당 기 순 이 익	₩100,000	영업활동현금흐름	(₩153,000)
감 가 상 각 비	20,000	유형자산처분이익	7,000
사 채 상 환 손 실	8,000	매 출 채 권 증 가	50,000
재 고 자 산 감 소	80,000	매 입 채 무 감 소	4,000
미지급급여 증가	6,000		
	₩214,000		₩214,000

- 매출채권이 순액으로 손상차손은 고려하지 않는다.
- 유형자산(순액)은 투자활동이고 사채(순액)는 재무활동이다.

TIP 자산, 부채의 증감을 먼저 고려하고 비용, 수익을 고려한다.

정답 ②

30 (주)한국의 영업활동으로 인한 현금흐름이 ₩500,000일 때, 다음 자료를 기초로 계산한 당기순이익은? (단, 이자비용과 이자수익은 영업활동으로 분류한다)

• 매출채권(순액) 증가	₩50,000
• 재고자산 감소	40,000
• 이자비용	10,000
• 미수임대료 증가	20,000
• 매입채무 감소	20,000
• 유형자산 처분손실	30,000
• 미지급금 감소	10,000

① ₩420,000

② ₩450,000

③ ₩520,000

④ ₩540,000

⑤ ₩570,000

키워드 **현금흐름표 이해하기**

풀이

현금흐름표

당 기 순 이 익	(₩520,000)	영업활동현금흐름	₩500,000
재 고 자 산 감 소	40,000	매출채권(순액) 증가	50,000
유형자산처분손실	30,000	미 수 임 대 료 증 가	20,000
		매 입 채 무 감 소	20,000
	₩590,000		₩590,000

• 이자비용이 영업활동이면 미지급이자비용은 고려하고 이자비용은 무시한다.

• 미지급금은 재무활동이다.

정답 ③

31 (주)한국의 20×1년 다음 자료에 의하여 계산한 현금기준 순이익은? (단, 이자수익은 영업활동이다)

• 당기순이익	₩1,000,000
• 매입채무의 증가	200,000
• 손상차손(매출채권)	50,000
• 감가상각비	180,000
• 매출채권의 감소	500,000
• 미수이자수익의 감소	70,000
• 재고자산의 증가	150,000
• 사채할인발행차금의 상각	20,000
• 건물처분(장부금액 ₩300,000)	350,000
• 재고자산 평가손실	40,000

① ₩1,860,000

② ₩1,820,000

③ ₩1,810,000

④ ₩1,790,000

⑤ ₩1,770,000

키워드 간접법에 의한 현금흐름의 계산(좋은 건 빼고, 나쁜 건 더하고) 이해하기

풀이

현금흐름표

당 기 순 이 익	₩1,000,000	영 업 활 동 현 금 흐 름	(₩1,770,000)
매 출 채 권 감 소	500,000	재 고 자 산 증 가	150,000
매 입 채 무 증 가	200,000	유 형 자 산 처 분 이 익	50,000
감 가 상 각 비	180,000		
미 수 이 자 수 익 감 소	70,000		
사채할인발행차금상각	20,000		
	₩1,970,000		₩1,970,000

- 건물처분가격과 장부금액의 차액은 유형자산 처분이익으로 발생주의 당기순이익에서 차감한다.
- 매출채권은 순액으로 표시된 것이다. 그러므로 손상차손은 매출채권에서 이미 고려된 금액이므로 계산에서 제외한다.
- 미수이자수익의 감소는 가산하여야 한다.
- 재고자산의 증감액을 반영한 경우에는 재고자산 평가손실은 고려하지 않는다.

TIP 현금기준 순이익은 영업활동 현금흐름과 같은 개념이다.

정답 ⑤

32 (주)한국의 20×1년 발생기준 당기순이익은 ₩12,000이다. 다음 자료를 이용할 때, 20×1년 영업활동 현금흐름과 재무활동 순현금흐름으로 옳은 것은? (단, 이자비용은 영업활동으로 분류하고 자본금 변동은 유상증자로 인한 것이며 모든 자산, 부채, 자본 변동은 현금거래로 인한 것이다)

- 포괄손익계산서 관련 자료
  - 20×1년 감가상각비 ₩800
  - 20×1년 유형자산 처분손실 ₩2,000
  - 20×1년 이자비용 ₩1,000
- 재무상태표 관련 자료

계정과목	20×1년 초	20×1년 말
매출채권	₩2,300	₩1,300
선급비용	1,000	1,500
미지급이자	250	150
미지급금	1,500	1,300
자본금	1,000	2,200

	영업활동 현금흐름	재무활동 순현금흐름
①	₩15,000	순유입액 ₩1,000
②	₩15,800	순유입액 ₩1,200
③	₩15,200	순유입액 ₩1,000
④	₩16,800	순유출액 ₩1,200
⑤	₩15,200	순유출액 ₩1,000

키워드 현금흐름표 이해하기

풀이

현금흐름표

당 기 순 이 익	₩12,000	영업활동현금흐름	(₩15,200)
매 출 채 권 감 소	1,000	선 급 비 용 증 가	500
감 가 상 각 비	800	미지급이자 감소	100
유형자산처분손실	2,000		
	₩15,800		₩15,800

- 이자비용은 영업활동으로 고려하지 않는다.
- 재무활동 순현금흐름: 자본금 유입(1,200) − 미지급금 유출(200) = 순유입 ₩1,000

정답 ③

33 (주)한국의 20×1년도 재무제표 자료는 다음과 같다. 20×1년도 영업활동 현금흐름이 ₩1,000,000인 경우 당기순이익은?

2017년 공무원 수정

• 손상차손(매출채권)	₩30,000
• 매출채권(장부금액) 증가액	80,000
• 감가상각비	100,000
• 재고자산 평가손실	20,000
• 건물 처분이익	200,000
• 재고자산(장부금액) 감소액	50,000

① ₩1,130,000
② ₩1,100,000
③ ₩1,080,000
④ ₩870,000
⑤ ₩1,150,000

키워드 현금흐름표 이해하기

풀이

현금흐름표

당 기 순 이 익	(₩1,130,000)	영업활동현금흐름	₩1,000,000
감 가 상 각 비	100,000	매 출 채 권 증 가	80,000
재 고 자 산 감 소	50,000	건 물 처 분 이 익	200,000
	₩1,280,000		₩1,280,000

• 손상차손(매출채권) ₩30,000, 재고자산 평가손실 ₩20,000은 무시한다.

정답 ①

34 (주)한국의 현금흐름에 관한 자료이다. 영업활동으로 인한 현금흐름이 ₩1,200일 때 당기순이익은?

• 재고자산의 증가	₩1,500	• 미지급비용의 증가	₩800
• 매출채권의 감소	900	• 감가상각비	1,000
• 사채할증발행차금환입	500	• 자기주식 처분이익	1,500
• 유형자산 처분이익	600	• 매입채무의 감소	800
• 차량운반구의 취득	2,000	• 단기차입금의 증가	1,800

① ₩1,800
② ₩1,900
③ ₩1,600
④ ₩1,500
⑤ ₩1,400

키워드 발생기준 순이익의 계산: 현금흐름과 반대로의 계산(좋은 건 더하고, 나쁜 건 빼고) 이해하기

풀이

현금흐름표

당 기 순 이 익	(₩1,900)	영업활동현금흐름	₩1,200
매 출 채 권 감 소	900	재 고 자 산 증 가	1,500
미 지 급 비 용 증 가	800	사채할증발행차금환입	500
감 가 상 각 비	1,000	유 형 자 산 처 분 이 익	600
		매 입 채 무 감 소	800
	₩4,600		₩4,600

• 차량운반구의 취득은 투자활동이며, 자기주식 처분이익과 단기차입금의 증가는 재무활동이다.

정답 ②

35 (주)한국의 현재 유동비율과 부채비율은 각각 200%와 100%이다. (주)한국이 2년 후 만기가 도래하는 장기차입금을 현금으로 조기상환한 경우 유동비율과 부채비율에 미치는 영향은?

2018년 공무원 수정

	유동비율	부채비율
①	증가	증가
②	감소	감소
③	증가	감소
④	감소	증가
⑤	불변	불변

키워드 재무비율분석 이해하기

풀이
• 유동비율: 유동부채는 불변하고 유동자산이 감소하여 유동비율은 감소한다. 비유동부채의 감소는 유동비율과 관계가 없다.
• 부채비율: 자산과 부채총액이 감소하여 자본총액은 불변한다. 그러므로 부채비율은 감소한다.

정답 ②

36 유동비율의 증가 혹은 감소에 관한 설명으로 옳은 것은? 2017년 공무원 수정

① 취득 이후 3년간 감가상각한 기계장치를 장부가액으로 처분하면 유동비율에 변화가 없다.

② 유동비율이 150%인 상황에서 미지급배당금을 현금으로 지급하면 유동비율이 감소한다.

③ 유동비율이 90%인 상황에서 매입채무를 현금으로 상환하면 유동비율이 증가한다.

④ 보통주를 액면가액보다 낮은 가액으로 발행하여 현금을 조달하면 유동비율이 증가한다.

⑤ 유동비율이 100%인 상황에서 매입채무를 현금으로 상환하면 유동비율이 감소한다.

키워드 재무비율분석 중 유동비율 이해하기

풀이 보통주를 발행하여 현금을 조달하면 현금이 증가하여 유동비율이 증가한다.
① 기계장치를 처분하면 기계장치는 감소하고 현금이 증가하므로 유동비율은 증가한다.
② 유동비율이 100% 초과일 때, 유동자산과 유동부채가 모두 감소하면 유동비율은 증가한다.
③ 유동비율이 100% 미만일 때, 유동자산과 유동부채가 모두 감소하면 유동비율은 감소한다.
⑤ 유동비율이 100%인 상황에서 매입채무를 현금으로 상환하면 유동비율이 불변한다.

정답 ④

37 (주)한국이 20x1년 말 재무상태표상 당좌자산은 ₩3,000, 재고자산은 ₩2,000, 유동부채는 ₩2,000으로 나타났다. 다음 거래가 재무비율에 미치는 영향은? [단, (주)한국의 유동자산은 당좌자산과 재고자산만으로 구성되어 있다]

- 20×1년 10월: 상품 ₩1,000을 매입하고 대금은 외상으로 하였다.
- 20×1년 12월: 외상매입금 ₩1,000을 현금으로 지급하였다.

	당좌비율	유동비율		당좌비율	유동비율
①	감소	불변	②	감소	감소
③	증가	불변	④	불변	불변
⑤	감소	증가			

재무비율분석 중 유동비율 이해하기

풀이 당좌자산은 3,000과 재고자산 2,000을 더한 금액 5,000이 유동자산에 해당한다.

- 당좌비율: $\dfrac{3,000}{2,000}$ = 150%

- 유동비율: $\dfrac{5,000}{2,000}$ = 250%

- 상품매입: (차) 상품(재고자산) 1,000 (대) 외상매입금 1,000(유동자산 증가, 유동부채 증가)
- 외상매입금 지급: (차) 외상매입금 1,000 (대) 현금 1,000(유동부채 감소, 당좌자산 감소)
- 당좌비율: 당좌자산이 감소하고 유동부채가 불변하여 당좌비율은 감소한다.
- 유동비율: 유동자산과 유동부채 모두가 불변하여 유동비율은 불변한다.

정답 ①

38 (주)한국은 A은행으로부터 ₩2,000,000(3년 만기)을 차입하여 만기가 도래한 B은행 차입금 ₩1,000,000을 즉시 상환하고 잔액은 현금으로 보유하고 있다. 동 차입 및 상환 거래가 유동비율과 부채비율에 미치는 영향은? (단, 자본은 ₩0보다 크다) 제21회

	유동비율	부채비율
①	증가	증가
②	증가	감소
③	감소	증가
④	감소	감소
⑤	증가	불변

재무비율분석 이해하기

풀이 (차) 현   금 ₩2,000,000   (대) 장 기 차 입 금 ₩2,000,000
단 기 차 입 금   1,000,000   현   금   1,000,000

- 유동비율: $\dfrac{유동자산(+)}{유동부채(-)}$ = 증가
- 부채비율: $\dfrac{부채(+)}{자기자본(불변)}$ = 증가

정답 ①

39 (주)한국의 유동비율은 150%, 당좌비율은 70%이다. (주)한국이 은행으로부터 자금 대출을 받기 위해서는 유동비율이 120% 이상이고 당좌비율이 100% 이상이어야 한다. (주)한국이 자금 대출을 받기 위해 취해야 할 전략으로 옳은 것은?

① 기계장치를 현금으로 매입한다.
② 장기차입금을 단기차입금으로 전환한다.
③ 외상거래처의 협조를 구해 매출채권을 적극적으로 현금화한다.
④ 지분증권(당기손익)을 취득하여 현금비중을 줄인다.
⑤ 재고자산 판매를 통해 현금을 조기 확보하고 재고자산을 줄인다.

> **키워드** 재무비율분석 중 유동비율 이해하기
>
> **풀이** 대출을 받는 조건은 당좌비율을 기존 70%에서 100%로 증가시켜야 한다. 재고자산을 판매하여 현금을 확보하면 현금(당좌자산)이 증가하게 되므로 당좌비율이 증가한다. 그러기 위해서는 재고자산이 감소하고 당좌자산(현금)이 증가하여야 한다.

정답 ⑤

---

40 기말재고자산 금액이 과대계상 된 경우 자기자본비율과 부채비율에 미치는 영향으로 옳은 것은?

	자기자본비율	부채비율
①	낮아짐	낮아짐
②	변동 없음	낮아짐
③	높아짐	낮아짐
④	높아짐	변동 없음
⑤	높아짐	높아짐

> **키워드** 자기자본비율과 부채비율에 미치는 영향 이해하기
>
> **풀이**
> - 자기자본비율: $\dfrac{\text{자기자본}}{\text{총자산}}$
> - 부채비율: $\dfrac{\text{부채}}{\text{자기자본}}$
> - 일반적으로 자기자본비율은 100% 미만이므로 자산이 증가하고 자본이 증가하면 자기자본비율은 증가한다. 그러나 부채는 불변하고 자본이 증가하므로 부채비율은 감소한다.

정답 ③

41 20×1년 12월 30일 현재 (주)한국의 유동자산과 유동부채의 잔액이 각각 ₩1,000이었다. 12월 31일 상품 ₩500을 구입하면서 현금 ₩100을 지급하고 나머지는 3개월 후에 지급하기로 한 경우, 동 거래를 반영한 후의 유동비율은? (단, 상품 기록은 계속기록법을 적용한다) 제19회

① 70%

② 80%

③ 100%

④ 140%

⑤ 150%

> **키워드** 재무비율분석 중 유동비율 이해하기
>
> **풀이** • 유동자산과 유동부채의 잔액이 각각 ₩1,000이라면 유동비율은 100%이다.
> • 상품 ₩500을 구입하면서 현금 ₩100을 지급하고 나머지는 3개월 후에 지급하기로 한 경우, 유동자산이 ₩400 증가하고, 유동부채도 ₩400이 증가하므로 유동비율이 100%일 때 동액이 증가하였으므로 유동비율은 불변하여 100%이다.
>
> 정답 ③

42 다음 자료를 이용하여 계산한 유동비율과 부채비율(= 부채/자본)은? 제16회

• 자본	₩100,000
• 유동부채	40,000
• 비유동자산	120,000
• 비유동부채	60,000

	유동비율	부채비율
①	50%	100%
②	50%	200%
③	100%	100%
④	150%	200%
⑤	200%	100%

> **키워드** 유동비율과 부채비율 이해하기
>
> **풀이** • 유동자산: [부채(100,000) + 자본(100,000)] − 비유동자산(120,000) = ₩80,000
> • 유동비율: 유동자산(80,000) ÷ 유동부채(40,000) = 2(200%)
> • 부채비율: 부채(100,000) ÷ 자기자본(100,000) = 1(100%)
>
> 정답 ⑤

43 (주)한국의 현재 유동자산은 ₩100, 유동부채는 ₩200이다. 다음 거래가 (주)한국의 유동비율에 미치는 영향으로 옳지 않은 것은? 2020년 공무원 수정

① 토지를 ₩30에 취득하면서 취득 대금 중 ₩10은 현금으로 지급하고 나머지는 2년 후에 지급하기로 한 거래는 유동비율을 감소시킨다.

② 재고자산을 현금 ₩10에 구입한 거래는 유동비율에 영향을 미치지 않는다.

③ 단기차입금을 현금 ₩20으로 상환한 거래는 유동비율에 영향을 미치지 않는다.

④ 3년 만기 사채를 발행하고 현금 ₩30을 수령한 거래는 유동비율을 증가시킨다.

⑤ 기계설비를 ₩10 처분하고 대금을 나중에 받기로 한 거래는 유동비율을 증가시킨다.

> **키워드** 비율분석·안정성분석 이해하기
>
> **풀이** 유동비율은 유동자산(₩100) ÷ 유동부채(₩200)인 0.5(50%)이다. 유동비율이 100% 미만인 경우 단기차입금 ₩20을 현금으로 상환하면 유동부채와 유동자산이 동시에 감소하므로 유동비율은 감소한다.

> 정답 ③

고난도

44 (주)감평의 20×1년 12월 31일 현재 재무상태는 다음과 같다.

• 자산총계	₩880,000
• 비유동부채	540,000
• 매출채권	120,000
• 자본총계	100,000
• 재고자산	240,000
• 비유동자산	520,000

만약 (주)감평이 현금 ₩50,000을 단기 차입한다고 가정하면 이러한 거래가 당좌비율(A)과 유동비율(B)에 미치는 영향은? 2019년 감평사

① A: 불변   B: 불변

② A: 감소   B: 증가

③ A: 감소   B: 감소

④ A: 증가   B: 증가

⑤ A: 증가   B: 감소

유동비율과 당좌비율 이해하기

재무상태표

매 출 채 권	₩120,000	유 동 부 채	₩240,000
재 고 자 산	240,000	비 유 동 부 채	540,000
비 유 동 자 산	520,000	자 본	100,000
	₩880,000		₩880,000

• 현금 ₩50,000을 단기 차입한다면 다음과 같이 분개한다.

(차) 현 금 ₩50,000 (대) 단 기 차 입 금 ₩50,000

• 당좌비율(A): $\dfrac{120,000}{240,000}$ 은 50%로 100% 미만이므로 증가한다.

• 유동비율(B): $\dfrac{360,000}{240,000}$ 은 150%로 100% 초과이므로 감소한다.

정답 ⑤

45 A기업은 현재 유동비율이 150%이고, 당좌비율이 100%이다. 이 상황에서 상품 ₩200,000을 구입하면서 반은 현금으로 지급하고, 잔액은 외상으로 하였다. 이 거래가 유동비율과 당좌비율에 미치는 영향으로 옳은 것은?

	유동비율	당좌비율
①	작아진다	작아진다
②	커진다	커진다
③	변동없다	커진다
④	커진다	작아진다
⑤	작아진다	커진다

유동비율과 당좌비율에 미치는 영향 이해하기

유동비율이 1보다 클 때 유동자산과 유동부채가 동액이 증가하면 유동비율은 감소한다. 당좌비율의 경우 당좌자산은 감소하였고 유동부채는 증가하였으므로 당좌비율은 감소한다.

정답 ①

PART 1

46 20x1년 초 (주)한국은 당좌자산 ₩6,000과 재고자산 ₩4,000을 보유하고 있고 유동부채 ₩2,500과 비유동부채 ₩1,500을 보유 중이다. 아래의 거래가 당좌비율과 유동비율에 미치는 영향은? [단, (주)한국의 유동자산은 당좌자산과 재고자산만으로 구성되어 있다]

> (1) 상품 ₩2,000을 외상으로 매입하였다.
> (2) 거래처에서 매출채권 ₩1,000을 현금으로 회수하였다.

① 당좌비율 감소, 유동비율 감소
② 당좌비율 감소, 유동비율 불변
③ 당좌비율 증가, 유동비율 감소
④ 당좌비율 증가, 유동비율 불변
⑤ 당좌비율 불변, 유동비율 불변

키워드 유동비율과 당좌비율 이해하기

풀이
- 유동자산은 당좌자산 6,000과 재고자산 4,000을 포함하여 10,000원에 해당한다.
- 상품 매입: (차) 상품(재고자산) 2,000 (대) 매입채무 2,000(유동자산 증가, 유동부채 증가)
- 매출채권 회수: (차) 현금 1,000 (대) 매출채권 1,000(유동자산 불변, 당좌자산 불변)
- 당좌비율: $\dfrac{6,000}{2,500}$ = 240%
- 당좌비율 : 당좌비율이 100%를 초과할 때 당좌자산이 불변하고 유동부채가 증가하면 당좌비율은 감소한다.
- 유동비율 : $\dfrac{10,000}{2,500}$ = 400%
- 유동비율 : 유동비율이 100%를 초과할 때 유동자산이 증가하고 유동부채가 증가하면 유동비율은 감소한다.

정답 ①

47 (주)한국의 당기매출은 외상 거래만 있었다고 할 때, 다음 자료를 이용한 활동성 비율분석의 해석으로 옳지 않은 것은? (단, 활동성 비율계산 시 분모는 기초 잔액과 기말 잔액의 평균금액을 이용하며, 1년을 360일로 계산한다)

2020년 공무원 수정

매출채권				재고자산			
기 초	₩1,000	현 금	₩47,000	기 초	₩1,000	매출원가	₩25,000
매 출 액	50,000	기 말	4,000	매입채무	20,000	기말재고	4,000
				현 금	8,000		

① 매출채권회전율은 20회이다.

② 재고자산회전율은 12회이다.

③ 매출채권의 평균회수기간은 18일이다.

④ 재고자산의 평균판매기간은 36일이다.

⑤ (주)한국의 정상영업주기는 54일이다.

키워드 비율분석·활동성분석 이해하기

풀이 재고자산회전율: 25,000 ÷ 평균재고(2,500) = 10회

TIP 매출채권회전율과 재고자산회전율 식에 대입한다.

정답 ②

48 (주)한국의 20×1년 매출액은 ₩1,000이며, 20×2년 당기순이익은 20×1년 당기순이익에 비해 30% 증가하였을 경우, 20×2년 매출액은?

> • 20×1년 매출액순이익률: 20%
> • 20×2년 매출액순이익률: 25%

① ₩1,040   ② ₩1,200

③ ₩1,100   ④ ₩1,060

⑤ ₩1,000

키워드 재무비율 수익성분석 이해하기

풀이
- 매출액순이익률 $= \dfrac{\text{순이익}}{\text{매출액}}$

- 20×1년 매출액순이익률: $\dfrac{(x)}{1,000} = 0.2(20\%)$ ∴ $x = 200$

- 20×2년 순이익: $200 \times (1 + 0.3) = ₩260$

- 20×2년 매출액순이익률: $\dfrac{260}{(y)} = 0.25(25\%)$ ∴ $y = 1,040$

정답 ①

49 (주)한국은 20×1년 말 토지(유형자산)를 ₩1,000에 취득하였다. 대금의 50%는 취득 시 현금 지급하고, 나머지는 20×2년 5월 1일에 지급할 예정이다. 토지거래가 없었을 때와 비교하여, 20×1년 말 유동비율과 총자산순이익률의 변화는? (단, 토지거래가 있기 전 유동부채가 있으며, 20×1년 당기순이익이 보고되었다)   제17회

	유동비율	총자산순이익률
①	증가	증가
②	증가	감소
③	감소	증가
④	감소	불변
⑤	감소	감소

키워드 유동비율과 총자산순이익률 이해하기

풀이 (차) 토　　　　　지　　　₩1,000　　(대) 현　　　　　　금　　　₩500
　　　　　　　　　　　　　　　　　　　　　미　지　급　금　　　　　500

- 유동비율: $\dfrac{\text{유동자산(감소)}}{\text{유동부채(증가)}}$ = 감소

- 총자산순이익률: $\dfrac{\text{순이익(불변)}}{\text{총자산(증가)}}$ = 감소

- 자산과 부채가 증가하므로 자본은 불변, 순이익도 불변이다.

정답 ⑤

50 (주)한국의 기초자산은 ₩40,000이고, 기말자산은 ₩60,000이다. 매출액순이익률은 6% 이며, 총자산회전율(평균총자산 기준)이 4회일 경우, 당기순이익은?

① ₩10,000　　　　　　　　　　　② ₩11,000

③ ₩12,000　　　　　　　　　　　④ ₩13,000

⑤ ₩14,000

키워드 수익성 및 활동성 분석 이해하기

풀이
- 매출액: $\dfrac{\text{매출액}(x)}{\text{총자산}(50,000)}$ = 4회　∴ x = ₩200,000

- 당기순이익: $\dfrac{\text{당기순이익}(y)}{\text{매출액}(200,000)}$ = 0.06(6%)　∴ y = ₩12,000

정답 ③

51 다음 자료를 토대로 계산한 (주)한국의 당기순이익은? 2016년 공무원 수정

• 평균총자산액	₩3,000
• 부채비율(= 부채/자본)	200%
• 매출액순이익률	20%
• 총자산회전율(평균총자산 기준)	0.5회

① ₩100

② ₩200

③ ₩300

④ ₩400

⑤ ₩500

키워드 자기자본이익률의 분해 이해하기

풀이
- 총자산회전율: $\dfrac{\text{매출액}(x)}{\text{평균총자산}(3,000)} = 0.5$회 ∴ $x = ₩1,500$

- 매출액순이익률: $\dfrac{\text{당기순이익}(y)}{\text{매출액}(1,500)} = 0.2(20\%)$ ∴ $y = ₩300$

정답 ③

52 다음은 (주)대한의 20×1년 말 재무비율분석 자료의 일부이다.

• 유동비율	250%
• 당좌비율	200%

20×1년 초 재고자산은 ₩80,000이고, 20×1년 말 유동부채는 ₩120,000이다. 20×1년 매출원가가 ₩350,000일 때 재고자산회전율은? (단, 유동자산은 당좌자산과 재고자산만으로 구성되어 있다고 가정한다) 제18회

① 2회

② 3회

③ 4회

④ 5회

⑤ 6회

키워드 재고자산의 회전율 이해하기

풀이

- 유동비율: $\dfrac{유동자산(x)}{유동부채(120,000)} = 2.5(250\%)$ ∴ $x = ₩300,000$

- 당좌비율: $\dfrac{당좌자산(y)}{유동부채(120,000)} = 2(200\%)$ ∴ $y = ₩240,000$

- 기말재고자산: 유동자산(300,000) − 당좌자산(240,000) = ₩60,000
- 평균재고자산: [기초재고자산(80,000) + 기말재고자산(60,000)] ÷ 2 = ₩70,000

- 재고자산회전율: $\dfrac{매출원가(350,000)}{평균재고자산(70,000)} = 5회$

정답 ④

53 다음 자료를 이용하여 계산된 매출총이익은? (단, 계산의 편의상 1년은 360일, 평균재고자산은 기초와 기말의 평균이다)

• 기초재고자산	₩90,000
• 기말재고자산	210,000
• 당기매출액	500,000
• 재고자산 보유(회전)기간	120일

① ₩60,000   ② ₩40,000

③ ₩50,000   ④ ₩55,000

⑤ ₩65,000

키워드 재무비율 활동성분석 이해하기

풀이

재고자산

기 초 재 고	₩90,000	매 출 원 가	₩450,000
매 입 액	(570,000)	기 말 재 고	210,000
	₩660,000		₩660,000

- 재고자산 보유(회전)기간: $\dfrac{360일}{x} = 120일$ ∴ $x = 3회$

- 재고자산회전율: $\dfrac{매출원가(450,000)}{평균재고자산(150,000)} = 3회$

- 매출총이익: 당기매출액(500,000) − 매출원가(450,000) = ₩50,000

정답 ③

54 (주)한국은 20×1년 말 화재로 인해 창고에 있던 상품을 전부 소실하였다. (주)한국의 매출채권회전율은 3회이고, 매출총이익률은 20%로 매년 동일하다. 20×1년 (주)한국의 평균매출채권은 ₩500,000이고 판매가능 상품(기초재고와 순매입액의 합계)이 ₩1,300,000인 경우, 20×1년 말 화재로 소실된 상품 추정액은? (단, 순실현가능가치는 ₩20,000이 있다)

제24회 수정

① ₩50,000　　　　　　　　　② ₩60,000

③ ₩70,000　　　　　　　　　④ ₩80,000

⑤ ₩100,000

키워드　재무비율 활동성분석 이해하기

풀이
- 매출채권회전율: $\dfrac{\text{매출액}(x)}{\text{평균매출채권}(500,000)}$ = 3회　∴ x = 1,500,000
- 매출원가: 매출액(1,500,000) × (1 − 0.2) = ₩1,200,000
- 기말재고: 판매가능액(1,300,000) − 매출원가(1,200,000) = ₩100,000
- 소실된 기말재고: 100,000 − 20,000 = ₩80,000

TIP　매출채권회전율을 기초로 매출액을 계산한다.

정답 ④

55 (주)한국이 창고에 보관하던 상품이 20×2년 중에 발생한 화재로 인하여 일부 소실되었다. 20×1년의 상품 거래와 관련한 자료가 다음과 같고, 20×2년 초부터 화재발생 시점까지 (주)한국의 상품 매입액과 매출액은 각각 ₩3,000과 ₩3,500이었으며, 매출총이익률은 20×1년과 동일하다. 20×2년에 화재로 인해 소실된 것으로 추정되는 상품의 원가는?

제25회 수정

- (주)한국의 20×1년 매출채권회전율은 5회, 재고자산회전율은 4회이다.
- (주)한국의 20×1년 매출총이익률은 20%이다.
- (주)한국의 20×1년 초 매출채권과 상품의 잔액은 각각 ₩500과 ₩200이었으며, 20×1년 말 매출채권 잔액은 ₩700이다.
- 화재발생 후 (주)한국의 기말재고는 순실현가능가치가 ₩300이다.

① ₩1,100　　　　　　　　　② ₩1,000

③ ₩1,200　　　　　　　　　④ ₩1,300

⑤ ₩900

풀이
- 20×1년 기말재고자산의 추정
  - 20×1년 평균매출채권: (500 + 700) ÷ 2 = ₩600
  - 20×1년 매출채권회전율: $\dfrac{\text{매출액}(x)}{\text{평균매출채권}(600)} = 5회 \quad \therefore \ x = 3,000$
  - 20×1년 매출원가: 매출액(3,000) × (1 − 0.2) = ₩2,400
  - 20×1년 재고자산회전율: $\dfrac{\text{매출원가}(2,400)}{\text{평균재고자산}(y)} = 4회 \quad \therefore \ y = 600$
    - 평균재고자산: [기초재고자산(200) + 기말재고자산(?)] ÷ 2 = ₩600
    - 기말재고자산: (600 × 2) − 기초재고자산(200) = ₩1,000(20×2년 초 재고)
- 20×2년 매출원가: 매출액(3,500) × (1 − 0.2) = ₩2,800

재고자산

기 초 재 고	₩1,000	매 출 원 가	₩2,800
매 입 액	3,000	기 말 재 고	(1,200)
	₩4,000		₩4,000

- 20×2년 화재손실: 기말재고(1,200) − 순실현가능가치(300) = ₩900

정답 ⑤

고난도

56 다음의 자료를 이용하여 매출총이익법으로 추정한 기말재고액은?

• 기초재고액	₩2,200	• 당기매입액	₩4,300
• 평균매출채권	1,500	• 매출채권회전율	4회
• 원가에 대한 이익률	20%		

① ₩500
② ₩1,200
③ ₩1,500
④ ₩1,700
⑤ ₩2,200

풀이

재고자산

기 초 재 고	₩2,200	매 출 원 가	₩5,000
매 입 액	4,300	기 말 재 고	(1,500)
	₩6,500		₩6,500

- 매출채권회전율: $\dfrac{\text{매출액}(x)}{\text{평균매출채권}(1,500)} = 4회 \quad \therefore \ x = 6,000$
- 매출원가: 매출액(6,000) ÷ (1 + 0.2) = ₩5,000

TIP 매출채권회전율 4회를 이용하여 매출액을 계산한다.

정답 ③

57 (주)감평의 20×1년 초 상품재고는 ₩30,000이며, 당기매출액과 당기 상품매입액은 각각 ₩100,000과 ₩84,000이다. (주)감평의 원가에 대한 이익률이 25%인 경우, 20×1년 재고자산회전율은? (단, 재고자산회전율 계산 시 평균상품재고와 매출원가를 사용한다)

2017년 감평사

① 0.4회   ② 1.5회   ③ 2.0회

④ 2.5회   ⑤ 3.0회

> **키워드** 재무비율 활동성분석 이해하기
>
> **풀이**
>
> 재고자산
>
> | 기 초 재 고 | ₩30,000 | 매 출 원 가 | ₩80,000 |
> |---|---|---|---|
> | 매 입 액 | 84,000 | 기 말 재 고 | 34,000 |
> | | ₩114,000 | | ₩114,000 |
>
> • 매출원가: 매출액(100,000) ÷ 1.25 = ₩80,000
>
> • 재고자산회전율: $\dfrac{\text{매출원가}(80,000)}{\text{평균재고자산}(32,000)}$ = 2.5회

> **정답** ④

58 (주)한국의 영업주기(상품의 매입시점부터 판매 후 대금 회수시점까지의 기간)는 180일이다. 다음 20×1년 자료를 이용하여 계산한 매출액은? (단, 매입과 매출은 전액 외상거래이고, 1년은 360일로 가정한다)

제17회

• 매출액	(?)	• 매출원가	₩8,000
• 평균매출채권	₩2,500	• 평균매입채무	2,600
• 평균재고자산	2,000		

① ₩8,333   ② ₩8,833   ③ ₩9,000

④ ₩10,000   ⑤ ₩12,000

> **키워드** 활동성(매출액 분석) 비율의 분석 이해하기
>
> **풀이** • 영업주기 180일은 재고자산회전주기와 매출채권회수기간을 더한 기간이다.
>
> • 재고자산회전율: $\dfrac{\text{매출원가}(8,000)}{\text{평균재고자산}(2,000)}$ = 4회
>
> • 재고자산회전주기: $\dfrac{360일}{4회}$ = 90일, 매출채권회수기간은 90일이다.
>
> • 매출채권회수기간: $\dfrac{360일}{\text{회전율}(x)}$ = 90일   ∴ x = 4회
>
> • 매출채권회전율: $\dfrac{\text{매출액}(y)}{\text{평균매출채권}(2,500)}$ = 4회   ∴ y = ₩10,000

> **정답** ④

59 (주)한국의 다음 재무비율 자료에 의하여 계산한 자기자본이익률은?

• 매출액이익률	5%
• 총자산회전율	200%
• 자기자본비율	50%

① 5% ② 10%

③ 20% ④ 30%

⑤ 40%

키워드 자기자본이익률의 분해 이해하기

풀이 • 자기자본이익률: 매출액이익률(0.05) × 총자산회전율(2) × [1 + 부채비율(1)] = 0.2(20%)
• 자기자본비율이 0.5일 때 부채비율은 1이다. 그러므로 자기자본이익률은 20%이다.

정답 ③

고난도
60 (주)한국의 총자산은 ₩3,000,000이다. 다음 자료를 이용하여 계산한 당기 매출액은?
(단, 자산과 부채의 규모는 보고기간 중 변동이 없다)

• 자기자본이익률(ROE)	10%
• 부채비율(=부채/자본)	200%
• 매출액순이익률	5%

① ₩1,000,000 ② ₩1,500,000

③ ₩2,000,000 ④ ₩2,500,000

⑤ ₩3,000,000

키워드 자기자본순이익율 이해하기

풀이 • 자기자본이익률 = 매출액순이익률 × 총자산회전율 × (1 + 부채비율)
• 자기자본이익률(0.1) = 매출액순이익률(0.05) × 총자산회전율(x) × (1 + 2)
• 총자산회전율: 0.1 ÷ 0.15 = 0.667
• 총자산회전율: 매출액(y) ÷ 총자산(3,000,000) = 0.667
• 매출액: 총자산 3,000,000 × 0.667 = 1,999,999(2,000,000)

정답 ③

61 다음 자료를 이용하여 계산된 매출액순이익률은? (단, 총자산과 총부채는 기초금액과 기말금액이 동일한 것으로 가정한다)

제14회

• 총자산	₩1,000,000
• 자기자본이익률(= 당기순이익/자본)	20%
• 총자산회전율	0.5
• 부채비율(= 부채/자본)	300%

① 2%　　　　　　　　　　② 4%

③ 6%　　　　　　　　　　④ 8%

⑤ 10%

키워드 자기자본이익률의 분해 이해하기

풀이 • 듀퐁분해법: 매출액순이익률 × 총자본회전율 × 자기자본비율의 역수 = 자기자본이익률

• 매출순이익률(x) × 0.5 × $\dfrac{400}{100}$ = 0.2　　∴ x = 0.1(10%)

정답 ⑤

---

62 총자산회전율과 매출채권회전율은 각각 1.5회와 2회이며 매출액순이익률이 3%일 경우 총자산순이익률은?

제15회

① 1.5%　　　　　　　　　② 2.0%

③ 4.5%　　　　　　　　　④ 6.0%

⑤ 9.0%

키워드 해당 비율을 총자산회전율과 총자산순이익률 식에 대입하는 방법 이해하기

풀이 • 총자산회전율: $\dfrac{매출액(150)}{총자산(100)}$ = 1.5회

• 매출액순이익률: $\dfrac{순이익(x)}{매출액(150)}$ = 0.03(3%)　　∴ x = 4.5

• 총자산순이익률: $\dfrac{순이익(4.5)}{총자산(100)}$ = 0.045(4.5%)

정답 ③

63 다음은 (주)관세의 20×1년도 포괄손익계산서의 일부이다. 아래 자료를 이용하여 계산한 이자보상비율은?

2016년 관세사

• 영업이익	₩22,000
• 이자비용	(4,000)
• 법인세비용차감전순이익	18,000
• 법인세비용	(5,000)
• 당기순이익	₩13,000

① 2.75배

② 3.25배

③ 4.50배

④ 5.50배

⑤ 6.50배

키워드 안정성 비율 이해하기

풀이
이자보상비율: $\dfrac{영업이익(22,000)}{이자비용(4,000)}$ = 5.50배

정답 ④

64 (주)한국의 20×1년도 포괄손익계산서는 다음과 같다.

손익구성항목	금액
매출액	₩500,000
매출원가	₩(300,000)
매출총이익	₩200,000
기타영업비용	₩(50,000)
영업이익	₩150,000
이자비용	₩(50,000)
당기순이익	₩100,000

(주)한국의 20×2년도 손익을 추정한 결과, 매출액과 기타영업비용이 20×1년도보다 각각 20%씩 증가하고, 20×2년도의 이자보상비율(= 영업이익/이자비용)은 20×1년 대비 1.5배가 될 것으로 예측된다. 매출원가율이 20×1년도와 동일할 것으로 예측될 때, (주)한국의 20×2년도 추정 당기순이익은? 제26회 수정

① ₩120,000 ② ₩140,000

③ ₩150,000 ④ ₩180,000

⑤ ₩200,000

키워드 이자보상비율 이해하기

풀이

손익구성항목	20×1년	20×2년
매출액	₩500,000	₩600,000
매출원가	₩(300,000)	(1) ₩(360,000)
매출총이익	₩200,000	₩240,000
기타영업비용	₩(50,000)	(2) ₩(60,000)
영업이익	₩150,000	₩180,000
이자비용	₩(50,000)	(3) ₩(40,000)
당기순이익	₩100,000	₩140,000

(1) 매출원가율이 20×1년도와 동일하므로, 20×2년도 매출원가는 매출액과 동일하게 20×1년도보다 20% 증가시키면 된다. ₩300,000 × (1 + 0.2) = ₩360,000

(2) 20×2년 기타영업비용: ₩50,000 × (1 + 0.2) = ₩60,000

(3) • 20×1년 이자보상비율: $\dfrac{영업이익(150,000)}{이자비용(50,000)}$ = 3배

   • 20×2년 이자보상비율: 3배 × 1.5 = 4.5배

   • 20×2년 이자비용: $\dfrac{영업이익(180,000)}{이자비용(x)}$ = 4.5배   ∴ x = ₩(40,000)

정답 ②

65 재무비율분석과 관련된 설명으로 옳은 것은?

① 기업영업활동의 수익성을 분석하는 주요 비율로 자기자본이익률과 이자보상비율이 사용된다.

② 총자산이익률은 매출액순이익률과 총자산회전율의 곱으로 표현할 수 있다.

③ 유동성비율은 기업의 단기지급능력을 분석하는 데 사용되며 유동비율, 당좌비율, 총자산이익률이 주요 지표이다.

④ 이자보상비율은 기업의 이자지급능력을 측정하는 지표로 이자 및 법인세비용차감전이익을 이자비용으로 나누어 구하며 그 비율이 낮은 경우 지급능력이 양호하다고 판단할 수 있다.

⑤ 부채비율이 높을수록 타인자본 의존도가 높다는 것을 의미하며, 그만큼 재무구조가 안정적인 것을 나타낸다. 반대로 자기자본비율이 높을수록 기업의 재무구조는 불안정적이다.

키워드 재무비율분석 이해하기

풀이 $\dfrac{\text{순이익}}{\text{총자산}} = \dfrac{\text{순이익}}{\text{매출액}} \times \dfrac{\text{매출액}}{\text{총자산}}$

① 수익성비율: 자기자본순이익률, 총자산순이익률, 매출액순이익률 등이며, 이자보상비율은 재무적 안전성비율이다.

③ 유동성비율: 유동비율, 당좌비율이며, 총자산이익률은 수익성비율이다.

④ 이자보상비율이 높을수록 지급능력이 양호하고, 낮을수록 지급능력이 떨어진다.

⑤ 부채비율이 높을수록 타인자본 의존도가 높다는 것을 의미하며, 그만큼 재무구조가 부실하다는 것을 나타낸다. 반대로 자기자본비율이 높을수록 기업의 재무구조는 안정적이다.

정답 ②

PART 2

원가 · 관리회계

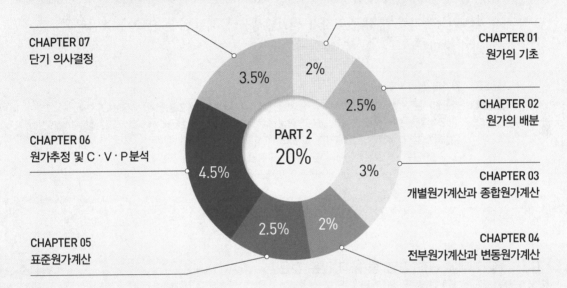

CHAPTER 07
단기 의사결정 — 3.5%

CHAPTER 01
원가의 기초 — 2%

CHAPTER 02
원가의 배분 — 2.5%

PART 2
20%

CHAPTER 06
원가추정 및 C·V·P분석 — 4.5%

CHAPTER 03
개별원가계산과 종합원가계산 — 3%

CHAPTER 05
표준원가계산 — 2.5%

CHAPTER 04
전부원가계산과 변동원가계산 — 2%

합격 POINT

원가·관리회계는 대체로 원가회계보다 관리회계 부분에서 더 많이 출제되고 있습니다. 제27회 시험에서는 과년도와 비슷하게 원가회계 3문항, 관리회계 5문항(변동원가계산 1문항, 표준원가계산 1문항, 의사결정 1문항, 손익분기점 2문항)이 출제되었습니다. 회차가 거듭될수록 수준 높은 문제가 출제되고 있습니다.

원가회계는 아주 기초가 되는 과정으로 충분히 이해하고 있어야 하며, 관리회계 부분인 표준원가, 변동원가, 손익분기점, 의사결정 등은 꽤 높은 수준의 문제들이 출제되므로 이에 유의하여 학습하여야 합니다.

제28회 시험에서도 난도 높은 문제가 출제될 수 있으므로 원가의 기초 부분을 충분히 숙지하여 8문항 중 4문항을 맞추는 전략적인 학습이 필요합니다.

01 원가의 기초

▶ **연계학습** | 에듀윌 기본서 1차 [회계원리 下] p.6

01 원가에 관한 설명으로 옳은 것은?

① 기회원가는 미래에 발생할 원가로서 의사결정 시 고려하지 않는다.
② 관련 범위 내에서 혼합원가는 조업도가 0이라면 원가는 발생하지 않는다.
③ 관련 범위 내에서 생산량이 감소하면 단위당 고정원가도 감소한다.
④ 관련 범위 내에서 생산량이 증감 변동하더라도 단위당 변동원가는 일정하다.
⑤ 통제가능원가란 특정 관리자가 원가발생을 통제할 수는 있으나 책임질 수 없는 원가를 말한다.

> **키워드** 원가의 정의 이해하기
> **풀이** 변동원가는 관련 범위 내에서 생산량이 증감하더라도 단위당 변동원가는 일정하다.
> ① 기회원가는 최선을 선택함으로써 희생된 차선에서 유입될 현금흐름으로 의사결정 시 고려한다.
> ② 관련 범위 내에서 혼합원가는 조업도가 0이라도 원가는 발생한다.
> ③ 관련 범위 내에서 생산량이 감소하면 단위당 고정원가는 증가한다.
> ⑤ 통제가능원가란 특정 관리자가 원가발생을 통제할 수 있고, 책임질 수 있는 원가를 말한다.
>
> 정답 ④

02 원가행태에 관한 설명 중 옳지 않은 것은? 제14회

① 계단(준고정)원가는 일정한 범위의 조업도 수준에서만 원가총액이 일정하다.
② 직접재료원가는 변동원가에 속한다.
③ 단위당 변동원가는 조업도가 증가함에 따라 증가한다.
④ 기본료와 사용시간당 통화료로 부과되는 전화요금은 사용시간을 조업도로 본 혼합원가로 볼 수 있다.
⑤ 원가 - 조업도 - 이익(CVP)분석에서 고정판매관리비도 고정원가에 포함된다.

> **키워드** 조업도와 관련한 원가의 개념 이해하기
> **풀이** 변동원가는 조업도의 증감에 따라 변동원가총액은 증감하나, 단위당 변동원가는 조업도 수준의 변동에 관계없이 일정한 행태의 원가를 말한다.
>
> 정답 ③

03 의사결정과 관련한 원가의 분류 중 옳지 않은 것은?

① 차액원가란 두 가지 의사결정 간에 발생되는 원가의 차액으로서 원가의 증가를 가져오는 의사결정과 감소를 가져오는 의사결정이 있다.

② 기회원가란 선택가능한 대체안 중에서 포기한 대체안에서 상실하게 될 순현금유입액을 말하며, 회계기록이 안 되므로 의사결정에는 사용할 수 없다.

③ 매몰원가(역사적 원가)란 이미 발생한 원가로서 의사결정에 영향을 미치지 못하는 원가이다.

④ 관련원가란 의사결정에 따라 변동하는 원가로서 미래원가이면서 차액원가이어야 한다.

⑤ 회피가능원가란 경영진에 의해 회피가 가능한 원가로서 변동원가가 대표적이다.

> **키워드** 의사결정과 관련한 원가의 분류 이해하기
>
> **풀이** 기회원가란 선택가능한 대체안 중에서 포기한 대체안에서 상실하게 될 순현금유입액을 말하며, 회계기록은 하지 않지만 의사결정에는 사용할 수 있다.
>
> 정답 ②

04 준고정(계단)원가에 관한 설명으로 옳은 것은? (단, 조업도 이외의 다른 조건은 일정하다고 가정한다)
2016년 공무원 수정

① 조업도가 0(영)인 경우에도 일정액이 발생하고, 그 이후로부터 조업도에 따라 비례적으로 증가하는 원가를 말한다.

② 일정 조업도 범위 내에서는 조업도의 변동에 정비례하여 총원가가 변동한다.

③ 일정 조업도 범위 내에서는 조업도의 변동에 관계없이 총원가가 일정하므로, 단위당 원가는 조업도의 증가에 따라 감소한다.

④ 일정 조업도 범위 내에서는 총원가가 일정하지만, 일정 조업도 범위를 초과하면 총원가가 일정액만큼 증가한다.

⑤ 조업도와 관계없이 단위당 원가는 항상 일정하다.

> **키워드** 조업도의 분석 이해하기
>
> **풀이** ① 준변동비에 대한 설명이다.
> ② 변동비에 대한 설명이다.
> ③ 고정비에 대한 설명이다.
> ⑤ 변동비에 대한 설명이다.
>
> 정답 ④

05 원가의 개념에 관한 설명 중 알맞지 않은 것은? 제9회

① 기회원가란 차선의 대체안을 포기함으로 인해 얻게 되는 효익을 말한다.

② 변동원가란 조업도 수준에 관계없이 제품 단위당 원가가 일정한 원가를 말한다.

③ 직접원가란 특정 원가집적대상에 추적 가능하거나 식별 가능한 원가를 말한다.

④ 비관련원가(Irrelevant Cost)란 의사결정대안 간에 차이가 없는 원가를 말한다.

⑤ 고정원가란 제품 단위당 원가가 조업도의 증감과 반대방향으로 변하는 원가를 말한다.

> **키워드** 원가의 개념 이해하기
> **풀이** 기회원가란 차선의 대체안을 포기함으로 인해 상실하게 될 순현금유입액을 말한다.

정답 ①

고난도

06 다음 중 조업도가 변화할 때 고정비에 관한 설명으로 가장 옳은 것은?

① 조업도의 증감에 따라 비례적으로 증감 변화되는 원가이다.

② 조업도가 증감하더라도 관련 범위 내에서는 고정적이기 때문에, 다른 조건이 동일한 경우 제품의 단위당 원가는 조업도에 따라서 증감 변화한다.

③ 조업도가 영(0)인 경우에도 일정액이 발생하고, 그 이후로부터 조업도에 따라 비례적으로 증가하는 원가를 말한다.

④ 조업도와 관계없이 제품의 단위당 원가는 항상 일정하다.

⑤ 고정비의 전형적인 예로는 직접재료비와 직접노무비가 있다.

> **키워드** 고정원가와 변동원가의 개념 이해하기
> **풀이** ① 조업도의 증감에 따라 비례적으로 증감 변화되는 원가는 변동비이다.
> ③ 조업도가 영(0)인 경우에도 일정액이 발생하고, 그 이후로도 조업도의 증감에 따라 변동하는 원가는 준변동비 또는 혼합원가이다.
> ④ 조업도와 관계없이 제품의 위당 원가가 항상 일정한 것은 변동비이다.
> ⑤ 변동비의 전형적인 예로는 직접재료비와 직접노무비가 있다.

정답 ②

07 (주)한국은 재해로 인하여 재고자산이 파손되었는데 취득원가는 ₩600,000이었다. 이 재고자산에 ₩100,000이 소요되는 수리를 거치면 ₩350,000에 팔 수 있고, 수리를 거치지 않는다면 ₩200,000에 팔 수 있다. 이런 경우의 기회비용과 비관련원가는?

PART 2

	기회비용	비관련원가
①	₩200,000	₩600,000
②	₩350,000	₩200,000
③	₩250,000	₩600,000
④	₩200,000	₩200,000
⑤	₩250,000	₩400,000

키워드 기회원가(기회비용)의 개념 이해하기

풀이 재작업을 한다면 희생될 순현금흐름액은 ₩200,000이 얻을 수 있는 기회를 상실하게 된다. 또한 비관련원가는 매몰원가(취득원가)로서 ₩600,000이다.

정답 ①

08 (주)한국은 제품생산에 소비할 원재료 ₩85,000을 구입하여 보유하고 있으나, 현재 제품생산에 사용할 수 없다. (주)한국은 원재료에 대해 다음과 같은 두 가지 대안을 고려하고 있다. (대안1) 원재료를 그대로 외부에 ₩50,000에 판매하는 것이고, (대안2) 원재료에 ₩5,000의 다른 원재료를 혼합하여 변환한 후 ₩66,000에 판매하는 것으로, (주)한국이 (대안2)를 선택하는 경우, (대안1)에 비하여 증가 또는 감소하는 이익은?

① ₩11,000 증가
② ₩16,000 증가
③ ₩11,000 감소
④ ₩16,000 감소
⑤ ₩10,000 증가

키워드 기회원가(비용) 이해하기

풀이 대안 2(66,000 − 5,000) − 대안 1(50,000) = ₩11,000 증가

정답 ①

09 다음 자료를 바탕으로 3월 중 직접노무원가는?

[3월 중 원가 자료 및 재료의 거래내역]

• 3월 초 재료재고	₩50,000
• 3월 말 재료재고	30,000
• 3월 재료 매입액	230,000
• 제조간접원가 발생액	150,000
• 총제조원가	700,000

① ₩220,000 ② ₩250,000

③ ₩280,000 ④ ₩300,000

⑤ ₩320,000

[키워드] 재공품계정의 총제조원가(기본원가 + 가공원가) 이해하기

[풀이] • 총제조원가: 직접재료원가 + 직접노무원가 + 제조간접원가
  - 직접재료원가: 50,000 + 230,000 − 30,000 = ₩250,000
  - 직접노무원가: 700,000 − 250,000 − 150,000 = ₩300,000

정답 ④

---

10 (주)한국의 제조경비에 관련된 자료이다. 20×1년의 제조경비는?

구분	당기 지급액	당기 말 잔액		전기 말 잔액	
		선급비용	미지급비용	미지급비용	선급비용
공장임차료	₩100,000	₩10,000	−	−	₩20,000
공장수선비	50,000	−	5,000	−	3,000

① ₩165,000 ② ₩168,000

③ ₩158,000 ④ ₩155,000

⑤ ₩188,000

[키워드] 제조경비계정의 소비액 이해하기

[풀이] • 공장임차료: 100,000 − 10,000 + 20,000 = ₩110,000
  • 공장수선비: 50,000 + 5,000 + 3,000 = ₩58,000
  • 제조경비: 110,000 + 58,000 = ₩168,000

정답 ②

11 (주)한국은 실제원가계산을 적용하고 있으며, 20×1년의 기초 및 기말재고자산은 다음과 같다.

구분	기초	기말
직접재료	₩15,000	₩20,000
재공품	70,000	85,000
제품	40,000	45,000

당기 매출원가가 ₩120,000일 경우, 당기 총제조원가는? <small>제25회 수정</small>

① ₩145,000　　　　　② ₩140,000

③ ₩135,000　　　　　④ ₩130,000

⑤ ₩125,000

키워드 **재공품계정의 총제조원가 및 완성품제조원가 이해하기**

풀이

재공품

기 초 재 고	₩110,000	매 출 원 가	₩120,000
총 제 조 원 가	(140,000)	기 말 재 고	130,000
	₩250,000		₩250,000

- 당기 총제조원가: 직접재료원가 + 직접노무원가 + 제조간접원가
- 직접재료원가는 매입재료에 기초재료를 가산하고 기말재료를 차감한 소비액이다.

정답 ②

12 다음은 (주)한국의 20×1년 8월 재고자산에 관한 자료이다.

구분	8월 1일	8월 31일
직접재료	₩4,000	₩5,000
재공품	7,000	6,000
제품	20,000	22,000

(주)한국의 20×1년 8월 중 직접재료 매입액은 ₩25,000이고, 매출원가는 ₩68,000
이다. (주)한국의 20×1년 8월의 가공원가는?   제16회

① ₩45,000   ② ₩48,000

③ ₩50,000   ④ ₩53,000

⑤ ₩55,000

> **키워드** 재공품계정의 총제조원가(기본원가 + 가공원가) 이해하기
>
> **풀이**
> 재고자산
>
> | 기 초 재 고 | ₩27,000 | 매 출 원 가 | ₩68,000 |
> |---|---|---|---|
> | 재 료 소 비 액 | 24,000 | 기 말 재 고 | 28,000 |
> | 가 공 원 가 | (45,000) | | |
> | | ₩96,000 | | ₩96,000 |
>
> • 재료소비액: 기초재료 4,000 + 재료매입액 25,000 − 기말재료 5,000 = ₩24,000
>
> 정답 ①

13 (주)한국의 20×1년도 매출액은 ₩120,000이며 매출총이익률은 30%이다. 같은 기간
직접재료매입액은 ₩20,000이고 제조간접원가 발생액은 직접노무원가의 50%이다.
20×1년 기초 및 기말재고자산이 다음과 같을 때 20×1년에 발생한 직접노무원가는?
제24회 수정

구분	직접재료	재공품	제품
기초재고	₩5,000	₩9,000	₩20,000
기말재고	6,000	8,000	22,000

① ₩22,000   ② ₩28,000

③ ₩44,000   ④ ₩33,000

⑤ ₩66,000

키워드 재공품계정 이해하기

풀이

재공품

기 초 재 고	₩29,000	매 출 원 가	₩84,000
직접재료소비	19,000	기 말 재 고	30,000
직접노무원가	(44,000)		
제조간접원가	(22,000)		
	₩114,000		₩114,000

• 재료소비액: 기초재료 5,000 + 재료매입액 20,000 - 기말재료 6,000 = ₩19,000
• 매출원가: 매출액(120,000) × (1 - 0.3) = ₩84,000
• 가공원가: 114,000 - 48,000 = ₩66,000
• 직접노무원가: $66,000 \times \dfrac{100}{150} = ₩44,000$

정답 ③

---

14 (주)한국의 20×1년도 원가자료가 다음과 같을 때, 당기의 제품제조원가는? (단, 본사에서는 제품생산을 제외한 판매 및 일반관리업무를 수행한다)   제21회

• 직접재료원가	₩3,000	• 전기료 – 공장	₩120
• 직접노무원가	2,000	• 전기료 – 본사	50
• 간접노무원가	1,000	• 기타 제조간접원가	1,000
• 감가상각비 – 공장	250	• 기초재공품재고액	6,000
• 감가상각비 – 본사	300	• 기말재공품재고액	5,000

① ₩6,370   ② ₩7,370
③ ₩7,720   ④ ₩8,370
⑤ ₩8,720

키워드 재공품계정 이해하기

풀이

재공품

기 초 재 공 품	₩6,000	제품제조원가	(₩8,370)
직접재료원가	3,000	기 말 재 공 품	5,000
직접노무원가	2,000		
제조간접원가	2,370		
	₩13,370		₩13,370

정답 ④

15 (주)관세가 20×1년 중 매입한 직접재료는 ₩500,000이었고, 제조간접원가는 직접노무원가의 50%이며, 매출원가는 ₩1,200,000이었다. 재고자산과 관련된 자료가 다음과 같을 때, 20×1년도의 기본(기초)원가는? 2016년 관세사

	20×1년 1월 1일	20×1년 12월 31일
• 직접재료	₩50,000	₩60,000
• 재공품	80,000	50,000
• 제품	55,000	35,000

① ₩660,000

② ₩820,000

③ ₩930,000

④ ₩1,150,000

⑤ ₩1,180,000

키워드 원가의 흐름 이해하기

풀이

재고자산

기 초 재 고	₩135,000	매 출 원 가	₩1,200,000
직접재료원가	490,000	기 말 재 고	85,000
직접노무원가	(x)		
제 조 간 접 비	$(0.5x)$		
	₩1,285,000		₩1,285,000

• 직접재료원가: 50,000 + 500,000 − 60,000 = ₩490,000
• 가공원가 합계: 1,285,000 − 625,000 = ₩660,000
• 직접노무원가(x): 660,000 ÷ 1.5 = ₩440,000
• 기본원가: 직접재료원가 490,000 + 직접노무원가 440,000 = ₩930,000

정답 ③

16 제조간접원가가 직접노무원가의 300%일 때 기말재공품의 원가는?

• 기본원가	₩350,000
• 전환원가(또는 가공원가)	800,000
• 당기 제품제조원가	1,000,000
• 기초재공품	300,000

PART 2

① ₩200,000

② ₩350,000

③ ₩250,000

④ ₩450,000

⑤ ₩150,000

키워드 재공품계정의 구조 이해하기

풀이

재공품

기 초 재 공 품	₩300,000	제품제조원가	₩1,000,000
직 접 재 료 원 가	150,000	기 말 재 공 품	(250,000)
직 접 노 무 원 가	200,000		
제 조 간 접 원 가	600,000		
	₩1,250,000		₩1,250,000

• 전환원가(또는 가공원가): 직접노무원가(100%) + 제조간접원가(300%)

• 제조간접가: $800,000 \times \dfrac{3}{4} = ₩600,000$

• 직접노무가: $800,000 \times \dfrac{1}{4} = ₩200,000$

• 기본원가: 직접재료원가(150,000) + 직접노무원가(200,000) = ₩350,000

정답 ③

17 (주)한국의 20×1년도 생산·판매 자료가 다음과 같을 때 기본원가는?

- 재고자산

구분	기초재고	기말재고
원재료	₩15,000	₩12,000
재공품	40,000	50,000
제품	70,000	85,000

- 당기 원재료매입액   ₩45,000
- 당기 매출원가   165,000
- 직접노무원가는 가공원가의 70%이며, 원재료는 직접재료로만 사용됨.

---

① ₩120,800

② ₩130,200

③ ₩147,400

④ ₩150,800

⑤ ₩167,400

풀이

재료

기 초 재 고	₩15,000	재 료 소 비	₩48,000
재 료 매 입	45,000	기 말 재 고	12,000
	₩60,000		₩60,000

- 직접재료원가: 기초재료 15,000 + 재료매입 45,000 − 기말재료 12,000 = ₩48,000

재고자산

기 초 재 고	₩110,000	매 출 원 가	₩165,000
직접재료원가	48,000	기 말 재 고	135,000
직접노무원가	99,400		
제조간접원가	42,600		
	₩300,000		₩300,000

- 가공원가: ₩142,000
- 직접노무원가: 가공원가(142,000) × 0.7 = ₩99,400
- 기본원가: 직접재료원가(48,000) + 직접노무원가(99,400) = ₩147,400

정답 ③

---

18 (주)한국의 20×1년 1월 영업 자료에서 추출한 정보이다. (주)한국의 1월 중 당기 제품제
조원가가 ₩600,000이라면 1월의 재료매입은?

• 기초재공품원가	₩24,000
• 기말재공품원가	37,000
• 기초재료원가	16,000
• 기말재료원가	13,000
• 직접노무원가	200,000
• 기타 제조간접원가	70,000
• 간접노무원가	80,000
• 감가상각비(본사)	50,000
• 보험료(공장)	30,000
• 판매수수료	20,000

① ₩210,000

② ₩240,000

③ ₩225,000

④ ₩220,000

⑤ ₩230,000

키워드 **원가흐름 이해하기**

풀이

재공품

기 초 재 공 품	₩24,000	제품제조원가	₩600,000
직 접 재 료 비	(233,000)	기 말 재 공 품	37,000
직 접 노 무 비	200,000		
제 조 간 접 비	180,000		
	₩637,000		₩637,000

• 재료매입액 230,000: 기초재료 16,000 + 재료매입(x) − 기말재료 13,000 = 재료소비액 ₩233,000
• 감가상각비(본사)와 판매수수료는 포괄손익계산서 비용으로 처리한다.
• 제조간접비(원가)는 간접~~과 공장~~을 모두 합한 금액이다.

정답 ⑤

19 다음 자료를 바탕으로 계산한 (주)한국의 20×1년 말 매출원가는?

	20×1년 1월 1일	20×1년 12월 31일
• 원재료	₩30,000	₩50,000
• 재공품	50,000	60,000
• 제품	20,000	40,000
• 원재료매입액	₩450,000	
• 직접노무비	200,000	
• 공장 간접노무비	100,000	
• 공장건물 감가상각비	50,000	
• 본사 사무원 급여	30,000	

① ₩700,000

② ₩750,000

③ ₩800,000

④ ₩850,000

⑤ ₩900,000

키워드 재공품계정의 구조 이해하기

풀이

재고자산(원재료 · 재공품 · 제품)

기 초 재 고	₩70,000	매 출 원 가	(₩750,000)
재 료 원 가	430,000	기 말 재 고	100,000
직 접 노 무 비	200,000		
제 조 간 접 비	150,000		
	₩850,000		₩850,000

• 직접재료원가: 30,000 + 450,000 − 50,000 = ₩430,000

정답 ②

20 다음은 (주)한국의 20×1년 6월 생산과 관련된 원가자료이다.

- 재고자산 현황

구분 일자	직접재료	재공품	제품
6월 초	₩3,000	₩6,000	₩9,000
6월 말	2,000	2,000	8,000

- 6월의 직접재료매입액은 ₩35,000이다.
- 6월 초 직접노무원가에 대한 미지급임금은 ₩5,000, 6월에 현금 지급한 임금은 ₩25,000, 6월 말 미지급임금은 ₩10,000이다.
- 6월에 발생한 제조간접원가는 ₩22,000이다.

20×1년 6월의 매출원가는?

2022년 공무원 수정

① ₩74,000

② ₩88,000

③ ₩92,000

④ ₩93,000

⑤ ₩98,000

키워드 **원가흐름 및 매출원가 이해하기**

풀이

재공품			
기 초 재 고 액	₩15,000	매 출 원 가	₩(93,000)
재 료 원 가	36,000	기 말 재 고 액	10,000
직 접 노 무 비	30,000		
제 조 간 접 비	22,000		
	₩103,000		₩103,000

- 직접재료원가: 3,000 + 35,000 − 2,000 = ₩36,000
- 직접노무원가: 당월 지급액(25,000) − 기초미지급(5,000) + 기말미지급(10,000)
  = ₩30,000

정답 ④

21 (주)한국의 20×1년 제조와 관련된 원가자료는 다음과 같다. 기초제품재고액과 매출원가가 각각 ₩15,000과 ₩45,000일 경우 (주)한국의 20×1년 기말제품재고액은?

제15회

• 직접재료원가	₩23,000
• 직접노무원가	15,000
• 제조간접원가	12,800
• 당기 총제조원가	50,800
• 기초재공품재고액	5,000
• 기말재공품재고액	5,800

① ₩20,000

② ₩21,600

③ ₩25,000

④ ₩26,600

⑤ ₩31,000

키워드 재공품계정의 당기 총제조원가 이해하기

풀이

재고자산

기초(제품, 재공품)	₩20,000	매 출 원 가	₩45,000
직 접 재 료 원 가	23,000	기 말 재 공 품	5,800
직 접 노 무 원 가	15,000	기 말 제 품	(20,000)
제 조 간 접 원 가	12,800		
	₩70,800		₩70,800

정답 ①

22 (주)한국은 원가에 20%의 이익을 가산하여 제품을 판매하고 있다. 다음 자료를 바탕으로 계산한 기말재공품재고액은?

• 직접재료원가	₩300,000
• 직접노무원가	500,000
• 전환원가	700,000
• 기초재공품재고액	200,000
• 기초제품재고액	400,000
• 기말제품재고액	100,000
• 당기매출액	1,500,000

① ₩50,000

② ₩100,000

③ ₩150,000

④ ₩200,000

⑤ ₩250,000

키워드 **재공품·제품계정의 구조 이해하기**

풀이

재고자산

기 초 재 고	₩600,000	매 출 원 가	₩1,250,000
직접재료원가	300,000	기 말 제 품	100,000
전 환 원 가	700,000	기 말 재 공 품	(250,000)
	₩1,600,000		₩1,600,000

• 총제조원가: 직접재료원가 + 전환원가

• 매출원가: 1,500,000 ÷ (1 + 0.2) = ₩1,250,000

정답 ⑤

23 단일제품을 생산하는 (주)감평은 매출원가의 20%를 이익으로 가산하여 제품을 판매하고 있다. 당기의 생산 및 판매 자료가 다음과 같다면, (주)감평의 당기 직접재료매입액과 영업이익은?

2019년 감평사

	기초재고	기말재고
• 재고자산		
─ 직접재료	₩17,000	₩13,000
─ 재공품	20,000	15,000
─ 제품	18,000	23,000
• 기본(기초)원가	₩85,000	
• 가공(전환)원가	98,000	
• 매출액	180,000	
• 판매관리비	10,000	

	직접재료매입액	영업이익
①	₩46,000	₩15,000
②	₩48,000	₩15,000
③	₩48,000	₩20,000
④	₩52,000	₩20,000
⑤	₩52,000	₩26,000

키워드 원가흐름과 영업이익 이해하기

풀이

재고자산

기 초 재 고	₩38,000	매 출 원 가	₩150,000
직접재료소비	(52,000)	기 말 재 고	38,000
가 공 원 가	98,000		
	₩188,000		₩188,000

• 매출원가: 매출액(180,000) ÷ (1 + 0.2) = ₩150,000
• 재료매입액 48,000: 기초재료 17,000 + 재료매입(x) − 기말재료 13,000 = 재료소비 ₩52,000
• 영업이익: 매출수익(180,000) − 비용[매출원가(150,000) + 판매비(10,000)] = ₩20,000

TIP • 영업이익 = 매출총이익 − 판매관리비
• 매출총이익 = 매출액(180,000) − 매출원가(150,000) = ₩30,000

정답 ③

24 (주)세무의 기초 및 기말재고자산은 다음과 같다.

구분	기초 잔액	기말 잔액
원재료	₩27,000	₩9,000
재공품	30,000	15,000
제품	35,000	28,000

원재료의 제조공정 투입금액은 모두 직접재료원가이며 당기 중 매입한 원재료는 ₩83,000 이다. 기초원가(Prime Cost)는 ₩306,000이고, 전환원가(Conversion Cost)의 50%가 제조간접원가이다. (주)세무의 당기 제품제조원가와 당기 매출원가는?

2019년 세무사

	당기 제품제조원가	매출원가
①	₩408,500	₩511,000
②	₩511,000	₩511,000
③	₩511,000	₩526,000
④	₩526,000	₩526,000
⑤	₩526,000	₩533,000

키워드 원가흐름과 매출원가 이해하기

풀이

재료

기 초 재 고	₩27,000	재 료 소 비 액	₩101,000
재 료 매 입	83,000	기 말 재 고	9,000
	₩110,000		₩110,000

재공품

기 초 재 고	₩30,000	제 품 제 조 원 가	₩526,000
재 료 원 가	101,000	기 말 재 고	15,000
노 무 원 가	205,000		
제 조 간 접 원 가	205,000		
	₩541,000		₩541,000

TIP
- 기초(기본)원가: 재료원가(101,000) + 노무원가(x) = ₩306,000 ∴ x = 205,000
- 매출원가는 기초제품과 기말제품을 고려하고 제품제조원가는 고려하지 않는다.
- 매출원가: 기초제품(35,000) + 제조원가(526,000) − 기말제품(28,000) = ₩533,000

정답 ⑤

25 다음 (주)한국의 20×1년 말 종료되는 보고기간의 자료를 바탕으로 계산한 매출원가는?

• 원재료재고액의 증가액	₩400
• 제품재고액의 감소액	700
• 원재료매입액	2,000
• 직접노무비	1,500
• 제조간접비	1,200
• 판매비	600

① ₩5,400

② ₩5,000

③ ₩5,800

④ ₩5,500

⑤ ₩5,700

키워드 **재공품계정의 구조 이해하기**

풀이 • 재료소비액: 2,000 − 400 = ₩1,600
  • 총제조원가: 1,600 + 1,500 + 1,200 = ₩4,300
    ⇨ 기초 및 기말재공품이 없으므로, 총제조원가와 당기 제품제조원가는 동일하다.
  • 매출원가: 4,300 + 700 = ₩5,000

정답 ②

▶ **연계학습** | 에듀윌 기본서 1차 [회계원리 下] p.40

01 제조간접비를 예정배부할 때 적용되는 산식으로 옳은 것은?

① 예정배부기준 × 실제배부율

② 예정배부기준 × 예정배부율

③ 실제배부기준 × 예정배부율

④ 실제배부기준 × 실제배부율

⑤ 실제배부기준 × 기준배부율

> **키워드** 제조간접비의 예정배부 이해하기
>
> **풀이** • 예정배부율: 예정제조간접비 총액 ÷ 예정 총배부기준(시간)
> • 예정배부액: 실제배부기준(시간) × 예정배부율

정답 ③

02 다음 분개내용을 바르게 추정한 것으로 옳은 것은?

(차) 제조간접비	₩125,000	(대) 제조간접비배부차이 ₩125,000

① 제조간접비 예정배부액은 ₩125,000이 과대배부 되었다.

② 제조간접비 예정배부액이 실제소비액보다 ₩125,000 크다.

③ 제조간접비 예정배부액이 실제소비액보다 ₩125,000 적다.

④ 제조간접비 예정배부액은 ₩125,000이다.

⑤ 제조간접비 실제소비액은 ₩125,000이다.

> **키워드** 제조간접비의 예정배부 회계처리 이해하기
>
> **풀이** 제조간접비계정 차변에는 실제발생액을, 대변에는 예정배부액을 기입한다. 제조간접비 배부차이가 대변에 있으면 예정배부액이 실제발생액보다 크다는 것을 나타낸다.

정답 ②

03 (주)대한은 직접노무시간을 기준으로 제조간접원가를 예정배부한다. 20×1년도 예산 직접노무시간은 1,500시간이며, 제조간접원가 예산은 ₩525,000이다. 20×1년도 제조간접원가 실제발생액은 ₩440,000이고, ₩20,000이 과소배부 되었다. 실제 직접노무시간은?

① 1,000시간

② 1,100시간

③ 1,200시간

④ 1,300시간

⑤ 1,400시간

키워드 제조간접비의 예정배부 이해하기

풀이
• 제조간접비 예정배부율: $\dfrac{525,000}{1,500시간}$ = @₩350

• 제조간접비 예정배부액: 실제발생액(440,000) − 과소배부(20,000) = ₩420,000

• 실제 직접노무시간: 420,000 ÷ @₩350 = 1,200시간

정답 ③

04 (주)한국은 정상원가계산(Normal Costing)을 적용하고 있으며, 제조간접원가 배부기준은 직접노무시간이다. 20×1년 제조간접원가 예산은 ₩10,000이고, 예정 직접노무시간은 100시간이었다. 20×1년 실제 직접노무시간은 90시간, 제조간접원가 부족(과소)배부액은 ₩1,000이었다. 제조간접원가 실제 발생액은?

제17회

① ₩7,000

② ₩8,000

③ ₩9,000

④ ₩10,000

⑤ ₩11,000

키워드 제조간접비의 예정배부와 실제배부 차이 이해하기

풀이
• 제조간접원가 예정배부율: $\dfrac{10,000}{100시간}$ = @₩100

• 제조간접원가 예정배부액: 90시간 × @₩100 = ₩9,000

• 과소배부 ₩1,000은 실제액보다 예정액이 ₩1,000 적다는 것을 의미하기 때문에 실제 제조간접원가는 ₩10,000이다.

정답 ④

05 (주)한국은 정상개별원가계산을 사용하고 제조간접원가는 직접노무시간을 기준으로 예정배부를 하고 있다. 20×1년 제조간접원가 예정배부율은 직접노무시간당 ₩150이다. 20×1년 한 해 동안 제조간접원가는 ₩55,000이 실제 발생하였으며 ₩5,000이 과대배부되었다. 또한 실제 직접노무시간이 예정 직접노무시간보다 50시간 미달하였다. 20×1년도 제조간접원가 예산은?

① ₩55,000

② ₩60,000

③ ₩62,500

④ ₩65,000

⑤ ₩67,500

키워드 제조간접원가의 예정배부 이해하기

풀이 • 예정배부액: 실제발생액(55,000) + 과대배부(5,000) = ₩60,000
• 실제 작업시간: 60,000 ÷ 150 = 400시간
• 실제 작업시간 400시간이 예정 작업시간을 50시간 미달하였으므로 예정작업시간은 450시간이다.
• $\dfrac{\text{제조간접비 예산액}(x)}{450\text{시간}} = ₩150$ ∴ $x = ₩67,500$

정답 ⑤

06 (주)한국은 기계가동시간을 기준으로 제조간접원가 예정배부율을 계산하고 있다. (주)한국의 20×1년 정상기계가동시간은 10,000시간이고, 제조간접원가 예산은 ₩330,000이다. 20×1년 실제 기계가동시간은 11,000시간이고, 제조간접원가 실제 발생액은 ₩360,000이다. 20×1년 제조간접원가 배부차이 조정 전 매출원가가 ₩5,220,000일 경우 매출원가조정법으로 배부차이를 조정한 후의 매출원가는?   제15회

① ₩5,187,000

② ₩5,190,000

③ ₩5,217,000

④ ₩5,223,000

⑤ ₩5,250,000

키워드 제조간접비의 예정배부와 실제배부 차이 이해하기

풀이
- 제조간접비 예정배부율: $\dfrac{330,000}{10,000시간}$ = @₩33
- 제조간접비 예정배부액: 11,000시간 × @₩33 = ₩363,000
- 제조간접비 배부차이: 예정(363,000) − 실제(360,000) = ₩3,000 과대배부(유리)
- 배부차이를 조정한 후의 매출원가: 5,220,000 − 3,000[과대(유리)] = ₩5,217,000

정답 ③

고난도
07 (주)감평은 정상원가계산을 사용하고 있으며, 직접노무시간을 기준으로 제조간접원가를 예정배부하고 있다. (주)감평의 20×1년도 연간 제조간접원가 예산은 ₩600,000이고, 실제 발생한 제조간접원가는 ₩650,000이다. 20×1년도 연간 예정조업도는 20,000시간이고, 실제 직접노무시간은 18,000시간이다. (주)감평은 제조간접원가 배부차이를 전액 매출원가에서 조정하고 있다. 20×1년도 제조간접원가 배부차이 조정 전 매출총이익이 ₩400,000이라면, 포괄손익계산서에 인식할 매출총이익은?   2019년 감평사

① ₩290,000

② ₩360,000

③ ₩400,000

④ ₩450,000

⑤ ₩510,000

키워드 제조간접원가의 예정배부와 실제배부 이해하기

풀이
- 제조간접비 예정배부율: $\dfrac{600,000}{20,000시간}$ = @₩30
- 예정배부액: 18,000시간 × @₩30 = ₩540,000
- 배부차이: 예정(540,000) − 실제(650,000) = ₩110,000 과소배부
- 조정 전 매출총이익이 ₩400,000이라면 매출원가가 ₩110,000 증가하므로 매출총이익은 ₩290,000이 된다.

정답 ①

고난도
08 정상개별원가계산제도를 채택하고 있는 (주)한국의 20×1년도 원가자료는 다음과 같다.

	직접재료원가	직접노무원가	제조간접원가
• 기초재공품	₩12,000	₩15,000	₩19,500
• 당기 실제 발생액	72,000	84,000	118,000
• 기말재공품	5,000	9,000	11,700

(주)한국이 직접노무원가를 기준으로 제조간접원가를 예정배부하고 배부차이는 매출원가에서 전액 조정할 경우 20×1년도 제조간접원가 배부차이는? (단, 매년 제조간접원가 예정배부율은 동일하다)

제19회

① ₩7,800 과대

② ₩8,800 과소

③ ₩9,200 과대

④ ₩9,500 과소

⑤ ₩9,800 과대

키워드 제조간접비 배부차이 이해하기

풀이
- 매년 제조간접원가 예정배부율이 동일하므로 기초재공품으로 예정배부율을 구한다.
- 제조간접비 예정배부율: $\dfrac{19,500}{15,000}$ = 1.3(130%)
- 제조간접비 예정배부액: 직접노무원가(84,000) × 130% = ₩109,200
- 제조간접비 배부차이: 109,200 − 118,000 = ₩8,800 과소배부

TIP 직접재료원가는 고려하지 않는다. 기초재공품에서 배부율을 구하고 당기에 적용한다.

정답 ②

09 (주)한국은 정상(예정)개별원가계산제도를 채택하고 있다. 제조간접원가는 직접노무원가를 기준으로 예정배부하고 있으며, 간접원가 배부차이는 전액 매출원가에서 조정한다. 당기 원가자료가 다음과 같을 때 제품제조원가는? (단, 제조간접원가 예정배부율은 매 기간 동일하다)

제24회 수정

구분	직접재료원가	직접노무원가	제조간접원가
기초재공품	₩5,000	₩6,000	₩7,800
당기 실제 발생액	20,000	25,000	30,000
기말재공품	4,000	5,000	?

① ₩80,000

② ₩82,000

③ ₩81,800

④ ₩80,500

⑤ ₩80,800

키워드 제조간접비의 예정배부 이해하기

풀이

재공품

기 초 재 공 품	₩18,800	제품제조원가	(₩80,800)
직접재료원가	20,000	기 말 재 공 품	15,500
직접노무원가	25,000		
제조간접원가	32,500		
	₩96,300		₩96,300

- 기초재공품의 노무원가 예정배부율: $\dfrac{7,800}{6,000}$ = 1.3(130%)

- 기말재공품의 제조간접원가: 노무원가 5,000 × 130% = ₩6,500

- 제조간접원가 예정배부액: 노무원가 25,000 × 130% = ₩32,500

TIP 제조간접비예정액은 기초재공품을 기초로 예정배부율을 계산한다.

정답 ⑤

10 (주)서울은 직접노무시간 기준으로 제조간접비를 예정배부하는 정상개별원가계산을 사용하며, 제조간접원가 배부차이는 제조간접원가 예정배부액의 비율에 따라 배분한다. (주)서울은 당기에 두 개의 작업 #101과 #102를 수행하여 #101은 완성하여 판매하였으며, #102는 완성되지 않았다. 관련 자료가 다음과 같을 때, 정상개별원가계산을 적용한 경우와 비교하여 변화하는 실제개별원가계산의 당기 영업이익은? 2017년 공무원 수정

구분	#101	#102
실제 직접노무시간	200시간	200시간
제조간접원가 예산	₩300,000	
예정조업도	300시간	
실제 제조간접원가	₩450,000	

① ₩25,000 증가
② ₩25,000 감소
③ ₩50,000 증가
④ ₩50,000 감소
⑤ ₩30,000 감소

키워드 제조간접비의 예정배부와 영업이익의 계산 이해하기

풀이
- 당기 영업이익의 차이는 판매한 #101의 배부차이만큼 매출원가가 증가하므로 영업이익은 감소한다.
- 예정배부율: $\dfrac{300,000}{300시간}$ = @₩1,000
- 예정배부액: 200시간 × @₩1,000 = ₩200,000
- 제조간접원가 실제 배부액: $450,000 \times \dfrac{200시간}{400시간}$ = ₩225,000
- 배부차이: 예정배부액(200,000) − 실제 배부액(225,000) = ₩25,000 과소배부

정답 ②

11 (주)한국은 정상원가계산을 적용하여 제조간접원가 배부차이 금액을 재공품, 제품, 매출원가의 조정 전 기말 잔액의 크기에 비례하여 배분한다. 실제 발생 제조간접비는 ₩1,000,000, 예정배부된 제조간접비는 ₩1,100,000이며, 관련 자료가 다음과 같을 때 제조간접원가 배부차이 조정 전후 설명으로 옳지 않은 것은? (단, 재공품과 제품의 기초재고는 없는 것으로 가정한다)

2020년 공무원 수정

〈조정 전 기말 잔액〉	
• 재공품	₩500,000
• 제품	300,000
• 매출원가	1,200,000

① 조정 전 기말 잔액에 제조간접원가가 과대배부되었다.
② 제조간접원가 배부차이 금액 중 기말재공품에 ₩25,000이 조정된다.
③ 제조간접원가 배부차이 조정 후 기말제품은 ₩315,000이다.
④ 제조간접원가 배부차이 조정 후 매출원가 ₩60,000이 감소된다.
⑤ 매출원가조정법에 의할 경우 조정 후 매출원가 ₩100,000이 감소된다.

키워드 제조간접원가 배부 이해하기

풀이 • 제조간접비 배부차이: 1,100,000 − 1,000,000 = ₩100,000 과대배부
• 배부결과: 과대배부 차이를 조정하면 기말재공품, 기말제품, 매출원가가 각각 감소한다(과소배부 차이를 조정하면 증가).

$$\text{– 기말재공품: } 100,000 \times \frac{500,000}{500,000 + 300,000 + 1,200,000} = ₩25,000$$

* 조정 후 기말재공품: 500,000 − 25,000 = ₩475,000

$$\text{– 기말제품: } 100,000 \times \frac{300,000}{500,000 + 300,000 + 1,200,000} = ₩15,000$$

* 조정 후 기말제품: 300,000 − 15,000 = ₩285,000

$$\text{– 매출원가: } 100,000 \times \frac{1,200,000}{500,000 + 300,000 + 1,200,000} = ₩60,000$$

* 조정 후 매출원가: 1,200,000 − 60,000 = ₩1,140,000

정답 ③

12 (주)한국이 정상개별원가계산제도를 적용하는 경우, 제조간접원가 배부차이가 ₩10,000 이라고 할 때 비례배분법에 의해 조정한다면 차이조정이 반영되는 계정으로 옳은 것을 모두 고른 것은?

㉠ 기초재공품	₩10,000	㉡ 기말원재료	₩20,000
㉢ 기말재공품	20,000	㉣ 기초제품	15,000
㉤ 기말제품	30,000	㉥ 매출원가	50,000

① ㉠, ㉡, ㉢

② ㉡, ㉢, ㉣

③ ㉡, ㉤, ㉥

④ ㉢, ㉣, ㉤

⑤ ㉢, ㉤, ㉥

키워드 원가차이 비례배분 이해하기

풀이 제조간접원가 차이는 매출원가에서 조정하거나 비례배분법으로 처리한다. 이때 비례배분법으로 처리하는 경우 비례배분대상은 기말재공품, 기말제품, 매출원가이다.

정답 ⑤

---

13 보조부문원가 배부방법에 관한 설명으로 옳지 않은 것은? 제16회

① 직접배부법은 보조부문 상호 간의 용역수수관계를 전혀 고려하지 않은 방법이다.

② 단계배부법은 보조부문원가의 배부순서를 정하여 그 순서에 따라 단계적으로 보조부문원가를 다른 보조부문과 제조부문에 배부하는 방법이다.

③ 단계배부법은 보조부문 상호 간의 용역수수관계를 일부 고려하는 방법이다.

④ 상호배부법은 보조부문 상호 간의 용역수수관계가 중요하지 않을 때 적용하는 것이 타당하다.

⑤ 상호배부법은 보조부문 상호 간의 용역수수관계를 모두 고려하여 보조부문원가를 다른 보조부문과 제조부문에 배부하는 방법이다.

키워드 보조부문비의 배부방법 이해하기

풀이 상호배부법은 보조부문 상호 간의 용역수수관계가 중요한 경우에 적용하는 것이 타당하다.

정답 ④

14 보조부문원가 배부방법에 관한 설명으로 옳지 않은 것은?

2015년 공무원 수정

① 직접배부법과 상호배부법은 어떤 순서로 배부하느냐에 따라 제조부문에 배부되는 보조부문비의 배부액이 다르게 나타난다.

② 단계배부법은 보조부문 간의 용역수수관계를 부분적으로 고려하는 방법으로 보조부문의 배부순서가 달라지면 배부 후의 결과가 달라진다.

③ 단계배부법은 우선순위가 높은 보조부문의 원가를 우선순위가 낮은 보조부문에 먼저 배부하고, 배부를 끝낸 보조부문에는 다른 보조부문원가를 재배부하지 않는 방법이다.

④ 상호배부법은 연립방정식을 이용하여 보조부문 간의 용역제공비율을 정확하게 고려해서 배부하는 방법이다.

⑤ 상호배부법은 보조부문 상호 간의 용역수수가 중요할 때 유용한 방법이며, 배부순서는 중요하지 않다.

키워드 보조부문비의 배부방법 이해하기

풀이 직접배부법과 상호배부법은 어떤 순서로 배부하느냐에 따라 제조부문에 배부되는 보조부문비의 배부액은 일정하다.

정답 ①

15 (주)한국은 두 개의 보조부문(동력부, 수선부)과 두 개의 제조부문(절단부, 조립부)으로 제품을 생산하고 있다. 각 부문원가와 용역수수관계는 다음과 같다.

구분	보조부문		제조부문		계
	동력부	수선부	절단부	조립부	
부문원가	₩140,000	?	–	–	
동력부	–	30	30	40	100%
수선부	30	–	35	35	100%

직접배부법으로 보조부문원가를 배부한 결과, 절단부에 배부된 보조부문합계액이 ₩150,000인 경우, 수선부에 집계된 부문원가는?

① ₩150,000

② ₩160,000

③ ₩170,000

④ ₩180,000

⑤ ₩190,000

키워드 보조부문비 배부 이해하기

풀이

- 동력부 ₩140,000의 배부

  - 제조부문 절단부: $140,000 \times \dfrac{3}{7} = ₩60,000$

  - 제조부문 조립부: $140,000 \times \dfrac{4}{7} = ₩80,000$

- 절단부의 합계: 동력부$(60,000)$ + 수선부$(x) = ₩150,000$ ∴ $x = ₩90,000$

- 수선부에 집계된 부문원가$(y) \times \dfrac{35}{70} = ₩90,000$ ∴ $y = ₩180,000$

정답 ④

16 (주)한국은 두 개의 보조부문(S1, S2)과 두 개의 제조부문(P1, P2)을 운영하며, 단계배부법을 사용하여 보조부문원가를 제조부문에 배분한다. 보조부문원가 배분 전 S1에 집계된 원가는 ₩100,000이고, S2에 집계된 원가는 ₩80,000이다. 부문 간의 용역수수관계가 다음과 같을 때, P1에 배분될 총 보조부문원가는? (단, S1 부문원가를 먼저 배분한다)

제26회 수정

제공＼사용	S1	S2	P1	P2
S1	20%	20%	30%	30%
S2	20%	10%	40%	30%

① ₩97,500

② ₩95,500

③ ₩70,000

④ ₩75,000

⑤ ₩80,000

키워드 부문별 원가계산 이해하기

풀이

- S1의 S2 배부: $100,000 \times \dfrac{20\%}{80\%} = ₩25,000$

- S1의 P1 배부: $100,000 \times \dfrac{30\%}{80\%} = ₩37,500$

- S2의 보조부문원가: $80,000 + 25,000 = ₩105,000$

- S2의 P1 배부: $105,000 \times \dfrac{40\%}{70\%} = ₩60,000$

- P1의 보조부문원가 합계: $60,000 + 37,500 = ₩97,500$

정답 ①

17 (주)한국은 보조부문 A와 B, 제조부문 X와 Y를 가지고 있다. 단계배부법을 적용할 때 제조부문 X에 집계된 부문원가 총액은? (단, 보조부문 B부터 배부한다)

- 부문원가 및 배부기준

구분	보조부문		제조부문		합계
	A	B	X	Y	
부문개별원가	₩12,000	₩26,000	₩30,000	₩40,000	₩108,000
부문공통원가					40,000
부문공통원가 배부기준	200kWh	100kWh	300kWh	400kWh	1,000kWh

- 각 부문 간 용역수수관계

제공처 \ 사용처	보조부문		제조부문	
	A	B	X	Y
A	–	20%	40%	40%
B	30%	–	40%	30%

① ₩68,000

② ₩79,500

③ ₩78,500

④ ₩69,000

⑤ ₩68,500

키워드 보조부문비 배부표 이해하기

풀이

구분	보조부문		제조부문		합계
	A	B	X	Y	
부문개별원가	₩12,000	₩26,000	₩30,000	₩40,000	₩108,000
부문공통원가	8,000(0.2)	4,000(0.1)	12,000(0.3)	16,000(0.4)	40,000
자기부문액	20,000	30,000	42,000	56,000	
보조부문배부					
A	–	20%	40%(14,500)	40%(14,500)	
B	30%(9,000)	–	40%(12,000)	30%(9,000)	
제조부문 합계			₩68,500	₩79,500	

TIP 부문공통원가를 먼저 각 부문에 배부하고 계산한다.

정답 ⑤

---

18 (주)한국은 1개의 보조부문 S와 2개의 제조부문 P1과 P2를 통해 제품을 생산하고 있다. 부문공통원가는 건물의 점유면적을 기준으로 배분한다. 20×1년 1월의 관련 자료가 다음과 같을 때 보조부문원가를 배분한 후 제조부문 P2의 부문원가(총액)는?

구분	보조부문	제조부분		계
	S	P1	P2	
부문공통원가 건물임차료	( )	( )	( )	₩30,000
부문개별원가	₩12,000	₩18,000	₩20,000	₩50,000
점유면적(m²)	20	30	50	100
용역수수관계(%)	20	30	50	100

① ₩46,250   ② ₩45,250
③ ₩44,000   ④ ₩33,250
⑤ ₩33,750

키워드 보조부문비의 배부표 이해하기

풀이
- 보조부문 S의 부문공통비 배부: 30,000 × 0.2 = ₩6,000
- 제조부문 P1의 부문공통비 배부: 30,000 × 0.3 = ₩9,000
- 제조부문 P2의 부문공통비 배부: 30,000 × 0.5 = ₩15,000
- 보조부문 S의 부문비 합계: 12,000 + 6,000 = ₩18,000
- 보조부문 S의 제조부문 P2의 배부: $18,000 \times \dfrac{50회}{80회}$ = ₩11,250
- 제조부문 P2의 부문원가 합계: 20,000 + 15,000 + (11,250) = ₩46,250

정답 ①

19 (주)한국은 제조부문과 보조부문을 이용하여 제품을 생산하고 있다. 보조부문에서 제공한 용역량은 다음과 같으며, 수선부문과 관리부문에 집계된 원가는 각각 ₩160,000, ₩80,000이다.

제공처＼사용처	제조부문		보조부문		합계
	절단	조립	수선	관리	
수선(시간)	400	200	600	400	1,600
관리(m²)	4,000	4,000	8,000	4,000	20,000

상호배부법으로 보조부문원가를 배부할 때 필요한 연립방정식으로 옳은 것은? (단, 배부해야 할 총수선부문원가와 총관리부문원가를 각각 M과 F라 한다) 제13회

① $M = ₩160,000 + 0.5F,\ F = ₩80,000 + 0.25M$

② $M = ₩160,000 + 0.4F,\ F = ₩80,000 + 0.25M$

③ $M = ₩160,000 + 0.5F,\ F = ₩80,000 + 0.4M$

④ $M = ₩160,000 + 0.4F,\ F = ₩80,000 + 0.5M$

⑤ $M = ₩160,000 + 0.4F,\ F = ₩80,000 + 0.4M$

키워드 보조부문비의 배부방법 중 상호배부법 이해하기

풀이 보조부문 상호간의 배부는 자기부문에서 발생한 용역은 제외하고 비율을 계산한다.
- 수선부문(M) ⇨ 절단 400(0.4), 조립 200(0.2), 수선 0, 관리 400(0.4)
- 관리부문(F) ⇨ 절단 4,000(0.25), 조립 4,000(0.25), 수선 8,000(0.5), 관리 0
- 수선부문(M) = ₩160,000 + 0.5F
- 관리부문(F) = ₩80,000 + 0.4M

정답 ③

20 (주)한국은 두 개의 보조부문(동력부, 수선부)과 두 개의 제조부문(절단부, 조립부)으로 제품을 생산하고 있다. 각 부문원가와 용역수수관계는 다음과 같다.

구분	보조부문		제조부문	
	동력부문	수선부문	절단부문	조립부문
부문원가	₩250,000	₩152,000	–	–
동력부문	–	0.4	0.2	0.4
수선부문	0.4	–	0.4	0.2

상호배부법으로 보조부문원가를 배부한 결과, 동력부문의 총부문원가는 수선부문으로부터 배부받은 금액 ₩120,000을 포함하여 ₩370,000이었다. 절단부문에 배부되는 보조부문원가 합계액은?

① ₩218,000

② ₩195,000

③ ₩194,000

④ ₩208,000

⑤ ₩198,000

키워드 부문별원가 배부 이해하기

풀이
- 동력부문(x): 250,000 + 120,000(= 0.4y) = ₩370,000
- 수선부문(y): 152,000 + (370,000 × 0.4) = ₩300,000
- 절단부문의 보조부문원가: 동력부문(370,000 × 0.2) + 수선부문(300,000 × 0.4) = ₩194,000

TIP 수선부문으로부터 배부 받은 금액 ₩120,000이 0.4y에 해당한다. 따라서 120,000 ÷ 0.4 = ₩300,000이 수선부문의 총액이다.

정답 ③

21 활동기준원가계산에 관한 설명으로 옳지 않은 것은?

① 전통적인 원가계산에 비해 배부기준의 수가 많다.

② 소품종 대량생산의 기업보다는 다품종 소량생산에 적합한 원가계산방법이다.

③ 제조원가뿐만 아니라 비제조원가도 원가동인에 의해 배부할 수 있다.

④ 활동을 분석하고 원가동인을 파악하는 데 시간과 비용이 많이 발생한다.

⑤ 활동기준원가계산은 제조간접원가의 비중이 낮은 경우의 다양한 서비스를 제공하는 업종의 경우에도 적용된다.

키워드 활동기준원가계산 이해하기

풀이 활동기준원가계산은 제조간접원가의 비중이 높은 다품종 제품을 생산하거나 다양한 서비스를 제공하는 업종의 경우, 제조간접원가를 활동단위별로 집계하여 활동단위별 원가동인에 의하여 원가대상에 배부하기 때문에 합리적이고 정확한 원가계산과 원가의 세부적인 통제가 가능한 원가계산방법이다. 따라서 재무제표 정보의 정확성은 기대할 수 있지만, 신속한 재무제표 작성에 도움이 되지는 않는다.

이론 ✛

활동기준원가계산(ABC)

원가가 발생하는 원인을 체계적으로 분석하여 자원과 활동 및 제품 사이의 인과관계에 따라 원가를 배분함으로써 정확한 개별제품원가를 계산하는 방법으로, 장·단점은 다음과 같다.

1. 원가를 각 활동별로 인과관계를 추적하여 배분하므로 전통적인 원가배분방식에 비해 보다 정확한 원가계산이 가능하다.
2. 활동별로 원가를 관리함으로써 효율적인 원가통제가 가능하다.
3. 실제로 수행된 활동의 원가와 원가동인을 측정하여 성과를 평가하므로 업무실적 성과평가의 인과관계가 보다 명확하다.
4. 제조업뿐만 아니라 다양한 업종에 적용할 수 있는 장점이 있다.
5. 활동단위의 결정에 대해서는 자의적인 배분을 피할 수 없다.
6. 활동을 분석하고 자료를 수집 및 유지하기 위해 많은 비용이 지출된다.

정답 ⑤

22 (주)한국은 제품 A와 제품 B를 생산하고 있으며, 최근 최고경영자는 활동기준원가계산제도의 도입을 검토하고 있다. 활동기준원가계산 관점에서 분석한 결과가 다음과 같을 때, 옳지 않은 것은?

2017년 공무원 수정

활동	제조간접비	원가동인	제품 A	제품 B
제품설계	₩400	부품수	2개	2개
생산준비	600	준비횟수	1회	5회

① 제품설계활동의 원가동인은 부품수, 생산준비활동의 원가동인은 준비횟수이다.

② 활동기준원가계산하에서 제품 A에 배부되는 제조간접비는 ₩300, 제품 B에 배부되는 제조간접비는 ₩700이다.

③ 만약 (주)한국의 제품종류가 더 다양해지고 각 제품별 생산수량이 줄어든다면 활동기준원가계산제도를 도입할 실익이 없다.

④ 기존의 제품별 원가와 이익수치가 비현실적이어서 원가계산의 왜곡이 의심되는 상황이면 활동기준원가계산제도의 도입을 적극 고려해볼 수 있다.

⑤ 제조간접비의 비중이 높은 경우, 활동기준원가계산을 적용하면 원가계산의 신속성을 기대할 수 없지만 정확한 원가계산을 기대할 수 있다.

키워드 활동기준원가계산 이해하기

풀이 활동기준원가계산은 공통된 자원을 이용하여 다양한 제품의 제조, 다양한 서비스의 제공, 다양한 상품의 판매 등 제조간접원가의 비중이 높은 업종에 유용하다. 제품의 종류가 다양해지면 각 제품의 생산량이 감소해도 활동기준원가계산의 실익이 증가한다. 제품의 종류가 감소하거나 제조간접원가가 감소하는 경우에는 실익이 없다.

정답 ③

23 제품 A와 제품 B를 생산·판매하는 (주)한국의 제조간접원가는 ₩150,000으로 집계되었고 다음과 같이 활동별로 분석하였다.

원가활동	제조간접원가	원가동인	각 제품별 원가동인 수		
			제품 A	제품 B	계
절단	₩70,000	절단횟수	150회	350회	500회
조립	30,000	조립시간	400시간	600시간	1,000시간
검사	50,000	검사시간	?	?	400시간

(주)한국이 활동기준원가계산에 의해 제품 A에 제조간접원가를 ₩45,500 배부하였다면 제품 A에 소요된 검사시간은?

① 100시간

② 110시간

③ 120시간

④ 130시간

⑤ 140시간

키워드 활동기준원가계산 이해하기

풀이 • 제품 A 활동별 배부현황

  – 절단활동: $70,000 \times \dfrac{150회}{500회} = ₩21,000$

  – 조립활동: $30,000 \times \dfrac{400시간}{1,000시간} = ₩12,000$

  – 검사활동: $50,000 \times \dfrac{x}{400시간} = ₩12,500 \quad \therefore x = 100시간$

  – 검사활동 배부액: $45,500 - 21,000 - 12,000 = ₩12,500$

정답 ①

24 (주)한국은 활동기준원가계산을 적용하여 제품의 원가를 계산하고 있다. 다음은 연간 활동제조간접원가 예산 자료이다. 작업 #100의 원가동인은 생산준비시간 300시간이며, 재료처리횟수는 480회이다.

활동	제조간접원가	원가동인	총원가동인
생산준비	₩300,000	생산준비시간	1,000시간
재료처리	200,000	재료처리횟수	800회

• 연간 활동제조간접원가 예산 자료

작업 #100의 제조원가가 ₩500,000이라면, 작업 #100의 기본(기초)원가는?

① ₩280,000

② ₩290,000

③ ₩250,000

④ ₩210,000

⑤ ₩710,000

키워드 활동기준원가계산 이해하기

풀이
- 생산준비: $300,000 \times \dfrac{300시간}{1,000시간} = ₩90,000$

- 재료처리: $200,000 \times \dfrac{480회}{800회} = ₩120,000$

- #100의 제조간접원가 합계: 90,000 + 120,000 = ₩210,000
- #100의 기본원가: 제조원가(500,000) − 제조간접원가(210,000) = ₩290,000

정답 ②

25 (주)한국은 복수의 제품을 생산·판매하고 있으며, 활동기준원가계산을 적용하고 있다. (주)한국은 제품원가계산을 위해 다음과 같은 자료를 수집하였다.

구분	활동원가	원가동인	총원가동인 수	제품 A 원가동인
재료처리	₩50,000	작업시간	2,500시간	400시간
주문처리	30,000	주문횟수	150회	80회
성형처리	20,000	기계시간	100시간	10시간

(주)한국은 제품 A를 250개 생산하여 단위당 ₩2,000에 모두 판매하였다. 제품생산에 투입된 단위당 직접재료원가는 ₩550이고 직접노무원가는 ₩750이다. (주)한국의 제품 A의 판매로 인한 매출총이익은?

① ₩155,000

② ₩152,000

③ ₩150,000

④ ₩149,000

⑤ ₩148,000

<table>
<tr><td>키워드</td><td>활동기준원가계산 이해하기</td></tr>
<tr><td>풀이</td><td></td></tr>
</table>

• 단위당 제조간접원가: (8,000 + 16,000 + 2,000) ÷ 250개 = @₩104

    − 재료처리: $50,000 \times \dfrac{400시간}{2,500시간}$ = ₩8,000

    − 주문처리: $30,000 \times \dfrac{80회}{150회}$ = ₩16,000

    − 성형처리: $20,000 \times \dfrac{10시간}{100시간}$ = ₩2,000

• 제품 A의 제조원가: 550 + 750 + 104 = @₩1,404

• 매출총이익: 매출액(250개 × 2,000) − 매출원가(250개 × 1,404) = ₩149,000

정답 ④

▶ **연계학습** | 에듀윌 기본서 1차 [회계원리 下] p.73

01 다음 중 가중평균법에 의한 종합원가계산에서 완성품환산량 단위당 원가로 사용하는 것
으로 옳은 것은? 　　　　　　　　　　　　　　　　　　　　　　　　2015년 공무원 수정

① 당기 투입원가

② 당기 투입원가 + 기초재공품원가

③ 당기 투입원가 + 기말재공품원가

④ 당기 투입원가 - 기초재공품원가

⑤ 기초재공품원가 + 기말재공품원가

> **키워드** **기말재공품의 평가 이해하기**
> **풀이** 기말재공품 평가 시 완성품환산량 단위당 원가의 계산 시 선입선출법은 당기 투입원가로 계산하고, 가중평균법은 기초재공품원가와 당기 투입원가를 가산한 금액으로 계산한다.

　　　　　　　　　　　　　　　　　　　　　　　　　　　　　　　　　　　　　　　정답 ②

02 다음 중 완성품환산량의 설명으로 옳지 않은 것은?

① 완성도란 공정에 투입되어 현재 생산 진행 중에 있는 제품이 어느 정도 완성되었
는가를 나타내는 수치로서 40% 또는 60%와 같은 형태로 표현된다.

② 완성품환산량이란 제조가 진행 중에 있는 미완성품을 완성품수량으로 환산한 것
이다.

③ 재료비와 가공비는 제조착수 시 투입된다면 완성도를 100%로 가정하여야 한다.

④ 선입선출법의 경우 완성품환산량은 완성품수량에서 월초재공품환산량은 차감하
고 월말재공품환산량은 가산하여 계산한다.

⑤ 평균법의 경우 완성품환산량은 완성품수량에 월말재공품환산량을 가산하여 계산
한다.

> **키워드** **완성품환산량의 계산과정과 방법 이해하기**
> **풀이** 재료비는 제조착수 시 투입된다면 완성도는 100%로 가정하여야 하지만, 가공비는 항상 제조진행에 따라 투입되므로 완성도를 곱하여 계산하여야 한다.

　　　　　　　　　　　　　　　　　　　　　　　　　　　　　　　　　　　　　　　정답 ③

03 (주)한국의 제조지시서 #1의 제조원가는 ₩300,000이다. 제조지시서 #1의 직접재료비는?

• 당해 원가계산기간의 제조간접비 총액	₩500,000
• 당해 원가계산기간의 직접작업시간	500시간
• 직접작업시간을 기준으로 배부한다.	
• 제조지시서 #1	
– 직접재료비	₩(?)
– 직접노무비	100,000
– 직접노무시간	80시간

① ₩100,000

② ₩110,000

③ ₩120,000

④ ₩130,000

⑤ ₩140,000

04 (주)한국은 정상개별원가계산을 채택하고 있다. 7월의 기초재공품은 ₩10,000이다. 7월 중 직접재료원가 ₩50,000, 직접노무원가 ₩30,000, 제조간접원가 ₩40,000이 실제 발생하였다. 제조간접원가는 직접노무원가의 120%를 예정배부하고 있다. 7월 말 현재 유일한 재공품인 #100에 제조간접원가가 ₩6,000 배부되었다면 #100의 직접재료원가는? (단, 제품제조원가는 ₩106,000이다)

① ₩9,500

② ₩6,000

③ ₩6,800

④ ₩9,000

⑤ ₩5,000

재공품계정을 사용하여 개별원가계산의 제조간접비 예정배부 계산 이해하기

풀이

재공품

기 초 재 공 품	₩10,000	제품제조원가	₩106,000
직접재료원가	50,000	기 말 재 공 품	(20,000)
직접노무원가	30,000		
제조간접원가	36,000		
	₩126,000		₩126,000

- #100의 기말재공품 원가: ₩20,000
- #100의 직접재료원가: 20,000 − {6,000 + (6,000 ÷ 1.2)} = ₩9,000

정답 ④

고난도

05 (주)한국은 20×1년 초 영업을 개시하여 선박을 생산·판매하고 있다. 제조와 관련된 원가 및 활동 자료는 다음과 같다.

구분	#101	#102	#103
직접재료원가	₩240,000	₩370,000	₩480,000
직접노무원가	150,000	300,000	450,000
실제기계시간	800시간	600시간	600시간

20×1년 초 연간 제조간접원가 예산은 ₩1,200,000, 기계시간은 3,000시간으로 예상한다. 20×1년에 실제 발생한 제조간접원가는 ₩780,000이다. 20×1년 말 #101은 완성하여 판매하였으나 #102와 #103은 미완성 상태이다. (주)한국이 제조간접원가 배부차이를 매출원가조정법으로 조정한 후의 매출원가는?

① ₩650,000   ② ₩660,000   ③ ₩670,000
④ ₩680,000   ⑤ ₩690,000

키워드 정상개별원가계산의 매출원가 이해하기

풀이

구분	#101	#102	#103	합계
직접재료원가	₩240,000	₩370,000	₩480,000	₩1,090,000
직접노무원가	150,000	300,000	450,000	900,000
제조간접원가(예정)	320,000	240,000	240,000	800,000
계	₩710,000	₩910,000	₩1,170,000	₩2,790,000

- 예정배부율: 1,200,000 ÷ 3,000시간 = @₩400
- 예정배부액: 실제시간(2,000시간) × @₩400 = ₩800,000
- 배부차이: 800,000 − 780,000 = ₩20,000 과대배부
- 배부차이를 매출원가조정법으로 처리하면 매출원가(#101)에서 전액 가감한다.
- 조정 후 매출원가: #101(710,000) − 과대배부(20,000) = ₩690,000

TIP 조정 전 매출원가를 구해서 배부차이를 가감한다.

정답 ⑤

06 (주)한국은 선입선출법에 의한 종합원가계산을 채택하고 있다. 재료는 공정 초에 전량 투입되며, 가공원가는 전체 공정에 걸쳐 균등하게 발생한다. 20×1년 6월 월초재공품은 3,000단위(가공원가 완성도 20%), 당월완성품은 18,000단위, 월말재공품은 2,000단위(가공원가 완성도 40%)이다. 20×1년 6월 재료원가와 가공원가의 완성품환산량은? 제15회

	재료원가	가공원가
①	17,000단위	16,400단위
②	17,000단위	18,200단위
③	20,000단위	16,800단위
④	20,000단위	18,800단위
⑤	23,000단위	21,200단위

> **키워드** 기말재공품 계산 시 완성품환산량(재공품계정 사용) 계산 이해하기
>
> **풀이** • 재료원가의 완성품환산량: 18,000단위 + 2,000단위 − 3,000단위 = 17,000단위
> • 가공원가의 완성품환산량: 18,000단위 + 800단위 − 600단위 = 18,200단위

정답 ②

07 (주)한국은 종합원가계산제도를 채택하고 있다. 직접재료는 공정 초에 전량 투입되며, 가공원가는 공정 전체에 걸쳐 균등하게 발생한다. (주)한국의 생산물량 자료는 다음과 같다. 평균법과 선입선출법으로 계산한 가공원가의 완성품환산량 차이는?

• 월초재공품	100단위(완성도 60%)
• 당월 착수	500단위
• 당월 완성	400단위
• 월말재공품	150단위(완성도 50%)
• 정상공손품	50단위(검사시점 80%)

① 60단위   ② 65단위

③ 40단위   ④ 15단위

⑤ 50단위

> **키워드** 완성품환산량 계산 이해하기
>
> **풀이** • 평균법 가공원가의 완성품환산량: 완성수량(400단위) + 월말재공품환산량(75단위) + 공손품환산량
> (40단위) = 515단위
> • 선입선출법 가공원가의 완성품환산량: 완성수량(400단위) + 월말재공품환산량(75단위) + 공손품
> 환산량(40단위) − 월초재공품환산량(60단위) = 455단위
> • 차이수량: 515단위 − 455단위 = 60단위

정답 ①

08 다음은 종합원가계산제도를 채택하고 있는 (주)한국의 20×1년 생산 관련 자료이다.

• 기초재공품	60,000단위
• 당기착수량	240,000단위
• 완성품수량	198,000단위
• 정상공손수량	12,000단위
• 기말재공품	90,000단위

직접재료는 공정 초에 모두 투입되고, 가공원가는 공정전반에 걸쳐 균등하게 발생한다. 기초재공품 및 기말재공품의 완성도는 각각 70% 및 40%이다. 공손은 공정 말에 발견된다. (주)한국이 원가흐름 가정으로 평균법을 적용할 경우, 20×1년 가공원가의 완성품환산량은?

제16회

① 240,000단위   ② 242,000단위

③ 244,000단위   ④ 246,000단위

⑤ 250,000단위

키워드 완성품환산량(재공품계정 사용) 계산 시 공손수량 이해하기

풀이   • 가공원가의 완성품환산량: 198,000단위 + (90,000단위 × 0.4) + 12,000단위 = 246,000단위
         • 공손은 공정 말에 발견되었으므로 100%로 한다.

정답 ④

09 (주)한국은 종합원가계산방법을 적용하고 있으며, 원가 관련 자료는 다음과 같다. (주)한국의 완성품환산량에 관한 설명으로 옳은 것은? 2016년 공무원 수정

> • 직접재료는 공정의 초기에 전량 투입되고, 전환원가는 공정의 진행에 따라 균일하게 발생된다.
> • 기초재공품의 완성도는 50%, 기말재공품의 완성도는 10%이다.
> • 기초재공품은 2,000개, 당기착수 13,000개, 기말재공품 3,000개이다.

① 평균법의 직접재료원가 완성품환산량은 13,000개이다.
② 평균법의 전환원가 완성품환산량은 10,300개이다.
③ 선입선출법의 직접재료원가 완성품환산량은 15,000개이다.
④ 선입선출법의 전환원가 완성품환산량은 11,300개이다.
⑤ 선입선출법과 평균법의 경우 어떤 방법이든 같다.

키워드 완성품환산량 계산 이해하기

풀이
- 완성품수량: 2,000개 + 13,000개 − 3,000개 = 12,000개
- 평균법의 직접재료 완성품수량: 12,000개 + 3,000개 = 15,000개
- 평균법의 전환원가 완성품수량: 12,000개 + (3,000개 × 0.1) = 12,300개
- 선입선출법의 직접재료 완성품수량: 12,000개 + 3,000개 − 2,000개 = 13,000개
- 선입선출법의 전환원가 완성품수량: 12,000개 + 300개 − 1,000개 = 11,300개

정답 ④

10 (주)한국은 종합원가계산제도를 채택하고 있으며, 기말재공품 200개에 대하여 재료비는 100%, 가공비는 80%의 완성도를 보이고 있다. 만약 완성품환산량 단위당 재료비와 가공비가 각각 ₩800, ₩200이라면 기말재공품원가는?

① ₩190,000
② ₩191,000
③ ₩192,000
④ ₩193,000
⑤ ₩194,000

기말재공품원가 계산 시 완성품환산량 계산 이해하기

• 자료에 완성품환산량 단위당 원가가 주어져 있으므로, 평가방법과 관계없이 기말재공품환산량에
단위당 원가를 곱하면 된다.

• 재료비: 200개 × 1 × @₩800 = ₩160,000

• 가공비: 200개 × 0.8 × @₩200 = ₩32,000

• 기말재공품원가: 160,000 + 32,000 = ₩192,000

정답 ③

11 다음 자료를 바탕으로 평균법에 의해 계산한 월말재공품원가는? (단, 재료는 제조착수 시
모두 투입되고, 가공비는 공정의 진척에 따라 균등하게 발생한다)

• 월초재공품수량: 12,000개(완성도 80%)

• 월초재공품원가: 재료비 ₩120,000, 가공비 ₩100,000

• 당월 착수수량: 48,000개

• 당월 착수원가: 재료비 ₩300,000, 가공비 ₩170,000

• 월말재공품수량: 10,000개(완성도 40%)

• 당월 완성품수량: 50,000개

---

① ₩90,000

② ₩80,000

③ ₩65,000

④ ₩100,000

⑤ ₩110,000

기말재공품원가 계산 시 평균법 이해하기

• 재료비: $(120,000 + 300,000) \times \dfrac{10,000개}{50,000개 + 10,000개} = ₩70,000$

• 가공비: $(100,000 + 170,000) \times \dfrac{10,000개 \times 0.4}{50,000개 + 10,000개 \times 0.4} = ₩20,000$

• 월말재공품원가: 70,000 + 20,000 = ₩90,000

정답 ①

12 (주)한국은 종합원가계산을 적용하고 있으며, 물량흐름과 원가 관련 정보는 다음과 같다.

- 기초재공품: 1,000단위(가공원가 완성도 50%)
- 당기착수량: 4,000단위, 당기완성품: 3,000단위
- 기말재공품: 가공원가 완성도 50%
- 제조원가 내역

구분	직접재료원가	가공원가
기초재공품원가	₩4,000	₩14,000
당기 총제조원가	20,000	21,000

(주)한국의 선입선출법에 의한 완성품 원가는? (단, 직접재료는 공정 초기에 전량 투입되며, 가공원가는 공정 전반에 걸쳐 균등하게 발생한다) 2022년 공무원 수정

① ₩16,000

② ₩18,350

③ ₩40,650

④ ₩43,000

⑤ ₩45,000

키워드 재공품평가 및 완성품원가 이해하기

풀이
- 기말재공품 수량: 기초(1,000개) + 당월착수(4,000개) − 완성수량(3,000개) = 2,000개
- 재료비 완성품환산량: 3,000개 + 2,000개 − 1,000개 = 4,000개
- 가공비 완성품환산량: 3,000개 + (2,000개 × 0.5) − (1,000개 × 0.5) = 3,500개

- 직접재료원가: $\dfrac{20,000}{4,000개} \times 2,000$단위 = ₩10,000

- 가공원가: $\dfrac{21,000}{3,500개} \times 1,000$단위 = ₩6,000

- 당기 완성품원가: 기초재공품원가(4,000 + 14,000) + 당기 발생원가(20,000 + 21,000) − 기말재공품원가(10,000 + 6,000) = ₩43,000

재공품

기 초 재 고 액	₩18,000	완 성 품 원 가	(₩43,000)
총 제 조 비 용	41,000	기 말 재 고 액	16,000
	₩59,000		₩59,000

정답 ④

13 (주)대한의 20×1년 생산 및 원가자료는 다음과 같다.

	수량	완성도	원가
• 재공품 재고			
– 기초재공품	200개	60%	₩56,800
– 기말재공품	400개	40%	(?)
• 당기 투입된 제조원가			
– 재료원가			₩144,000
– 가공원가			83,200
• 당기완성품	1,000개		(?)

원재료는 공정의 착수 시점에 전부 투입되며 가공원가(전환원가)는 공정 전반에 걸쳐 균등하게 발생한다. 선입선출법하의 종합원가계산을 적용할 경우 완성품의 원가는? (단, 공손 및 감손은 없다)

제18회

① ₩160,000

② ₩166,400

③ ₩216,800

④ ₩223,200

⑤ ₩264,800

키워드 재공품평가 및 완성품원가 이해하기

풀이
- 재료비의 기말재공품원가: $\dfrac{144,000}{1,200개} \times 400개 = ₩48,000$

- 가공비의 기말재공품원가: $\dfrac{83,200}{1,040개} \times 160개 = ₩12,800$

- 완성품의 원가: 기초재공품원가(56,800) + 당월 투입원가(144,000 + 83,200) − 기말재공품원가(60,800) = ₩223,200

정답 ④

14 (주)한국은 종합원가계산제도를 채택하고 있으며, 모든 원가는 공정 전반에 걸쳐 균등하게 발생한다. 20×1년도 관련 자료가 다음과 같을 때 선입선출법을 사용하여 계산한 기말재공품원가는? (단, 공손 및 감손은 없다) 제19회

- 기초재공품: 300단위(직접재료원가 ₩10,000, 전환원가 ₩5,000), 완성도 40%
- 당기 발생원가: 직접재료원가 ₩240,000, 전환원가 ₩120,000
- 완성품: 900단위
- 기말재공품: 200단위, 완성도 60%

---

① ₩37,500 ② ₩40,000

③ ₩48,000 ④ ₩75,000

⑤ ₩80,000

> **키워드** 기말재공품평가 이해하기
>
> **풀이** • 완성품환산량: 900개 + (200개 × 0.6) − (300개 × 0.4) = 900개
>
> • 기말재공품원가: $\dfrac{240,000 + 120,000}{900개} \times 120개 = ₩48,000$

정답 ③

15 다음의 자료를 바탕으로 선입선출법에 의하여 평가한 월말재공품원가는? (단, 모든 원가는 작업의 진척에 따라 투입되는 것으로 한다)

- 월초재공품수량: 2,500단위(진척도 80%)
- 월초재공품원가: ₩26,000
- 당월 착수수량: 13,500단위(당월 총제조비용 ₩143,000)
- 월말재공품수량: (?)단위(진척도 50%)
- 당월 완성품수량: 10,000단위

---

① ₩42,000 ② ₩36,000

③ ₩40,000 ④ ₩39,000

⑤ ₩38,000

> **키워드** 기말재공품원가 계산 시 선입선출법(제조진행 시 투입) 이해하기
>
> **풀이** • 월말재공품수량: 2,500단위 + 13,500단위 − 10,000단위 = 6,000단위
>
> • 월말재공품원가: $143,000 \times \dfrac{6,000단위 \times 0.5}{10,000단위 - (2,500단위 \times 0.8) + (6,000단위 \times 0.5)}$
>
> = ₩39,000

정답 ④

16 다음 자료를 이용하여 평균법에 의해 계산한 기말재공품원가는? (단, 재료비와 가공비는 모두 작업의 진척에 따라 투입된다)

PART 2

> • 기초재공품: 1,000개(진척도 60%)
> • 기초재공품원가: 재료비 ₩150,000, 가공비 ₩50,000
> • 당기 투입수량: 9,000개
> • 당기 투입원가: 재료비 ₩780,000, 노무비 ₩450,000, 제조경비 ₩220,000
> • 완성품수량: 8,000개
> • 기말재공품: 2,000개(진척도 40%)

① ₩145,000

② ₩156,000

③ ₩150,000

④ ₩148,000

⑤ ₩152,000

[키워드] **기말재공품원가 계산 시 평균법(제조진행 시 투입) 이해하기**

[풀이] • 재료가 제조진행에 따라 투입되어, 재료비와 가공비의 완성도가 같은 경우에는 재료비의 기말재공품과 가공비의 기말재공품을 함께 평가하면 편리하다.

• 기초재공품(150,000 + 50,000) + 제조비용(780,000 + 450,000 + 220,000) = ₩1,650,000

• 기말재공품원가: $1,650,000 \times \dfrac{800개}{8,000개 + 800개} = ₩150,000$

[정답] ③

17 (주)한국은 단일공정에서 단일제품을 생산·판매하고 있다. 회사는 실제원가에 의한 종합원가계산을 적용하고 있으며, 원가흐름 가정은 선입선출법이다. 당기의 생산활동에 관한 자료는 다음과 같다.

항목	물량(단위)	전환원가 완성도(%)
기초재공품	500	50
기말재공품	600	50
당기착수량	4,000	–

전환원가는 공정 전반에 걸쳐 균등하게 발생한다. 기말에 전환원가의 완성품환산량 단위당 원가는 ₩20으로 계산되었다. 당기에 실제로 발생한 전환원가는? (단, 공손과 감손은 발생하지 않았다)

제17회

① ₩75,000

② ₩79,000

③ ₩82,000

④ ₩85,000

⑤ ₩90,000

키워드 재공품계정을 사용하여 완성품환산량 계산 후 전환원가 구하기

풀이 • 완성품수량: (500개 + 4,000개) − 600개 = 3,900개
• 완성품환산량: 3,900개 + (600개 × 0.5) − (500개 × 0.5) = 3,950개
• 완성품환산량 단위당 원가: $\dfrac{\text{전환원가}(x)}{3,950개} = @₩20$ ∴ x = ₩79,000

정답 ②

18 (주)한국은 선입선출법에 의한 종합원가계산을 채택하고 있다. 원재료는 공정의 착수 시점에 전부 투입되며, 가공비는 공정 전반에 걸쳐 균등하게 발생한다. 다음 자료를 활용할 때, 가공비 기말재공품원가는? (단, 공손 및 감손은 발생하지 않는다)

• 기초재공품	1,500단위(완성도 60%)
• 당기착수	4,000단위
• 당기완성	4,500단위
• 기말재공품	1,000단위(완성도 50%)
• 당기발생 전환원가(가공원가)	₩1,025,000

① ₩100,000   ② ₩110,000   ③ ₩115,000

④ ₩120,000   ⑤ ₩125,000

19 다음은 20×1년 (주)서울의 원가계산과 관련된 자료이다. 20×1년 직접재료원가와 가공원가의 완성품환산량 단위당 원가는? [단, (주)서울은 선입선출법에 의한 종합원가계산 시스템을 도입하고 있다]
2016년 공무원 수정

• 기초재공품: 1,000개(40%)
• 원가: 재료원가 ₩10,000, 가공원가 ₩6,000
• 당월 착수량: 20,000개
• 당월 투입원가: 재료원가 ₩240,000, 가공원가 ₩380,000
• 당월 완성품 수량: 19,000개
• 기말재공품: 2,000개(20%)
• 재료는 공정 초 전량 투입되며, 가공원가는 진행정도에 따라 투입된다.

	직접재료원가	가공원가
①	₩10	₩15
②	₩10	₩20
③	₩12	₩15
④	₩12	₩20
⑤	₩12	₩10

키워드 기말재공품 평가 이해하기

풀이 • 직접재료의 완성품환산량 단위당 원가: $\dfrac{240,000}{19,000개 + 2,000개 − 1,000개} = @₩12$

• 가공원가의 완성품환산량 단위당 원가: $\dfrac{380,000}{19,000개 + 400개 − 400개} = @₩20$

정답 ④

20 20×1년에 영업을 시작한 (주)한국은 종합원가계산제도를 적용하고 있다. 20×1년 당기 제조착수량은 1,000개, 기말재공품은 400개(완성도 60%), 당기 총제조원가는 직접재료원가와 가공원가가 각각 ₩100,000과 ₩67,200이다. 직접재료원가는 공정 초기에 전량 투입되고 가공원가는 공정 전체를 통하여 균등하게 발생한다. 20×1년 (주)한국의 기말재공품의 원가는?

① ₩40,000

② ₩59,200

③ ₩19,200

④ ₩49,500

⑤ ₩56,100

키워드 기말재공품 평가 이해하기

풀이 • 완성품수량: 착수수량(1,000개) − 기말수량(400개) = 600개

• 직접재료원가: $\dfrac{100,000}{1,000개} \times 400개 = ₩40,000$

• 가공원가: $\dfrac{67,200}{840개} \times 240개 = ₩19,200$

• 기말재공품원가: 40,000 + 19,200 = ₩59,200

정답 ②

21 다음 자료에 의하여 추정한 평균법에 의한 기말재공품의 완성도는?

• 기초재공품 가공비	₩80,000
• 기말재공품 가공비	40,000
• 기말재공품수량	100개
• 당기투입 가공비	120,000
• 당기 완성품수량	200개

① 70% ② 60%

③ 50% ④ 40%

⑤ 30%

키워드 재공품계정을 사용하여 완성품환산량 추정 이해하기

풀이 • 완성품 단위당 원가: (80,000 + 120,000 − 40,000) ÷ 200개 = @₩800

• 기말재공품환산량: 40,000 ÷ @₩800 = 50개

• 기말재공품완성도: 50개 ÷ 100개 = 0.5(50%)

정답 ③

22 (주)한국은 평균법에 의한 종합원가계산제도를 채택하고 있으며, 모든 원가는 공정 전반에 걸쳐 균등하게 발생한다. (주)한국의 당기 제조활동에 관한 자료는 다음과 같다.

PART 2

• 기초재공품:	수　　　　　량	70단위
	직 접 재 료 원 가	₩20,000
	전 환 원 가	10,000
	완　성　도	30%
• 당기 투입원가:	직 접 재 료 원 가	₩120,000
	전 환 원 가	90,000
• 완성품:	수　　　　　량	920단위
• 기말재공품:	수　　　　　량	400단위
	완　성　도	?

(주)한국의 당기완성품 단위당 원가가 ₩200일 경우, 기말재공품의 완성도는? (단, 공정 전반에 대해 공손과 감손은 발생하지 않는다)　　　　　제24회 수정

① 75%

② 70%

③ 65%

④ 60%

⑤ 55%

키워드 기말재공품의 평가 이해하기

풀이 • 완성품 단위당 원가: [기초(30,000) + 당월(210,000)] ÷ 완성품환산량(x) = @₩200
　　∴ x = 1,200개
　• 기말재공품환산량: 완성품환산량(1,200개) − 완성수량(920개) = 280개
　• 기말재공품환산량: 기말수량(400개) × 기말재공품완성도(y) = 280개　∴ y = 0.7(70%)

정답 ②

23 (주)세무는 가중평균법에 의한 종합원가계산제도를 채택하고 있다. 직접재료는 공정 초기에 전량 투입되고, 전환원가(Conversion Costs)는 공정 전반에 걸쳐 균등하게 발생한다. 20×1년 직접재료원가에 대한 총완성품환산량은 20,000단위, 전환원가에 대한 총완성품환산량은 18,000단위, 완성품 수량은 15,000단위이다. 20×1년 기말재공품의 전환원가 완성도는?

2018년 세무사

① 50%

② 60%

③ 75%

④ 80%

⑤ 90%

> **키워드** 종합원가계산의 완성도 이해하기
> **풀이** • 직접재료의 완성품환산량: 15,000단위 + 5,000단위 = 20,000단위
> • 전환원가의 완성품환산량: 15,000단위 + 3,000단위 = 18,000단위
> • 직접재료의 완성품환산량 5,000단위가 100%이라면 전환원가의 완성품환산량 3,000개는 60%에 해당한다.

정답 ②

24 월말재공품을 선입선출법으로 평가함에 있어서, 월말재공품에 대한 완성도를 과소계상하는 오류가 발생하였다. 이 오류에 대한 효과를 설명한 것으로 옳은 것은?

	완성품환산량	완성품환산량 단위당 원가	월말재공품원가	완성품제조원가
①	감소	감소	감소	감소
②	감소	증가	감소	증가
③	증가	감소	감소	감소
④	감소	감소	증가	증가
⑤	증가	증가	증가	증가

> **키워드** 기말재공품의 오류의 영향 이해하기
> **풀이** 완성도의 과소평가 ⇨ 월말재공품환산량 감소, 완성품환산량 감소, 단위당 원가 증가, 월말재공품원가 감소, 완성품제조원가 증가

정답 ②

고난도

25 (주)한국은 선입선출법에 의한 종합원가계산을 채택하고 있으며, 당기의 생산 관련 자료는 다음과 같다.

구분	물량(개)	가공비 완성도
기초재공품	1,000	30%
당기착수량	4,300	
당기완성량	4,300	
공손품	300	
기말재공품	700	50%

원재료는 공정 초기에 전량 투입되며, 가공비는 공정 전반에 걸쳐 균등하게 발생한다. 품질검사는 가공비 완성도 40% 시점에서 이루어지며, 당기검사를 통과한 정상품의 5%에 해당하는 공손수량은 정상공손으로 간주한다. 당기의 비정상공손수량은?

2016년 공무원 수정

① 50개   ② 85개
③ 215개   ④ 250개
⑤ 100개

키워드 정상공손 및 비정상공손 이해하기

풀이
- 당기의 검사합격수량: 검사시점 40%를 통과한 수량
  - 완성품에 포함된 기초재공품: 1,000개
  - 당기착수 완성: 4,300개 − 1,000개 = 3,300개
  - 기말재공품: 700개
  - 1,000개 + 3,300개 + 700개 = 5,000개
- 정상공손: 5,000개 × 0.05 = 250개
- 비정상공손: 300개 − 250개 = 50개

정답 ①

26 (주)한국은 선입선출법에 의한 종합원가계산제도를 채택하고 있다. 직접재료원가는 공정 초에 전량 투입되고, 전환원가(또는 가공원가)는 공정 전반에 걸쳐 균등하게 발생한다. 품질검사는 전환원가 완성도 60% 시점에서 이루어진다. 원가계산결과 정상공손원가가 ₩32,000이었다면 완성품에 배분될 정상공손원가는?

구분	수량(단위)	전환원가 완성도
기초재공품	100	70%
당기투입량	1,000	
당기완성량	820	
정상공손	60	
비정상공손	40	
기말재공품	180	80%

① ₩25,600

② ₩26,240

③ ₩26,760

④ ₩27,200

⑤ ₩27,560

키워드 기말재공품 평가(공손품원가) 이해하기

풀이 • 기초재공품 100개는 지난달에 70% 완성되었으므로 이미 지난달에 검사시점(60%)을 통과하였다. 선입선출법은 완성수량 중 기초부분을 제외한 당기투입량에서 완성(820개 − 100개)된 720개와 기말재공품 180개의 합 900개로 정상공손원가 ₩32,000를 배분하면 된다.

• 완성품에 배분될 정상공손원가: $32,000 \times \dfrac{720개}{900개} = ₩25,600$

TIP 정상공손비는 완성품과 기말재공품의 수량을 기준으로 배부한다.

정답 ①

27 (주)한국은 가중평균법으로 종합원가계산을 적용하고 있다. 모든 원가는 공정 전반에 걸쳐 균등하게 발생한다. 20×1년 기초수량은 100개(완성도 30%), 당기착수량은 1,000개, 당기완성량은 800개, 기말수량은 200개(완성도 60%)이다. 20×1년의 완성품환산량 단위당 원가는 ₩200이다. 품질검사는 완성도 40% 시점에서 이루어지며, 공손품 모두 정상공손으로 간주한다. 정상공손 원가를 배분한 후의 기말재공품 금액은?

PART 2

① ₩24,000   ② ₩24,600
③ ₩25,600   ④ ₩32,000
⑤ ₩30,400

키워드 종합원가계산의 공손품 이해하기

풀이
• 검사시점이 40%이므로, 기초수량 100개는 당기에 검사를 통과하였다.
• 검사대상수량: 기초수량 100개 + 당기착수량 1,000개 = 1,100개
• 합격품수량(검사를 통과한 수량): 기말수량 200개 + 완성수량 800개 = 1,000개
• 정상공손수량: (기초 100개 + 착수량 1,000개) − (기말 200개 + 완성 800개) = 100개
• 정상공손원가: (100개 × 40%) × 200 = ₩8,000
• 기말재공품원가: (200개 × 60%) × 200 = ₩24,000
• 기말재공품에 배분된 정상공손원가: ₩8,000 × $\dfrac{200}{800+200}$ = ₩1,600
• 배분 후 기말재공품원가: 24,000 + 1,600 = ₩25,600

정답 ③

28 (주)한국은 결합공정에서 A제품과 B제품을 생산하고 있으며, 결합원가는 ₩350,000이다. 결합원가를 순실현가치법을 사용하여 배분한다면, A제품에 배분될 결합원가는?

구분	생산량(단위)	판매단가	판매비용	추가가공비
A제품	2,000	@₩300	@₩30	₩100,000
B제품	1,500	220	20	40,000

① ₩200,000   ② ₩220,000
③ ₩240,000   ④ ₩180,000
⑤ ₩130,000

키워드 결합원가의 순실현가치법 이해하기

풀이
• A제품의 순실현가치: 2,000개 × (@₩300 − @₩30) − 100,000 = ₩440,000
• B제품의 순실현가치: 1,500개 × (@₩220 − @₩20) − 40,000 = ₩260,000
• A제품의 결합원가: 350,000 × $\dfrac{440,000}{700,000}$ = ₩220,000

정답 ②

29 (주)한국은 20×1년 10월에 결합제품 A와 B를 각각 2,000개, 3,000개 생산하였으며, 결합원가 ₩500,000이 발생하였다. 제품 A는 추가가공 없이 단위당 ₩150에 판매되지만, 제품 B는 추가가공원가 ₩40,000이 투입된 후 단위당 ₩180에 판매된다. (주)한국은 순실현가치법을 이용하여 결합원가를 배분하고 있다. 10월에 발생한 결합원가 중에서 제품 B에 배분할 금액은? (단, 재공품은 없다) 제13회

① ₩310,000   ② ₩312,500   ③ ₩315,000
④ ₩317,500   ⑤ ₩320,000

키워드 결합원가계산의 순실현가치법 이해하기

풀이
- 제품 A의 순실현가치: 2,000개 × @₩150 = ₩300,000
- 제품 B의 순실현가치: 3,000개 × @₩180 − 40,000 = ₩500,000
- 제품 B의 결합원가 배부액: $500,000 \times \dfrac{500,000}{800,000} = ₩312,500$

정답 ②

---

30 (주)한국은 20×1년 6월 결합공정을 거쳐 결합제품 A와 B를 각각 500단위와 400단위 생산하였다. 분리점에서 결합제품 A와 B의 단위당 판매가격은 각각 ₩200과 ₩150이다. 분리점에서의 판매가치를 기준으로 결합제품 A에 배분된 결합원가가 ₩20,000일 경우 결합원가의 총액은? (단, 재공품은 없다) 제15회

① ₩32,000   ② ₩33,000   ③ ₩34,000
④ ₩35,000   ⑤ ₩36,000

키워드 결합원가계산의 판매가치법 이해하기

풀이
- 판매가치: A(500단위 × 200) + B(400단위 × 150) = ₩160,000
- A의 결합원가 배부액: 결합원가 총액(x) × $\dfrac{100,000}{160,000}$ = ₩20,000   ∴ x = ₩32,000

정답 ①

31 (주)한국은 제품 A와 제품 B를 생산하여 제품 A는 800개, 제품 B는 400개의 연산품이 분리되었고, 추가가공에 각각 A ₩240,000과 B ₩360,000이 들었다. A와 B의 판매가격은 개당 ₩750과 ₩1,500이다. 순실현가치법을 기준으로 결합원가 중 ₩270,000이 제품 A에 배부되었다. 결합원가 총액은?

① ₩450,000   ② ₩670,000

③ ₩510,000   ④ ₩480,000

⑤ ₩600,000

키워드 결합원가계산의 순실현가치법 이해하기

풀이 • 순실현가치의 계산
- 제품 A: 800개 × @₩750 − 240,000 = ₩360,000
- 제품 B: 400개 × @₩1,500 − 360,000 = ₩240,000

• 제품 A의 결합원가 배부액: 결합원가 총액(x) × $\dfrac{360,000}{600,000}$ = ₩270,000

∴ x = ₩450,000

정답 ①

32 (주)한국은 제품 A와 제품 B를 생산하고 있으며, 1월 중 결합원가는 ₩3,600,000이다. 1월 중 제품 B의 제조원가는 얼마인가? (단, 순실현가치법을 이용한다)

구분	생산량(단위)	판매단가	판매비용	추가가공비
제품 A	800	@₩3,000	₩200,000	₩400,000
제품 B	600	2,000	100,000	200,000

① ₩1,600,000   ② ₩2,800,000

③ ₩1,200,000   ④ ₩1,400,000

⑤ ₩2,400,000

키워드 결합원가계산의 제조원가(제품 B의 결합원가 + 추가가공비) 이해하기

풀이 • 순실현가치의 계산
- 제품 A: 800단위 × @₩3,000 − 400,000 − 200,000 = ₩1,800,000
- 제품 B: 600단위 × @₩2,000 − 200,000 − 100,000 = ₩900,000

• 제품 B의 결합원가 배부액: 3,600,000 × $\dfrac{900,000}{2,700,000}$ = ₩1,200,000

• 제품 B의 제조원가: 1,200,000 + 200,000 = ₩1,400,000

정답 ④

33 (주)한국은 결합공정을 통하여 다음과 같이 제품을 생산하고 있으며, 당기에 발생한 결합원가는 ₩600,000이다.

제품	생산량(단위)	추가가공원가	예상판매비	단위당 판매가격
A	500	₩150,000	₩50,000	₩2,000
B	300	30,000	20,000	1,500

결합원가를 순실현가치기준으로 배부할 경우 제품 A의 단위당 제조원가는?

① ₩800 ② ₩900

③ ₩1,000 ④ ₩1,050

⑤ ₩1,100

풀이 • 각 제품의 순실현가능가치
  - 제품 A: 500단위 × @₩2,000 − (150,000 + 50,000) = ₩800,000
  - 제품 B: 300단위 × @₩1,500 − (30,000 + 20,000) = ₩400,000

• 제품 A의 제조원가: $600,000 \times \dfrac{800,000}{1,200,000} + 150,000 = ₩550,000$

• 제품 A의 단위당 제조원가: $\dfrac{550,000}{500단위} = @₩1,100$

정답 ⑤

34 (주)한국은 결합제품(A, B, C)을 생산하고 있다. 결합원가는 분리점에서의 상대적 판매가치에 의해 배분된다. 관련 자료는 다음과 같다.

구분	A	B	C	합계
결합원가 배분액	?	₩20,000	?	₩200,000
분리점에서의 판매가치	?	?	₩160,000	400,000
추가가공원가	₩6,000	4,000	10,000	
추가가공 후 판매가치	170,000	84,000	240,000	

결합제품 A를 추가가공하여 모두 판매하는 경우 결합제품 A의 매출총이익은? (단, 공손과 감손, 재고자산은 없다)

① ₩65,000

② ₩75,000

③ ₩80,000

④ ₩66,000

⑤ ₩64,000

결합원가계산 배부 이해하기

- C의 결합원가 배분액: $200,000 \times \dfrac{160,000}{400,000} = ₩80,000$
- A의 결합원가: A(100,000) + B(20,000) + C(80,000) = ₩200,000(합계)
- A의 제조원가: 결합원가(100,000) + 추가가공원가(6,000) = ₩106,000
- A의 매출총이익: 판매가치(170,000) − 원가(106,000) = ₩64,000

정답 ⑤

35 (주)세무는 결합공정에서 제품 A, B, C를 생산한다. 당기에 발생된 결합원가 총액은 ₩80,000이며 결합원가는 분리점에서의 상대적 판매가치를 기준으로 제품에 분배되며 관련 자료는 다음과 같다. 추가가공이 유리한 제품만을 모두 고른 것은? (단, 결합공정 및 추가가공 과정에서 공손과 감손은 발생하지 않고, 생산량은 모두 판매되며 기초 및 기말 재공품은 없다) 　　　　2019년 세무사

제품	분리점에서의 단위당 판매가격	생산량	추가가공원가	추가가공 후 단위당 판매가격
A	₩20	3,000단위	₩10,000	₩23
B	30	2,000단위	15,000	40
C	40	2,000단위	15,000	50

① A
② A, B
③ A, C
④ B, C
⑤ A, B, C

추가가공의 의사결정 이해하기

- 제품 A: 9,000[= (23 − 20) × 3,000개] − 10,000 = 손실 ₩1,000
- 제품 B: 20,000[= (40 − 30) × 2,000개] − 15,000 = 이익 ₩5,000
- 제품 C: 20,000[= (50 − 40) × 2,000개] − 15,000 = 이익 ₩5,000

정답 ④

▶ **연계학습** l 에듀윌 기본서 1차 [회계원리 下] p.112

01 다른 조건이 동일한 경우 변동원가계산의 당기순이익이 전부원가계산의 당기순이익보다 큰 경우에 해당하는 것으로 옳은 것은?

① 판매량이 생산량을 초과하는 경우

② 판매량과 생산량이 같은 경우

③ 고정제조간접원가가 증가한 경우

④ 변동제조간접원가가 증가한 경우

⑤ 생산량이 판매량을 초과하는 경우

키워드	변동원가계산과 전부원가계산의 이익 비교 이해하기
풀이	• 생산량 > 판매량 ⇨ 전부원가계산의 이익이 더 크다. • 생산량 < 판매량 ⇨ 변동원가계산의 이익이 더 크다.

이론 ✚	전부원가와 변동원가의 순이익(영업이익) 비교
	1. 생산량 = 판매량(기초재고 = 기말재고) ⇨ 전부원가 = 변동원가 2. 생산량 > 판매량(기초재고 < 기말재고) ⇨ 전부원가 > 변동원가 3. 생산량 < 판매량(기초재고 > 기말재고) ⇨ 전부원가 < 변동원가

정답 ①

02 전부원가계산과 변동원가계산에 관한 설명으로 옳지 않은 것은? (단, 주어진 내용 외의 다른 조건은 동일하다) 2020년 공무원 수정

① 전부원가계산에서 판매량이 일정하다면 생산량이 증가할수록 영업이익은 증가한다.

② 전부원가계산은 외부보고 목적보다 단기 의사결정과 성과평가에 유용하다.

③ 변동원가계산에서는 고정제조간접원가를 제품원가에 포함시키지 않는다.

④ 변동원가계산에서 생산량의 증감은 이익에 영향을 미치지 않는다.

⑤ 전부원가계산에서 생산량과 판매량 모두 이익에 영향을 미친다.

키워드	변동원가계산 배부 이해하기
풀이	전부원가계산은 외부보고 목적에 적합하고, 변동원가계산은 단기 의사결정과 성과평가에 유용하다.

정답 ②

03 변동원가계산과 전부원가계산의 비교에 관한 설명으로 옳은 것은?

① 생산량이 판매량보다 크다면 변동원가의 영업이익이 크게 나타난다.

② 변동원가계산은 의사결정에 유용하게 사용되므로 전부원가계산에 비하여 외부보고용으로 적절한 방법이다.

③ 직접재료비와 직접노무비는 대표적인 변동원가에 속한다.

④ 변동원가계산의 영업이익은 판매량뿐만 아니라 생산량에 따라서도 좌우된다.

⑤ 변동원가계산은 표준원가를 사용할 수 있으나, 전부원가계산은 표준원가를 사용할 수 없다.

키워드 변동원가계산과 전부원가계산의 기본개념 이해하기

풀이 ① 생산량이 판매량보다 크다면 전부원가의 영업이익이 크게 나타난다.
② 변동원가계산은 의사결정에 유용하게 사용되지만 외부보고용으로 사용하지 못한다.
④ 변동원가의 순이익은 판매량에만 영향을 받는다. 그러나 전부원가의 순이익은 판매량뿐만 아니라 생산량에도 영향을 받는다.
⑤ 변동원가계산과 전부원가계산은 표준원가를 사용할 수 있다.

정답 ③

04 (주)한국은 20×1년 초에 설립되었다. 20×1년 중 제품을 10,000단위 생산하여 9,000단위를 판매하였다. 이와 관련된 원가자료는 다음과 같다.

구분	총고정원가	단위당 변동원가
직접재료원가	–	₩25
가공원가	₩150,000	20
판매비와 관리비	80,000	15

전부원가계산과 변동원가계산에 의한 20×1년 기말제품재고액은? (단, 재공품은 없다)

	전부원가계산	변동원가계산
①	₩80,000	₩40,000
②	₩75,000	₩55,000
③	₩75,000	₩60,000
④	₩60,000	₩45,000
⑤	₩68,000	₩53,000

키워드 변동원가계산과 전부원가계산의 계산과정 이해하기

풀이
- 단위당 고정제조간접비: 150,000 ÷ 10,000개 = @₩15
- 전부원가계산: (25 + 20 + 15) × 1,000개 = ₩60,000
- 변동원가계산: (25 + 20) × 1,000개 = ₩45,000

정답 ④

05 (주)한국은 20×1년 초에 설립되었으며, 20×1년 생산·판매 자료는 다음과 같다. 전부원가계산에 의한 영업이익이 ₩2,200이라면 변동원가계산에 의한 영업이익은? (단, 재공품은 없다)

제15회 수정

• 연간 생산량	100(단위)
• 연간 판매량	80(단위)
• 단위당 판매가격	₩100
• 단위당 변동제조원가	50
• 단위당 변동판매관리비	10
• 총고정제조원가	1,000
• 총고정판매관리비	200

① ₩2,000   ② ₩2,100

③ ₩2,400   ④ ₩1,800

⑤ ₩2,300

풀이
- 전부원가와 변동원가의 영업이익 차이는 기말재고에 포함된 고정제조간접비의 차이다.

- 영업이익의 차이: $1,000 \times \dfrac{20단위}{100단위} = ₩200$

- 전부원가의 영업이익이 변동원가보다 ₩200만큼 크다.
- 변동원가의 순이익: $2,200 - 200 = ₩2,000$

정답 ①

PART 2

고난도

06 (주)한국은 20×1년 1월 1일에 설립되었다. 20×1년부터 20×4년까지 생산량 및 판매량은 다음과 같으며, 원가흐름가정은 선입선출법이다.

구분	20×1년	20×2년	20×3년	20×4년
생산량	6,000단위	9,000단위	4,000단위	5,000단위
판매량	6,000단위	6,000단위	6,000단위	6,000단위

전부원가계산과 변동원가계산을 적용한 결과에 관한 설명으로 옳지 않은 것은? (단, 단위당 판매가격, 단위당 변동원가, 연간 고정원가총액은 매년 동일하다) 제21회

① 변동원가계산하에서 20×1년과 20×2년의 영업이익은 동일하다.
② 변동원가계산에 의한 단위당 제품원가는 매년 동일하다.
③ 20×1년부터 20×4년까지의 영업이익 합계는 전부원가계산과 변동원가계산에서 동일하다.
④ 20×1년에는 전부원가계산 영업이익과 변동원가계산 영업이익이 동일하다.
⑤ 전부원가계산하에서 20×4년의 영업이익은 20×2년의 영업이익보다 크다.

키워드 변동원가계산 이해하기

풀이 전부원가계산하에서 20×4년의 생산량은 5,000단위이고, 20×2년의 생산량은 9,000단위이므로 20×2년의 영업이익이 크다.

TIP 전부원가는 생산량과 판매량에 당기순이익이 영향을 받는다. 그러나 변동원가는 판매량에만 당기순이익이 영향을 받는다.

정답 ⑤

07 (주)한국의 20×1년 영업 자료는 다음과 같다. 변동원가계산의 순이익이 ₩170,000이라면 전부원가계산의 순이익은?

• 생산량	1,000개
• 판매량	800개
• 판매단가	@₩1,000
• 단위당 변동제조원가	@₩550
• 단위당 변동판매관리비	@₩150
• 고정제조간접비	₩50,000
• 고정판매관리비	20,000

① ₩100,000

② ₩150,000

③ ₩170,000

④ ₩180,000

⑤ ₩160,000

키워드 **변동원가와 전부원가의 영업이익 차이 이해하기**

풀이 • 생산량이 더 크기 때문에 전부원가계산의 순이익이 더 크다. 따라서 전부원가계산의 이익이 ₩10,000 더 크다.

• $50,000 \times \dfrac{200개}{1,000개} = ₩10,000$

• 전부원가계산의 순이익: 170,000 + 10,000 = ₩180,000

정답 ④

08 신설법인인 (주)한국의 기말제품재고는 1,000개, 기말재공품재고는 없다. 다음 자료를 근거로 변동원가계산방법에 의한 공헌이익은?

• 판매량	4,000개
• 단위당 판매가격	₩1,000
• 생산량	5,000개
• 단위당 직접재료원가	₩300
• 단위당 직접노무원가	200
• 단위당 변동제조간접원가	100
• 총고정제조간접비	700,000
• 단위당 변동판매관리비	150
• 총고정판매관리비	100,000

① ₩1,000,000

② ₩1,250,000

③ ₩1,600,000

④ ₩1,800,000

⑤ ₩2,000,000

키워드 변동원가계산의 공헌이익 이해하기

풀이 [단위당 판매가격(1,000) − 단위당 변동비(300 + 200 + 100 + 150)] × 판매량(4,000개)
= ₩1,000,000

TIP 매출(판매가격) − 변동비 = 공헌이익

정답 ①

09 (주)한국의 연간 고정제조간접원가는 ₩150,000이고, 고정판매비와 관리비는 ₩30,000이 발생하였다. 제품 단위당 생산과 판매에 관련된 자료는 다음과 같다.

• 단위당 판매가격	₩500
• 단위당 변동원가	
– 직접재료원가	150
– 직접노무원가	120
– 변동제조간접원가	50
– 변동판매비와 관리비	30
• 당기생산량은 4,000개이며, 3,000개가 판매되었다. 기초재고는 없다.	

위의 자료를 이용할 때 변동원가계산에 의한 영업이익은?

① ₩307,500

② ₩285,000

③ ₩300,000

④ ₩232,500

⑤ ₩270,000

키워드 **변동원가와 전부원가의 영업이익 차이 이해하기**

풀이 변동원가의 손익계산서(공헌이익접근방법)

Ⅰ. 매출액	3,000개 × @₩500	₩1,500,000
Ⅱ. 변동비	3,000개 × @₩350	1,050,000
Ⅲ. 공헌이익		450,000
Ⅳ. 고정비	150,000 + 30,000	180,000
Ⅴ. 영업이익		(₩270,000)

정답 ⑤

10 (주)세무의 기초제품수량은 없고 당기제품생산수량은 500단위, 기말제품수량은 100단위이다. 제품 단위당 판매가격은 ₩1,300이며, 당기에 발생한 원가는 다음과 같다. 변동원가계산에 의한 당기 영업이익은? (단, 기초 및 기말재공품은 없다)   2019년 세무사

• 직접재료원가	₩250,000
• 직접노무원가	80,000
• 변동제조간접원가	160,000
• 변동판매관리비	40,000
• 고정제조간접원가	40,000
• 고정판매관리비	15,000

① ₩13,000

② ₩23,000

③ ₩33,000

④ ₩43,000

⑤ ₩53,000

키워드 변동원가계산의 영업이익 이해하기

풀이 • 단위당 변동원가: (250,000 + 80,000 + 160,000) ÷ 500개 = @₩980
• 단위당 변동판매비: 40,000 ÷ 400개 = @₩100
• 단위당 공헌이익: 1,300 − 1,080 = @₩220
• 총공헌이익: 400개 × @₩220 = ₩88,000
• 변동원가의 영업이익: 88,000 − 고정비(55,000) = ₩33,000

정답 ③

11 단일제품을 생산·판매하고 있는 (주)관세의 당기순이익은 전부원가계산하에서 ₩12,000이고 변동원가계산하에서 ₩9,500이다. 단위당 제품원가는 전부원가계산하에서는 ₩40이고 변동원가계산하에서는 ₩35이며, 전기와 당기 각각에 대해 동일하다. 당기 기말제품재고수량이 2,000단위일 경우 기초제품재고수량은 몇 단위인가? (단, 기초재공품과 기말재공품은 없다)

2015년 관세사

① 500단위

② 800단위

③ 1,000단위

④ 1,200단위

⑤ 1,500단위

키워드 전부원가와 변동원가의 차이 이해하기

풀이 • 전부원가계산의 순이익이 ₩12,000이고 변동원가계산의 순이익이 ₩9,500이라면 생산량이 판매량보다 크다. 그러므로 기말수량이 기초수량보다 크다.
• 단위당 고정제조간접비: 전부원가(40) − 변동원가(35) = @₩5
• 기말수량이 기초수량보다 큰 수량: 순이익의 차이(2,500) ÷ 단위당 고정제조간접비(5) = 500단위
• 기초수량: 2,000단위 − 500단위 = 1,500단위

정답 ⑤

고난도

12 (주)한국은 20×1년 초에 영업을 개시하고 5,000단위의 제품을 생산하여 단위당 ₩1,000에 판매하였으며, 영업활동에 관한 자료는 다음과 같다.

• 단위당 직접재료원가	₩400	• 고정제조간접원가	₩500,000
• 단위당 직접노무원가	250	• 고정판매관리비	150,000
• 단위당 변동제조간접원가	80		
• 단위당 변동판매관리비	70		

변동원가계산에 의한 영업이익이 전부원가계산에 의한 영업이익에 비하여 ₩100,000이 적을 경우, (주)한국의 20×1년 판매수량은? (단, 기말재공품은 존재하지 않는다)

제24회 수정

① 1,000단위 ② 2,000단위

③ 2,500단위 ④ 3,000단위

⑤ 4,000단위

변동원가계산의 판매수량 이해하기

풀이 • 순이익의 차이는 고정제조간접원가 중 기말의 재고수량 차이다.

• 기말재고량: $500,000 \times \dfrac{재고량(x)}{생산량(5,000단위)} = ₩100,000$ ∴ $x = 1,000단위$

• 판매량: 생산량(5,000단위) − 재고량(1,000단위) = 4,000단위

TIP 기말재고수량을 먼저 계산한다. 순이익의 차이는 고정제조간접원가 중 기말재고수량의 차이다.

정답 ⑤

13 20×1년 초에 설립된 (주)관세는 단일제품을 생산·판매하며, 실제원가계산을 사용하고 있다. (주)관세는 20×1년에 6,000단위를 생산하여 4,000단위를 판매하였고, 20×2년에는 6,000단위를 생산하여 7,000단위를 판매하였다. 연도별 판매가격과 원가구조는 동일하며 원가자료는 다음과 같다.

원가항목	단위당 원가	연간 총원가
직접재료원가	₩85	–
직접노무원가	40	–
변동제조간접원가	105	–
변동판매관리비	50	–
고정제조간접원가	–	₩120,000
고정판매관리비	–	350,000

20×2년 전부원가계산에 의한 영업이익이 ₩910,000일 경우, 20×2년 변동원가계산에 의한 영업이익은? (단, 기초 및 기말재공품은 없는 것으로 가정한다) 2019년 관세사

① ₩890,000
② ₩900,000
③ ₩910,000
④ ₩920,000
⑤ ₩930,000

변동원가계산과 전부원가계산의 영업이익 이해하기

풀이 • 20×1년에 6,000단위를 생산하여 4,000단위를 판매하였고, 20×2년에는 6,000단위를 생산하여 7,000단위를 판매하였다면 20×2년에는 판매량이 생산량보다 1,000단위가 크므로 변동원가계산의 순이익이 크게 계상된다.

20×2년 재공품

기 초 재 고	₩2,000	기 말 재 고	₩1,000
생 산 량	6,000	판 매 량	7,000
	₩8,000		₩8,000

• 단위당 고정비: $\dfrac{120,000}{6,000개} = @₩20$

• 영업이익의 차이: 1,000개 × @₩20 = ₩20,000

• 변동원가계산의 영업이익: 910,000 + 20,000 = ₩930,000

정답 ⑤

14 (주)한국은 20×1년 초에 설립되었다. 20×1년부터 20×2년까지 제품 생산량 및 판매량은 다음과 같으며, 원가흐름은 선입선출법을 가정한다. 다만, 20×1년의 총고정제조간접원가는 ₩1,400,000, 20×2년의 총고정제조간접원가는 ₩1,600,000이다.

구분	20×1년	20×2년
생산량	7,000단위	8,000단위
판매량	6,000단위	?

20×2년 변동원가계산에 의한 영업이익이 전부원가계산에 의한 영업이익에 비하여 ₩40,000 많은 경우, (주)한국의 20×2년 판매수량은? (단, 재공품재고는 없다)

① 8,000단위

② 8,200단위

③ 8,500단위

④ 8,800단위

⑤ 9,000단위

키워드 변동원가계산의 판매수량 이해하기

풀이
• 20×1년 단위당 고정비: 1,400,000 ÷ 7,000단위 = @₩200
• 20×1년 기말재고에 포함된 고정비: 기말재고(1,000단위) × @₩200 = ₩200,000
• 20×2년 단위당 고정비: 1,600,000 ÷ 8,000단위 = @₩200
• 변동원가 순이익이 전부원가의 순이익보다 ₩40,000 크다면 기초재고가 기말재고보다 크므로 20×2년의 기초재고가 ₩200,000이라면 20×2년의 기말재고는 ₩160,000이다.
• 20×2년 기말재고수량: 기말재고(x) × @₩200 = ₩160,000   ∴ x = 800단위

20×2년 제품

기 초 재 고	1,000단위	판 매 수 량	(8,200단위)
생 산 량	8,000단위	기 말 재 고	800단위
	9,000단위		9,000단위

정답 ②

15 (주)한국은 20×1년의 생산량은 500개이고, 판매량은 300개이며 20×2년의 생산량 및 판매량은 동일하다. 20×2년 전부원가계산의 영업이익이 변동원가계산의 영업이익보다 ₩80,000 더 많았다. 20×2년 말 기말제품 재고에 포함된 고정제조간접원가는? (단, 원가 및 물량흐름은 선입선출법을 적용한다)

① ₩120,000   ② ₩140,000

③ ₩160,000   ④ ₩180,000

⑤ ₩200,000

───────────────────────────────

키워드 변동원가계산의 고정제조간접비 이해하기

풀이 • 20×1년 말 재고수량: 생산량 500개 – 판매량 300개 = 200개
- 20×2년 말 재고수량: 기초량 200개 + 생산량 500개 – 판매량 300개 = 400개(20×2년 말 재고 수량 200개)
- 영업이익의 차이 80,000원은 기말재고량에 포함된 고정제조간접비 차이이다.
- 고정제조간접원가: 80,000 ÷ 200개 = @₩400 × 400개 = ₩160,000

정답 ③

05 표준원가계산

▶ **연계학습** | 에듀윌 기본서 1차 [회계원리 下] p.126

01 (주)한국의 다음 자료에 의하여 계산한 가격차이와 수량차이는?

• 예산생산량	2,000개
• 제품 실제 생산량	1,500개
• 직접원재료 표준가격 및 단위당 표준투입량 @₩300	2kg
• 직접원재료 실제 사용량	2,800kg
• 직접원재료 실제 구입가격 @₩330	

	수량차이	가격차이
①	₩84,000(유리)	₩60,000(유리)
②	₩60,000(불리)	₩84,000(불리)
③	₩84,000(불리)	₩60,000(불리)
④	₩60,000(유리)	₩84,000(유리)
⑤	₩60,000(유리)	₩84,000(불리)

키워드 표준원가의 재료비 차이 분석 이해하기

풀이

표준수량 × 표준가격	실제수량 × 표준가격	실제수량 × 실제가격
3,000kg × @₩300	2,800kg × @₩300	2,800kg × @₩330
= ₩900,000	= ₩840,000	= ₩924,000

수량차이 ₩60,000(유리)   가격차이 ₩84,000(불리)

• 실제 생산량에 허용된 표준소비수량: 1,500개 × 2kg = 3,000kg

정답 ⑤

고난도

02 (주)진사는 표준원가계산제도를 사용하고 있다. 20×1년 8월 중에 직접재료 1,500kg을 kg당 ₩50에 구입하였다. 8월의 예정생산량은 300단위이며, 실제 생산량은 350단위이다. 직접재료의 가격표준은 kg당 ₩45이다. 수량차이가 ₩11,250(유리)일 때 직접재료의 수량표준은? (단, 20×1년 8월 직접재료의 월초 재고와 월말 재고는 없다)

제11회

① 3.6kg   ② 4.0kg   ③ 4.9kg

④ 5.0kg   ⑤ 5.4kg

키워드 표준원가의 재료비 차이 분석 중 단위당 표준수량 이해하기

풀이

표준수량 × 표준가격	실제수량 × 표준가격	실제수량 × 실제가격
1,750kg × @₩45	1,500kg × @₩45	1,500kg × @₩50
= ₩78,750	= ₩67,500	= ₩75,000

수량차이 ₩11,250(유리)   가격차이 ₩7,500(불리)

• 표준수량: 실제 생산량(350단위) × 단위당 표준수량(5kg) = 1,750kg

정답 ④

03 다음은 (주)한국의 원가자료이다. 직접재료비 수량(능률)차이와 총차이는?

- 예정생산량   450개
- 실제생산량   500개
- 직접재료 실제 구입가격   @₩250/kg당
- 제품 1단위당 표준소비량   3kg/개당
- 직접재료의 표준가격   @₩200/kg당
- 직접재료비의 가격차이   ₩90,000 불리

	수량(능률)차이	총차이
①	₩90,000(불리)	₩150,000(불리)
②	₩90,000(유리)	₩160,000(유리)
③	₩60,000(불리)	₩150,000(불리)
④	₩60,000(유리)	₩160,000(유리)
⑤	₩80,000(불리)	₩100,000(불리)

키워드 표준원가의 재료비 차이 분석 이해하기

풀이

표준수량 × 표준가격	실제수량 × 표준가격	실제수량 × 실제가격
1,500kg × @₩200	1,800kg × @₩200	1,800kg × @₩250
= ₩300,000	= ₩360,000	= ₩450,000

능률차이 ₩60,000(불리)   가격차이 ₩90,000(불리)

• 표준수량: 실제 생산량(500개) × 제품 1단위당 표준소비량(3kg) = 1,500kg

정답 ③

04 직접재료원가의 제품 단위당 표준사용량은 5kg이고, 표준가격은 kg당 ₩3이다. 4월에 직접재료 20,000kg을 총 ₩65,000에 구입하여 18,000kg을 사용하였다. 4월에 제품 3,000단위를 생산했을 때, 직접재료원가의 가격차이와 능률차이는? (단, 직접재료원가의 가격차이는 구입시점에서 계산한다) 제14회

	가격차이	능률차이
①	₩5,000(불리)	₩6,000(불리)
②	₩5,000(불리)	₩9,000(불리)
③	₩6,000(유리)	₩6,000(유리)
④	₩6,000(유리)	₩15,000(유리)
⑤	₩11,000(불리)	₩15,000(유리)

키워드 표준원가의 재료비 차이 분석 중 재료의 구입 시점 이해하기

풀이

표준수량 × 표준가격	실제수량 × 표준가격	실제수량 × 실제가격
(3,000단위 × 5kg) × @₩3	18,000kg(20,000kg) × @₩3	20,000kg × @₩3.25
= ₩45,000	= ₩54,000(₩60,000)	= ₩65,000

능률(수량)차이 ₩9,000(불리)   가격차이 ₩5,000(불리)

TIP 능률차이는 소비수량으로 계산하고 가격차이는 구입수량으로 계산한다.

정답 ②

05 (주)관세는 표준원가를 이용한 전부원가계산제도를 적용한다. 20×1년 3월의 생산 자료는 다음과 같다. 3월 중 900단위를 생산에 착수하여 당월에 모두 완성하였으며, 이 중 800단위를 판매하였다. 3월 중 직접재료 2,000kg을 ₩130,000에 구입하였으며, 직접재료의 3월 말 재고량은 100kg이다. 단위당 재료의 표준가격은 ₩50, 표준소비량은 2kg이다. 3월의 직접재료의 가격차이와 수량차이는? (단, 직접재료의 가격차이는 구입시점에 계산한다) 2015년 관세사 수정

	가격차이	수량차이
①	₩20,000(불리)	₩3,000(불리)
②	₩20,000(유리)	₩3,000(유리)
③	₩20,000(불리)	₩3,000(유리)
④	₩30,000(불리)	₩5,000(불리)
⑤	₩30,000(유리)	₩5,000(유리)

| 키워드 | 표준원가계산의 재료 구입 시점 이해하기 |

| 풀이 | | |

표준수량 × 표준가격	실제수량 × 표준가격	실제수량 × 실제가격
1,800kg × @₩50	1,900kg(2,000kg) × @₩50	2,000kg × @₩65
= ₩90,000	= ₩95,000(₩100,000)	= ₩130,000

수량차이 ₩5,000(불리)   가격차이 ₩30,000(불리)

- 가격차이를 구입 시점에서 계산하면 구입수량으로 계산하여야 한다.
- 표준수량: 실제 생산량(900단위) × 표준소비량(2kg) = 1,800kg

정답 ④

---

06 (주)한국은 표준원가계산제도를 채택하고 있다. 20×1년도 9월에 제품 2,100개를 생산했으며, 직접노무원가는 ₩4,000,000이 발생하였다. 시간당 실제임률은 ₩1,000이며, 시간당 표준임률은 ₩900이고, 제품 단위당 표준직접노무시간은 2시간이다. 9월의 직접노무원가 능률차이(유리)는 얼마인가? (단, 재공품은 없다)   제13회

① ₩150,000   ② ₩160,000

③ ₩170,000   ④ ₩180,000

⑤ ₩190,000

| 키워드 | 표준원가의 노무비 차이 분석 이해하기 |

| 풀이 | | |

표준시간 × 표준임률	실제시간 × 표준임률	실제시간 × 실제임률
(2,100개 × 2시간) × @₩900	4,000시간 × @₩900	4,000시간 × @₩1,000
= ₩3,780,000	= ₩3,600,000	= ₩4,000,000

능률차이 ₩180,000(유리)   임률차이 ₩400,000(불리)

정답 ④

07 (주)한국은 표준원가계산제도를 사용하고 있으며, 3월의 직접노무원가 차이 분석 결과는 다음과 같다.

	능률차이	임률차이
• 직접노무원가	₩1,800(불리)	₩9,000(유리)

3월의 실제 직접노무시간은 18,000시간이고, 실제임률은 시간당 ₩2.5이다. 3월의 제품 단위당 표준시간이 2시간일 때 실제 생산량은? (단, 재공품재고는 없다)

① 8,000단위   ② 8,200단위   ③ 8,400단위

④ 8,500단위   ⑤ 8,700단위

> **키워드** 표준원가계산 이해하기

> **풀이**

표준시간 × 표준임률	실제시간 × 표준임률	실제시간 × 실제임률
17,400시간 × @₩3	18,000시간 × @₩3	18,000시간 × @₩2.5
= ₩52,200	= ₩54,000	= ₩45,000
	₩1,800(불리)	₩9,000(유리)

• 실제 생산량: 17,400시간 ÷ 2시간 = 8,700단위

정답 ⑤

08 (주)한국은 표준원가계산을 적용하고 있다. 당기의 제품 생산량은 15단위이며, 직접노무원가와 관련된 자료는 다음과 같다.

• 실제 직접노무원가	₩130,000
• 실제 직접노무시간	130시간
• 제품 단위당 표준직접노무시간	8시간
• 직접노무시간당 표준임률	₩900

직접노무원가 능률차이는? (단, 기초 및 기말재공품은 없다)   제17회

① ₩9,000 불리   ② ₩10,000 불리   ③ ₩12,000 불리

④ ₩13,000 불리   ⑤ ₩22,000 불리

> **키워드** 표준원가의 노무비 차이분석 이해하기

> **풀이**

표준시간 × 표준임률	실제시간 × 표준임률	실제시간 × 실제임률
(15단위 × 8시간) × @₩900	130시간 × @₩900	130시간 × @₩1,000
= ₩108,000	= ₩117,000	= ₩130,000
	능률차이 ₩9,000(불리)	임률차이 ₩13,000(불리)

정답 ①

09 (주)한국은 표준원가계산제도를 채택하고 있다. 직접노무원가 관련 자료가 다음과 같을 때 직접노무원가 시간당 표준임률은? 제24회 수정

• 표준직접노무시간	9,000시간
• 실제 직접노무시간	8,600시간
• 실제 발생 직접노무원가	₩3,569,000
• 능률차이	160,000(유리)
• 임률차이	129,000(불리)

① ₩420   ② ₩415   ③ ₩410
④ ₩400   ⑤ ₩395

키워드 노무비 차이분석 이해하기

풀이

표준시간 × 표준임률	실제시간 × 표준임률	실제시간 × 실제임률
9,000시간 × @₩400	8,600시간 × @₩400	8,600시간 × (?)
= ₩3,600,000	= ₩3,440,000	= ₩3,569,000

능률차이 ₩160,000(유리)   임률차이 ₩129,000(불리)

정답 ④

---

10 (주)한국은 표준원가계산을 사용한다. 관련 자료가 다음과 같을 때, 고정제조간접원가 조업도 차이는? 제26회 수정

• 고정제조간접원가 실제발생액	₩120,000	• 기준조업도	3,000시간
• 제품 단위당 표준기계시간	8시간	• 예정생산량	420단위
• 고정제조간접원가 예산차이	₩6,000(유리)	• 실제 생산량	400단위

① ₩8,400(유리)   ② ₩8,400(불리)
③ ₩6,000(유리)   ④ ₩15,120(유리)
⑤ ₩15,120(불리)

키워드 표준원가계산 이해하기

풀이

표준시간 × 표준고정배부율	기준조업도 × 표준고정배부율	실제고정제조간접비
3,200시간 × @₩42	3,000시간 × @₩42	
= ₩134,400	= ₩126,000	= ₩120,000

조업도 차이 ₩8,400(유리)   예산차이 ₩6,000(유리)

정답 ①

11 (주)한국은 표준원가계산제도를 도입하고 있다. 20×1년 기준조업도 1,000시간하에서 변동제조간접원가 예산은 ₩180,000이며, 고정제조간접원가 예산은 ₩200,000이다. 당기의 실제 작업시간은 880시간, 실제 발생된 변동제조간접원가는 ₩149,600이었다. 조업도 차이가 ₩15,000(불리)일 때 변동제조간접원가 능률차이(유리)는?

① ₩8,600

② ₩8,100

③ ₩8,700

④ ₩8,400

⑤ ₩8,200

> **키워드** 표준원가계산 배부 이해하기
>
> **풀이**
> - 표준변동비배부율: $\dfrac{\text{변동제조간접원가 예산액(180,000)}}{\text{기준조업도 작업시간(1,000시간)}}$ = @₩180
>
> - 표준고정비배부율: $\dfrac{\text{고정제조간접원가 예산액(200,000)}}{\text{기준조업도 작업시간(1,000시간)}}$ = @₩200
>
> - 표준고정비: 표준고정비(185,000) − 고정비예산(200,000) = − ₩15,000 조업도 차이
> - 표준작업시간: 표준고정비(185,000) ÷ 표준고정비배부율(200) = 925시간
> - 변동제조간접비 능률차이: [표준작업시간(925시간) − 실제 작업시간(880시간)] × 표준변동비배부율(180) = ₩8,100(유리)

정답 ②

12 (주)한국의 20×1년 제조간접원가 표준 자료는 다음과 같다.

구분	수량표준	표준배부율
변동제조간접원가	5시간	₩8
고정제조간접원가	5시간	5

20×1년 제조간접원가의 기준조업도는 2,000직접노무시간, 실제 발생한 직접노무시간은 2,500시간이다. 20×1년 제조간접원가의 능률차이는 ₩800(불리)이었다. 고정제조간접원가 조업도차이는?

① ₩2,000(불리) ② ₩2,000(유리)
③ ₩2,200(불리) ④ ₩2,200(유리)
⑤ ₩1,800(유리)

키워드 표준원가계산 조업도차이 이해하기

풀이 • 변동제조간접비 차이분석

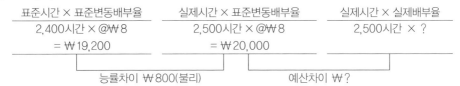

• 고정제조간접비 차이분석

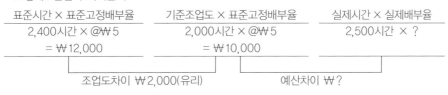

정답 ②

▶ **연계학습** | 에듀윌 기본서 1차 [회계원리 下] p.142

01 A아파트 전기작업반의 월별 직접노무시간과 경비에 대한 기록이 다음과 같다.

구분	4월	5월	6월
직접노무시간	250시간	200시간	150시간
경비	₩10,000	₩11,000	₩7,000

7월의 직접노무시간은 200시간으로 예상된다. 고저점법을 적용하여 7월의 경비를 추정하면?

제14회

① ₩8,500   ② ₩8,600

③ ₩8,700   ④ ₩8,800

⑤ ₩8,900

키워드 원가추정 중 고저점법 이해하기

풀이
- (10,000 − 7,000) ÷ (250시간 − 150시간) = @₩30
- 고정비: 10,000 − (250시간 × @₩30) = ₩2,500
- 7월 추정원가: (200시간 × @₩30) + 2,500 = ₩8,500

정답 ①

02 최근 2년간 총고정제조원가와 단위당 변동제조원가는 변화가 없으며 생산량과 총제조원가는 다음과 같다.

	생산량	총제조원가
• 20×1년	200단위	₩600,000
• 20×2년	300단위	800,000

20×3년도에 총고정제조원가가 10% 증가할 경우, 생산량이 400단위일 때 총제조원가는?

제16회

① ₩1,000,000   ② ₩1,020,000

③ ₩1,040,000   ④ ₩1,060,000

⑤ ₩1,080,000

03 (주)한국의 과거 2년간 생산량과 제조원가는 다음과 같다. 총고정비와 단위당 변동비는 변화가 없었다. 20×3년에 총고정비가 20% 증가하고, 단위당 변동비는 10%가 감소할 것으로 예상된다면, 생산량이 2,000개일 때 예상되는 총제조원가는?

	20×1년	20×2년
• 총생산량	1,500개	2,500개
• 총제조원가	₩350,000	₩500,000

① ₩420,000
② ₩550,000
③ ₩450,000
④ ₩410,000
⑤ ₩520,000

키워드 원가추정 중 고저점법 이해하기

풀이 • 2년간 총고정비와 단위당 변동비의 변화가 없다면 총고정비와 단위당 변동비는 고저점법을 이용하여 계산한다.
  − 단위당 변동비: (500,000 − 350,000) ÷ (2,500개 − 1,500개) = @₩150
  − 고정비: 500,000 − (2,500개 × @₩150) = ₩125,000
• 20×3년의 고정비: 125,000 × (1 + 0.2) = ₩150,000
• 20×3년의 단위당 변동비: @₩150 × (1 − 0.1) = @₩135
• 20×3년의 총제조원가: 150,000 + (2,000개 × @₩135) = ₩420,000

정답 ①

04 (주)한국은 고저점법을 사용하여 전력비를 추정하고 있다. 20×1년 월별 전력비 및 기계시간에 근거한 원가추정에 의하면, 전력비의 단위당 변동비는 시간당 ₩5이었다. 20×1년 최고 조업도 수준은 1,200기계시간이었고, 이때 발생한 전력비는 ₩10,000이었다. 20×1년 최저 조업도 수준에서 발생한 전력비가 ₩9,000일 경우의 최저 조업도수준은?

① 1,100시간

② 900시간

③ 1,050시간

④ 950시간

⑤ 1,000시간

키워드 원가추정 이해하기

풀이 단위당 변동비: $\dfrac{10,000 - 9,000}{1,200 - 최저\ 조업도\ 수준(x)}$ = @₩5 ∴ x = 1,000시간

정답 ⑤

05 (주)한국의 20×1년도 4개월간의 기계시간과 전력비 관련 자료는 다음과 같다.

월	기계시간	전력비
9	1,000시간	₩42,000
10	1,450	55,000
11	1,500	62,000
12	1,700	70,000

위의 자료에 기초하여 고저점법에 의한 전력비 원가함수를 결정할 때, 20×2년 1월의 전력비를 ₩86,200으로 예상한다면 기계시간은? (단, 20×2년의 고정비는 20×1년보다 10% 증가할 것으로 예상한다)

① 2,000시간 ② 2,100시간

③ 2,200시간 ④ 2,300시간

⑤ 2,400시간

키워드 고저점법에 의한 원가추정 이해하기

풀이
• 고저점법: $\dfrac{70,000 - 42,000}{1,700시간 - 1,000시간}$ = @₩40

• 고정비 추정액: [70,000 − (1,700시간 × 40)] × (1 + 0.1) = ₩2,200

• 20×2년 1월 전력비: 2,200 + [@₩40 × 20×2년 1월 기계시간(x)] = ₩86,200
  ∴ x = 2,100시간

정답 ②

06 (주)한국은 직접노무시간을 기준으로 제조간접원가를 배부하고 있다. 20×1년 직접노무시간의 800시간 관련 범위 내에서 고저점법을 사용하여 추정한 제조간접원가의 추정등식은 다음과 같다.

$$y = 50,000 + 300x$$

다음 설명 중 옳지 않은 것은? (단, x는 직접노무시간, y는 제조간접원가)

① 직접노무시간이 200시간으로 예상될 때 제조간접원가는 ₩110,000으로 추정된다.
② 직접노무시간이 200시간으로 예상될 때 제조간접원가 예정배부율은 ₩550이다.
③ 직접노무시간이 300시간일 때 제조간접원가의 변동예산액은 ₩90,000이다.
④ 직접노무시간당 제조간접원가는 ₩300 증가하는 것으로 추정된다.
⑤ 직접노무시간이 영(0)일 때 제조간접원가는 ₩50,000으로 추정된다.

키워드 **원가추정 이해하기**
풀이 • 직접노무시간이 300시간일 때 제조간접원가의 변동예산액은 ₩140,000이다.
 • 50,000 + (@₩300 × 300시간) = ₩140,000
TIP • $y = a + bx$
 • y = 고정비(50,000) + [단위당 변동비(@₩300) × 조업도(300시간)]

정답 ③

07 아파트건설 전문업체인 (주)한국은 새로운 아파트 공법을 개발하고, 이에 대한 홍보를 위해 100m² 면적의 아파트 1개에 대하여 무료로 시공을 수행하면서 총 50시간의 노무시간을 투입하였다. (주)한국은 아파트 공법 시공의 경우 노무시간이 80%의 학습률을 가지는 학습효과가 존재하고, 누적평균시간 학습곡선모형을 따를 것으로 추정하고 있다. (주)한국은 동일한 구조와 형태 및 면적(100m²)의 7개 아파트(총 700m²)에 대한 시공 의뢰를 받았다. 이와 관련하여 투입될 것으로 추정되는 직접노무시간은? (단, 시공은 100m² 단위로 수행된다)　　　　　　　　　　　　　　　　　　　　　　　　　　제24회 수정

① 154.8시간

② 204.8시간

③ 195.8시간

④ 200.8시간

⑤ 165.8시간

| 키워드 | 원가추정의 학습곡선모형 이해하기 |

풀이 • 학습곡선모형의 경우 배수로 계산하여 학습률을 적용하고 7개의 시공이므로 처음 1개의 시공 시간을 차감한다(간편법).
　　　 • 1개 시공: 50시간
　　　 • 2개 시공: 40시간(= 50시간 × 0.8) × 2개 = 80시간
　　　 • 4개 시공: 32시간(= 40시간 × 0.8) × 4개 = 128시간
　　　 • 8개 시공: 25.6(= 32시간 × 0.8) × 8개 = 204.8시간
　　　 • 7개 시공: 204.8시간(8개) − 50시간(1개) = 154.8시간

TIP 항상 2배수로 계산한다. 예) 1, 2, 4, 8

정답 ①

08 C·V·P분석의 기본가정으로 옳지 않은 것은?

① 기초재고액과 기말재고액은 변동이 없다. 즉, 당기에 생산량과 판매량이 같다.

② 단일제품을 생산하여 판매하는 경우와 복수제품을 생산하여 판매하는 경우에는 매출배합이 달라진다.

③ 제품의 단위당 판매가격은 판매량의 증감과 관계없이 일정하다.

④ 수익과 비용의 행태가 관련 범위 내에서는 선형이다.

⑤ 모든 원가는 고정비와 변동비로 구분되며, 조업도의 관련 범위 내에서는 직선으로 표시된다.

키워드 손익분기점의 기본개념 중 기본가정 이해하기

풀이 단일 종류의 제품을 생산하여 판매한다. 단, 여러 종류의 제품을 생산하여 판매하는 경우에는 매출배합(총판매량 중에서 각 제품의 판매량이 차지하는 상대적 비율)이 일정하다고 가정한다.

이론 ✚

> **C·V·P분석의 기본가정**
>
> • 수익과 비용의 행태가 관련범위 내에서는 선형이다.
> • 모든 원가는 고정비와 변동비로 구분된다.
> • 제품의 단위당 판매가격은 판매량의 증감과 관계없이 일정하다.
> • 기초재고액과 기말재고액은 변동이 없다. 즉, 당기에 생산량과 판매량이 같다.
> • 종업원이나 기계의 생산성과 효율성이 관련 범위 내에서는 변동하지 않는다. 즉, 조업도만이 원가에 영향을 미치는 요인이다.
> • 단일 종류의 제품을 생산하여 판매한다. 단, 여러 종류의 제품을 생산하여 판매하는 경우에는 매출배합(총판매량 중에서 각 제품의 판매량이 차지하는 상대적 비율)이 일정하다고 가정한다.

정답 ②

09 (주)한국의 제품 판매가격과 원가구조는 다음과 같다. (주)한국이 세전순이익 ₩5,000을 달성하기 위한 매출액과 세후순이익은? (단, 생산된 제품은 모두 판매하였고, 법인세율은 30%이다)

• 제품 단위당 판매가격	₩10
• 공헌이익률	25%
• 고정원가	₩10,000

	매출액	세후순이익		매출액	세후순이익
①	₩60,000	₩4,000	②	₩62,000	₩3,500
③	₩62,000	₩4,000	④	₩60,000	₩3,500
⑤	₩40,000	₩3,500			

키워드 손익분기점 매출액 이해하기

풀이
• 매출액: $\dfrac{고정비(10,000) + 세전목표이익(5,000)}{공헌이익률(0.25)} = ₩60,000$

• 세후순이익: $5,000 \times (1 - 0.3) = ₩3,500$

정답 ④

10 (주)한국이 1월 중 생산한 甲 제품에 관한 자료이다. 목표이익을 달성하기 위해 매출하여야 하는 금액은? (단, 목표영업이익은 ₩10,000이다)

• 단위당 판매가격	₩ 500
• 단위당 변동비	400
• 연간 고정비	50,000

① ₩ 300,000　　　　　　　　② ₩ 250,000

③ ₩ 350,000　　　　　　　　④ ₩ 330,000

⑤ ₩ 320,000

키워드 목표이익을 달성하기 위한 매출액 이해하기

풀이
- 공헌이익률: $\dfrac{100}{500}$ = 0.2(20%)

- 목표이익 매출액: $\dfrac{50,000 + 10,000}{0.2}$ = ₩ 300,000

정답 ①

11 (주)한국의 20×1년 손익분기점은 500단위이고 제품 단위당 변동원가는 ₩300이며 연간 고정원가는 ₩200,000이다. 단위당 판매가격은? 　　　제15회

① ₩ 400　　　　　　　　② ₩ 500

③ ₩ 600　　　　　　　　④ ₩ 700

⑤ ₩ 800

키워드 손익분기점의 분석 중 단위당 판매가격 이해하기

풀이
- 손익분기점 매출수량: $\dfrac{200,000}{400}$ = 500단위

- 단위당 판매가격: 단위당 변동원가(300) + 단위당 공헌이익(400) = @₩ 700

정답 ④

12 A아파트는 1인당 ₩50,000의 변동원가와 ₩8,000,000의 총고정원가가 소요되는 주부 교육프로그램을 계획하고 있다. 1인당 참가비는 ₩100,000을 받는다. 이 프로그램을 실시하면, 구청으로부터 총 ₩2,000,000의 지원금을 받는다. 이 프로그램의 손익분기점(인원수)은? 제14회

① 100명

② 110명

③ 115명

④ 120명

⑤ 150명

PART 2

> **키워드** 손익분기점의 분석 이해하기
> **풀이**
> • 공헌이익: 100,000 − 50,000 = ₩50,000
> • 고정비: 8,000,000 − 2,000,000 = ₩6,000,000
> • 손익분기점: $\dfrac{6,000,000}{50,000}$ = 120명

정답 ④

13 (주)한국의 매출액은 ₩1,200,000이고 변동원가는 ₩960,000이며, 손익분기점 매출액은 ₩800,000이다. 20×1년 목표이익 ₩100,000을 달성하기 위한 매출액은?

① ₩1,300,000

② ₩1,350,000

③ ₩1,400,000

④ ₩1,450,000

⑤ ₩1,500,000

> **키워드** 손익분기점의 분석 중 판매액 이해하기
> **풀이**
> • 먼저 고정비를 계산하여야 한다.
> • 공헌이익률: $1 - \dfrac{960,000}{1,200,000}$ = 0.2(20%)
> • 손익분기점: $\dfrac{고정비(x)}{0.2}$ = ₩800,000 ∴ x = ₩160,000
> • 목표이익 매출액: $\dfrac{160,000 + 100,000}{0.2}$ = ₩1,300,000

정답 ①

14 다음은 (주)한국의 영업 관련 자료이다. 매출액의 10%에 해당하는 순이익을 달성하기 위한 매출액은?

• 매출액	₩100,000
• 변동원가	65,000
• 고정원가	30,000

① ₩120,000

② ₩150,000

③ ₩135,000

④ ₩165,000

⑤ ₩100,000

키워드   손익분기점의 분석 중 목표이익이 비율일 때 이해하기

풀이   • 목표이익 매출액$(x) = \dfrac{\text{고정비}(30,000) + \text{목표이익}(0.1x)}{1 - \dfrac{\text{변동비}(65,000)}{\text{매출액}(100,000)}}$

$0.25x = ₩30,000 \quad \therefore x = ₩120,000$

정답 ①

고난도

15 (주)세무는 단일제품을 생산하여 단위당 ₩150에 판매한다. 연간 생산가능수량 2,000단위에 근거한 제품 단위당 원가는 다음과 같다.

• 직접재료원가	₩10
• 직접노무원가	15
• 단위수준 활동원가	25
• 제품수준 활동원가	14
• 설비수준 활동원가	6
	₩70

위 원가 항목 중 제품수준 활동원가와 설비수준 활동원가는 고정원가로, 나머지는 변동원가로 가정한다. 이 회사에 적용되는 세율은 20%이다. 세후순이익 ₩16,000을 얻기 위한 제품 판매수량은?

2019년 세무사

① 460단위   ② 520단위   ③ 550단위

④ 600단위   ⑤ 625단위

풀이 • 단위당 공헌이익: 150 − (10 + 15 + 25) = @₩100

• 세전순이익: 16,000 ÷ 0.8 = ₩20,000

• 고정비: 단위당 고정비(14 + 6) × 2,000단위 = ₩40,000

• 판매수량: (40,000 + 20,000) ÷ 100 = 600단위

TIP 목표이익(순이익)은 항상 세전이익으로 계산하고, 세후순이익 ₩16,000을 세전이익으로 환원한다.

정답 ④

16 (주)대한은 형광등을 제조하여 20×1년에 개당 ₩500에 400개를 판매하였다. 형광등 1개를 제조하는 데 직접재료원가 ₩150, 직접노무원가 ₩80, 변동제조간접원가 ₩70이 소요되며, 연간 고정제조간접원가는 ₩30,000이 발생하였다. 제품 판매과정에서 단위당 변동판매관리비는 ₩50, 연간 고정판매관리비는 ₩15,000이 발생하였다. 20×1년의 손익분기점 판매량은?

제18회

① 225개   ② 300개

③ 360개   ④ 450개

⑤ 600개

키워드 손익분기점 판매수량 이해하기

풀이 • 단위당 변동비: 150 + 80 + 70 + 50 = ₩350

• 단위당 공헌이익: 500 − 350 = @₩150

• 손익분기점 수량: $\dfrac{45,000}{@₩150}$ = 300개

정답 ②

17 (주)한국은 A제품을 생산하여 판매한다. 20×1년의 단위당 판매가격은 ₩50, 고정원가 총액은 ₩150,000, 손익분기점 판매량은 10,000단위이다. (주)한국이 20×1년에 목표이익 ₩30,000을 얻기 위해서 판매해야 하는 매출액은?

① ₩550,000
② ₩660,000
③ ₩500,000
④ ₩600,000
⑤ ₩700,000

> **키워드** 손익분기점 이해하기
>
> **풀이**
> - 단위당 공헌이익: $\dfrac{150,000}{\text{공헌이익}(x)} = 10,000$단위(손익분기점)   ∴ $x = 15$
>
> - 단위당 공헌이익률: $\dfrac{\text{공헌이익}(15)}{\text{판매가격}(50)} = 0.3(30\%)$
>
> - 매출액: $\dfrac{150,000 + 30,000}{0.3} = ₩600,000$

정답 ④

18 (주)한국은 단일제품을 생산·판매하고 있으며, 20×1년도 예산 자료는 다음과 같다.

항목	단위당 금액
판매가격	₩150
직접재료원가	10
직접노무원가	30
변동제조간접원가	40
변동판매비	20

20×1년도 예산 고정원가 총액은 ₩60,000이다. 회사는 생산설비를 충분히 보유하고 있으며, 법인세율은 20%이다. 세후목표영업이익 ₩70,000을 달성하기 위한 판매량은?

제17회

① 1,500단위
② 2,000단위
③ 2,350단위
④ 2,600단위
⑤ 2,950단위

키워드 세후이익과 세전이익(세전으로 환원 후 계산) 이해하기

풀이 • 단위당 공헌이익: $150 - (10 + 30 + 40 + 20) = ₩50$

• 세전목표이익: $\dfrac{70,000}{0.8} = ₩87,500$

• 판매량: $\dfrac{60,000 + 87,500}{50} = 2,950$단위

정답 ⑤

19 (주)한국은 A제품만을 생산하여 단위당 ₩100에 판매하고 있다. 20×5년도의 예정판매량은 10,000단위이며, 원가 자료는 다음과 같다. 법인세율이 30%일 때, 20×5년도의 순이익은?

[단위당 변동원가]		[연간 고정원가]	
• 직접재료원가	₩28	• 고정제조간접원가	₩120,000
• 직접노무원가	22	• 고정판매관리비	80,000
• 변동제조간접원가	12		
• 변동판매관리비	8		

① ₩68,000

② ₩30,000

③ ₩64,000

④ ₩70,000

⑤ ₩100,000

키워드 손익분기점의 분석 중 영업이익이 세후이익인 경우 이해하기

풀이 • 공헌이익: $100 - (28 + 22 + 12 + 8) = @₩30$

• $\dfrac{고정비(200,000) + 세전순이익(100,000)}{공헌이익(30)} = 10,000$단위

• 법인세차감후순이익: $100,000 \times (1 - 0.3) = ₩70,000$

정답 ④

20 (주)한국은 제품 단위당 변동비가 ₩1,200이며 연간고정비는 ₩360,000이다. 공헌이익률은 40%이며 법인세율이 20%인 경우, 법인세차감후순이익 ₩240,000을 달성하기 위한 연간 제품 판매액은?

① ₩1,600,000

② ₩1,620,000

③ ₩1,650,000

④ ₩1,670,000

⑤ ₩1,690,000

키워드 세후이익과 세전이익(세전으로 환원 후 계산) 이해하기

풀이 • 단위당 판매가격: 1,200 ÷ 변동비율(1 − 0.4) = ₩2,000

• 단위당 공헌이익: 2,000 − 1,200 = ₩800(공헌이익률 0.4)

• 세전순이익: $\frac{240,000}{0.8}$ = ₩300,000

• 매출액: $\frac{360,000 + 300,000}{0.4}$ = ₩1,650,000

정답 ③

21 단일제품 A를 제조하는 (주)한국의 제품생산 및 판매와 관련된 자료는 다음과 같다.

• 총판매량	200개
• 총공헌이익	₩200,000
• 총고정원가	150,000

법인세율이 20%일 경우, 세후순이익 ₩120,000을 달성하기 위한 제품 A의 판매수량은? (단, 제품 A의 단위당 공헌이익은 동일하다) 2020년 공무원 수정

① 120개 ② 150개

③ 270개 ④ 300개

⑤ 330개

키워드 손익분기점의 분석 이해하기

풀이 • 목표이익 달성 판매량 = (총고정원가 + 세전순이익) ÷ 단위당 공헌이익

 − 단위당 공헌이익: 200,000 ÷ 200개 = @₩1,000

 − 세전순이익: 120,000 ÷ (1 − 0.2) = ₩150,000

 − 목표이익 달성 판매량: (150,000 + 150,000) ÷ 1,000 = 300개

정답 ④

22 다음은 단일제품만 생산·판매하는 (주)한국의 판매가격 및 원가와 관련된 자료이다. 법인세율이 30%인 경우, 세후 목표이익 ₩70,000을 달성하기 위한 판매액은? (단, 생산설비는 충분히 크며, 생산량과 판매량은 같다고 가정한다)

• 단위당 판매가격	₩500	• 단위당 직접재료원가	₩100
• 단위당 직접노무원가	80	• 단위당 변동제조간접원가	70
• 단위당 변동판매원가	50	• 고정원가총액	300,000

① ₩970,000   ② ₩1,010,000

③ ₩980,000   ④ ₩1,020,000

⑤ ₩1,000,000

키워드 손익분기점 세후 목표이익 이해하기

풀이
- 공헌이익: 500 − (100 + 80 + 70 + 50) = @₩200(공헌이익률 0.4)
- 세전순이익: 70,000 ÷ (1 − 0.3) = ₩100,000
- $\dfrac{고정비(300,000) + 세전순이익(100,000)}{공헌이익률(0.4)}$ = ₩1,000,000

정답 ⑤

고난도

23 단일제품을 생산하여 판매하는 (주)한국의 손익분기점은 5,000개인데, 20×1년 1월 중 제품 6,000개를 판매하여 ₩5,000,000의 이익이 발생했다. 만일 다른 조건이 일정하다고 할 때 20×1년 2월부터 제품의 판매가격을 개당 ₩1,000씩 인하하려고 한다면 2월의 손익분기점은?

① 6,250개   ② 5,800개

③ 7,100개   ④ 4,600개

⑤ 7,500개

키워드 손익분기점의 분석 이해하기

풀이
- 손익분기점 초과 판매수량이 1,000개, 이익이 ₩5,000,000 발생하였으므로 단위당 공헌이익은 @₩5,000(= 5,000,000 ÷ 1,000개)이다.
- 판매가격을 ₩1,000씩 인하하면, 단위당 공헌이익도 ₩1,000씩 감소하므로 단위당 공헌이익은 @₩4,000이다.
- 고정비(x) ÷ 단위당 공헌이익(5,000) = 손익분기점 판매량(5,000개) ∴ x = ₩25,000,000
- 손익분기점 판매량 = $\dfrac{고정비(25,000,000)}{단위당 공헌이익(@₩4,000)}$ = 6,250개

TIP 판매가격이 인하되면 손익분기점은 증가한다.

정답 ①

24 (주)한국의 20×1년도 손익분기점 판매량은 4,000개이고 제품 5,000개를 판매하여 영업이익 ₩700,000을 달성하였다. 20×2년도에 제품 단위당 판매가격을 ₩100 인상할 경우 손익분기점 판매량은? (단, 연도별 원가행태는 변동이 없다) 제19회

① 700개
② 1,000개
③ 3,500개
④ 4,000개
⑤ 4,200개

> **키워드** 손익분기점 판매수량 이해하기
> **풀이**
> • 손익분기점을 초과하여 판매한 수량은 1,000개이며, 이를 통해 ₩700,000의 영업이익이 발생하였다.
>
> • 단위당 공헌이익: $\dfrac{700,000}{1,000개}$ = @₩700
>
> • 20×1년도 고정비: $\dfrac{2,800,000}{@₩700}$ = 4,000개
>
> • 20×1년도 판매가격 ₩100을 증가시키면 공헌이익이 증가한다.
>
> • 20×1년도 손익분기점 판매량: $\dfrac{2,800,000}{800}$ = 3,500개

정답 ③

25 (주)한국의 20×1년 제품 생산·판매와 관련된 자료는 다음과 같다.

• 판매량	10,000단위	• 공헌이익률	25%
• 매출액	₩1,500,000	• 손익분기점 판매량	8,000단위

20×2년 판매량이 20×1년보다 10% 증가한다면 영업이익의 증가액은? (단, 다른 조건은 20×1년과 동일하다)

① ₩37,500
② ₩39,500
③ ₩36,500
④ ₩47,500
⑤ ₩45,500

> **키워드** 손익분기점의 분석 이해하기
> **풀이**
> • 20×2년이 20×1년보다 10% 증가한다면 매출액도 10% 증가하게 된다.
> • 영업이익 증가액: 매출액(1,500,000 × 10%) × 25% = ₩37,500

정답 ①

26 (주)한국은 20×1년에 설립되어 단일제품 4,000단위를 생산하여 단위당 ₩250에 모두 판매하였으며, 제품의 변동원가율은 60%이다. 판매담당자는 20×2년에 연간 광고비를 ₩90,000만큼 증가시키면 연간 매출액이 ₩300,000만큼 증가할 것으로 예측하고 있다. 이 예측이 옳다면 20×2년의 영업이익이 20×1년보다 얼마나 증가하는가? (단, 20×2년의 판매가격과 원가형태는 20×1년과 동일하며, 재고자산은 없다) 제13회

① ₩25,000   ② ₩30,000

③ ₩35,000   ④ ₩40,000

⑤ ₩45,000

키워드 손익분기점의 민감도 분석 이해하기

풀이
- 제품의 변동원가율이 60%이면 공헌이익률은 40%가 된다.
- 연간 매출액이 ₩300,000만큼 증가한다면 공헌이익은 ₩120,000이 증가하고, 광고비(고정비) ₩90,000을 제외하면 영업이익은 ₩30,000이 증가한다.

정답 ②

고난도

27 (주)태백의 제품생산 및 판매 관련 정보는 다음과 같다. (주)태백이 목표이익을 달성하기 위한 판매량은 몇 단위인가? (단, 법인세는 없는 것으로 가정한다) 제11회

생산량	고정비
1,000개 이하	₩100,000
1,000개 초과	120,000

- 단위당 판매가격   ₩500
- 변동비율   80%
- 목표이익   ₩50,000

① 1,300개   ② 1,500개

③ 1,700개   ④ 2,000개

⑤ 2,500개

키워드 손익분기점의 민감도 분석 이해하기

풀이
- 손익분기점 매출수량은 1,000개[$= \dfrac{100,000}{100(\text{단위당 공헌이익})}$]인데, 목표이익이 ₩50,000이라면 생산량이 1,000개를 초과한 경우이다.
- 목표이익 판매량: $\dfrac{120,000 + 50,000}{100} = 1,700$개

TIP 여기서 고정비는 준고정비에 속한다. 고정비는 생산량에 따라 달라진다.

정답 ③

28 (주)한국은 단일제품을 생산·판매하고 있으며, 20×1년 공헌이익 계산서는 다음과 같다.

구분	금액	단위당 금액
매출액	₩200,000	₩500
변동비	120,000	300
공헌이익	₩80,000	₩200
고정비	60,000	
영업이익	₩20,000	

(주)한국은 그동안 판매사원에게 지급하였던 ₩20,000의 고정급여를 20×2년부터 판매수량의 단위당 ₩50으로 지급하기로 하였다. 다른 모든 조건이 동일할 경우, (주)한국이 20×1년과 동일한 영업이익을 20×2년에도 달성하기 위해 판매해야 할 수량은?

① 400개   ② 420개   ③ 450개

④ 470개   ⑤ 500개

키워드 손익분기점 이해하기

풀이
- 수정 후 고정비는 ₩60,000에서 판매사원의 고정급여 ₩20,000을 차감하여 ₩40,000이다.
- 단위당 공헌이익은 판매가격 ₩500에서 변동비(수당)가 ₩50만큼 증가한 ₩350을 차감한 ₩150이다. 또한 영업이익은 20×1년과 20×2년이 동일한 ₩20,000이다.
- 매출수량: $\dfrac{\text{고정비}(40,000) + \text{목표이익}(20,000)}{\text{공헌이익}(150)} = 400$개

정답 ①

---

29 (주)한국의 20×1년도 제품에 관한 자료가 다음과 같을 때 안전한계율은?

• 단위당 판매가격	₩5,000
• 공헌이익률	25%
• 총고정원가	₩150,000
• 법인세율	30%
• 세후이익	₩35,000

① 28%   ② 26%

③ 25%   ④ 24%

⑤ 23%

키워드 안전한계율 이해하기

풀이

- 손익분기점 매출액: $\dfrac{150,000}{0.25}$ = ₩600,000

- 세전순이익: $\dfrac{35,000}{1 - 0.3}$ = ₩50,000

- 매출액: $\dfrac{150,000 + 50,000}{0.25}$ = ₩800,000

- 안전한계이익: 매출액(800,000) − 손익분기점(600,000) = ₩200,000

- 안전한계율: $\dfrac{200,000}{800,000}$ = 0.25(25%)

정답 ③

30 (주)한국은 볼펜을 생산·판매하고 있다. 볼펜의 개당 판매가격은 ₩48이며, 개당 변동비는 ₩36이다. 연간고정비용은 ₩25,000이다. 20×5년도 중 목표이익을 ₩11,000으로 책정하고 있다. 다음 설명 중 옳지 않은 것은?

① 개당 공헌이익은 ₩12이다.

② 손익분기점의 매출액은 ₩100,000이다.

③ 공헌이익률(C/M)은 25%이다.

④ 목표이익을 달성하려면 3,000개를 생산·판매하여야 한다.

⑤ 목표이익을 달성한 경우의 M/S비율(안전한계율)은 44%이다.

키워드 손익분기점의 분석 이해하기

풀이

M/S비율(안전한계율): $\dfrac{144,000 - 100,000}{144,000}$ = 0.306(30.6%)

정답 ⑤

31 (주)한국은 당기 손익분기점 매출액을 ₩100,000으로 예상하고 있으며, 고정비는 ₩30,000이 발생할 것으로 추정하고 있다. (주)한국이 당기에 매출액의 10%에 해당하는 영업이익을 획득할 경우, 안전한계율은?

① 32.5%

② 33.3%

③ 34.5%

④ 37.5%

⑤ 36.3%

> **키워드** 손익분기점 안전한계율 이해하기
>
> **풀이**
> - 공헌이익률: $\dfrac{\text{고정비}(30,000)}{\text{공헌이익률}(x)} = ₩100,000 \quad \therefore\ x = 0.3(30\%)$
> - 예상매출액: $\dfrac{\text{고정비}(30,000)}{0.3 - 0.1} = ₩150,000$
> - 안전한계율: $\dfrac{150,000 - 100,000}{150,000} ≒ 0.333(33.3\%)$
>
> **TIP** 목표(영업)이익 비율로 주어지면 공헌이익률에서 차감하고 계산한다.

정답 ②

32 만일 변동비와 판매가격이 일정하고 제품 단위당 고정비가 증가한다면 공헌이익과 손익분기점은 어떻게 되는가?

	공헌이익	손익분기점
①	증가	감소
②	감소	증가
③	불변	증가
④	불변	불변
⑤	증가	증가

> **키워드** 손익분기점의 분석 중 공헌이익과 손익분기점의 변화 이해하기
>
> **풀이** '매출액(일정) − 변동비(일정) = 공헌이익(불변)'이므로 고정비가 증가하면 공헌이익은 불변하지만, 손익분기점은 증가한다.

정답 ③

고난도

33 (주)한국은 단일제품을 생산하고 있다. 20×1년의 예산자료가 다음과 같을 때, 손익분기점 분석에 관한 설명으로 옳은 것은?

• 판매량	15,000단위
• 단위당 판매가격	₩20
• 단위당 변동원가	15
• 고정원가총액	50,000

① 고정원가총액이 ₩10,000 증가하면 안전한계 판매량은 2,000단위가 된다.

② 손익분기점에서 총공헌이익은 고정원가총액인 ₩50,000과 동일하다.

③ 판매량이 4,000단위 감소하면 총공헌이익은 ₩15,000 감소한다.

④ 고정원가총액이 ₩10,000 감소하면 손익분기점 판매량은 10,000단위가 된다.

⑤ 단위당 변동원가가 ₩5 감소하면 손익분기점 판매량은 증가한다.

키워드 손익분기점 이해하기

풀이 ① 고정원가총액이 ₩10,000 증가하면 안전한계 판매량은 3,000단위가 된다.
③ 판매량이 4,000단위 감소하면 총공헌이익은 ₩20,000 감소한다.
④ 고정원가총액이 ₩10,000 감소하면 손익분기점 판매량은 8,000단위가 된다.
⑤ 단위당 변동원가가 ₩5 감소하면 손익분기점 판매량은 감소한다.

TIP 총공헌이익(50,000) = 고정원가(50,000)

정답 ②

34 20×1년 초 설립된 (주)한국은 생산된 제품을 당해연도에 모두 판매한다. 20×1년에 제품A 800개를 생산하여 단위당 ₩2,000의 가격으로 판매하였다. 20×1년의 제품 A의 원가구조는 다음과 같다.

• 단위당 변동제조원가 ₩700	• 고정제조원가(총액) ₩400,000
• 단위당 변동판매관리비 500	• 고정판매관리비(총액) 200,000

20×2년 초 (주)한국의 경영자는 제품 A의 제조공정을 개선하려고 한다. 제조공정을 개선하면 고정제조원가는 연간 ₩215,000 증가하고, 직접노무원가는 단위당 ₩100 절감하였다. 20×2년 제품 A의 영업이익을 20×1년과 동일하게 유지하기 위한 제품 A의 생산 · 판매수량은? (단, 재공품은 없다)

제27회 수정

① 920개   ② 930개

③ 940개   ④ 950개

⑤ 960개

키워드 손익분기점 판매수량 이해하기

풀이
- 20×1년 단위당 공헌이익: 판매가격 2,000 − 변동비 1,200 = 공헌이익 800
- 20×1년 영업이익: 800개 × 800 = 640,000 − 고정비 600,000 = ₩40,000
- 20×2년 단위당 공헌이익: 판매가격 2,000 − 변동비 1,100 = 공헌이익 900
- 20×2년 총 공헌이익: (x) − 고정비 815,000 = ₩40,000 (x) = ₩855,000
- 20×2년 영업이익: 900 × (?개) = ₩855,000   (?) = 950개

정답 ④

35 (주)한국은 제품 A와 B를 생산하여 제품 A 3단위와 제품 B 2단위를 하나의 묶음으로 판매하고 있다.

• 제품별 단위당 판매가격 및 변동원가

구분＼제품	A	B
단위당 판매가격	₩500	₩800
단위당 변동원가	300	700

• 고정제조간접원가 ₩600,000
• 고정판매비와 관리비 ₩360,000

손익분기점에서 제품 A와 B의 판매량은?

2022년 공무원 수정

	제품 A	제품 B
①	2,400단위	2,400단위
②	2,400단위	3,600단위
③	3,600단위	2,400단위
④	3,600단위	3,600단위
⑤	3,500단위	2,400단위

키워드 손익분기점의 복수제품 판매 시 분석 이해하기

풀이
• 매출배합: A제품 3단위 : B제품 2단위(A제품 60% : B제품 40%)
• 제품단위당 공헌이익
  − A제품: 200(= 500 − 300) × 0.6 = ₩120
  − B제품: 100(= 800 − 700) × 0.4 = ₩40
• 손익분기점 판매량: $\dfrac{고정비(960,000)}{공헌이익(160)}$ = 6,000단위
• A제품의 판매량: 6,000단위 × 0.6 = 3,600단위
• B제품의 판매량: 6,000단위 × 0.4 = 2,400단위

정답 ③

01 다음의 설명으로 옳은 것은?

> 경영목적을 달성하는 데 반드시 필요로 하지 않는 원가로서, 이는 경영자의 의사결정에 따라 발생하지 않을 수도 있는 원가를 말하며, 대표적인 예로 직접원가(변동원가)가 이에 속한다.

① 차액원가   ② 회피가능원가
③ 미래원가   ④ 기회원가
⑤ 회피불능원가

키워드 회피가능원가와 회피불능원가의 개념 이해하기

풀이 회피가능원가란 경영목적을 달성하는 데 반드시 필요로 하지 않는 원가로서, 이는 경영자의 의사결정에 따라 회피할 수도 있는 원가를 말한다. 이에 반하여 회피불능원가란 경영활동을 수행하는 데 반드시 필요한 원가로서, 불가피하게 발생되는 원가를 말한다.

정답 ②

02 어떤 회사는 기계설비의 여유로 인해 특별주문 생산이 증가하고 있다. 특별주문의 의사결정과 관련하여 관계가 없는 것은?

① 직접재료원가   ② 직접노무원가
③ 변동제조간접원가   ④ 고정제조간접원가
⑤ 비정상공손

키워드 특별주문 시 의사결정과 회피가능원가 이해하기

풀이 고정제조간접원가는 조업도에 관계없이 일정하게 발생하므로 특별주문의 수락여부에 관한 의사결정과 관련이 없는 원가이다.

정답 ④

03 (주)한국은 단일제품을 생산·판매하고 있다. 내년도 예정 생산량 2,000단위를 기준으로 편성된 제조원가 예산은 다음과 같으며, 제품의 단위당 판매가격은 ₩20이다.

항목	단위당 원가	총원가
직접재료원가	₩4	₩8,000
직접노무원가	2	4,000
변동제조간접원가	2	4,000
고정제조간접원가	5	10,000
합계	₩13	₩26,000

(주)한국은 거래처로부터 단위당 ₩12에 제품 100단위를 구매하겠다는 특별주문을 받았다. (주)한국은 특별주문 수량을 생산하는 데 필요한 여유생산설비를 충분히 확보하고 있으나, 초과근무로 인하여 특별주문 단위당 ₩2의 원가가 추가로 발생한다. (주)한국이 특별주문을 수락할 경우, 내년도 영업이익의 증감은? (단, 기초 및 기말재고자산은 없으며, 특별주문이 기존 시장에 미치는 영향은 없다)   제17회

① ₩200 증가
② ₩300 감소
③ ₩500 감소
④ ₩1,000 감소
⑤ ₩1,000 증가

키워드 특별주문 시 의사결정과 증분이익과 증분원가 이해하기

풀이
• 증분수익: 100개 × 12 = ₩1,200
• 증분원가: 100개 × [4 + 2 + 2 + 추가비용(2)] = ₩1,000
• 증분이익: 1,200 − 1,000 = ₩200 또는 (12 − 10) × 100개 = ₩200 증가
• 고정제조간접원가는 고려하지 않는다.

정답 ①

04 (주)한국은 연간 최대 5,000단위의 제품을 생산할 수 있는 생산설비를 보유하고 있다. (주)한국은 4,000단위 제품을 기존 거래처에 단위당 ₩500에 판매할 수 있을 것으로 예상한다. 제조활동에 관한 자료는 다음과 같다.

• 단위당 직접재료원가	₩120
• 단위당 직접노무원가	100
• 단위당 변동제조간접원가	80
• 단위당 변동판매관리비	50
• 고정제조간접원가	300,000
• 고정판매관리비	100,000

(주)한국은 최근 도매상으로부터 2,000단위에 대한 특별주문을 요청받았다. (주)한국이 해당 특별주문을 수락하는 경우, 도매상에 제안할 수 있는 단위당 최소 판매가격은? (단, 기초 및 기말재고자산은 없다) 제24회 수정

① ₩410

② ₩420

③ ₩425

④ ₩440

⑤ ₩450

키워드 **특별주문 이해하기**

풀이
- 특별주문에 의한 최소 판매가격은 특별주문 수락으로 인한 증분수익(특별주문 매출액)과 증분비용이 일치하는 가격이다.
- 증분비용: 700,000 + 150,000 = ₩850,000
  - 변동원가: 2,000단위 × 350* = ₩700,000
    * 단위당 변동원가: 120 + 100 + 80 + 50 = ₩350
  - 특별주문 수락으로 인한 일반판매 포기분에 대한 이익(매출감소분)
    (500 − 350) × 1,000단위 = ₩150,000
- 단위당 최소 판매가격: 850,000 ÷ 2,000단위 = ₩425

정답 ③

05 (주)한국의 제품 최대생산량은 15,000단위이고 10,000단위의 제품 판매계획을 수립하였다. 단위당 판매가격은 ₩250, 단위당 변동원가는 ₩150, 단위당 변동판매비는 ₩20, 고정원가는 ₩50, 고정판매비는 ₩10이다. (주)한국은 단위당 ₩180으로 2,000단위를 구매하겠다는 특별주문을 받았다. (주)한국은 충분한 생산능력을 보유하고 있지만 초과근무수당 때문에 단위당 ₩10의 추가비용이 발생한다. 그러나 특별주문에 따른 단위당 변동판매비 ₩20은 발생하지 않는다. 특별주문을 수락할 때의 증분이익은?

① ₩60,000 증가

② ₩40,000 증가

③ ₩40,000 감소

④ ₩50,000 감소

⑤ ₩50,000 증가

키워드 특별주문 시 의사결정 및 증분이익과 증분원가 이해하기

풀이
- 증분수익: 2,000단위 × 180 = ₩360,000
- 증분원가: 2,000단위 × [변동원가(150) + 운임(10)] = ₩320,000
- 증분이익: 360,000 − 320,000 = ₩40,000
- 고정비와 변동판매비 ₩20은 고려하지 않는다.

정답 ②

06 (주)대한은 20×1년에 생수 200병을 판매할 것으로 예상하고, 다음과 같은 예산 손익계산서를 작성하였다. 회사의 연간 최대생산능력은 250병이다.

	단위당 금액	총금액
• 매출액	₩ 200	₩ 40,000
• 변동원가	120	24,000
• 공헌이익	₩ 80	₩ 16,000
• 고정원가	50	10,000
• 영업이익	₩ 30	₩ 6,000

(주)대한은 백화점으로부터 생수 100병을 병당 ₩180에 구입하겠다는 특별주문을 받았다. 이 주문을 수락하면 병당 ₩10의 포장비용이 추가로 발생하며, 생산능력의 제약으로 기존 시장의 예산판매량 중 50병을 감소시켜야 한다. 이 특별주문을 수락하는 경우 이익에 미치는 영향은? 제18회

① ₩ 1,000 증가
② ₩ 1,000 감소
③ ₩ 2,000 증가
④ ₩ 2,000 감소
⑤ ₩ 5,000 감소

키워드 단기 의사결정의 특별주문 이해하기

풀이 • 증분수익: 100병 × @₩ 180 = ₩ 18,000
   • 증분원가: 12,000 + 1,000 + 4,000 = ₩ 17,000
      − 변동원가: 100병 × @₩ 120 = ₩ 12,000
      − 추가비용: 100병 × @₩ 10 = ₩ 1,000
      − 매출감소분: 50병 × @₩ 80 = ₩ 4,000
   • 증분이익: 18,000 − 17,000 = ₩ 1,000 증가

정답 ①

07 (주)한국은 20×1년에 기존고객에게 4,000단위를 판매할 것으로 예상하며, 제품 관련 자료는 다음과 같다.

• 연간 최대생산량	5,000단위
• 단위당 판매가격	₩1,000
• 단위당 변동제조원가	600
• 단위당 변동판매비	100
• 연간 총고정제조원가	200,000

20×1년 중에 (주)대한으로부터 제품 1,500단위를 구매하겠다는 특별주문을 제안받았다. 특별주문을 수락하면 기존고객에 대한 판매량 중 500단위를 감소시켜야 하며, 추가 운임 단위당 ₩10이 발생한다. (주)한국이 특별주문으로부터 받아야 할 단위당 최소판매가격은?

① ₩730

② ₩810

③ ₩700

④ ₩710

⑤ ₩800

키워드 단기 의사결정의 특별주문 이해하기

풀이 • 단위당 공헌이익: 1,000 − (600 + 100) = @₩300
• 변동원가: 1,500개 × (600 + 100) = ₩1,050,000
• 추가운임: 1,500개 × 10 = ₩15,000
• 매출감소분: 500개 × 공헌이익(300) = ₩150,000
• 단위당 최소판매가격: $\dfrac{1,215,000}{1,500개}$ = @₩810

정답 ②

08 (주)한국은 10,000단위의 제품 A를 생산·판매하고 있다. 단위당 판매가격과 변동원가는 각각 ₩80과 ₩50이며, 월 고정원가는 ₩500,000으로 발생한다. (주)한국은 거래처로부터 1,000단위의 제품 B를 공급해 달라는 의뢰를 받았다. (주)한국은 제품 A의 생산라인을 이용하여 제품 B를 생산할 수 있다. 그러나 (주)한국이 주문을 받아들이기 위해서는 제품 A의 생산·판매량 500단위를 포기해야 하고, 제품 B를 생산하는 데 단위당 ₩40의 변동원가가 발생한다. (주)한국이 이 주문으로 ₩50,000의 이익을 얻기 위해서 단위당 판매가격은 얼마로 책정해야 하는가?

① ₩145

② ₩110

③ ₩105

④ ₩115

⑤ ₩120

키워드 특별주문 이해하기

풀이
• 제품 A의 단위당 공헌이익: 80 − 50 = @₩30
• 받아야 할 최소금액은 변동원가 + 추가비용 + 매출감소에 따른 공헌이익이다.
• 제품 A의 단위당 공헌이익: (500개 × 30) ÷ 1,000개 = @₩15
• 제품 B의 단위당 영업이익: 50,000 ÷ 1,000개 = @₩50
• 제품 B의 단위당 판매가격: 변동원가(40) + 공헌이익(15) + 영업이익(50) = @₩105

TIP 받아야 할 최소금액에 목표이익을 가산한다.

정답 ③

09 다음은 (주)관세가 생산·판매하는 제품 A에 관한 자료이다.

구분	자료 내용
최대 생산가능수량	10,000단위
현재 생산·판매수량	8,000단위
단위당 외부 판매가격	₩300
단위당 변동제조원가	₩100
단위당 변동판매비	₩40
단위당 고정제조간접원가	₩90 (최대 생산가능 수량 기준)

(주)한국은 (주)관세에게 제품 A에 특수장치를 부착한 제품 B를 제작하여, 단위당 ₩220에 1,500단위를 공급해줄 것을 제안하였다. (주)관세는 제품 A의 생산라인에서 제품 B를 생산할 수 있으며, (주)한국의 주문으로 기존 판매 및 원가구조는 영향을 받지 않는다. (주)관세는 제품 A에 단위당 ₩30의 특수장치를 추가하여 제품 B를 생산하며, 제품 B의 단위당 변동판매비는 ₩30이 된다. (주)관세가 (주)한국의 특별주문을 수락하는 경우 이익에 미치는 영향은? 2019년 관세사

① ₩90,000 감소
② ₩90,000 증가
③ ₩120,000 감소
④ ₩120,000 증가
⑤ ₩150,000 증가

키워드 **특별주문 의사결정 이해하기**
풀이 • 증분수익: 1,500단위 × @₩220 = ₩330,000
• 증분원가: 195,000 + 45,000 = ₩240,000
  - 변동원가: 1,500단위 × (@₩100 + 30) = ₩195,000
  - 추가비용: 1,500단위 × @₩30 = ₩45,000
• 증분손익: 330,000 - 240,000 = ₩90,000 이익(증가)

정답 ②

10 (주)서울은 화장품 제조회사로 화장품을 담는 용기도 함께 생산하고 있다. 화장품 용기 생산량은 매년 1,000개이며, 1,000개 조업도 수준하에서 화장품 용기의 단위당 제조원가는 아래의 표와 같다. 그런데 외부의 용기 생산업자가 화장품 용기 1,000개를 개당 ₩95에 공급하겠다고 제안하였다. (주)서울이 이 제안을 수락할 경우 화장품 용기 생산에 사용되는 설비를 연 ₩10,000에 다른 회사에 임대할 수 있다. 한편, 화장품 용기를 외부에서 구입하더라도 고정제조간접원가의 50%는 계속해서 발생된다. (주)서울이 외부공급업자의 제안을 수락할 경우 연간 이익은 얼마만큼 증가 혹은 감소하겠는가?

2016년 공무원 수정

단위당 제조원가	
• 직접재료원가	₩30
• 직접노무원가	20
• 변동제조간접원가	10
• 고정제조간접원가	40
• 화장품 용기의 단위당 제조원가	100

① ₩5,000 증가

② ₩5,000 감소

③ ₩10,000 증가

④ ₩10,000 감소

⑤ ₩15,000 감소

키워드 의사결정 이해하기

풀이 • 회피가능원가: 1,000개 × (30 + 20 + 10 + 20) = ₩80,000
  • 임대수익: ₩10,000
  • 자가제조 시: ₩90,000
  • 외부구입 시: 1,000개 × 95 = ₩95,000
  • 따라서 외부공급업자의 제안을 수락할 경우 순이익은 ₩5,000이 감소한다.

정답 ②

11 A아파트는 건물의 수선·유지에 필요한 소모품을 자체생산하고 있다. 현재 필요한 수량은 월 20단위이고, 단위당 생산변동원가는 ₩100이며 고정원가는 월 ₩1,200이다. 이 소모품을 외부에서 구입하는 경우 A아파트의 생산설비를 월 ₩400에 임대할 수 있으며 A아파트의 월 고정원가는 80% 수준으로 감소한다. A아파트가 이 소모품을 외부에서 구입할 때 지급할 수 있는 단위당 최대금액은?

① ₩92 ② ₩132

③ ₩148 ④ ₩168

⑤ ₩192

키워드 외부구입과 자가제조 시 의사결정과 회피가능원가 이해하기

풀이
• 자가제작 시: (20단위 × 100) + 1,200 = ₩3,200
• 외부구입 시 회피가능한 원가: (20단위 × 100) + 240 + 400 = ₩2,640
• 외부구입 시 지급할 수 있는 단위당 최대 금액: 2,640 ÷ 20단위 = @₩132

정답 ②

고난도

12 (주)한국은 제품 A와 제품 B를 생산·판매하고 있으며, 제품 A의 20×1년도 공헌이익계산서는 다음과 같다.

• 매출액	₩120,000
• 변동비	81,000
• 공헌이익	₩39,000
• 고정비	48,000
• 영업이익	₩(9,000)

(주)한국의 경영자는 영업 손실이 발생하고 있는 제품 A의 생산 중단을 고려하고 있다. 제품 A의 생산을 중단하더라도 고정비 중 ₩21,000은 계속해서 발생된다. (주)한국이 제품 A의 생산을 중단할 경우, 영업이익에 미치는 영향은?

① ₩12,000 증가 ② ₩12,000 감소

③ ₩10,000 증가 ④ ₩10,000 감소

⑤ ₩18,000 감소

키워드 예산의사결정 이해하기

풀이 만일 제품 A의 생산을 중단하면 제품 A에서 발생하는 공헌이익 ₩39,000만큼 손실이 발생한다. 그러나 중단으로 인해서 고정비 ₩48,000 중 ₩27,000은 회피할 수 있으므로 ₩12,000의 손실이 증가하게 된다. 따라서 영업이익은 감소한다.

정답 ②

13 (주)한국은 제품 A를 포함하여 여러 종류의 제품을 생산한다. 20×1년도 제품 A에 관한 예산자료는 다음과 같다.

• 매출액	₩840,000
• 공헌이익	280,000
• 고정원가	320,000
• 영업이익	(−)40,000

만일 제품 A의 생산을 중단하면 제품 A의 고정원가 ₩320,000 중 ₩190,000을 절감할 수 있다. 제품 A의 생산 중단이 (주)한국의 20×1년도 예산영업이익에 미치는 영향은?

제21회

① ₩90,000 증가

② ₩90,000 감소

③ ₩130,000 증가

④ ₩190,000 감소

⑤ ₩190,000 증가

> **키워드** 예산회계(의사결정) 이해하기
>
> **풀이** • 만일 제품 A의 생산을 중단하면 제품 A에서 발생하는 매출액과 변동원가는 발생하지 않는다. 그러므로 제품 A의 공헌이익 ₩280,000만큼 손실이 발생한다. 그러나 고정원가 ₩320,000 중 ₩190,000을 절감할 수 있어 비용을 절감할 수 있다.
> • 순이익에 미치는 영향: 공헌이익(280,000) − 회피가능원가(190,000) = ₩90,000 감소

정답 ②

---

14 (주)한국의 20×1년 예산의 일부 자료이다.

	2월	3월	4월
• 매출액	₩100,000	₩200,000	₩300,000

월별 매출은 현금매출 60%와 외상매출 40%로 구성되며, 외상매출은 판매한 달에 40%, 그 다음달에 나머지가 모두 회수된다. 20×1년 4월의 현금 회수액은?

① ₩246,000

② ₩180,000

③ ₩256,000

④ ₩228,000

⑤ ₩276,000

예산회계 이해하기

- 2월 매출액은 3월까지 모두 회수되어 4월에는 영향을 주지 않는다.
- 3월 매출: ₩200,000
  - 3월: 200,000 × 0.6 = ₩120,000
  - 3월: (200,000 × 0.4) × 0.4 = ₩32,000
- 4월 매출: ₩300,000
  - 3월: (200,000 × 0.4) × 0.6 = ₩48,000
  - 4월: 300,000 × 0.6 = ₩180,000
  - 4월: (300,000 × 0.4) × 0.4 = ₩48,000
- 4월 현금 회수액: 48,000 + 180,000 + 48,000 = ₩276,000

정답 ⑤

15 (주)한국은 제품 단위당 5kg의 재료를 사용하며, 재료의 kg당 가격은 ₩20이다. (주)한국은 다음 분기 재료 목표사용량의 50%를 분기 말 재료재고로 유지한다. 2분기 목표생산량은 800단위이고, 3분기 목표생산량은 1,000단위이다. 2분기의 재료구입예산은? (단, 재공품 재고는 없다) 제26회 수정

① ₩94,000

② ₩93,000

③ ₩92,000

④ ₩91,000

⑤ ₩90,000

재료구입예산 이해하기

- 1분기 기말재고수량: 800개 × 0.5 = 400개
- 2분기 기말재고수량: 1,000개 × 0.5 = 500개
- 2분기 재료구입수량: 기초 400개 + 재료구입량(x) − 기말 500개 = 생산수량 800개
  - ∴ x = 900개
- 2분기 재료구입예산: 재료구입량 900개 × (5kg × @₩20) = ₩90,000

정답 ⑤

삶의 순간순간이
아름다운 마무리이며
새로운 시작이어야 한다.

– 법정 스님

memo

2025 에듀윌 주택관리사 1차 출제가능 문제집 회계원리

발 행 일	2025년 1월 24일 초판
편 저 자	윤재옥
펴 낸 이	양형남
펴 낸 곳	㈜에듀윌
I S B N	979-11-360-3614-8
등록번호	제25100-2002-000052호
주 소	08378 서울특별시 구로구 디지털로34길 55
	코오롱싸이언스밸리 2차 3층

www.eduwill.net
대표전화 1600-6700

여러분의 작은 소리
에듀윌은 크게 듣겠습니다.

본 교재에 대한 여러분의 목소리를 들려주세요.
공부하시면서 어려웠던 점, 궁금한 점,
칭찬하고 싶은 점, 개선할 점, 어떤 것이라도 좋습니다.

에듀윌은 여러분께서 나누어 주신 의견을
통해 끊임없이 발전하고 있습니다.

에듀윌 도서몰 book.eduwill.net
• 부가학습자료 및 정오표: 에듀윌 도서몰 → 도서자료실
• 교재 문의: 에듀윌 도서몰 → 문의하기 → 교재(내용, 출간) / 주문 및 배송

11,800여 건의
생생한 후기

한○수 합격생

에듀윌로 합격과 취업 모두 성공

저는 1년 정도 에듀윌에서 공부하여 합격하였습니다. 수많은 주택관리사 합격생을 배출해 낸 1위 기업이라는 점 때문에 에듀윌을 선택하였고, 선택은 틀리지 않았습니다. 에듀윌에서 제시하는 커리큘럼은 상대평가에 최적화되어 있으며, 나에게 맞는 교수님을 선택할 수 있었기 때문에 만족하며 공부를 할 수 있었습니다. 또한 합격 후에는 에듀윌 취업지원센터의 도움을 통해 취업까지 성공할 수 있었습니다. 에듀윌만 믿고 따라간다면 합격과 취업 모두 문제가 없을 것입니다.

박○현 합격생

20년 군복무 끝내고 주택관리사로 새 출발

육군 소령 전역을 앞두고 70세까지 전문직으로 할 수 있는 제2의 직업이 뭘까 고민하다가 주택관리사 시험에 도전하게 됐습니다. 주택관리사를 검색하면 에듀윌이 가장 먼저 올라오고, 취업까지 연결해 주는 프로그램이 잘 되어 있어서 에듀윌을 선택하였습니다. 특히, 언제 어디서나 지원되는 동영상 강의와 시험을 앞두고 진행되는 특강, 모의고사가 많은 도움이 되었습니다. 거기에 오답노트를 만들어서 틈틈이 공부했던 것까지가 제 합격의 비법인 것 같습니다.

이○준 합격생

에듀윌에서 공인중개사, 주택관리사 준비해 모두 합격

에듀윌에서 준비해 제27회 공인중개사 시험에 합격한 후, 취업 전망을 기대하고 주택관리사에도 도전하게 됐습니다. 높은 합격률, 차별화된 학습 커리큘럼, 훌륭한 교수진, 취업지원센터를 통한 취업 연계 등 여러 가지 이유로 다시 에듀윌을 선택했습니다. 에듀윌 학원은 체계적으로 학습 관리를 해 주고, 공부할 수 있는 공간이 많아서 좋았습니다. 교수님과 자기 자신을 믿고, 에듀윌에서 시작하면 반드시 합격할 수 있습니다.

다음 합격의 주인공은 당신입니다!

더 많은
합격 비법

1위 에듀윌만의
체계적인 합격 커리큘럼

원하는 시간과 장소에서, 1:1 관리까지 한번에
온라인 강의

① 전 과목 최신 교재 제공
② 업계 최강 교수진의 전 강의 수강 가능
③ 교수진이 직접 답변하는 1:1 Q&A 서비스

쉽고 빠른 합격의 첫걸음 합격필독서 무료 신청

최고의 학습 환경과 빈틈 없는 학습 관리
직영학원

① 현장 강의와 온라인 강의를 한번에
② 합격할 때까지 온라인 강의 평생 무제한 수강
③ 강의실, 자습실 등 프리미엄 호텔급 학원 시설

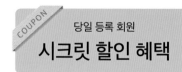

COUPON
당일 등록 회원
시크릿 할인 혜택

설명회 참석 당일 등록 시 특별 수강 할인권 제공

* 2023 대한민국 브랜드만족도 주택관리사 교육 1위 (한경비즈니스)

에듀윌 직영학원에서
합격을 수강하세요

언제나 전문 학습 매니저와 상담이 가능한 안내데스크

고품질 영상 및 음향 장비를 갖춘 최고의 강의실

재충전을 위한 카페 분위기의 아늑한 휴게실

에듀윌의 상징 노란색의 환한 학원 입구

🟨 에듀윌 직영학원 대표전화

공인중개사 학원	02)815-0600	공무원 학원 02)6328-0600	편입 학원 02)6419-0600
주택관리사 학원	02)815-3388	소방 학원 02)6337-0600	부동산아카데미 02)6736-0600
전기기사 학원	02)6268-1400		

주택관리사 학원
바로가기